Comparative on Administrative Law

比较行政法学

（修订版）

关保英 / 著

图书在版编目(CIP)数据

比较行政法学:修订版/关保英著.—北京:商务印书馆,2022
ISBN 978-7-100-21027-0

Ⅰ.①比… Ⅱ.①关… Ⅲ.①行政法—比较法学 Ⅳ.①912.101

中国版本图书馆 CIP 数据核字(2022)第 063474 号

权利保留,侵权必究。

比较行政法学
(修订版)
关保英 著

商 务 印 书 馆 出 版
(北京王府井大街36号 邮政编码100710)
商 务 印 书 馆 发 行
北 京 冠 中 印 刷 厂 印 刷
ISBN 978-7-100-21027-0

2022年8月第1版　　开本 880×1230　1/32
2022年8月北京第1次印刷　印张 17¾
定价:125.00元

修 订 版 序

我对该领域的研究已经历了十余年，2008年个人专著《比较行政法学》由法律出版社初版，2014年修订再版。至今又经历了七年多时间，其间作者对比较行政法学又有新的认识和领悟，经与商务印书馆双方商定，拟再度修订重新出版。新版《比较行政法学》在保持前两版基本内容的基础上做了小幅度内容修订，增加了导言，目的在于对比较行政法学建立的前提和基础展开论证。比较行政法学与行政法学流派密切关联，导言对行政法学流派作了深入浅出的分析，概括了行政法学流派的含义，并对行政法学流派及流传指数、行政法学流派形成的主客观基础、行政法学流派的学科价值、行政法学流派的发展趋势等相继作了探讨，形成了有关行政法学流派的初步见解。分析中引证资料较为翔实，延续了本书第一版和第二版内容评介中有关中国行政法学与国外行政法学相结合的进路。这些关于行政法学流派的初步梳理和总结多属作者个人见解，难免存有不周延之处，唯愿对繁荣我国行政法学有所助益。

本书以其体系的合理与独特性、行文的规范与学术性、内容的创新与开放性，得学界认可。尽可能做到知识性与学术性相结合，既对以往学术观点进行全面把握和推介，使其理论的发展脉络和所达学术高度一目了然，同时也表达了作者的思维方式和研究路径。使得在形成个人结论的前提下，又为读者预留了足够的思考空间和研究素材。纵观本书，有以下特点：第一，体系上的独特性。本书根据行政法学相关问题在行政法学体系中的学科地位而编排，这样的编排也是作者的一个大胆尝试，由于比较行政法学本身就没有建构起相关的学科体系，所以作者的编排可谓首创。在每章的比较中，作者设定了行政法学科中的一些主要的、基本的、关键的、有争议的问题，以不同学者的论点为比较点，在比较过程中作者刻意理出不同的行政法学流派，尽可能将同一流派的论点予以集中，将不同流派的论点予以区分和比对。第二，资料和比样选取上的独特性。比较行政法学可供比较的材料可谓是丰富多彩，其丰富程度甚至超越比较行政法的素材，正因为如此，在比较行政法学的研究中，对材料的处理就显得十分重要和关键。作者尽可能选择行政法学界产生较大影响的行政法学家的论点，当然，个别情况下，作者为了阐释一个行政法现象偶尔也会选取一些尚未形成重大影响的行政法学者的论点。应当说明的是，行政法学论点与行政实在法通常情况下具有千丝万缕的联系，即是说，有的行政法典或者行政法制度中就包含了先进的行政法论点和理念。鉴于学者们对比较行政法问题涉猎较多，一般情况下，作者没有选取行政法典则中的论点作为比较的材料。第三，论证技术上的独特性。比较行政法也罢，比较行政法学也罢，其研究的最高境界就是比较或者比对，就是说，通过比较，形成一个相对来讲是结论性的东西，如此一种论点比彼一种论点更可取，此一种论点更适合这样的条件，彼一种论点更适合那样的条件等。作者在比较中尽可能沿着上述思路展开讨论和阐释，由于此类研究的基础相对薄弱，这也必然制约作者研究的水准。

　　本书自 2008 年第一版问世以来，引起了行政法学界的关注，多所政法院校将其指定为硕士或博士研究生教学蓝本与参考书目。谨希望修订版出版后，能一如既往得到学界厚爱，期待读者们多提宝贵意见，以助本书更加充实和完善。

非常荣幸本书继法律出版社再版之后,商务印书馆承接再度出版,这对人文学者而言是莫大的荣耀,当然这除了作者自身的努力外,还离不开来自方方面面的支持和帮助。本书的出版得到了上海政法学院领导及行政法重点学科的支持和资助。该学科在上海政法学院领导支持下、在行政法学科团队各位同仁的努力下,先后进入上海市重点学科、上海市一流学科、上海市高原学科建设行列,获得精神和物质方面的支持。团队成员非常出色地完成了学科建设任务和行政法学人才培养任务,为本人集中研究行政法学问题留下了时间,在此深表谢意。再次感谢张淑芳教授多年来对我著作文字处理的深度参与,帮我把了著作出版中的技术关。最后,感谢为本书出版付出努力的其他各位同仁和朋友。

关保英

2021年5月于上海苏州河畔

再版说明

《比较行政法学》一书自2008年1月出版以来,以其体系的合理性与独特性、行文的规范性与学术性、内容的创新性与开放性,深得学界厚爱。本书尽可能做到知识性与学术性相结合,既对以往学术观点进行全面把握和推介,使其理论的发展脉络和所达学术高度一目了然,同时也展示了作者的思维方式和研究路径。使得著者在形成了个人结论的前提下,又为读者预留了足够的思考空间和研究素材。因而,被诸多法学院校指定为硕士、博士等教学用教材或参考书目以及入学考试参考书目。鉴于其广阔的市场需求和发展空间,我们在保持本书原有体系结构和内容的基础上,对其中一些细节作了完善,再次向学界推出。

我们衷心希望再版后的《比较行政法学》能得到读者一如既往的厚爱,并恳请广大读者批评指正。

关保英

2014年3月

前　言

　　行政法学中有关基础问题的研究不论在我国行政法学界还是从全球范围来看都是相对薄弱的，这其中的原因有诸多方面：一是行政法学作为应用学科导致了学者们对行政法运作过程中具体问题研究的重视，而疏于对理论问题的探讨；二是由于行政法学在法律学科体系中比较模糊的学科定位，由于学科定位不明，学者们便难以建构起这个学科的深层次的理论体系。正是基于行政法学界对行政法学理论研究的相对滞后，我撰写了《比较行政法学》一书。应当指出，比较行政法和比较行政法学并不是同一意义的概念。比较行政法的学科体系与比较行政法学的学科体系也是完全不同的，比较行政法的研究对象主要侧重在行政实在法方面，即通过对不同法系、不同国家、不同区域行政法制度和规范的比较，让人们了解行政实在法的优与劣。而比较行政法学的研究对象则主要在行政法学方面，即通过对不同学者、不同学术流派有关行政法理论和行政法认识问题的比较，厘清行政法学概念、论点、方法论以及其他问题的优与劣。上列两个范畴在全球行政法学界研究的分布并不平衡，正如上述受行政法作为实在法的影响，学者们对第一范畴的研究相对较多，国内外非常优秀的比较行政法的教科书或专著并不少见，然而，第二范畴的研究则是凤毛麟角，到目前为止，我甚至没有系统读到一部有关的比较行政法学的教科书或专著。当然，以论文形式出现的比较行政法学还是有的，但由于受论文篇幅等因素的制约，以论文形式出现的比较行政法学还不能够建构起一个比较行政法学的学科体系。我在本专著中将研究的范畴框定在比较行政法学之中，某种意义上讲，这个研究至少弥补了国内在此类研究中的空白。本著作的基本体系结构是这样编排的：第一章为"比较行政法学概述"；第二章为"行政法学方法论运用的比较"；第三章为"行政法概念界定的比较"；第四章为"行政法理论基础阐释的比较"；第五章为"行政法基础理论探寻的比较"；第六章为"行政法学关键词设定的比较"；第七章为"行政法学科体系构造的比较"；第八章为"行政法学分部类诸元素思考进路的比较"。上述体系是根据行政法学相关问题在行政法学体系中的学科地位而编排的，这样的编排也是我的一个大胆尝试，由于比较行政法学本身就没有建构起相关的学科体系，所以我的编排可谓首创。在每章的比较中，我设定了行政法学科中的一些主要的、基本的、关键的、有争议的问题，以不同的学者的论点为比较，在比较过程中我刻意理出不同的行政法学流派，尽可能将同一流派的论点予以集中，将不同流派的论点予以区分和比对。比较行政法学可比较的材料是非常丰富的，这个材料的丰富程度甚至超过了比较行政法的材料，正因为如此，在比较行政法学的研究中，对材料的处理就显得十分重要和关键。我尽可能选择已经在行政法学界产生较大影响的行政法学家的论点。在有些情况下，我为了阐释一个行政法现象也选取了一些尚未形成重大影响的行政法学家的论点。应当说明，行政法学论点与行政实在法在通常情况下具有千丝万缕的联系，即是说，有些行政法典或者行政法制度中就包含了一些先进的行政法论点和理念。鉴于学者们对比较行政法问题研究得较多，在一般情况下，我没有选取行政法典中的论点作为比较的材料。在我看来，比较行政法也罢，比较行政法学也罢，其研究的最高境界就是比较或者比对，就是说，通过比较，有一个相对来讲是结论性的东西，如此一种论点比彼一种论点更可取，此一种论点更适合这样的条件,彼一种论点更适合那样的条件等。我在比较中尽可能沿着上述思路展开讨论和阐释。由于此类研究的基础相对较为薄弱,这也必然制约我研究的水准。如果我的著述能够启迪行政法学界相关问题的研究,该书的目的也就达到了。

关保英
2007年5月于上海苏州河畔

目 录

导论 行政法学流派 ·· 1
一、行政法学流派的含义 ··· 3
 （一）行政法学流派是以行政法学学术群为基础 ················· 4
 （二）行政法学流派是由若干行政法学人为领衔 ················· 5
 （三）行政法学研究流派是以松散实体为表征 ···················· 5
 （四）行政法学研究流派与特定时空没有关联性 ················· 6
 （五）行政法学研究流派有着相应的价值判断和方法论 ········ 7
二、行政法学流派及流传指数 ··· 8
 （一）行政法哲理学派 ·· 10
 （二）行政法分析学派 ·· 11
 （三）行政法务实学派 ·· 12
 （四）行政法社会学派 ·· 14
 （五）行政法政治学派 ·· 16
 （六）行政法判例学派 ·· 18
三、行政法学流派及其形成的主客观基础 ································· 20
 （一）地理基础 ·· 21
 （二）法系基础 ·· 22
 （三）思想方法基础 ··· 23
 （四）传统文化基础 ··· 25

（五）治理模式基础 …………………………………………… 26
四、行政法学流派的学科价值 ………………………………………… 27
　　（一）行政法学独立学科地位 ………………………………… 28
　　（二）行政法学多元化 ………………………………………… 29
　　（三）以行政法学塑造学人 …………………………………… 30
　　（四）行政法学获得良性发展 ………………………………… 33
五、行政法学流派的发展趋势 ………………………………………… 34
　　（一）形成流派的空间越来越小 ……………………………… 35
　　（二）诸流派之间的互动频繁 ………………………………… 36
　　（三）诸流派实体内容趋同化明显 …………………………… 37
　　（四）诸流派形式上的分化明显 ……………………………… 38
　　（五）诸流派形成的全球化根基越来越强 …………………… 39
　　（六）自然因素注入流派的几率越来越大 …………………… 41

第一章　比较行政法学概述 ……………………………………… 43

一、比较行政法学的学科地位 ………………………………………… 43
　　（一）比较行政法学的概念 …………………………………… 43
　　（二）比较行政法学的历史 …………………………………… 44
　　（三）比较行政法学与比较行政法 …………………………… 46
二、比较行政法学的研究对象 ………………………………………… 49
　　（一）行政法学基本理念的比较研究 ………………………… 52
　　（二）行政法学认识范式的比较研究 ………………………… 56
　　（三）行政法学宏观问题的比较研究 ………………………… 60
　　（四）行政法学中观问题的比较研究 ………………………… 63
　　（五）行政法学微观问题的比较研究 ………………………… 66
三、比较行政法学的研究方法 ………………………………………… 68
　　（一）法学研究一般方法在比较行政法学中的运用 ………… 69

（二）比较法学的方法在比较行政法学中的运用……………………71
　　（三）比较行政法的方法在比较行政法学中的运用 ……………74
　　（四）比较行政法学特有的研究方法………………………………75
四、比较行政法学的体系结构……………………………………………79
　　（一）比较行政法学体系设计的主观性 ……………………………80
　　（二）以行政实在法研究为背景的体系构建………………………81
　　（三）以行政法治理想格局为背景的体系构建……………………84
　　（四）以实在法与行政法学认知结合为背景的体系构建…………87

第二章　行政法学方法论运用的比较……………………………………89
一、行政法学方法论概说…………………………………………………89
　　（一）行政法学方法论的概念………………………………………90
　　（二）行政法学方法论的地位………………………………………92
　　（三）行政法学方法论谱系…………………………………………97
　　（四）行政法学方法论相对单薄…………………………………106
二、行政法学方法论运用的四种态度…………………………………107
　　（一）轻视行政法学方法论的研究态度…………………………107
　　（二）回避方法论的研究态度……………………………………109
　　（三）刻意强调方法论的研究态度………………………………112
　　（四）选择运用方法论的研究态度………………………………115
三、行政法学方法论的两大范式的比较………………………………116
　　（一）实证的行政法学方法论……………………………………117
　　（二）价值侧重的方法论…………………………………………119
　　（三）其它非主流状态的方法论…………………………………123
四、行政法学方法论在诸国运用的评价………………………………127
　　（一）英美对实证方法论的珍视…………………………………127
　　（二）欧陆国家对价值侧重方法的珍视…………………………130

（三）日本国多元方法论的评价 …………………………… 134
第三章　行政法概念界定的比较………………………………… 138
　一、行政法概念的学理分析 ……………………………………… 138
　　（一）行政法概念的实在法空缺 ……………………………… 139
　　（二）行政法概念主观性之成因 ……………………………… 142
　　（三）行政法概念主观性之客观基础 ………………………… 146
　　（四）行政法概念之绝对主观性 ……………………………… 150
　　（五）行政法概念之相对主观性 ……………………………… 153
　二、限权的行政法概念 …………………………………………… 154
　　（一）限权行政法概念的历史考察 …………………………… 154
　　（二）限权行政法概念的横向考察 …………………………… 162
　　（三）限权行政法概念的本质 ………………………………… 168
　　（四）限权行政法概念的进步性评说 ………………………… 173
　三、扩权的行政法概念 …………………………………………… 174
　　（一）扩权行政法概念的历史考察 …………………………… 175
　　（二）扩权行政法概念的横向考察 …………………………… 182
　　（三）扩权行政法概念的本质 ………………………………… 187
　　（四）扩权行政法概念的终结 ………………………………… 190
　四、二元结构的行政法概念 ……………………………………… 191
　　（一）二元行政法的产生及背景 ……………………………… 192
　　（二）二元结构行政法概念的本质 …………………………… 198
　　（三）二元结构行政法概念的张力 …………………………… 204
　　（四）二元结构行政法概念分化之必然性评说 ……………… 207
第四章　行政法理论基础阐释的比较…………………………… 209
　一、行政法理论基础的含义 ……………………………………… 209
　　（一）行政法理论基础的哲学维度 …………………………… 217

（二）行政法理论基础与行政法现实基础之比较⋯⋯⋯⋯⋯⋯ 224
　　（三）行政法理论基础与支撑行政法治理论之比较⋯⋯⋯⋯⋯ 227
二、作为自然正义的理论基础⋯⋯⋯⋯⋯⋯⋯⋯⋯⋯⋯⋯⋯⋯⋯⋯ 229
　　（一）自然正义的概念⋯⋯⋯⋯⋯⋯⋯⋯⋯⋯⋯⋯⋯⋯⋯⋯⋯ 229
　　（二）自然正义作为行政法理论基础的解释逻辑⋯⋯⋯⋯⋯⋯ 235
　　（三）自然公正作为行政法理论基础的分布图⋯⋯⋯⋯⋯⋯⋯ 240
　　（四）对自然正义作为行政法理论基础的评价⋯⋯⋯⋯⋯⋯⋯ 245
三、作为分权与制衡的理论基础⋯⋯⋯⋯⋯⋯⋯⋯⋯⋯⋯⋯⋯⋯⋯ 247
　　（一）分权与制衡的概念⋯⋯⋯⋯⋯⋯⋯⋯⋯⋯⋯⋯⋯⋯⋯⋯ 247
　　（二）分权与制衡作为行政法理论基础的解释⋯⋯⋯⋯⋯⋯⋯ 252
　　（三）分权与制衡作为行政法理论基础的分布图⋯⋯⋯⋯⋯⋯ 257
　　（四）对分权与制衡作为行政法理论基础的评价⋯⋯⋯⋯⋯⋯ 260
四、作为管理范式的理论基础⋯⋯⋯⋯⋯⋯⋯⋯⋯⋯⋯⋯⋯⋯⋯⋯ 263
　　（一）管理范式的基本含义⋯⋯⋯⋯⋯⋯⋯⋯⋯⋯⋯⋯⋯⋯⋯ 264
　　（二）管理范式作为行政法理论基础的解释逻辑⋯⋯⋯⋯⋯⋯ 267
　　（三）管理范式作为行政法理论基础的分布图⋯⋯⋯⋯⋯⋯⋯ 272
　　（四）对管理范式作为行政法理论基础的评价⋯⋯⋯⋯⋯⋯⋯ 274

第五章　行政法基础理论的比较⋯⋯⋯⋯⋯⋯⋯⋯⋯⋯⋯⋯⋯⋯⋯ 278
　一、行政法基础理论界说⋯⋯⋯⋯⋯⋯⋯⋯⋯⋯⋯⋯⋯⋯⋯⋯⋯ 278
　　（一）行政法基础理论与法理学⋯⋯⋯⋯⋯⋯⋯⋯⋯⋯⋯⋯⋯ 290
　　（二）行政法基础理论与宪法理论⋯⋯⋯⋯⋯⋯⋯⋯⋯⋯⋯⋯ 297
　　（三）行政法基础理论与其它部门法基础理论⋯⋯⋯⋯⋯⋯⋯ 305
　二、行政法基础理论地位的比较⋯⋯⋯⋯⋯⋯⋯⋯⋯⋯⋯⋯⋯⋯ 307
　　（一）行政法基础理论在行政法学科中相对独立⋯⋯⋯⋯⋯⋯ 308
　　（二）行政法基础理论在行政法学科中作为支点⋯⋯⋯⋯⋯⋯ 310
　　（三）行政法基础理论相对独立与作为支点并重⋯⋯⋯⋯⋯⋯ 313

（四）行政法基础理论在诸国的走势 316
　三、行政法基础理论范畴的比较 319
　　（一）行政法基础理论范畴的概念 319
　　（二）行政法基础理论范畴的内容 323
　　（三）行政法基础理论范畴在诸国家的表现 328
　　（四）行政法基础理论范畴的走势 331

第六章　行政法学关键词设定的比较 334
　一、行政法学中关键词概说 334
　　（一）行政法学中关键词的概念 335
　　（二）行政法学中关键词的意义 342
　　（三）行政法学中关键词与非关键词的关系 347
　二、宪法背景作为关键词的比较 350
　　（一）宪法对行政法制约程度的比较 350
　　（二）宪法对行政法制约方式的比较 355
　　（三）宪法与行政法关系认知的进路 360
　三、法治行政作为关键词的比较 364
　　（一）法与行政关系论点的比较 364
　　（二）法治行政内容评说的比较 370
　　（三）法治行政方式选择的比较 378
　四、机构紧缩作为关键词的比较 385
　　（一）机构紧缩理论基础的比较 385
　　（二）机构紧缩与行政法控制方式的比较 393
　　（三）机构紧缩立法模式选择的比较 398
　五、责任政府作为关键词的比较 403
　　（一）责任政府的概念 403
　　（二）责任政府在行政法学中地位的比较 407

(三)责任政府与行政法治进路主张的比较············411

第七章　行政法学科体系构造的比较············416
一、行政法学科体系概说············416
　(一)行政法学科体系的界定············416
　(二)行政法学科体系的构成············424
　(三)行政法学科体系与行政法体系············436
二、行政法学科体系的客观构建············440
　(一)以行政法诸元素构造行政法学科体系············447
　(二)以行政权的作用背景构造行政法学科体系············449
三、行政法学科体系的主观构造············451
　(一)以方法论构造行政法学科体系············453
　(二)以价值取向构造行政法学科体系············456
　(三)以学科属性建构行政法学科体系············460
　(四)以法律文化背景构造行政法学科体系············463
四、行政法学科体系的混合构造············467
　(一)总论与分论的行政法学科体系············468
　(二)基本原理与操作规程的行政法学科体系············471
　(三)基本理论与部门行政法相结合的行政法学科体系············472

第八章　行政法学分部类诸元素进路的比较············474
一、行政法学分部类概说············474
　(一)行政法学分部类的概念············474
　(二)行政法学分部类的外延············477
　(三)行政法学分部类的地位············480
二、行政组织法进路的比较············484
　(一)行政组织法概念界定的比较············484
　(二)行政组织法规制对象的比较············492

（三）行政组织法立法主体的比较 ································· 500
　　（四）行政组织法与行政编制法关系的比较 ······················· 502
　　（五）行政组织法与公务员法进路的比较 ·························· 505
三、行政行为法进路的比较 ·· 507
　　（一）行政行为法概念的比较 ····································· 507
　　（二）行政行为法构建的比较 ····································· 517
　　（三）行政行为法与行政程序法关系的比较 ······················· 522
四、行政救济法进路的比较 ·· 528
　　（一）行政救济法概念的比较 ····································· 528
　　（二）行政救济法范畴的比较 ····································· 538
　　（三）行政救济法与相关监督法关系的比较 ······················· 545

导论　行政法学流派

我国的行政法学研究近年来得到了跨越式的发展,尤其在行政法的理论研究中形成了诸多关于行政法理论基础的论点和判断,如平衡论[1]、为人民服务论[2]、人民政府论[3]、公共利益本位论[4]、一个中心两个基本点论[5]等。这些关于行政法理论基础的研究活跃了行政法学研究的氛围,这些研究也下意识地使我国行政法学界有了研究流派的雏形。在法理学和其他相对成熟的部门法学的研究中,学术研究中的流派问题似乎已经较为普遍,诸多学科都形成了本学科内不同的研究流派。以法理学为例,就有诸如自然法学的研究流派、实证法学的研究

---

[1] 平衡论是由罗豪才教授倡导的,该理论发端于 20 世纪 90 年代,以中国由计划经济向市场经济转型为大背景,认为行政法在控制行政系统行政权力的同时也要强化对行政相对人的管理,做到权利保护与权力控制之间的平衡。该理论有着鲜明的中国语境,其隐含的精神让社会公众和政府行政系统似乎都能够接受,所以它也是 20 世纪中后期我国行政法学界影响较大的理论。

[2] 应当说为人民服务论的产生要早于平衡论,早在 20 世纪 80 年代,应松年教授就提出了行政法的理论基础建立在行政系统为人民服务之上,该理论与中国宪法对行政系统的要求高度一致,所以有着较大的生命力,而且其随着时代的发展也在不断地发展,甚至到 21 世纪还有学者秉持该理论的基本论点。

[3] 该理论的代表人物是杨海坤教授,他提出政府由人民产生、政府对人民负责、政府由人民监督等核心理念,其基本思想符合当代行政法治的制度构型,也是一个得到普遍认同的理论。

[4] 该理论有着一定的理论体系,对于其基本理论构型,叶必丰教授在《行政法的人文精神》一书中予以系统阐释,也有较高的社会关注度。

[5] 该理论是熊文钊教授提出来的,它是一个务实的行政法基础理论,很好地概括和提炼了其理论的精神实质,将当代行政法实现行政法治的核心意涵与为完成该意涵必须运用控权与管理两个基本手段及其逻辑关系作了概括,也引起了学界的普遍关注。

流派、社会法学的研究流派、法经济学的研究流派、法律现实主义的研究流派等[①]。与之相比,行政法学界虽然有对于理论基础深入而广泛的研究,虽然有对于学科构型深入而广泛的研究,但有关行政法学流派的问题似乎还没有引起学界的关注,这是非常令人遗憾的。在法理学和其他学科中,流派的形成对于本学科的建构及促进作用至少与下列方面的因素相关联。

第一个因素是本学科的认识空间。行政法学流派在一个学科中的形成使本学科的认识空间有所拓展,不同的研究流派会从不同的角度认识本学科,认识本学科宏观的、中观的和微观的问题。一旦在某一学科范围内形成了研究流派,其认识空间就必然会有所拓展。

第二个因素是本学科的思维方法。学科中流派的概念要大于思维方法的概念,思维方法可以被理解为流派中的下位概念,但同时思维方法与流派之间也存在着互动的关系形式,存在着正比例的关系形式。该关系形式的具体体现是,如果一个学科中的研究流派越丰富,其思维方法也就越成熟。反之,如果一个学科中尚未形成相应的研究流派,该学科的思维方法也就相对不成熟和相对狭隘。

第三个因素是本学科的研究视野。研究流派问题表明了该学科所涉及的内在与外在的宽度与广度,如果一个学科只有一个流派,那它的研究视野在宽度和广度上则是受到限制。而如果在一个学科中有着非常多的研究流派,尽管不同研究流派之间有可能是冲突的、对立的,但它们的存在至少拓展了本学科的研究视野。一个学科中流派的成熟度与厚度必然关涉到该学科的研究视野。

第四个因素是本学科的技术线路。不同的研究流派必然存在着

[①] 参见〔美〕E.博登海默:《法理学——法哲学及其方法》,邓正来译,华夏出版社1987年版,第87—156页。

独立于其他学科的技术线路,如法理学中的法律现实主义流派,它的技术线路就是将法律的分析和定性与社会现实予以紧密的结合,该线路是独特的,是其他流派所不具备的[①]。一个学科中流派越多,就表明该学科研究中的技术线路也就越多。而在当今的部门法的研究中,研究的技术线路问题并不是一个小问题。

第五个因素是本学科的社会效果。法学学科是应用学科,法学研究的最高评价标准便体现在它的社会应用上,也就是社会效果上。一个学科中如果只存在单一的研究流派则常常会给该学科贴上封闭性、刻板性、权威性等程式化的标签,而丰富的研究流派则会使该学科即使有标签也是多元化和多样化的标签。一个学科中研究流派的丰富与否、多样化与否便直接关系到该学科的社会效果。

由此可见,法学研究中的流派问题,无论对于法理学还是对于部门法学都至关重要。我国行政法学界关于流派的研究相对滞后,下面我们将对行政法学研究流派的一些主要问题予以研究。

一、行政法学流派的含义

行政法学流派究竟如何下定义是一个较为复杂的问题,一方面,行政法学流派是行政法学研究中的一个相对独立的研究派别,该派别的形成不是以行政法学研究中的某一具体问题为基点的,而涉及行政法学研究中若干范畴的问题。这些范畴有些是行政法学中的较大的命题和价值判断,有些则是较小的命题和价值判断。综合性和元素的丰富性是行政法学研究流派考量的主要标准。另一方面,行政法学流派有区别于其他研究流派的研究方式和方法,它有相对成熟的研究的

---

① 参见〔德〕拉德布鲁赫:《法学导论》,米健译,商务印书馆2013年版,第234页。

技术进路，有相对成熟的思维方式和方法，更为重要的是它有相对成熟的行政实在法上的主张。以此而论，不同的研究流派在实在法若干问题的主张上往往有着非常大的区别[①]。上列两个方面是研究行政法学流派内涵的切入点，具体地讲，行政法学流派有如下若干特征。

（一）行政法学流派是以行政法学学术群为基础

行政法学流派呈现在我们面前的首先是一个研究行政法学的学术群体，它与行政法学研究中单个的个人研究是有质的区别的。一个行政法学流派由一群行政法学者构成，这个行政法学的研究群体被认为是形成了一个特定的行政法学研究的圈子，能够进入该群体或者该圈子的学者都在行政法学的关键问题上形成了共识，甚至都有着共同的行政法学理想和行政法治追求。这个学术群体常常超越了国界、超越了法系的界限，至于在这个学术群中是否形成了相应的研究梯队则要具体问题具体分析。有些学术流派长盛不衰，它们有一代、二代甚至更多代的传承人，无论它属于哪一代，都是属于这个学术群的。而有些学术流派则是昙花一现，仅仅有一代的研究者。行政法学的学术群或者行政法学的学术圈是行政法学流派最主要的特征。这也告诉我们，不同的行政法学流派有着不同的学术群或学术圈，这与其他部门法学的研究流派是相一致的或者相类似的[②]。

---

① 参见〔英〕卡罗尔·哈洛、理查德·罗林斯：《法律与行政》（上卷），杨伟东等译，商务印书馆2004年版，第152页。
② 部门法学几乎都有自己的研究流派，部门法学的研究流派常常是相对独立的。即是说，它仅仅存在于该部门法学的研究之中，而在部门法之上则有法理学和法哲学。毫无疑问，法理学和法哲学中形成的流派也会不同程度地渗入到部门法学的流派之中。法理学和法哲学的流派如何渗入到部门法学的流派之中是一个值得研究的问题，它们之间的逻辑关系究竟是什么，既需要法理学予以关注，也需要部门法学予以关注。

（二）行政法学流派是由若干行政法学人为领衔

社会科学的研究与自然科学的研究存在一定的区别，其中最主要的区别在于自然科学研究中群体的特征更加明显一些，群体优势也常常更容易得到发挥。因为诸多自然科学的研究要有相应的实验验证、相应的数据支撑和相应的逻辑推演等，它们都必须形成一个机制相互支持、相互补充，才能够产出比较好的研究成果。以诺贝尔奖的获得者为例，绝大多数自然科学的诺贝尔奖获得者都有一个完整的研究团队，尽管在授予奖励时以个人名义而授予。笔者注意到，自然科学中诺奖成就的取得都有着非常好的研究团队，而社会科学研究则往往是个人研究，就是研究者自身的思考和判断是取得成果的最主要的方式。虽然社会科学中也不乏研究团队，但个体行为在社会科学的研究中的特性更加明显一些。行政法学研究流派虽然是以研究群为基础的，但是在一个流派中总会有若干个学术领衔人，总会有若干作为个体的学术专家。每个行政法学的研究流派常常都会有一些相应的代表人物，例如，在行政法哲理分析的研究中就有奥托·迈耶等这样的代表人物[1]。行政法学流派中的代表性人物能够引领该流派的方向，能够整合该流派的资源，能够使该流派更加具有凝聚力。

（三）行政法学研究流派是以松散实体为表征

凡能够形成研究流派的都有一些学者或者具有优势的领衔人，他们构成了一个特定流派中的研究实体。即是说，在一个行政法学研究流派中存在着一定的研究机构、研究人员，他们实质上是所属研究流

---

[1] 除了奥托·迈耶之外，法国的莱昂·狄骥、奥里乌，英国的马丁·洛克林、卡罗尔·哈洛，美国的理查德·斯图尔特，德国的毛雷尔·沃尔夫等都对行政法在哲学层面上的研究做出了贡献。

派的实体,但是我们不能够简单地将一个国家、一个单位等存在的研究实体等同于研究流派。行政法学的研究流派与其他社会科学中的研究流派一样,是予以分散分布的。一个研究实体还不足以构成一个研究流派,在这个研究流派中可能分布着不同时代的若干研究实体,这些实体在该流派中处于一种分散状态,即有些研究机构在有些阶段可能存在于此一流派之中,而在另一些阶段则可能处于另一流派之中。研究流派和研究实体的关系是较为复杂的,通常情况下,研究流派可以超越不同国家,可以超越不同法系,更可以超越一个研究实体。这就要求我们要用更大的视野考量和认知行政法学中的研究流派。

(四)行政法学研究流派与特定时空没有关联性

在行政法学研究中时间和空间问题是不可以回避的,尤其行政法作为一个具有明显法群性的部门法,它的时间感和空间感要比其他部门法都来的强烈。一个国家在某一时间段要推出某个行政法典,这便会将行政法学人引入到该法典的研究中。一个地方要对地方的行政法治进行强化,也会将行政法学人引入到特定区域的法治研究中。这样的时间和空间特性常常使行政法学研究的主体在某一个时间段或者空间会有所集中、会有所统一[①]。然而,对于行政法学流派而言,它与特定的时空则没有直接和必然的联系。如果说有联系的话,那也不是形成流派的关键因素。进一步讲,行政法学流派在时间上是能够有所超越的,一个流派产生于一个年代,但它并不一定在这个年代就必

---

① 我国湖南省在 2008 年制定了《湖南省行政程序规定》,这在我国行政法史上有着非常特殊的地位,某种程度上讲,它推动了中国行政程序法治的发展,也推动了中国行政程序问题研究的深化。在《湖南省行政程序规定》出台的过程中就聚集了一部分知名学者,展开了对湖南省相关行政程序问题的研究,在当时的历史条件下,他已经组成了学者群,以应松年教授和姜明安教授为引领。

然结束,它有历史的延续性。当然有些流派也可能在特定的历史节点上产生,也在这个特定的历史节点上予以重点研究,但是能够成为行政法学流派的研究都有时间的超越性。行政法学流派在空间上同样是相对超脱的,一个研究流派可能会在若干国家的行政法学研究中存在,当然一个行政法学流派也可能仅仅存在于一个国家之中。如果把行政法学研究作为人类社会中的一个社会现象来看待,行政法学的研究流派则能够超越国界、超越相关的空间区域。行政法学流派的这一特性也非常重要。

(五)行政法学研究流派有着相应的价值判断和方法论

人们常常用大陆法系和普通法系来区分法律的若干关键问题,来区分部门法的若干关键问题。例如,在行政法中人们就认为大陆法系的行政法更强调行政法在实施过程中的三段论:"行政行为是一个传统而又具有未来意义的基本法律制度。它是最常见的公共行政活动方式,是传统行政法的基本观念,是行政活动方式类型化的基石,也是行政主体完成其广泛行政任务的手段。通过行政行为,行政主体可以行使法定职权,对行政相对人发布命令或者禁令、行政许可、给予担保或者驳回、形成法律关系或者作出具有法律约束力的确认。"[①]这非常生动地揭示了大陆法系行政法三段论的运作模式。而普通法系的行政法则强调行政案例和判例在行政法体系和行政法学科体系中的地位,强调在行政法实施中执法机关解决问题的实际效果,或者用归纳法作为行政法实施的进路:"法规的目的在于执行或规定将来的法律和政策而不是评价某人过去的行为。法规的着眼点不在证明事

---

① 〔德〕汉斯·J.沃尔夫等:《行政法》(第二卷),高家伟译,商务印书馆2002年版,第9页。

实的正确性，而在于从事实中得出制定政策的结论，正因为如此，它才和裁决不同。裁决的目的主要在于根据既定的标准决定某人过去的和现在的权利和责任，决定某人过去的和现在的行为是否合法。"①这两个法系的行政法，其在行政法的若干关键问题的认知上存在着较大差别，从这个角度来讲，两个法系的行政法学很难归入到一个行政法学流派之中。

上面我们提到的行政法学流派中学术群体的因素、学人的因素、实体的因素、时间和空间的因素，这些因素是行政法学流派中相对客观的因素。而行政法学流派中较为核心的因素便集中在相对主观的因素上，即有关行政法的价值判断问题、有关行政法的思维方式问题、有关行政法的技术线路问题。不同的行政法学流派在上列问题中都存在着较大的差异，正是由于在关键问题上的差异性才使得每一个流派都有了自己的存在空间。同时我们还要指出，一个行政法学流派之所以能够形成，是因为其在这些关键问题的认知上都已经比较成熟。即是说，每一个行政法学流派都有相对成熟的行政法的价值判断、行政法的方法论体系、行政法学研究中的技术线路等。

二、行政法学流派及流传指数

在行政法学研究中有些学者的影响力以及有些论点的影响力有着较长的历史维度以及较大的空间覆盖面，也有一些行政法学论点和行政法学者在特定的历史时段产生了较大影响，但随着历史的发展它们慢慢地淡出了行政法学研究的视野。我们知道，英国著名行政法学家韦德所提出的控权论就有着非常大的影响力，该论在当下的行政法

---

① 王名扬：《美国行政法》，中国法制出版社 2005 年版，第 347 页。

学研究中也被一些学者们推崇,而且有学者认为控权论体现了行政法的基本精神:"行政法是有关行政主体根据法定权力运作的法律部门。尽管存在一些基础的边界问题,但大体上行政法——可以适当地如此称——指适用于根据法律为管制职能服务的政府机构行为。"[1];还如德国著名行政法学家奥托·迈耶所提出的"宪法灭亡、行政法长存"的理念在当时也有较强的冲击感,即便到了今天行政法学界还普遍认可这一论点;再如法国著名公法学家狄骥关于行政法发展的社会化倾向的研究,尽管关于行政法的公共利益分析曾经一度被视微,但近年来又在行政法学界被重新认知和升华。这些学者及其论点我们还没有用行政法学流派的视野去界定和认知,但它们为行政法学流派的分类和确定提供了素材。

我国在行政法理论基础的研究中相继对控权论、管理论作了充分的研究和拓展,中国学者结合中国行政法治的实践也提出了服务论、平衡论等理论基础。正如上述,这些都为行政法学流派的形成奠定了基础,但在笔者看来,它们还都不足以形成相应的行政法学流派。那么行政法学究竟有哪些流派呢?笔者认为,行政法学是法学的一个分支,这便决定了行政法学流派的形成应当有法理学上的源头,而在法理学中关于法学流派虽然存在着一定的争议,但基本上是形成共识的。如自然主义的法学流派、实证主义的法学流派就被视为是法学流派的两大主流,与这两个主流相适应的还有若干的支流[2]。行政法学流派的判定以法理学中的流派为基础是顺理成章的,但同时行政法又是一个独特的部门法,在实质上它属于公法范畴,而在形式上它则具有

---

[1] 〔新西兰〕迈克尔·塔格特:《行政法的范围》,金自宁译,中国人民大学出版社2006年版,第225页。
[2] 与这个流派相适应的还有法律现实主义、批判法学、后现实主义、法律实用主义、解构主义、法经济学等。参见〔美〕丹尼斯·帕特森编:《布莱克维尔法哲学和法律理论指南》,汪庆华等译,上海人民出版社2013年版,第244页。

最大的法律体系、最大的法律板块和最多的法律位阶。对于行政法学流派的判定必须将这些因素都考虑进去，因此笔者试将行政法学的主要流派作如下概括。

（一）行政法哲理学派

行政法哲理学派是行政法研究中的一个独特的学派，该学派的代表人物究竟是谁，我们无法一一列举。但在行政法学界有一些学者对行政法问题的研究往往站在哲学分析的立场上，他们用比较抽象的方法论来分析行政法问题，用法理学、法哲学，甚至更高层次的哲学理论分析行政法的问题，甚至给行政法学定性。

例如，奥托·迈耶有关行政法的分析就常常从比较高的理论位阶切入，它关于宪法与行政法关系的理论就隐含着深层次的公法哲理。因为对于行政法问题的研究是不可以离开同样属于公法范畴的宪法的，宪法与行政法之间既存在着法学上的关系，同时也存在着哲学上的关系。奥托·迈耶对这个问题的分析有这样的论断："宪法灭亡、行政法长存"[①]；还如美国著名法学家鲁宾在分析美国行政程序法时就从辩证哲学的高度认为，美国行政程序法已经过时，美国行政程序法已经离开了在它制定时的经济背景、社会背景和文化背景，鲁宾指出："'行政程序法'（指美国1946年联邦行政程序法，著者按）从操作层面，而非概念层面上回应了这些变化。当它对行政机构作出行为的方式施加一系列程序要求时，这些要求源自于治理的前行政模式，即由行政机关制定规则并由司法机关进行裁决。更基本的是，它们来自于治理的一个基本的私法概念，在这一概念中法律是被发现的而不是被创造的，并且政策制定总是在增长。现行立法未能确认作为行政国特

---

① 〔德〕奥托·迈耶：《德国行政法》，刘飞译，商务印书馆2002年版，第三版前言。

征的新治理模式，像优先考虑的设置、资源分配、研究、计划、定位、引导以及策略实施。"① 这些精彩的、对行政法学问题的分析都有深层次的方法论和方法论体系，奥托·迈耶和鲁宾所研究的问题虽然不同，所提出的观点也不一定契合，但是从研究方法上讲，它们能够算作一个流派，因为它们都是从行政法存在的哲学基础和文化基础上对行政法问题的分析。

（二）行政法分析学派

在法理学流派中分析学派是其中之一，该流派的研究重在对法律问题和法律实施过程的分析。在法理学中，该流派的基本含义是："每项法律制度都有其特有的优势和劣势与其独特的能力——因此，问题应该相应的肯定或否定这些问题，立法机构能够搜集与社会热点问题相关的信息并实施全面的计划。"② 作为分析学派，它对法律问题的研究有着强烈的问题意识，将行政法聚焦于应用之中，聚焦于利益关系之中，聚焦于实施和实现之中。该流派在行政法学研究中也是普遍存在的，虽然同行政法哲理学派一样，我们无法确定究竟哪一个学者是该流派的代表人物，哪一个学者是该流派的集大成者。但是我们可以指出这样一些学者，其对行政法问题的研究是将行政法放置于行政法运行的过程之中的。

例如，美国行政法学家皮尔斯在《行政法》一书中一开始就用非常大的篇幅对行政过程进行评介，在它的行政过程的体系设定中包括"行政机关"、"行政行为的数量"、"到1946年的历史发展"、"1946—1970年间的历史发展"、"20世纪70年代间的历史发展"、

---

① 〔美〕彼得·H.舒克编著：《行政法基础》，王诚等译，法律出版社2009年版，第53页。
② 〔美〕布赖恩·Z.塔玛纳哈：《法律工具主义》，陈虎等译，北京大学出版社2016年版，第147页。

"20世纪80年代和90年代的历史发展"、"21世纪的行政法"。在"21世纪的行政法"的分析中,皮尔斯结合了相关的案例,而且有这样的评判:"在该案中多家环境保护团体、州和地方政府提出规制制定请愿,要求环境保护局对美国销售新汽车的温室气体(二氧化碳)排放设定限制。环境保护局基于下列两项理由拒绝了这一请愿:(1)环境保护局无权对二氧化碳的排放进行规制,因为它不是'污染物';(2)即使二氧化碳属于污染物,环境保护局也拒绝在此时对新汽车的排放设定限制。环境保护局认为当时对二氧化碳排放设定限制并没有意义,因为美国新汽车排放只占二氧化碳排放总量的很小一部分,而且要有效解决全球变暖问题,需要对所有国家的所有排放源采取协调和全面的国际行动。"[1] 无独有偶,日本学者在有关行政诉讼的研究中也特别善于运用分析的方法。例如,日本行政法学家原田尚彦在《诉的利益》一书中就对日本行政诉讼中的关键问题作了非常细微的分析,在有关"行政过程与司法审查"一章中就有这样的精辟论断:"行政诉讼所采用的起诉事项概括主义与诉的利益的放宽,扩展了抗告诉讼的范围,使抗告诉讼正在变为国民较多利用的诉讼形式。结果这不仅使绝大多数案件成为法院审理的对象,而且从质的方面来看,也使从纯粹个人的诉讼到甚至也应称之为集团性利益代表诉讼等具有多种多样内容的诉讼走进了法院的大门。……为了解决行政诉讼中所出现的现代课题,必须尽快确立有关行政诉讼实体审理的应然模式理论。"[2]

(三)行政法务实学派

在当代法理学的研究流派中有一个流派叫法律现实主义,该流派

---

[1] 〔美〕理查德·J.皮尔斯:《行政法》(第一卷),苏苗罕译,中国人民大学出版社2016年版,第33页。
[2] 〔日〕原田尚彦:《诉的利益》,石龙潭译,中国政法大学出版社2014年版,第167页。

在有些国家已经形成了气候①，可以与法理学中的自然法学派和实证法学派等分庭抗礼。该学派认为法律存在于社会控制系统之中，它的功能在于进行有效的社会控制，而法律在实施过程中会每日每时地遇到具体问题，会每日每时地遇到不同的法律案件或者法律案例。在这些复杂的社会问题中会产生法律在实施和实现过程中的诸种不确定，有学者将这些不确定概括为"合乎理性的不确定性"；"局部不确定性"；"因果关系不确定性"等复杂情形②。法律运作过程中的这种复杂现象甚至可以视为是当代法律的本质，所以法学在面对法律和法治问题时，也要抱着现实主义的态度，运用能够提升法律应对复杂问题的方式和方法。法律现实主义的这些基本思想也不同程度地反映到了行政法学的研究之中，在行政法学研究中也形成了类似于法律现实主义所秉持的研究方法和对法律与法治的态度。行政法学研究中的务实主义流派在行政法价值判定和研究的方略中采取了十分灵活的应对策略，其对行政法问题的主张都紧紧围绕行政法的社会化程度和社会控制效果而展开。即便是一个行政法规范制定的主张，也以该行政法规范社会认可的空间、社会控制的可行性，甚至是否形成共识为前提条件。

以我国改革开放以来行政法学的发展为例，务实主义就贯穿于行政法体系形成和行政法治完善的全过程。我国在1989年制定了《行政诉讼法》，而10年之后才制定了《行政复议法》。从救济制度的相互衔接来看，行政复议是行政救济的第一个环节，而作为司法救济的行政诉讼应当是最后一个环节。以此而论，在我国的行政法体系中，

---

① 参见〔德〕施塔姆勒：《现代法学之根本趋势》，姚远译，商务印书馆2018年版，第54页。
② 参见〔美〕丹尼斯·帕特森编：《布莱克维尔法哲学和法律理论指南》，汪庆华等译，上海人民出版社2013年版，第269—270页。

应当首先有行政复议法,然后才制定行政诉讼法。但是在当时的历史背景之下,有关行政诉讼法的制定有很高的呼声[①],而且也有官方和高层的支持,所以在行政法学研究中诸多学者便采取了非常务实的态度,没有矫正行政诉讼法先于行政复议法制定的问题,而是极力地主张制定行政诉讼法。还如,绝大多数国家都尚未制定行政法典的总则,但几乎所有的法治发达国家都制定了行政程序法,这实质上也是一种立法中的务实态度。务实主义作为一种行政法学流派,与其他流派一样也是超越国界的,该流派在中国是有理论和思想基础的。在中国法学界受诸多哲学方法的支配,而马克思主义的哲学方法则是学者们普遍坚持的,它的精髓就在于具体问题具体分析,行政法务实主义流派与该哲学方法是相辅相成的。

(四)行政法社会学派

法社会学在它产生的初期仅仅是法学研究的流派之一,但是到今天法社会学已经不仅仅是法学研究中的一个流派,而成了一门独立的法律学科,在法学研究领域出版了诸本非常厚实的法社会学著作,如科特威尔的《法律社会学导论》、卢曼的《法社会学》,马克斯韦伯的《法律社会学》等,这些关于法社会学的论著都已使法社会学成为一门独立的学科。同时不可否认的是,法社会学仍然可以作为法学研究中的一个流派,因为它们对法的研究与其他流派有所区别,在研究的方法和关于法的主张上,其契合作为流派而存在的条件和标准。在行政法学研究中也受到了法社会学的影响,也许有些学者对行政法问题主张

[①] 当年之所以没有在行政组织法、行政程序法上作文章,而选择了制定行政诉讼法,其中一个很重要的原因就是学界和实务部门普遍认为如果在中国能够率先确立"民告官"的制度,那对中国的行政法治乃至法治而言具有破天荒的价值,所以行政诉讼法的制定也就形成了共识。

和采用的研究方法没有冠之以行政法社会学之名,但他们的研究态度以及对行政法本质的确认则与法社会学有高度的契合性。我们知道,在行政法学研究中引入了诸多新的概念,如市民社会的概念、公共利益的概念、社会自治的概念等,而这些概念曾经一度成为行政法学研究中的热点。例如,在本世纪之交,行政法学界就将公共利益的概念作为一个热点予以引入,诸多论点认为行政法建立在公共利益的基础之上,行政法要以公共利益为转移,公共利益一时间成了分析行政法问题的最核心的手段①。而公共利益问题是与社会学关联最为密切的问题,是社会学概念中的核心概念之一。同时公共利益的分析将行政法由原来的国家利益和政府利益转入到了社会系统之中,这就使得行政法由原来相对封闭于政府系统的状态有所改变,使行政法的问题始终成为社会问题的组成部分而不仅仅是政府问题的组成部分。

该流派对我国行政法治近年来的发展产生了非常大的影响,我们在 2014 年依法治国的顶层设计中就对存在于社会系统中的治理方式作了认可。而在最近有关治理体系和治理能力现代化的构型中也强调了治理过程中社会自治的重要性②。应当指出,我们所讲的社会自治是与公法调整关联在一起的社会自治,是公法理念转化的社会自治。在法治发达国家对于行政法问题的分析中有关法社会学的倾向也非常明显,我们注意到,诸多学者在对行政法问题的研究中都强调公正问题和公平问题,甚至有学者认为公平和公正是当代行政法原则的核

---

① 事实上,当学界和实务部门在关注公共利益的热潮下,公共利益的概念在中国还存在着巨大的争议,人们还没有形成一个关于公共利益概念的共识。与该概念相关的概念有国家利益、社会利益、集体利益、政府利益、行政利益等,甚至到目前为止,公共利益的概念在我国还没有法律上的统一界说。
② 参见:《中共中央关于坚持和完善中国特色社会主义制度、推进国家治理体系和治理能力现代化若干重大问题的决定》,人民出版社 2019 年版,第 13 页。

心内容，而在传统行政法理论中合法性原则和合理性原则才是形成共识的行政法的基本原则。应当讲，合法性原则和合理性原则与公平原则和公正原则并不是同一层次上的问题，公平原则和公正原则在行政法中的运作实质上都是基于法社会学的视野，有学者就指出："公平原则的发展，其作为行政决定的一项要求，虽然理性地拓展了自然正义的传统规则，仍然使我们对法治的理解变得复杂。这说明一般性和中立性原则——其通过一般规则始终如一地适用和得到保护——必须得到某些道德原则的补充，这些道德原则的影响与特定案件的具体情势联系紧密。行政权力必须受到一般规则科以其目的及范围的限制，以防止任意的歧视；但是它们在个案中的行使——其结果必然大相径庭——应当对案件的特定情势保持敏感。这里并不存在矛盾，仅仅是承认法治应当包括相互冲突的合法性和公平的事项，而且不能毫不曲解地被压缩为任何一端。"[①] 这个论断表明行政法治的原则已经有所转型，已经超越了合法性原则和合理性原则的维度，这样的超越使行政法的社会元素日益强烈。行政法学研究中的法社会学流派无论在我国还是在其他国家都方兴未艾。

（五）行政法政治学派

行政法政治学派可以有两个分析的视角，第一个分析的视角是一些行政法学的研究者对行政法问题的研究不是放在法学的范畴，而是放在政治学的范畴之内。我国台湾地区在20世纪60—70年代所编纂的《社会科学大辞典》中，有关行政法学的词条并没有编纂在法学类的词典之中，而是编在政治学的词典之中。就是没有将行政法学与

[①]〔英〕T.R.S.艾伦：《法律、自由与正义——英国宪政的法律基础》，成协中等译，法律出版社2006年版，第40—41页。

其他法学学科相并列，没有将行政法学作为法学的一个分支，而是将行政法学作为政治学的一个分支。这表明一些学者在分类上就已经将行政法学放在了政治学的体系之中，一些学者对行政法学问题的研究以及对行政法学体系的构建也立足于政治视野。例如，美国著名公法学家古德诺在其名著《政治与行政》一书中，就将政治与行政的关系作了深入讨论，认为政治与行政是密不可分的，政治是对国家意志的表达，行政则是对国家意志的执行，而表达国家意志和执行国家意志本身就紧密地联系在一起。古德诺后来著有的其他有关行政法学的著作也都是基于政治与行政二分而展开的，其对行政的分析实质上就是以政治视野来考量的。第二个分析的路径是将行政法问题的分析用权力和权力分配的核心理念来确立行政法的价值定在。我们知道，权力和权力分配本身就是一个政治语言，是政治机制考量的东西。在这个流派中英国公法学家卡罗尔·哈洛和理查德·罗林斯最具代表性，著有《法律与行政》一书，该书可以说是行政法学问题研究中的一部巨著，其对行政法问题的分析过程普遍地进行了政治的考量和权力分配的考量。例如，该书分析了公共权力对公民社会予以限缩的红灯理论，也分析了公共权力可以介入市民生活的绿灯理论，还分析了在行政传统上行政与个人自由之间的关系等："英国行政法传统上强调矫正冤情，对个人而言尤为如此，该传统在1961年因为一份颇有影响的报告而得到强化。该报告名为《公民与行政》，由法律界人士组成的一个叫'司法界'的压力集团负责起草。根据其章程，该集团致力于'维护个人的基本自由'。在报告的前言中，肖克罗斯勋爵努力寻求现在已为大家所熟知的主题，即行政裁量权的扩大使得加强对公民的保护成为必要。在强调随着国家的发展，'在影响普通百姓生活和权利的所有事项方面，开创了大量的裁量领域'时，他发明了一句名言：'拥有四英亩土地和一头奶牛的小农场主永远不会试图冲破克利其尔·唐所设下的藩篱'。"① 其关于行政法问题的分析具有非常强烈的政治视野。

在我国行政法学研究中该流派也已经形成了规模，而且秉持政治学和政治视野研究行政法学问题的学者并不在少，他们对行政法学问题的研究常常要寻求一种较为中性的东西。例如，在行政相对人与行政主体之间寻求利益的最大化，在立法与行政之间寻求最佳的协同机制，在司法与行政之间寻求最佳的制约机制等。我们注意到，我国行政法治中常常将行政权力的控制与对行政相对人的管理予以统一，在一个行政法典中既包括了规范行政相对人的内容，也包括了规范行政主体的内容。我国行政法规范中的诸多制度构型就有着非常明显的政治色彩，以行政公益诉讼为例，虽然行政公益诉讼通过《行政诉讼法》的修改属于了司法机制，但是公益诉讼中检察机关与行政机关的关系具有较为明显的政治属性，而诸多公益诉讼的案件也在诉前程序中就得到了解决②。这样的机制是有效率的，对于解决行政法治中的不作为或者违法行政都能够起到非常积极的作用，但是检察机关和行政机关在公益诉讼中的运作关系还很难贴上司法机制的标签。在整个行政法学的研究中政治视野和用政治学进行分析，在我国既可以说是一个流派，也是学者们会下意识地采用的分析进路。

（六）行政法判例学派

普通法与判例法被视为是两大法系，这两大法系在法律实在中的

---

① 〔英〕卡罗尔·哈洛、理查德·罗林斯：《法律与行政》（上卷），杨伟东等译，商务印书馆 2004 年版，第 196 页。
② 2019 年 10 月 23 日在第十三届全国人民代表大会常务委员会第十四次会议上，最高人民检察院检察长张军所作的《最高人民检察院关于开展公益诉讼检察工作情况的报告》中指出："2017 年 7 月至 2019 年 9 月，共立案公益诉讼案件 214740 件，办理诉前程序案件 187565 件，提起诉讼 6353 件。"在该数据中，诉前程序办结的案件数量占总案件数量的 87.3%。

区分是一种客观存在，而两大法系在逻辑分析上也泾渭分明。我国属于成文法系，这是由我国的法治传统决定的，所以在我国行政法学的长期发展中，学者们也以成文法的法律学理推演我国的行政法，如学者们主张我国的行政法要有法律规范体系，我国的行政法要有理性化的执法机制等。近年来，学者们也提出了要在我国制定一部行政法总则或者通则①，或者要分门别类地制定行政组织法、行政程序法、行政救济法等②。学者们在以成文法的学理倡导我国行政法和行政成文法不断发展的同时，对判例法的吸收也越来越引起了学者们的重视。判例法的精神实质在于："我不反对判例主义。它是我们的判例法基础。通过一个一个案例的延续，它得到了发展，通过坚持以前的判例使习惯法保持在正确的轨道上。"③由此可见，判例法有着自身的合理性。一方面，判例法可以使未来发生的案件有实实在在的参考系数，而不是机械地从法律条文中选择处理案件的答案。另一方面就是可以应对实在法的模糊性、不确定性和滞后性，所以普通法系国家对判例法的法理逻辑一直很自信，一直引以为傲。

由于判例法有着自身的优势，我国在秉持成文法精神的同时，一些学者也非常重视从判例的角度研究行政法问题，从法律案例的角度研究行政法问题。我们注意到，在教育行政诉讼领域，什么样的案件应当予以受理，什么样的案件不应当予以受理，学者们常常以人民法

---

① 2020 年《民法典》的颁布使行政法学界进一步产生了制定行政法总则或通则的冲动，绝大多数学者主张我国应当尝试制定一部行政法总则或者通则。也有一小部分学者认为，行政法与民法不同，它的固有特征就是它的规则体系，是由诸多法律群构成的，认为制定行政总则或通则既无可能也无必要。
② 诸多学者认为，从我国目前行政法体系的现状来看，应当根据行政法的部类分别制定相对统一的行政法典。如可以制定统一的行政组织法，因为目前的行政组织法较为分散；还可以制定统一的行政程序法。尤其统一行政程序法的制定在学界呼声非常高，该论点具有明显的务实性。
③ 〔英〕丹宁：《法律的训诫》，杨百揆等译，群众出版社 1985 年版，第 276 页。

院已经受理的案件作为标准,著名的田永诉北京科技大学案就被学者们普遍关注和引用。可以讲,此案改变了高校的法律人格,使高校能够成为行政诉讼中的被告,而这不仅仅是一个判例问题,更是一个使我国法治逻辑发生变化的问题。更为值得一提的是,从 2010 年起我国最高法院开始实行案例指导制度,对于最高院发布的指导案例学界都给予了高度评价。而与指导案例制度相契合的是,在我国行政法学界一些学者对行政法问题的研究都非常乐于从案例或者判例的分析而展开,尤其是对部门行政法的研究,如公共卫生行政法的研究、食品药品行政法的研究、交通管理行政法的研究、土地管理行政法的研究、房地产行政法的研究、矿产资源行政法的研究等都能够从案例切入,这似乎已经成为我国行政法学研究中的一种"时尚"。我们对以案例切入研究的热度不可低估,它们已经成为我国行政法学研究中的一个流派。

三、行政法学流派及其形成的主客观基础

行政法学流派究竟是如何形成的尚未有人进行过系统地、综合性地研究,在这个问题上有两个方面的问题应当予以考量:一是将视野放在某一个行政法学的流派之中,就是对该流派的形成进行研究和分析,任何一个行政法学流派都有自己形成的背景和相关基础。二是将视野放在目前林林总总的行政法学流派的形成上进行研究和分析。笔者上面简要分析了目前 6 种主要的行政法学流派,而在行政法学的研究中,除了这 6 种之外,还有其他的行政法学流派,这些复杂的行政法学流派的形成也有着相应的背景和基础。毫无疑问,对行政法学流派及其形成基础进行研究是有较大难度的,因为在社会科学的研究之中存在着偶然性与或然性,一个行政法学流派可能肇始于一个政治

或者社会实践①,一个行政法学流派的形成也可能肇始于一部行政法典的制定,一个行政法学流派的形成还可能肇始于一个行政判例等②。由此可见,对行政法学流派及其形成的基础作具体问题具体分析、作定量分析并非易事。下面笔者将从相对抽象和相对概括的角度对行政法学流派及其形成基础作出揭示,而任何行政法学流派的形成都或多或少地依赖于这些基础,只是不同的行政法学流派在相关基础的侧重点上存在着一定的差异。在笔者看来,行政法学流派形成的主客观基础主要有下列方面。

(一)地理基础

行政法学流派与地域因素的关系是极其密切的,我们对任何一个行政法学流派的认知都首先依赖于一定的地域因素或者地缘因素。反过来说,任何一个行政法学流派都有着它自己的存在空间,都受制于一定的地理要素。在科学研究中有些科学的流派是以地域而命名,例如法经济学研究中的芝加哥学派,还如马克思主义研究在20世纪上半叶中的法兰克福学派,在我国法理学研究中还有人区分京派法学家和海派法学家等。这些学术研究中的流派可能缘于其代表人物的学术活动长期与这些地理区域有关,也可能是因为某些代表性的观点是从这些地域产生出来的,或者是在特定的区域之内形成了一个关于

---

① 在行政法学研究中规制理论曾经产生了非常大的影响,而规制理论之所以能产生那样的影响是因为行政法与市场经济的关系在20世纪中期达到了高峰,市场经济与行政权能这种复杂的经济、政治和社会因素才使得规制理论产生并完善,而规制理论足以形成行政法学研究中的一个派别。

② 田永诉北京科技大学案仅仅是一个行政法判例,然而该案件却使得中国行政法的研究有了非常宽的视野,尤其人民法院与行政机关的关系通过该案件甚至超越了《行政诉讼法》等实在法的规定。学者们对行政法问题的研究从行政法的行政性转入到了行政法的司法性,目前在行政法学的研究中案例问题的研究越来越热,也几乎成为一个研究派别。

该流派的研究群而且相对固定。同时，行政法学中的任何一个流派也都常常对应于一个区域，例如，当我们谈到行政法判例学派时，我们就很容易与美国的行政法学研究对应起来；当我们谈到行政法哲理学派时，我们就很容易与德国的行政法学研究对应起来；我们谈到务实学派时，就很容易与中国的行政法学研究对应起来等。地理基础说到底不仅仅是一个与土地、气候、环境有关的纯粹地理要素，它更与该地理范围内的人文、政治等因素有密切的关联。

（二）法系基础

法系问题在20世纪以后似乎发生了一些变化，这个变化主要反映在它们有融合和趋同之趋势，就是强调以制定法为其本质特征的成文法系也大量吸收法律案例，案例在这些成文法国家之中也是法律规范的重要补充；而以判例为其精神实质的普通法系国家也强调行政成文法的地位，强调行政成文法在行政法治中的功能和要义。最有代表性的是美国《联邦行政程序法》的制定，美国本是判例法系也是判例法运行最成功的典型，但以美国《联邦行政程序法》为代表的成文法典也大大地影响了美国法律体系的构成。这都足以表明，在行政法领域中普通法系和成文法系已经有所趋同和有所交织。然而成文法系在法治精神上的特性是一个客观存在，而普通法系在法治精神上的特性同样是一个客观存在。深而论之，普通法系的法治和法治精神是成文法系所不能取代的，正如庞德所指出的："英美法律思想和英美法律思维根深蒂固地坚持这种个人基本权利的思想，认为它们作为自然权利完全高于或优先于国家统治权，对它们，社会利益必须让步。一个理想的、由普通法权利认可的私人权利体系被认为是一个自然权利体系，它完全高于或优先于国家或社会的控制。"[①] 而成文法系的法治

---

① 〔美〕罗斯科·庞德：《法理学》（第3卷），廖德宇译，法律出版社2007年版，第21页。

精神也是普通法系所不能取代的，正如有学者所指出的："大陆革命似乎要求抛弃旧法统，而英国革命则要求承受旧法统甚至还要发扬光大，这从大陆法系国家和普通法系国家对法典编纂就可以看得很清楚。大陆法系所以要编纂新的法典，是因为必须要废除共同法；而英国所以认为没有必要编纂法典，是因为认为普通法必须要保留下来。"①

行政法学研究中的流派基本上都能够与法系有一定的关联度，只是这些关联度有较为复杂的表现。有些行政法学流派完全吸收了某一法系的精神，如行政法判例学派就纯粹吸收了普通法系的精神，而行政法分析学派则基本上以成文法系的精神见长。还有一些行政法学流派则分别吸收了普通法系的精神和成文法系的精神，以行政法政治学派为例，其主张行政法与政治机制的关联性，也就是主张行政法要体现立法者的意志，凸显立法在行政法中的地位，同时有关行政法问题的解决则吸收了普通法系更加灵活的法律适用方式。

（三）思想方法基础

行政法学流派中隐藏着非常多的元素，其中包括一个国家的行政法实在，具体有行政法的规范体系、行政法的实施机制和行政法的运作模式等②。这些基本要件是任何行政法学流派都不能够予以抛弃和割裂的，同时在行政法学流派中还包含着认知空间、研究视野、思维方法等，这些东西是主观范畴上的。在行政法学流派中究竟作为实在法的客观的东西占主流，还是作为认知空间、研究视野、思维方法等

---

① 〔美〕约翰·亨利·梅利曼：《大陆法系》，顾培东等译，知识出版社1984年版，第23页。
② 行政法学流派中的元素总体上讲是由行政法学范畴诸因素构成的，对此前边我们已经讨论过。但不可否认，行政法学流派与行政实在法密不可分，它们涉及行政实在法中的诸多内容，同时也会对这些内容的走向产生种种影响。

主观的东西占主流,不可以一概而论之,不可以作简单化地处理。需要强调的是,行政法学的流派及其定性是行政法学范畴的问题,是行政法认知范畴的问题,这表明在行政法学流派中主观的东西是不可或缺的,主观的东西甚至在一定程度上要高于客观的东西。事实上,行政法学诸流派尤其是行政法哲学学派、行政法分析学派等的产生都受制于一定时代内法理学、法哲学乃至于哲学范畴的革命和发展。

分析哲学在20世纪美国的哲学研究中占主流,而美国分析哲学的发展也影响到了美国社会科学诸领域的发展,例如分析法学在美国的繁荣便与分析哲学的繁荣密不可分,有学者对此有这样的评说:"可以说,哲学增进我们对法律实践的理解,最知名的进路就是提供对其核心概念——当然,也包括法自身的概念——的分析。"[①] 而行政法学研究中的务实学派、社会学派乃至于判例学派等都与法理学和法哲学中形成的思想方法有关联,都与当代哲学研究的繁荣有关联。诸多学者在分析行政法问题时常常采用了一些哲学原理,例如,有学者在分析行政主体时就有这样的分析方法:"建立公法人的另一个理由是,通过授权给一个独立的机构以减少对其进行直接政治控制与干预。"[②] 行政法学流派的形成依赖于这种一个一个的、具有哲学内涵的分析,正是这些具有哲理的分析方法才能够使行政法哲学形成学派进而形成流派。对行政法学流派形成中思想方法的基础我们不能小看,因为如果在一个国家的哲学范畴内有其厚实的思想方法,行政法学人也有厚实的哲学功力以及掌握厚实的哲学方法,那么该国形成行政法学流派的机会也就越多,该国行政法学研究的成熟度也就相应越高。

[①] 〔美〕朱尔斯·科尔曼、斯科特·夏皮罗主编:《牛津法理学与法哲学手册》(上册),杜宴林等译,上海三联书店2017年版,第341页。
[②] 〔英〕A.W. 布拉德利、K.D. 尤因:《宪法与行政法》(上册),程洁译,商务印书馆2008年版,第565—566页。

（四）传统文化基础

行政法学流派的基本特征之一就是它的相对超越性，即是说，一个行政法学流派可以超越法系空间，可以超越历史空间等，这是行政法学流派最为基本的特性。但从另一面看，行政法流派的超越性也不是绝对的，至少从一个行政法学流派的形成来看，它都必然与一定的行政法学研究人群有关，它都必然与一定国家的行政法治有关。换言之，目前行政法学中的流派如果溯其源头的话，我们都能找到这个流派它在地理上的发端，它在人群上的发端。更为重要的是，一个行政法学流派在一个国家或者人群之中产生也并非偶然，它们都必然与特定的文化因素、特定的社会因素密不可分。

西方法治发达国家受传统社会契约论的影响，在行政法和行政法问题的分析中，常常将社会个体的权利放在至高无上的地位上，常常强调公权要让渡于私权。著名的行政法控权理论就奠定在传统社会契约论的基础之上[①]。而德国行政法学家对行政法问题的分析更倾向于将其引入哲学层面，所以行政法哲学学派也主要以德国为代表，因为德国在其传统文化上就崇尚哲学、崇尚形成思想方法。近现代唯心主义哲学、唯物主义哲学德国都是集大成者，这样的传统文化也就使德国行政法学中哲学学派必然是占主流的。而我国在新中国建立以后，以马克思主义哲学为主导其哲学的精髓在于具体问题具体分析，这同时也是对马克思主义中国化精髓的提炼。该哲学原理对我国行政法学研究的指导处于绝对的优势地位，这才使得中国的行政法学人秉持了务实的态度，进而形成了行政法学务实学派。笔者认为，传统文化与行政法学流派的关系无论怎么分析都不过分，之所以一些重要

---

① 参见〔美〕朱迪·弗里曼：《合作治理与新行政法》，毕洪海等译，商务印书馆2010年版，第399页。

的行政法学流派能够在此一国家产生,而不能够在彼一国家产生都能够作出合理解释。

(五)治理模式基础

行政法不同于其他部门法,它所涉及的元素要比其他部门法所涉及的元素复杂得多,这才使得有学者将行政法称之为"小宪法",认为宪法规定一国基本政治、经济、社会等制度的轮廓,而行政法则是对一国政治、经济、社会制度的具体化。我国在依法治国的顶层设计中将社会的治理机制分成三个有机联系的范畴,那就是法治国家、法治政府和法治社会[1]。仅从字面意思看,似乎行政法仅仅与法治政府勾连在一起,而与法治社会和法治国家没有必然联系,而在笔者看来这只是一个错觉。进而言之,行政法在与法治政府关联的同时,与法治社会也紧密地联系在一起,行政法中涉及到诸多社会控制的内容,与当代社会中诸多复杂的社会事务勾连在一起,诸多社会问题如民生问题、环境问题、食品药品安全问题都依赖于行政法的调控。对于行政法和社会控制的联系,有学者就曾指出:"这就使过去的专治、警察国家所能取得的成就——其中并没有行政法"[2]。行政法在与法治社会不可分割的同时,也与法治国家不可分割,因为在法治国家的建构中存在着明显的公权力分配问题,如立法权与行政权的关系、审判权与行政权的关系、监察权与行政权的关系、检察权与行政权的关系等,而这些关系一部分归于宪法,相当一部分则归于行政法。例如,《监察法》中就有这样的规定:"监察委员会依照法律规定独立行使监察权,

---

[1] 参见:《中共中央关于全面推进依法治国若干重大问题的决定》,人民出版社2014年版,第4页。
[2] 〔德〕拉德布鲁赫:《法学导论》,米健等译,中国大百科全书出版社1997年版,第132页。

不受行政机关、社会团体和个人的干涉。监察机关办理职务违法和职务犯罪案件，应当与审判机关、检察机关、执法部门互相配合，互相制约。监察机关在工作中需要协助的，有关机关和单位应当根据监察机关的要求依法予以协助。"这些涉及公权关系的分配和处理问题，行政法的作用无论如何都是客观存在的，行政法将法治政府、法治社会和法治国家予以有机化处理的特性使学者们对行政法问题的研究便必然要考虑一个国家的治理模式。

事实上，行政法学流派都很难回避治理模式的问题，行政法社会学派的形成就与国家治理模式中社会化走向的治理模式有关联，而行政法政治学派的形成则与社会治理中公权主导的治理模式有关联。治理模式可以从不同角度作出概括，如自上而下的治理模式和自下而上的治理模式，行政高权主导的治理模式和社会主体主导的治理模式，集中化的治理模式和分散化的治理模式等。行政法学流派与诸种复杂的治理模式都有着千丝万缕的联系，一个行政法学流派常常以某一个治理模式为主导，并以这样的治理模式来构设行政法问题，甚至来划定行政法的学科范围。例如，行政法社会学派所划定的行政法范围就要比行政法政治学派所划定的行政法范围大得多，因为在行政法政治学派的视野之下，社会法的范畴则是不存在的。

四、行政法学流派的学科价值

有些学者在谈到科学研究中的方法论时，认为方法论在学术研究中一旦成为套路，一旦被定型，它便会对某一学科中的学术研究带来一定弊端[①]。这个弊端主要表现在研究方法使得研究过程形成了特定

---

① 参见〔美〕保罗·费耶阿本德：《反对方法》，周昌忠译，上海译文出版社1992年版，第10页。

的套路，而这些套路又有着较大的封闭性，就是排斥与该方法论相冲突的研究方法和方法论。这必然会使得本学科的研究越来越刻板，越来越没有包容精神，最后的结果是该学科的研究越来越滞后。该论点是对学术研究方法中的负面评价，不能说没有道理，而行政法学流派由于有方法论的支撑所以也会有上述弊端。我们还要强调，包括行政法学流派在内的学术研究的流派不仅仅有方法论上的套路性问题，而且有归属于该流派的价值判断，归属于该流派的思维定式，归属于该流派的其他固定化和成型化的东西。这从一个侧面反映了行政法学流派对行政法学的研究是有一定的消极性的，然而就行政法学流派的总体价值而论，它对行政法学科传承和发展的积极作用必然要多于消极作用。那么，行政法学流派对行政法学科究竟具有什么样的价值呢？笔者试从下列方面加以分析。

（一）行政法学独立学科地位

某一个学科的学科地位究竟如何，通常情况下取决于该学科成熟与否。即是说，一个学科越成熟，它的学科地位就越高，反之，一个学科越不成熟，它的学科地位就越低。在法学研究中以部门法为基础、以实在法为铺垫、以思想方法为指导进而形成了一系列的法律学科，如法理学、宪法学、行政法学、民法学、刑法学、诉讼法学、国际法学等。近些年来，在法学的学科体系中还形成了一些新的学科，如经济法学、环境法学、社会法学、人工智能法学、卫生法学、外层空间法学等。有学者就指出："全球性的以电脑为工具的交流打破了地域界限，创造了全新的人类活动领域，并损害了基于地理边界而适用法律的可行性和合法性。尽管这些电子通信摧毁了地理边界，一种由屏幕与口令构成的新边界却已经出现，它将虚拟世界与原子构成的真实世界分离开来。这种新边界圈定了一个明显的网络空间，需要属于自己的新的法律和法律机构,并且有能力创造它们。"① 这些复杂的法学学科在学者和社会公众的眼里,其学科地位并不是不相上下的。换言之,有些法学学科的地位就相对较高,有些法学学科的地位就则相对较低,至于如何测评这样的学科地位是一个需要从技术上进行量化的问题。然而不争的事实是,人们都下意识地会对各部门法学的学科地位有一个主观的认知。

毫无疑问,随着《民法典》在我国颁布,近一段时间民法学的学科地位就得到了普遍的关注和认知,甚至一些公法也要从民法和民法学科那里获取营养等②。民法学之所以有较高的学科地位与其研究方法上的成熟性和研究流派上的丰富性密不可分。从古罗马开始,民法学就是全世界法学界关注的热点,而有关罗马法的研究也形成了诸多复杂的流派,这些流派对后来各国民法学的地位提升,乃至于对各国民法典的制定都起到了不可低估的作用。以此而论,如果某个法学学科研究中的流派相对丰富和成熟,那么该法学学科的地位也就相对较高。行政法学流派的不断发展就使行政法学的学科地位也在日益提升,我国 20 世纪 90 年代有关行政法理论基础的研究虽然还很难说已经形成了相应的流派,但诸种理论基础的研究及其各自的特色引起了法学界和实务部门对行政法的普遍关注,也使行政法学由新兴的学科发展为较为成熟的学科。目前行政法分析学派、行政法务实学派、行政法案例学派等都将行政法学的学科地位作了有益推动,这是行政法学流派的首要学科价值。

(二)行政法学多元化

在全世界范围来看,行政法学究竟有多少流派可能还需要学者

---

① 〔美〕彼得·德恩里科:《法的门前》,邓子滨译,北京大学出版社 2012 年版,第 395 页。
② 参见张淑芳:《私法渗入公法的必然与边界》,载《中国法学》2019 年第 4 期。

们再作探讨以及再进行理论上的梳理。笔者所评介的六个行政法学流派有可能不够全面,也仅代表笔者个人的见解,但是我们之所以能够很容易地提炼出行政法学研究中的这些流派并不是基于笔者的主观想象,而是与我国和全球范围内行政法学的研究相契合的,正是由于行政法学研究中存在着这些复杂的、多样化的研究的进路、研究的价值判定、研究的方法论的坚守才使得我们能够作出这样的提炼和概括。这充分表明行政法学流派的存在、行政法学流派的状况与行政法学研究中的元构成是相辅相成的。换言之,行政法学研究中的元构成越丰富,行政法学的流派也就越多。反之,行政法学研究中的元构成越少,行政法学研究的流派也就越少。从另一个侧面看,行政法学研究流派的形成促进了行政法学研究的多元化,这个道理是非常简单的。一个行政法学流派只能体现或者反映行政法学研究中的一个元构成,而对行政法学科而论,元构成的丰富性是其是否能够充分发展的前提条件。多元的行政法学研究总优于单进路的行政法学研究,这是行政法学流派的另一个重要学科价值。

(三)以行政法学塑造学人

在科学研究中有两个方面的研究实体是不可以被忽视的,一个是研究机构,就是各种各样的研究所或者学会等;另一个则是研究人员,就是具体的学者或者专家。前者是学术研究中的群体,后者是学术研究中的个体,它们都是学术研究中的实体。一个成熟的学科往往有作为实体的研究机构的支撑,或者有作为实体的研究人员的支撑。研究机构和研究人员之间的关系是较为复杂的,一个好的研究机构往往聚集了若干好的研究人员,而有些好的研究人员也由于进入到或者存在于某一个研究机构实体而得以获取成果,得以获得学术成就。有学者曾经对诺贝尔奖获得者进行过系统研究,通过研究得出了这样一个结论,那就是在学术研究中存在着优势积累的问题①。所谓优势积累是指一个科学家如果存在于已经获得过诺贝尔奖的研究实体或者团队,那他后面再获得诺贝尔奖的概率就要大很多。这充分表明研究的个体与研究的实体之间的关系密不可分,好的机构能够成就好的个体,而好的个体则能够使好的机构取得更好的研究成果。行政法学研究中机构与研究者个体的关系同样存在着优势积累的问题,我们可以将行政法学的研究流派视为研究实体的转换形式,就是一个研究流派便是一个特殊的研究实体,在这个流派中的学者有可能通过自己的研究为该流派注入新的活力,同时由于他的研究与该流派相契合,他也很容易从这个流派得到利益以及相应的好处。

我们注意到,任何一个行政法学流派中都有一定的代表人物,例如,行政法哲理学派中的代表人物奥托·迈耶,行政法分析学派中的代表人物韦德,行政法社会学派中的代表人物狄骥等,这些出色的行政法学人都天然地与这些行政法学流派联系在一起。因此,我们认为行政法学流派对行政法学科的另一个价值就是塑造行政法学人。而这些行政法学人无论是对行政法的学科地位而论,还是对行政法的学术研究而论,既是必要的,同时也是行政法学研究中的一笔财富。当然,行政法学人对行政法学问题的研究大多是基于其知识结构对行政法问题进行认知②,而并不是刻意地为了形成某一行政法学流派才对行政法问题进行研究的。因此,行政法学流派与行政法学人之间的复杂关系还需要我们再进行更深层次的探讨。

---

① 参见〔美〕哈里特·朱克曼:《科学界的精英——美国的诺贝尔奖获得者》,周叶谦等译,商务印书馆1979年版。
② 有学者曾经认为对法律和法学问题的本质作出回答的并不是法学家,而是哲学家。如果这个观点成立的话,我们也有理由说对行政法本质问题作出合理揭示的并非行政法学家,而是法理学家和哲学家。其原因在于行政法问题的研究,乃至于其他法律问题的研究都与学者们的知识占有有关。

笔者曾经对行政法学研究与行政法学知识积累的关系做过研究[①]，行政法学在法律学科中是更需要非常丰富的知识积累的学科之一，这也是由行政法现象所决定的。上面已经指出，行政法已经被视为"小宪法"，足见它在社会关系调控中的复杂性和丰富性，而这必然决定了无论是行政立法，还是行政执法，抑或是行政救济都存在于复杂的社会机制之中，也必然与复杂的社会知识紧密相连。以 2020 年初新冠疫情的出现为例，人们就认为行政法现象的背后有着丰富的科学知识，如果我们在制定行政法规范时对这些科学知识有所熟知，那在疫情防控中就会非常主动。而如果我们对这些社会知识不熟悉，便会使疫情防控非常被动。行政法学人以及行政法学研究实体所掌握的内在的或者外在的知识越多，所寻求的解决问题的答案也就越准确，这应当是行政法学研究中的一个定律。

行政法学流派与行政法学研究中的知识同样有着非常高的关联度，不同的行政法学流派所占有的这些内在的或者外在的知识常常是不一样的。例如，行政法社会学派所占有的行政法知识偏重于社会学和对社会问题的分析，而行政法政治学派所占有的知识则偏重于政治学和对政治问题的分析。一定意义上讲，不同流派在知识的构成上、在知识的积累上存在较大的区别和差异。近年来在行政法中有一个现象就是技术规范在行政法体系中的不断引入[②]，而众多的技术规范都隐含着各种类型的行政法知识。行政法学流派多样化和多元化的前提之一，就是大量内外知识在行政法学中的渗入。基于此，行政法学流派必然能够积累或者整合更多的行政法知识，尤其 21 世纪行政法已经从传统的确立总体的原则、总体的程序转向为对部门行政法的

---

① 参见关保英：《关保英文集》（第一卷），法律出版社 2015 年版，第 312 页。
② 参见关保英：《论行政法中技术标准的运用》，载《中国法学》2017 年第 5 期。

重视,如食品、药品安全法的体系化,资源、能源保护法的体系化等。随着行政法学对知识需要的提升,行政法学流派便有了充分的存在和发展的空间,进而通过丰富的行政法学流派为行政法学积累和整合更多的知识。

(四)行政法学获得良性发展

有哲学家对20世纪以后哲学的发展做过深度研究,认为自20世纪以后,哲学的发展越来越繁荣、越来越具体、越来越细密化。具体而言,在哲学研究中相关的流派越来越多、越来越丰富,那种通过一个学派便可以统治整个哲学领域的格局已经一去不复返,而哲学研究中的复杂状况已经到了令人不可思议的地步,就是此一哲学流派常常不知道彼一哲学流派究竟在研究什么,此一哲学流派常常不懂得另一哲学流派的话语体系,因此原来存在于哲学研究中的趋同性的格局已经出现了一定的危机①。哲学研究中的这种景象在笔者看来并不是坏事,恰恰相反,这种不贴标签的、并非主流的研究只会使哲学更加成熟。在行政法学研究中我们虽然不主张学派之间互相"打架"、互相"拆台"、互相不交流以及互相不了解等,但是行政法学的研究如果受到某一个流派或者受到某几个学派的绝对统治,那对行政法学研究而言绝对不是幸事。基于此,我们认为行政法学流派的存在和流派的多样性恰恰能够促进行政法学的良性发展,我国行政法学之所以在近年来发展迅猛得益于诸种流派能够同时并存、互不诟病、互不排斥、互不对立等。

我们注意到,我国的行政法和行政法治发展吸收了英美法系的精

---

① 近年来这种状况有所好转,就是不同哲学流派之间的交流较前大为增加,这在某种程度上缓解了此一哲学流派甚至不懂彼一哲学流派的状况。参见〔法〕保罗·利克主编:《哲学主要趋向》,李幼蒸译,商务印书馆1988年版,"译者前言"第2页。

神,如强调行政程序的重要性,强调行政法判例的指导作用等;也吸收了大陆法系的精神,如行政诉讼制度的构建等。给人的总体印象是我国的行政法和行政法治有着强烈的包容精神,而行政法治实践中的包容精神与行政法学流派的包容精神是并存的,因此有丰富的行政法学流派存在是我国行政法学在今后能够良性发展的前提条件。

五、行政法学流派的发展趋势

行政法学作为一门学科应当有两个方面的研究范畴,第一个范畴是应用研究,就是对行政法和行政法治问题的研究;第二个范畴则是基础研究,就是对支撑行政法学科的那些内外在因素的研究。这两个范畴的研究不应当有所偏废,但是从全球以及我国行政法学研究的状况看,学者们将侧重点放在了第一个范畴之中而基本上忽视了第二个范畴。尽管在行政法学界某些有影响力的资深学者过高龄生日时,其弟子或者行政法学圈子内也展开了一些研究,然而这些基本上都是对行政法问题的研究,就是以学者们各自撰写一篇文章最后汇编成相应的论文集的形式作为对这位资深学人华诞的纪念[①]。而在笔者看来,在这样的时间节点学者们应当展开对这位资深学人的行政法学术风格以及行政法思想方法的研究,或者展开对其所领衔的行政法学团队的研究,或者对其所存在的行政法学流派的研究等。在我国以及其他一些国家,行政法学在此方面的研究基本上还是空白,所以笔者认为我国行政法学研究应当有所平衡,应当对第二个范畴研究的缺失作适度

---

① 笔者认为,一些知名学者的华诞纪念可以在形式上有一定的改进。例如,可以组织一些后辈学者对这些资深学者的学术思想、学术经历、学术路径、学术成就等进行专题研究,以专题研究的成果取代论文集。这种调整对于行政法学流派的形成和发展是有积极意义的。

弥补。

我们可以对全球范围内的行政法学人进行研究[①]，就是对历史上的和当代的行政法学人进行专题研究，这种研究可以是多维度的，包括这些学人的基本情况和背景、这些学人所处时代的背景以及这些学人的学术思想对行政实在法和行政法学的影响等。我们还可以对行政法学术团队进行研究，诸多行政法学思想的形成就依赖于一个或者一些行政法团队。以 20 世纪 90 代在中国发展出来的平衡论为例，就是由罗豪才教授所领衔的北大法学系的行政法学研究团队研究提出，该团队中除了作为学术带头人的罗豪才教授之外，还有其他出类拔萃的中青年学者，正是这个团队产生了轰动一时甚至影响至今的平衡论。我国目前对行政法学术团队的研究基本上是零，这是非常遗憾的，而我们还可以扩大研究跨度，对分布复杂的行政法流派进行研究。如果行政法学研究能够将应用研究和基础研究的关系处理好，那行政法学在整个法学甚至社会科学的学术体系中就会站稳脚跟。

（一）形成流派的空间越来越小

现代意义的行政法产生于资本主义制度的建立，在这个问题上是没有争论的。以此而论，行政法学流派及其形成的历史并不算长，但我们惊讶地发现，在这不太长的历史跨度内行政法学的发展则是非常快的，行政法学形成了一系列的研究方法、研究进路和关于行政法和行政法治问题的判断和结论。在这个过程中行政法学吸收了法理学中诸流派的内容，如行政法学研究中的实证学派、务实学派都能够从

[①] 笔者曾经主编过《行政法认知史》，在本书中笔者通过一个研究团队对 9 位有代表性的行政法学家进行了较为系统的研究，而且对每一个行政法学家的行政法学思想都有所提炼，也一定程度地评介了它们所代表的行政法学流派。参见关保英主编：《行政法认知史》，中国政法大学出版社 2008 年版。

法理学中的实证法学中找到根源。行政法学也吸收了其他部门法中关于流派的内容,例如,当下关于行政法成文法主义的热烈讨论就得益于民法学中的法典主义。目前行政法学界已经形成了若干个流派,正如本文所初步评介的六个主要流派,由于这些流派在方法论上的多元性、在体系构造上的多样性等,都使得再要拓展行政法学研究流派的空间会越来越小。因为就思想方法而论,社会科学的思想方法到目前为止数量有限,要形成一个新的思想方法肯定是有难度的,而行政法问题或者行政法现象本身就具有特定性和质的规定性,人们只能根据这些特定性和质的规定性研究行政法学问题,这同样限缩了形成新的行政法学流派的空间。这是笔者对未来行政法学流派发展趋势的一个初步判断。

(二)诸流派之间的互动频繁

在行政法学发展的初期以及后来很长一段时间,学者们在行政法问题的研究中有着较为坚定的研究态度,诸多学者始终坚守一个行政法学理论,而且对其他行政法学理论基本上采取了排斥的态度,尤其在两种理论相互对立的情形下,这种固守阵地的研究态度显得越发突出。以行政法学研究中的控权论和管理论为例,二者在形成的初期水火不容,这种相对坚定的态度对于一个特定流派而言是有益处的,因为它容易使该流派吸引大量的研究者并在诸多理念上不被外在因素所干扰。形成于苏联的管理论的行政法基础理论对以英国控权主义为特征的理论基础基本上持否定态度,这两种理论基础之间基本上没有互相交流和互相吸收的空间,行政法学流派在其发展的初期几乎都是这样的格局。然而,在 20 世纪中期以后尤其 21 世纪之后,无论人们如何进行认知,全球化似乎都是不可逆转的,这样的全球化从经济、政治、文化、宗教等最后渗入到法治之中。有学者就指出:"我们现在生活在一个全球性的环境之中,它还不是一个全球村。在目前这一背景下,全球化一词指的是那样一些过程,它们利于创造并巩固一个统一的世界经济,一个单一的生态系统,一个综合性的通讯网络,这一网络能够覆盖全球,即使没有渗透到地球的每个角落。……在世界范围内社会关系的强化把相距遥远的地方联系起来,使得地方性事件的发生也受到远方事件的影响。"[1] 行政法学强烈地受到了这种全球化的冲击,这必然使得不同的行政法学流派之间有了交流的空间,有了互动的可能。目前全球范围内不同的行政法学流派之间进行互动已经不是什么难事,我国近年来就涌现出中德行政法及其比较研究、中美行政法及其比较研究、中亚行政法比较研究等。在国内不同行政法流派之间也常常相互交流,各方都愿意善意地了解和熟悉其他流派的研究方法以及行政法主张,而法学教授互骂娘的时代几乎一去不复返了[2]。

(三)诸流派实体内容趋同化明显

上面已经指出,不同行政法学流派之间的互动越来越多,这实质上有一个客观上的前提条件,那就是它们所遇到的行政法问题和行政法现象有着相应的同一性和同质性。行政法与其他部门法相比表现极其复杂,在其他部门法中该部门法法典的构成是不会有争议的,该部门法所调整的社会关系也是不会有争议的,但是在行政法中无论是关于法典的构成,还是关于其所调整的社会关系都有非常大的争论。美国学者所编纂的行政法典和我国学者编纂的行政法典在典则构成上就有非常大的区别,这其中的原因在于行政法现象究竟调整什么样

---

[1] 〔英〕威廉·退宁:《全球化与法律理论》,钱向阳译,中国大百科全书出版社2009年版,第5页。
[2] 参见謦言:《法学教授互骂娘》,载《法学》1999年第8期。

的关系和采取什么样的模式在各国都有着非常大的争论。例如，自然公正原则要求行政法要控权，而议行合一的体系则要求行政法更加凸显管理属性。但近年来行政法在对该问题上的争议已经相对较小，行政法无论在哪个国家、无论哪个法系都要面对行政组织、都要面对行政行为、都要面对行政救济等。在行政法所涉及的问题被确定以后，行政法学流派便是对这些问题的回答。这进一步表明，行政法学流派在实体内容上会越来越形成共识、会越来越趋同，这也是行政法学诸流派乐于互动的基础。

（四）诸流派形式上的分化明显

行政法学流派建立在行政实在法的基础之上，行政实在法的状况必然制约着行政法学流派发展的状况。行政法在其形成的初期主要体现于对行政权的控制，它的逻辑前提在于行政系统在公众生活的关系中仅仅应当扮演守夜人的角色，就是行政法仅仅维持行政主体的治安行政法治的职能。而后来随着福利国家概念的被接受，政府行政系统所扮演的社会职能便发生了一定的变化，人们也期待这样的变化，例如政府行政系统要为公众提供公共服务、提供公共福利，由原来的守夜人行政变为现在的给付行政。这个关于行政法价值和定位的变化便从深层次上引起了行政法过程的变化、行政法方法的变化，这样的变化便为行政法学开辟了巨大的空间，行政法学中的诸多流派就是在这种变化的基础上而形成的。从全球范围来看，随着各国对政府职能认知的转变，随着全球化的深化，行政法治中的这种变化是不会停止的。例如，私法的诸多调控方式在行政法中就被广泛接受："就私法而言，诚实信用原则系透过物之买卖租赁、劳动契约等商业习惯彰显与当事人之间关系，以保护当事人间之信赖关系。公法由于其主体在法律关系上之特殊性，无法直接以私法上对诚实信用原则意义之内涵充实，惟经实务对此原则之反复操作，大可归纳诚信原则应有'禁止权利滥用'、'行政行为方法应确实符合客观上表现之目的'、'不得懈于执行职务'、'避免前后行为矛盾'"①，这都拓展了行政法治的空间。

总而言之，行政法治的迅猛发展和变化速率的提升都使得人们对行政法问题的认知越来越深入，对行政法的设定越来越有所期待，这就使得行政法学某一流派在形式上不会轻易接受其他流派的主张。还有一个问题也是促成行政法流派形式分化的诱因，那就是随着社会的发展，行政法学对法理学中的重要原理积极地予以吸收，甚至对政治学和社会学中的相关研究予以吸收，甚至对哲学研究中的新的成果予以吸收。最为典型的是博弈论本来属于经济学的范畴，但诸多学者将博弈论从经济学的研究引入到行政法学的研究中，这都大大丰富了行政法学的思维定式。所以行政法学诸流派在实体上的趋同性只是事物的一个方面，而在形式上的日益分化则是事物的另一个方面，这个分化对行政法学学科建设不应当是消极的，因为行政法学流派中形式的分化只能强化行政法学研究的厚度，而这种复杂的形式方面则不会改变行政法研究的基本方向，因为内容上的趋同性可以纠偏形式多样性所带来的风险。

（五）诸流派形成的全球化根基越来越强

在当今世界的政治和经济格局中有了一个新的倾向，人们将这种新的倾向称之为逆全球化。它的基本含义是世界政治和经济格局在以前呈现为诸国之间相互交融的状态，即全球化，而当下全球化已经达到了顶点，应当出现相应的拐点，这个拐点就是全球化的对立面即

---

① 周佳宥：《行政法基本原则》，三民书局2016年版，第115页。

逆全球化，还可以称之为以主权国家为中心化。笔者认为，逆全球化只是人们对世界政治和经济格局的一种认知，它是否能够反映当下世界政治和经济发展的客观情形则是要打一个问号的。就我国而论，随着2001年我国加入世贸组织，我国的行政法治就有了全球化的倾向，因为世贸组织规则被认为是世界性的行政法典[①]，我国入世以后，在法治行政方面就应当遵守世贸组织的相关规则，同时与世界各国在政治、经济、文化方面的交流并不可能有所倒退。这次新冠疫情的发生就从一个侧面印证了逆全球化是一个伪命题，而全球化才是一个真命题，这样一场突发卫生事件都会波及到全世界上百个国家，更何况其他方面的交流呢？

行政法学流派在它形成的初期可能会基于一种特定的行政法学思想或者基于一种特定的行政法学研究方法，还可能基于某个有代表性的行政法学人等。然而，随着该流派的发展它往往会超越国界、超越法系。我们也注意到，一个行政法学流派的学术影响力常常会涉及许多国家。以20世纪初期行政程序法的法典化为例，美国首先制定了《联邦行政程序法》，引起了各国学者对于行政程序的关注和研究，可以说一时间行政程序研究形成了相应的学派。而正是该学派关于行政程序较为成熟的认知，才使得后来有诸多国家都先后制定了行政程序法，各国制定行政程序法的年代也非常接近，时间跨度非常之短。行政法学流派在今后的发展中对全球化的依赖会越来越明显，全球化作为行政法学流派形成的根基必然会越来越强。在全球化中还有一个现象是不可忽视的，那就是除了各国在行政法问题的主张上有全球

---

① 世贸组织规则之所以被认为是世界性的行政法典，主要因为世贸组织规则的绝大多数是用以约束各国政府和行政部门的，其中也有一些内容约束企业或者经济体但分量很少，而其对政府行政系统的规范则体现在诸多方面。

化的倾向之外，诸多国家及国际组织之间缔结了非常多的公约或者条约，这些公约和条约都涉及到了具体的行政法问题，都会对缔约国产生影响，任何一个国家的行政法学研究在面对这些公约和条约时都必然不能够置身其外。

（六）自然因素注入流派的几率越来越大

行政法学流派中的知识是形成流派的必备要件，这其中包括的知识非常之多，如有关行政法问题的知识、有关政府治理的知识、有关其他部门法的知识、有关思想方法的知识等。我们可以将行政法学中的知识分为人文知识和自然知识，所谓人文知识就是指可以归入到社会科学范畴的那些知识，如行政法学中的历史分析方法、比较研究方法等；所谓自然知识则是指可以归入到自然科学范畴中的那些知识，如自然科学所形成的特有研究方法，还如行政法学中的自然因素，行政法问题中的自然因素等[①]。

在传统的行政法学中人们将研究重点放在人文知识的范畴之内，而对自然知识则相对比较淡漠。随着行政法社会控制的具体化，行政法治和行政法现象中所涉及的自然因素越来越多。例如，这次新冠疫情的发生就涉及了诸多的属于自然科学范畴的问题，如病毒的来源、病毒传播的程度、病毒的生命力以及病毒与季节的关系等，这些自然因素直接涉及公共卫生法治的内容。还如，我国前不久制定的《疫苗管理法》，其作为行政法的组成部分就充分体现了其中的自然因素和技术因素。我国还在环境保护方面有诸多的技术标准，这些技术标准都取决于环境保护的自身规律，都属于自然科学的范畴。行政法学研

---

① 参见关保英：《行政立法尊重自然的理论思考与实践进路》，载《南京大学学报（哲学人文社会科学）》2020年第1期。

究以及行政法学流派是否能够对这些自然因素作出感应是其能否具有生命力的风向标。深而论之，诸行政法学流派如果要在发展过程中不断地自我完善和自我修复，那就必须大量地吸收这些自然因素，否则将会失去其存在的空间。

第一章 比较行政法学概述

一、比较行政法学的学科地位

（一）比较行政法学的概念

所谓比较行政法学是指对行政法学诸问题从比较角度所进行的研究，并使有关行政法学的比较成为一个独立的学科的科学研究过程。首先，比较行政法学是一个科学研究过程，即人们对行政法学问题进行比较研究的一个动态的行为方式，这一点是需要特别予以强调的。因为在以往的有关比较法的定义中对比较法相关问题的定位似乎更多地突出了问题的静态方面，而忽视了比较法或者比较法学作为一个研究过程的特性。[①] 其次，比较行政法学是一个独立学科，这个学科与比较行政法有着本质区别。在国内外的行政法学科体系中，比较行政法的研究并不少，单就国内而论，比较行政法的著作就有诸多

---

① 目前国内外出版的主要比较行政法的著作有古德诺的《比较行政法》、王名扬先生的《比较行政法》、胡建淼教授的《比较行政法——二十国行政法评述》等，这些比较行政法的著作基本上都以行政法制度作为比较研究的基础。一个国家的行政法制度与人们对于行政法的认识不同，行政法制度与行政法认识相比是相对静止的，因而，我们认为，目前国内外的关于比较行政法的研究基本上都是静止研究，是对行政法制度和事实的研究而不是对行政法过程的研究，尤其行政法认识过程的研究。

部，[①]但关于比较行政法学的著作却没有一部。比较行政法与比较行政法学无论从概念系统看，还是从学科体系讲都不是同一意义的事物，对此笔者将在本章的其他部分作系统分析。再次，比较行政法学从研究方法上讲仍然是以比较为核心的，即是说，比较行政法学在研究过程中是以比较为主的，对不同行政法概念进行比较，对不同行政法的认知模式进行比较，对不同行政法的体系结构进行比较等。所不同的是比较行政法学进行的比较是以行政法学为核心的，而不像比较行政法那样是以行政法为核心的。

（二）比较行政法学的历史

比较行政法学作为一个完整的学科似乎并没有完全形成，笔者查阅了国内外有关行政法问题的研究资料，似乎还不曾有一部完整的比较行政法学的教科书或者著作。学者们对行政法的比较研究主要以实在法为研究的对象，即以行政实在法作为比较行政法的研究单位。也许，学者们会认为比较行政法学必须以行政实在法为比较单位，因此，不存在真正意义的比较行政法学。这从一些行政法学者的著述中可以深刻佐证，例如，和田英夫认为：行政法学是令人头痛的学科，"行政学之所以会这样，其原因是多方面的。首先，由于在法典里没有关于行政法的论述而使得行政法研究的对象庞杂琐碎；其次是由于有关行政法的研究很落后以及其理论体系的艰深。再者，这是由于行政法本身所特有的学说性质所决定的。（在行政法的各个领域，宪法、

---

① 国内关于比较行政法的研究既有从总体上对行政法进行比较的，又有对行政法专题进行比较的，属于前者的有胡建淼的《比较行政法——二十国行政法评述》，法律出版社1998年出版；张正钊、韩大元的《比较行政法》，中国人民大学出版社1999年版；王名扬的《比较行政法》，北京大学出版社2006年版。属于后者的有皮纯协的《行政程序法比较研究》，中国人民公安大学出版社2000年版；章剑生的《行政程序法比较研究》，杭州大学出版社1997年版。

民法、诉讼法等方面的知识是不可缺少的。从这一点上可以说,行政法涉及法律学的全部体系,是一门综合性的法学。)"① 依其见解,行政法学与行政法制度本身就是不可以分开的,由此便能够得出一个结论,纯粹的比较行政法学是不存在的。换言之,在行政法问题的比较研究中,只有行政法作为实在法的比较,而没有行政法作为法学问题的比较。在行政法学界持此论的人并不在少,正因为如此,比较行政法学的独立著作并不多见。然而,行政法学的研究毕竟与行政法制度不同,作为独立存在的行政法学科体系即使没有成为规模,至少也已经有一些零散的行政法学问题的比较。行政法学是法律学科的重要组成部分,它的一些基本的发展进路常常受到法律学科总体格局的影响,其中两大法系中有关法律理论的理念就对比较行政法学产生了深刻影响。我们也注意到,诸多行政法学著作在对行政法学的一些问题进行比较研究时,常常以两大法系的有关法律学理论为出发点,甚至有些以此为归宿,如有学者对英美法系的行政法学问题和大陆法系的行政法学问题经过比较研究后认为,"属于英美法系行政法的主要有英国、美国、加拿大、澳大利亚、新西兰等。"②"大陆法系国家行政法包括法国、德国、奥地利、比利时、荷兰、西班牙等国家。"③ 并认为,"在法律体系上,大陆法系行政法属于公法,而且有一套专门的行政法机制,构成一个独立的法律体系。"④ 这实质上是从法律学的角度对不同行政法学模式的概括。比较行政法学在其历史发展中,一方面,它的一些行政法学理念受法律学整体研究的制约,常常使一些行政法学的理念从有关法系或者其他法律学的总体理念中进行推演,此点提醒我

---

① 〔日〕和田英夫:《现代行政法》,倪健民等译,中国广播电视出版社1993年版,第1页。
② 王连昌主编:《行政法学》,中国政法大学出版社1996年版,第27页。
③ 同上书,第28页。
④ 同上。

们，对比较行政法学的研究不能脱离法律学的一般问题，至少要从法律学的尤其比较法学的一般问题中寻求一些解释问题的方法。另一方面，它的一些行政法学的合理命题存在于行政法学个别问题的描述之中，如有关行政行为的理论比较，有关行政救济的理论比较，只有相对微观化以后，总体比较行政法学才会显现出来，此点要求我们在对比较行政法学进行研究时一定要处理好个别与一般的关系原理、具体与普遍的关系原理。应当说，以历史的眼光观察，行政法学问题的比较其历史脉络是清晰的，而比较行政法学的历史脉络则是不清晰的，甚至正如前面所讲到的比较行政法学的学科还在创立之中。若要对比较行政法学的历史作出一个合理断代的话，必须以行政法学个别问题的比较为断代的基础，例如，在19世纪，比较行政法学主要以自然正义以及其他的相关行政法学理念为比较的焦点。而进入20世纪后，有关行政的程序构想则是比较行政法学的焦点。进入21世纪后，比较行政法学比较的核心问题则是行政法法律形式和行政法与其他行为规则关系的论点。

（三）比较行政法学与比较行政法

比较行政法学与比较行政法的区别与联系，在行政法学界并没有人专门给予研究，也许，人们会认为，比较行政法学与比较行政法是同一个概念，二者都是从比较的角度对行政法问题的研究。但是，从学者们对行政法问题进行比较的著作的命名看，似乎更乐于使用比较行政法的名称，不大乐于使用比较行政法学的名称。早在1893年，美国人古德诺就出版了一部名为《比较行政法》的著作，后来同类著作几乎在主要发达国家都出现过，而比较行政法学的著作（或者以比较行政法学命名的著作）则找不到一部，笔者认为，比较行政法学与比较行政法应当不是一个事物，当然，比较行政法学与比较行政法有一定的关联性,如它们都是行政法学科的组成部分,它们在研究过程中都运用了比较方法,它们都是对行政法中一些问题的研究,但从深层次讲,比较行政法学与比较行政法有下列区别:

其一,比较行政法是对行政法制度的比较,比较行政法学则是对行政法学学科的区别。即前者立足于法律制度,后者立足于法律学科。以古德诺的《比较行政法》为例,其重点比较了"行政部与他部之关系"、"美国行政元首之组织"、"法兰西之行政权"、"美国之行政权"、"美国之参事院"、"法兰西之参事院"、"美国地方行政之特征"、"英国之地方行政"、"法兰西之地方行政"等。① 这些比较都是以各个可比国家的法律制度为客体的,没有这些具体的行政法制度,这个比较就无法进行下去。比较行政法学则不同,它并不以某些国家的行政法制度为比较的客体或者元素,而是对行政法学科进行比较,即在每个国家形成的行政法学科体系。我们认为行政法制度与行政法学科体系是必须予以严格区分的,这种区分并不是一个简单的研究习惯问题,而是一个有关行政法学研究的学术态度问题,笔者曾在另一部著作中对此进行了理论上的分析。② 行政法制度与行政法学科的区别是非常明显的,对此我们没有必要再作深入说明。

其二,比较行政法是对行政实在法的比较,而比较行政法学则是对行政法基本理念的比较。在比较行政法问题的研究中,不能没有具体的行政法规范。如果离开了一个国家的实在法,比较行政法就必然是无源之水,无本之木,因此,笔者注意到,有关比较行政法的著作都紧紧围绕相关国家的行政实在法而展开,例如张正钊和韩大元主编的《比较行政法》一书在对行政法历史进行比较时认为:"从 19 世纪末

---

① 参见〔美〕古德诺:《比较行政法》,白作霖译,中国政法大学出版社 2006 年版,目录。
② 参见关保英:《行政法教科书之总论行政法》,中国政法大学出版社 2009 年版,第 25 页。

开始韩国接触西方文明,并建立近代国家的体制,但 1905 年后韩国沦为日本的殖民地。通过殖民统治,日本强行把本国的行政法制度适用于韩国。一直到 1945 年韩国并没有建立起主体的行政法制度。韩国行政法发展的历史始于 1945 年,其历史发展过程可以分为三个阶段:第一阶段:1945 年至 1950 年。这个时期是行政法发展的准备期,学者们根据 1948 年宪法,对殖民统治下形成的行政法制度重新进行了反思,确立了与宪法精神相一致的行政法发展方向。第二阶段:整个 60 年代属于行政法发展的第二阶段。根据法制改革的总体计划,对旧的行政法规进行了清理,积极引进英美行政法制度与原理,确立新的行政法体系,以福利主义原理为基础重新构筑符合韩国行政法文化的制度。第三阶段:70 年代后行政法进入全面发展的第三阶段,其主要标志是:消极行政向给付行政的变化;权力作用向非权力作用的变化;重视行政法体制与人权保障问题的研究;建立较完善的行政救济制度;建立行政程序制度等。"[1] 紧密围绕韩国的实在法对其历史发展过程进行评述。比较行政法学则不同,它以行政法的基本理念为比较的客体,即以人们对行政法问题的认识为比较的出发点和归宿。人们对行政法问题的认识是一个学术问题,而不是一个制度问题,不是一个法律规范问题。因此,在比较行政法学的比较中,我们可以以学者们的学术论点为核心,完全可以不以国家制定的行政法规范作为比较的元素。事实上,行政法理念与行政法规范常常是不一致的。虽然,有些行政法规范要在一定的行政法理念的指导下制定出来,而另一些行政法理念并不必然形成行政法规范。即是说,比较行政法与比较行政法学在研究的价值方面亦存在较大的差异,比较行政法学并不受功利原理的影响。

---

[1] 张正钊、韩大元主编:《比较行政法》,中国人民大学出版社 1998 年版,第 30—31 页。

其三，比较行政法是对行政法问题进行的客观比较，而比较行政法学则是对行政法问题进行的主观比较。我们说二者存在主观比较与客观比较的差别并不是说比较行政法学的比较是主观的，从而就是不可靠的，我们所提出的主观比较与客观比较是就比较过程中的哲学范畴而论之的。即是说，比较行政法的比较从哲学范畴上讲可归于客观比较的范畴，因为其以客观的法律制度、客观的法律规范为比较的基础。比较行政法学的比较从哲学范畴上讲则可归于主观比较的范畴，因为其以主观的认识态度、认识方法、认知进路为比较的基础。我们认为，在行政法学研究中，过于客观的东西已经是够多了，尤其有关行政法比较研究都沉湎于客观研究之中，而忽视了主观范畴的东西，对于一个完整的学科而言，对于一个作为整体事物的东西而言，主观的东西与客观的东西一样是不可以缺少的，这也正是作者构建一个比较行政法学体系的原因所在。

二、比较行政法学的研究对象

行政法学的研究对象在行政法学界存在两种倾向，一是国内外行政法学教科书关于行政法学研究对象的表述并不多，笔者查阅了国内外相关的行政法学教材，只有不上十位的学者在其编著的教科书中讲到行政法学的研究对象。一些在国内外有较大影响的行政法学教材并没有对行政法学的研究对象作专题研究，例如韦德的《行政法》教科书就没有讲到行政法学这个学科的研究对象。学者们为什么很少在行政法学著述中探讨行政法学的研究对象，其根本原因并不容易得到合理揭示，在笔者看来，根本原因在于一方面，行政法学作为法学的分支学科之一，其研究对象可能受到法学研究对象的整体制约，在澄清了法学研究对象之后，行政法学的研究对象便可以不再进一步确定,只要将法律学科的研究对象厘清以后,行政法学的研究对象在其中只要根据学科归属进一步确定即可,而法学的研究对象是法理学应当澄清的问题,与行政法学这个分支没有太大关系。如果学者们是基于这个理由免去对行政法学研究对象进行探讨的话,那么,这便是非常危险的,因为行政法学与法学的其他学科不同,与法学作为一个整体的内在规定性亦不同,其与政治因素、行政因素、社会学因素等都有非常密切的关系。以法学总体学科的研究对象框定行政法学的研究对象,或者依法学研究对象的理论演绎行政法学的研究对象必然很难合理地揭示行政法学的研究对象。这是笔者对行政法学界关于行政法学研究对象倾向的第一个说明以及对这个倾向危险性的认识。二是国内外的行政法学教科书中,在揭示行政法学研究对象的著作中,关于行政法学的研究对象究竟是什么,并没有形成一个统一的认识,甚至可以说,在有关行政法学研究对象的表述上论点的差别是非常大的。例如管欧认为"行政法学乃以研究行政法为对象之科学;凡关于行政法之原理原则,行政法发生之作用,适用之范围,以及其他有关行政法所规律之事项,均为行政法学所研究之对象,亦即为构成行政法学之内容,就法之本身言,谓之为行政法;就法之研究言,谓之为行政法学,故吾人通常对于行政法之研究,即为行政法学。"[①]罗豪才主编的《行政法学》对行政法学的研究对象是这样表述的:行政法学"研究行政法的基本原则、行政法的本质、内容与形式,研究行政法的制定、执行和遵守,研究行政法的产生与发展以及人们对行政法的观点、学说和理论。总之,行政法学是研究行政法规范的科学"[②]。日本行政法学家盐野宏则认为:"行政法的研究对象和视角,

---

① 管欧:《中国行政法总论》,蓝星打字排版有限公司1964年版,第35页。
② 罗豪才主编:《行政法学》,中国政法大学出版社1996年版,第42—43页。

就不是和民法相并列地构筑关于国内行政的公法,而必须从总体上动态地考察行政过程中所出现的所有法现象,指出其中存在的问题点,并探究其解决的方法。"[1] 德国行政法学家汉斯·J.沃尔夫对行政法学的研究对象做了较为清晰的列举,依他的论点行政法学的研究对象可概括为下列方面。其一,行政法学研究行政在国家体制和法律制度中的地位。其二,行政法学研究行政的法律根据、行政的任务、行政的权限等。其三,行政法学研究个人相对于国家和行政机关的地位。其四,行政法学研究行政的方法和活动方式。其五,行政法学研究行政程序。其六,行政法学研究行政责任。其七,行政法学研究行政的组织。其八,行政法学研究公务员的地位。其九,行政法学研究行政的物质手段。其十,行政法学研究行政的形象。其十一,行政法学研究行政的监督等。这个列举从对行政法学研究对象涉及的内容看,似乎是比较全面的,但是,笔者认为其中的一些论点并不是行政法学的研究对象,而是行政法学在研究过程中所涉及的内容。[2] 显然,行政法学的研究对象和行政法学研究过程中涉及的问题不是同一意义的概念,行政法学的研究对象就行政法学研究过程中决定行政法学进路的客体而言的,[3] 而行政法学所涉及的内容是构成行政法学科的基本元素,把两者等同起来在理论和实践两方面都是不正确的。笔者之所以要将行政法学的研究对象进行专门说明,主要在于比较行政法学的体系结构在一定意义上讲与行政法学的研究对象有关,行政法学的研

---

[1] 〔日〕盐野宏:《行政法》,杨建顺译,法律出版社1999年版,第38页。
[2] 〔德〕汉斯·J.沃尔夫等:《行政法》,高家伟译,商务印书馆2002年版,第13页。
[3] 决定行政法学进路的客体是指行政法学问题背后涉及的各种各样的关系形式,这些关系形式既以行政实在法的形式表现出来,又以行政实在法背后的各种关系为基础。行政法学研究从哲学上讲可以被看作为研究主体的行为过程,而与这个主体对应的就是以规范为据的作为客体的关系形式。将客体仅仅理解为规范是行政法学界对研究对象的误解。

究对象在很大程度上决定着比较行政法学学科构成。当然,我们必须清楚,行政法学的研究对象与比较行政法学的研究对象不是同一个对象,即是说,行政法学的研究对象还不足以构成比较行政法学的研究对象。这一点要求我们不能将行政法学的研究对象简单地套用到比较行政法学的研究对象之中。在笔者看来,比较行政法学的研究对象本体上由下列范畴构成。

(一)行政法学基本理念的比较研究

行政法学基本理念是行政法学研究中遇到的首属问题。所谓行政法学的基本理念是指学者们在研究行政法问题时,在对行政法学科进行构建中所抱有的一个基本的价值判断。这个价值判断是就行政法学科的总体归属而设定的。它是一个总体上的东西,即对于行政法学科的总的价值估计。它是存在于学者们的认知之中的,是学者们从主观愿望出发对行政法学最为理想的东西的构设。当然,这种主观的价值构设与行政法的客观实在是有关联的。行政法的客观实在在一定程度上决定行政法的基本理念,而行政法的基本理念亦能够作为一种外在的东西对行政法实在起到促成或延缓的作用。行政法的基本价值理念由于其主观成分占的比重相对较大,因此,它与行政法实在的最大区别在于它的多样性和不确定性。在同一个历史时期可能同时存在诸多不同的行政法学基本理念。例如,在资本主义制度形成的初期,关于行政法的基本理念就有控权主义的行政法学理念和自由主义的行政法学理念之区分。依控权主义的行政法学基本理念,行政法应当以行政控权或者控制权为其定在。而依自由主义的行政法学理念,行政法应当在市场机制中自生自灭,行政法应当像民事法律规范一样建立在社会过程的基础上,而不是建立在政府控制的基础上;在不同的历史时期同一个行政法学价值理念可能会同时存在,并有相同的价值属性。还以行政控权主义的行政法学价值理念为例，其从产生到现在已有 300 多年的历史，[①] 而目前其仍然是一些学者甚至于一些政府坚持的行政法理念；在一个相对确定的历史时期，总有一个行政法学基本理念成为占主流的行政法学理念。这一点使行政法的概念以及行政法学中的其他一些问题具有确定性的状况，《美国行政法的重构》一书就有这样一个论断："然而，行政法的传统概念展示了一个在各行政领域共通的社会价值，即运用具有控制功能的规则和程序，使原本在形式上不向选民负责的行政官员对私人利益行使权力的行为得以合法化。如果我们认真对待一个法律制度表达这些基本价值的可能性的话，那么，对这些价值及其在制度层面上的实现进行探究就理所应当了。另一方面，当今，根据宽泛的立法指令而实施的行政行为大幅度增加，以往既有的司法控制原则是否继续有效由此面临挑战，我们也因此需要重新审视行政法一般理论的一致性。"[②] 这说明称之为传统的行政法学概念是人们公认的某一行政法的基本定义，而这个定义并不是指实在的行政法，而是行政法由学者们所做的学理概括。应当指出，笔者此处所讲的行政法学基本理念是对行政法学现象的中性描述，由于行政法学是社会科学的组成部分，而任何社会科学

---

① 控权主义的行政法学理念可以追溯到孟德斯鸠《论法的精神》之中，他在《论法的精神》中提出了要以权力制约权力的政治法模式，这个模式实质上是一个关于政治法的价值理念。孟德斯鸠在其著作中将法律分成三类，一是调整一国国民之间关系的法律，构成这个范畴的法律主要是民法，以公平为这个法律范畴的基本理念，这个理念亦成为民法学的基本理念之一。二是调整一国国民与政府之间关系的法律。构成这个范畴的法律主要是公法，孟德斯鸠虽没有使用行政法和宪法等现代公法中两大法律的名称，但从这个范畴的法律性质看，主要是当今的行政法和宪法。这个范畴法律的基本理念是对权力的制约，即社会公众对手上握有权力的政府机关的制约，制约理念亦就成了后来行政法学的理念之一。三是国与国之间关系的法律，构成这个范畴的法律主要是国际法。笔者认为，控权主义的行政法理念的鼻祖应当是孟德斯鸠。
② 〔美〕理查德·B. 斯图尔特：《美国行政法的重构》，沈岿译，商务印书馆 2002 年版，第 3 页。

都是一个国家的上层建筑,在通常情况下,其与政府的治国理念和政府确定的主流意识形态有关,这样的占主流的行政法理念一般对一国行政法治的状况影响要相对大些。例如,在苏联,政府是以行政管理作为行政法的基础条件的,即行政法建立在行政管理的基础之上,政府对社会生活进行科学、规范、有效管理亦成为这个社会中主流意识形态,管理法也成了苏联行政法学中占主流地位的行政法理念。这里存在一个社会认同与政府认同的问题,社会认同是指存在于社会公众中的认同。而政府认同则是存在于政府中的认同。受社会认同制约的行政法学理念虽在一国的行政法学研究中对行政实在法的影响并不十分大,但有时这样的行政法学基本理念亦足以成为一个国家中占主流的行政法学理念。例如,我国在20世纪80年代中期就形成了一个新的行政法学基本理念,即服务行政的行政法学理念。这个理念在当时情况下并不是政府权力系统所肯定和认可的理念,更不是能够改变行政法制度的理念,但仅仅从行政法学这一相对独立的事物来看,服务行政的行政法理念足以成为那个时期行政法学的主流理念。① 行政法学基本理念与行政法实在不是两个并存和同步的存在物。即行政法学基本理念可以独立于行政法实在而独立存在,而行政法实在亦可独立于一定的行政法学理念依自己的逻辑运转。但是,总体而论,行政法学基本理念的形成以行政法实在为基础之一,仅仅是之一,因

---

① 服务行政法的理念后来成了一个对行政法理论基础进行解释的重要理论,其基本思想是现代行政法的理论基础建立在政府行政系统为社会公众服务这样一个基本的价值判断之上。行政权的行使是行政权行使主体为行政权归属主体提供服务的状态,如果行政权失去了为社会公众服务的职能,那么,其就背反了行政权主体分离以及二主体之间的关系原理,现代行政法就建立在此种理论框架之上。2002年我和杨海坤教授感到这个理论具有一定的合理性,就合著了一部《行政法服务论的逻辑结构》一书,对服务论的逻辑基础、行政法服务逻辑的内在精神、行政法服务状态的逻辑反证、行政法服务逻辑的实证分析等作了论证。参见杨海坤、关保英:《行政法服务论的逻辑结构》,中国政法大学出版社2002年版。

为行政法学作为社会科学的组成部分常常受社会科学中其他部分的影响，这些影响行政法学的部分对行政法学理念的形成有时具有决定意义。例如，现代行政法学中有关公众对行政过程参与的理念，对行政法学中行政参与的行政法理念的形成就起了决定意义，因为这个理念不可能从行政法实在中产生出来。行政法学基本理念与社会进程的关联性要比行政法实在密切得多，当一个行政法实在已经不能适应社会的发展时，其自身并不一定对这种不适应性有所反映，但行政法学基本理念却能够认识行政实在法对社会进程的阻滞作用。例如，有学者认为作为"传送带"的行政行为已经不能适应行政法对现代社会生活的调适，"一旦行政机关的职能被设想为根据相互冲突之私人利益在特定事实情形中的状况以及相关制定法所体现的政策，来调整这些私人利益，那么，行政行为既不可能由传统模式的'传送带'理论予以合法化，也不可能由罗斯福新政时期的'专家知识'模式予以合法化。'传送带'失灵的原因在于，当相关事实已经准确查清之时，宽泛的立法指令很少能够直接处理具体的情形。更为经常的是，适用这样的立法指令，要求行政机关在若干受影响之特定利益星云密布般充斥其间的某个特定事实情形中，必须重新衡量和协调隐藏在立法指令背后的模糊不清的或彼此冲突的政策。"[①] 因此，"必要的政策平衡就其内在本性而言就是自由裁量的过程，归根结底就是行政法的过程。"[②] 这非常生动地揭示了行政实在法与行政法基本理念在一定程度上的不和谐性，而行政法学基本理念对这种不和谐性的警觉要远远大于行政法治进程自身的感悟。

---

① 〔美〕理查德·B.斯图尔特：《美国行政法的重构》，沈岿译，商务印书馆2002年版，第22页。
② 同上。

（二）行政法学认识范式的比较研究

行政法学认识范式很难用一个准确的定义来揭示，因为范式的概念本身就是一个抽象的东西，而不是一个具体的东西。与其说其是行政法学研究中的问题，还不如说它是一个哲学的问题。但无论如何范式的概念在近年来的行政法学研究中都是被学者们广泛使用的。[①] 在笔者看来，行政法学认识范式具有下列含义：其一，行政法学认识范式是人们解释行政法学现象时使用的形成定式的思维方法。一方面，范式是学者们的一种思维方法，是主观范畴的东西，而不是客观范畴的东西。另一方面，行政法学中的认识范式与一般的论点、见解不同，它形成了相对固定的、成规模的思维定式，这样的思维定式足以成为解释行政法理念的理论体系。其二，行政法学的认识范式不是某个学者坚持的研究方法，而是在行政法学研究中被不特定的人或人群使用和推崇的一套认识进路。在行政法学研究中个别学者常常有这样和那样的论点，这样和那样的体系构建，这种个别性还不足以使其用范式的概念进行称谓。从这个意义上讲，行政法学中的认识范式是行政法学研究形成流派的前提条件，行政法学研究中存在不同的流派，每一个流派的区分首先是研究范式上的区分，若没有一定的研究范式，任何研究都很难形成流派。对于行政法学中流派与研究范式的关系

---

① 石佑启教授2003年出版了《论公共行政与行政法学范式转换》一书，第一次系统地将范式概念引入了行政法学研究中，其在第三章中指出："范式就是世界观，是一个学科范围内最广泛的共识单位，是人们关于现实的一套较为系统的假设，它包括概念、理论、观点和方法等。一个范式就如同一幅地图，它能指导人们认识复杂的现实世界，并有效地在其中进行活动。将'范式'概念引入行政法学，可以将行政法学范式初步界定为有关行政法学研究的一套假设、一套理论框架，它是观察和认识复杂行政法现象的一幅地图或一种方式。受不同政治、经济条件及法律文化传统与观念等背景因素的影响，会形成不同的行政法学范式。"参见石佑启：《论公共行政与行政法学范式转换》，北京大学出版社2003年版，第99页。

并没有学者给予专题研究。其三,行政法学的认识范式是行政法学能够在社会科学中取得相对独立地位的基础。范式使行政法学的研究表现得丰富多彩,又使行政法学的研究容易引起外界的关注。在笔者看来,行政法学研究如同其他社会科学研究一样需要通过范式进行造势。例如,奥托·迈耶关于宪法死亡、行政法复活的论点一提出,就有一些学者将这一研究社会化、泛化,从而在行政法学界乃至于整个公法界引起了广泛关注,并最终使这一个研究成为行政法学认识在那个时代的基本范式之一,而正是这个范式使行政法学引起了包括行政法学研究之外的学者们的广泛重视,为后来繁荣行政法学起到了非常积极的作用。当然,对于行政法学的认识范式及其范式的地位必须有一个正确的看法,范式是在人们长期不断的研究和多数学者的共同努力下形成的,甚至有代际相承的特点。进一步讲,行政法学的认识范式不能人为地去制造和推广,过分人为化的范式是难以产生实际效果的。从上面关于行政法学认识范式三个方面的基本内涵看,行政法学的认识范式若作具体概括的话,有这样和那样的类型。一定程度上讲,我们无法对行政法学研究中的范式进行穷尽。正因为如此,笔者将介绍几种有影响的范式。

在资本主义制度建立初期,也就是现代行政法产生伊始,行政法学认识范式中比较有影响的是自然公正的认识范式,这个范式的精神实质是现代民主理念,即资本主义国家在推翻了封建专制权力以后建立起的新国家,究竟应当选择什么样的治理模式,依资本主义制度理论上的阐释者的基本论点看,主权在民和权力制衡是防止专制权力最为有效的方法,而具体到政治制度中就是国家在法理中必须从主权在民的自然公正原理出发。国家政权是人民权力的法律形式,而不是人民权利的产出者,恰恰相反,人民的权利是派生国家权力的基础。这个正义理念对行政法治的要求就是行政法能够通过相关机制和制度救济行政系统的侵权行为,推定行政行为过错比推定行政相对人过错更能够体现民主精神。对于行政法学认识的这一范式日本行政法学家和田英夫给予了高度评价:"在学习现今的日本行政法时,要尽可能地关心和注意欧美各国行政法的学说动态,具有比较行政法的目光是很必要的。以后我们会学到,行政法的实行是具有其历史意义的。在近代国家、近代社会里,行政权力的行使具有任意性和压迫性,而行政法的确立使人们获得了权利、自由和幸福。不用说,日本的行政法也不是根据日本特有的意识形态而产生发展起来的,从本质上说,日本行政法是通过积极主动地吸取诸制度而制定的。因此,我们应该反思一下最初产生行政法的国家,特别是德国、英国、法国等先进国家行政法的原型,明确其意义和作用。而且要积极主动地、批评性地学习这些国家解决近期问题的方法和动态,并灵活有效地运用这些研究成果。"[1] 后来,随着社会的发展以及人们对行政法问题认识的深化,行政法学的认识范式大体上形成了三个主要流派。第一,以德国行政法学为首的给付行政的认识范式。第二次世界大战以后,前联邦德国在其宪法中标榜要建立社会法制国家,而在社会法制国家的核心之下,行政已不单单以维护社会秩序为目标,而必须将提供社会公共服务作为目标,而且目标的范围要由秩序行政向给付行政转化。显然,给付行政所要求的是行政能够在维护公共秩序方面扮演次要角色,主要应当在像电力、煤气、自来水、公路、城乡建设等社会福利和社会救助方面大做文章。"给付行政具有安排、提供这些生活必需品和生活服务的作用。从这里可以看出:存在着从新社会法制国家中的现代观点出发对过去的公共企业概念进行再构造的倾向。"[2] 这个范式对后

---

[1] 〔日〕和田英夫:《现代行政法》,倪健民等译,中国广播电视出版社1993年版,第9页。
[2] 同上书,第14页。

来其他国家的行政法学产生了深刻影响。第二，以美国行政法学为首的程序行政的认识模式。在大陆法系一般强调对行政进行实质上的约束，这个关于约束行政的实质主义既是一些大陆法系国家的法律实践，也是一些学者对行政法学问题认识的范式。而英美法系则在20世纪初期提出了程序公正的行政法学认识理念，由于其后来理论上的体系化和对其他国家的影响并最终形成了行政法学认识范式。当然，在美国，行政程序有深刻的理论基础和法治基础，美国宪法第5条和第14条修正案就确立了正当程序制度，依这一制度社会公众的权利不受来自任何部门的非法侵犯，其中也包括政府行政部门。宪法关于正当程序的修正案对行政法学认识的影响都发生在20世纪初，杰克逊认为："公正程序和井然的秩序是自由不可缺少的要素。"① 达古拉斯认为"程序是导致法律统治和任意统治这一差异的主要原因。"② 诸多类似于这样的论点在20世纪初期美国行政法学的著作中是非常普遍的。这个认识范式所强调的是行政的形式问题而不是行政的实质问题，因为合乎程序在笔者看来只是一个法律形式。然而，这个关于行政权合乎形式的程序论认识范式却在美国的行政法实在中产生了非常好的效果。1946年美国联邦行政程序法的制定就是这个实际效果的生动体现。我们知道，行政法学的认识范式只是一个主观范畴的问题，在绝大多数情况下，认识范式并不即刻或当下产生实际的效果，笔者指对行政法治实在的实际效果，而存在于美国的程序行政的行政法学认识范式则即刻地、当下地产生了实际效果，这其中的微妙关系是值得我国行政法学界予以关注的。第三，以法国行政法学为首

---

① 〔日〕和田英夫：《现代行政法》，倪健民等译，中国广播电视出版社1993年版，第15页。
② 同上。

的国家补偿的认识范式。国家补偿理论是国家责任理论的延伸和具体化。国家权力是社会公共权力,从这个前提出发,诸多学者并不认为国家有对自己行为及其行为后果负责的义务。即是说,国家在权力行使中有着广泛的强制权力和非强制权力,这些权力是一种不证自明的权力。在国家认为需要行使这样的权力时就可以根据政治实体所作出的事实判断决定权力的行使方式、决定权力行使的程度。任何这样的选择对于国家而言都是天经地义的。而在补偿的认识范式看来,上面的说法是不能成立的。其认为国家与其说是一个政治实体,还不如说是一个法律实体,其在法律上具有人格。这样对于国家而言在一定条件下是权利主体,而在另一条件下则是义务主体。若其在义务主体情形下所为之的行为就有法律上的责任,而且这个责任具有相对广泛性,正如狄骥所认为的:"在传统学说中,责任的观念包含着'过失'这个观念,但是,根据事实及大多数判例的裁决来看,今后国家的责任将不再与过失的观念相联系,现在已没有必要追究归责事由,只要明确用什么财产来最后承担因实行公务而给公民造成损害的危险就可以了。"[①]

上列行政法学认识范式一定意义上是对作为现代行政法学流派的概括,在进入后现代以后,行政法学的认识范式还将有进一步的发展。比较行政法学的研究必然要涉及各种各样的行政法学认识范式,对不同认识范式的研究便构成行政法学的研究对象之一部。

(三)行政法学宏观问题的比较研究

行政法学研究必然会遇到行政法问题和行政法学问题。行政法学中的问题是构成行政法学科的基本元素,例如,行政法学在研究中

---

① 〔日〕和田英夫:《现代行政法》,倪健民等译,中国广播电视出版社1993年版,第16页。

就常常有行政法学体系构建的问题，即对行政法学学科进行体系的设计和构建，有关构建行政法学科体系的一系列工作就是行政法学研究中的问题。行政法学研究的问题中第一个方面的问题是宏观问题，所谓宏观问题是以相对比较的眼光观察在行政法学体系中最大、范围最广的问题。行政法学研究中问题的大小是在比较的前提下形成的，就是说只有通过比较才能确定行政法学研究中问题的大与小。相对较大的问题就是行政法学中的宏观问题。例如，行政法学中涉及的理论基础问题、行政法学中涉及的方法论问题、行政法学中涉及的体系构建问题等都可以视为宏观问题。比较行政法学中不能没有这样的宏观问题。比较行政法学研究中宏观问题的比较研究具有以下意义。

一则，能够使行政法学科与法律学其他学科予以区分。不同的法学范畴都有构成自己学科的宏观问题，例如，刑事法律学科有刑事政策这一宏观问题，民事法律学科有民事规则的理论基础这一宏观问题。这些宏观问题都使这些学科能够与其他学科予以区分。任何一个法律学科中的宏观问题都是不同的，如民事法律学科中的宏观问题与刑事法律学科中的宏观问题就有巨大差异。不同法律学科中宏观问题的差异性使这一法律学科能够合理地区分于其他法律学科。至于不同法律学科中宏观问题是否有相同或类同的部分，在笔者看来我们应当作出否定的回答，如果两个以上不同的法律学科在宏观问题上有相同或类同的地方，那么，这个相同和类同的地方就可以构成一个新的独立学科，例如部门法学中相同的宏观问题就可以通过法理学予以整合。深而论之，比较行政法学研究中宏观问题的比较研究使行政法学有了相对确定的并区别于其他法律学科的内容，对此我们必须给予必要的重视，如果忽视了这一点就容易将行政法学与宪法学以及其他学科相混淆。

二则，能够使不同类型的行政法学予以区分。在法理学中，法是有不同类型划分的。我们知道，正统的法律理论将法分为奴隶制法、封建制法、资本主义的法和社会主义的法等不同的法律类型。法律类型的划分是否会直接影响到法学类型的划分，在理论界并没有一个定论。在笔者看来，法既然有类型上的划分，那么以法为研究基础的法学自然亦应当有类型上的划分。所不同的是法学类型的划分要比法的类型的划分复杂得多。在一种类型的法律制度或承载这一制度的国家中，其法学的类型并不像法的类型那样单一。例如，在封建制国家中，存在着资本主义类型的法学，还存在着社会主义类型的法学，早在意大利文艺复兴时期，空想社会主义者康帕内拉就提出了有关社会主义国家的行政法。[①] 但无论法学类型多么复杂，我们还是有理由认为，法学包括行政法学在内有类型上的区分。那么，行政法学类型的区分在很大程度上决定于行政法学研究中的宏观问题，例如，某一行政法学研究在设定其理论基础时从主权在民以及权力制约这一宏观问题出发，我们便可以说，这个行政法学是一个资本主义类型的行政法学，同样道理，若某一行政法学研究中设定的宏观问题是议行合一的理论基础或者制度基础，我们便可以将这一行政法学归入于社会主义类型的行政法学之中。我们注意到，在现代行政法学研究中学者们已经不再刻意地将行政法学用法律类型进行归类，甚至出现了行政法学研究中趋同化的倾向，这都应当说是行政法学研究中的一种进步，但从理论上对行政法学研究的类型进行区分并不是不必要的。

三则，能够使我们厘清行政法学的不同流派。上面我们已经指出，行政法学研究中的认识范式是行政法学流派形成的基础，但是，仅仅通过行政法学认识范式我们还无法对各个行政法学流派中的技术问题和其他相关问题作出区分。行政法学研究中的宏观问题是区

---

① 〔意〕康帕内拉：《太阳城》，陈大维等译，商务印书馆1982年版，第61—71页。

分不同流派最为关键的东西,例如,一些行政法学流派讲求行政法学科的严整性和相关数据的运用以及这些数据的可靠性。而另一些行政法学流派则更多地关注行政法学发展的走向等。①

四则,能够使行政法学中的下位问题得到合理解释。行政法学科体系作为一个系统排列着不同层次的问题,笔者用上下位关系说明这些问题,对于宏观问题而言无疑处于行政法学的最上位之中,是统摄行政法学中中观问题和微观问题的问题。依上下位的关系原理,比较行政法学研究中宏观问题的比较研究有利于对它之下的下位问题作出合理说明。例如,在行政法学研究中有相关的制度研究,如行政听证制度的研究、行政复议制度的研究等,这些问题虽有自身的理论和质的规定性。但是,我们常常注意到不同的国家其同一制度却有不同的制度形态,同是行政听证制度在美国和在日本却有不同的制度形态。单就这一制度本身我们无法寻找出它们区别的理由,但通过对行政法学宏观问题的比较研究,我们则能够适当地解释美国行政听证制度与日本行政听证制度区别的理由。

(四) 行政法学中观问题的比较研究

行政法学中的中观问题在行政法学科体系中的地位极其重要,行政法学研究中有关制度问题的研究、有关范畴问题的研究、有关原则问题的研究都是中观问题的构成部分。之所以说行政法学研究中中

---

① 阿尔弗雷德·C.阿曼在《新世纪的行政法》一文中指出:"如果国家要在全球化带来的变化中发挥实际作用,公共利益话语要在政策制定活动中继续保留一席之地,发展一种行政法的新模式是必要的;这种新行政法的轮廓已经显而易见了。它需要使公与私、州与联邦之间的新式合作关系合法化。与行政法过去所发生的转变不同,新行政法的主要来源是行政与立法部门。既然行政与立法部门已经发出清楚的信号,法院必然会跟上来。"这实质上是对行政法和行政法学发展走向的一个估价。参见〔新西兰〕迈克尔·塔格特编:《行政法的范围》,金自宁译,中国人民大学出版社2006年版,第141页。

观问题极其重要，是因为这些问题构成了行政法学科体系的基本骨架。对于一个学科体系而言若没有相应的骨架支撑，这个学科体系就不复存在。在我国以及一些发达国家的行政法学研究中，人们很少用中观问题这样的称谓来确定行政法学研究中问题的性质，这应当说是非常遗憾的。行政法学中的中观问题既然是一个骨架性问题，那么，就应当引起足够的重视，包括对这个问题的称谓和定性。中观问题对上所面对的是行政法学的宏观问题，对下所面对的是行政法学的微观问题，正是它的中间性使其具有承上启下的意义。如果说，一个行政法学体系有其逻辑上的合理性的话，那么，其必然是通过中观问题将宏观问题和微观问题予以有效连结的状况。若中观问题不能有效地将其他两个方面的问题予以连结，我们便可以说，这个行政法学体系存在逻辑上的错位。由此可以看出，行政法学研究中中观问题之重要性。中观问题的比较研究就是将不同行政法学中中观问题的认识和论点予以比较，确定其相同点和不同点的研究。行政法学中的中观问题大体上包括：

第一，行政法学中有关原则问题的研究。我们此处所讲的原则不是行政法原则而是行政法学研究中涉及的一些具有原则性的问题，如行政法与宪法的关系就是行政法学研究中的一个原则问题。在这个问题上有不同的论点，如有人认为行政法是相对独立和超脱的部门法，它受宪法制约的程度要比其他部门法弱得多，迈克·迈耶实质就持此论点。有的学者则认为行政法比其他任何部门法更多地依赖于宪法，它是对宪法的具体化，是对宪法的延伸。古德诺在其理论中就清楚地阐释了这一论点。这些问题虽然在不同的学者看来有不同的结论，但它都是行政法学研究中的原则问题，而这个原则性的问题还不是行政法学研究中的宏观问题。

行政法学中有关制度研究的问题。行政法学的学科属性无论有多么强,其相对独立的属性无论有多么强,都不能否定行政法学作为实用学科的性质。我们知道,实用学科是相对于理论学科而言的,理论学科涉及的是纯粹主观的问题,而实用学科除了涉及主观问题以外,还涉及客观问题。行政法学作为一种实用学科其必然具有客观属性,它的客观性就在于其与一定的行政法制度有关,行政法制度决定着行政法学研究中的部分进路。我们使用了部分进路的措辞,而没有使用全部进路的措辞,是因为行政法学研究中相对主观的东西同样占有很大的比重,这些主观的东西亦是行政法学发展进路的决定因素。制度既成为行政法学进路的部分决定因素,其就是行政法学研究中不可缺少的,而它在行政法学研究中是中观问题,它的一些根本性的东西受行政法学宏观问题的决定和制约,而它的一些操作性的东西又必须借助于行政法学中的微观问题,正是这种既要依赖于上位又要依赖于下位,既能承载上位又能承载下位的特性使其成为行政法学研究中的中观问题,且起着十分重要的作用。

　　行政法学研究中范畴问题的研究。笔者此处使用的范畴概念是对行政法学科体系中若干问题群的表述。在行政法学研究中存在个别问题和总体问题,个别问题我们可以用微观问题来称谓,对总体问题我们可以用宏观问题来称谓。除这两个问题外,行政法学研究中还包括了一些问题群,即由一些个别问题构成的问题系列,这些系列与行政法学中的总体问题相比是分开的,是相对分散的。但是,这些分散的问题,不是一个整体问题,它们之间通过一定的联结方式常常紧密地联结在一起。例如在有关行政处罚问题的研究中就包括了由若干问题组成的问题群,这样的问题群不是行政法学的总体问题,因为它们只涉及行政法学研究中的一个方面。同时,这些问题群通过行政处罚这一行政法现象紧密地结合在一起。我们将行政法学研究中这样的问题群称之为行政法学研究中的范畴。笔者这样的称谓虽不一定十分规范，但至少提供了阐释行政法学问题的一把钥匙。因为，诸多行政法学著作和行政法学教科书对于行政法学中的这种问题表现得不知所措，一会儿将其视为行政法学中的个别问题，一会儿又将其与行政法学中的总体问题无法区分。问题群就是对这种问题本质的揭示，而范畴问题则是我们对这样的问题作的精妙概括。

比较行政法学研究必然要涉及上列三个方面的中观问题，这些中观问题研究的最大价值就在于使行政法学的学科体系具有非常充实的内容，通过对这些具有充实内容的比较研究对于行政法学科的丰富和行政法治进程的健康发展都是不可或缺的。

（五）行政法学微观问题的比较研究

行政法学研究中处于问题最底层的是行政法学研究中的微观问题，这些微观问题都是一些具体的和个别的问题。它们在总的格局上被打上了宏观问题的烙印，即是说其受行政法学中宏观问题的制约，宏观问题常常决定这些问题的价值取向和发展方向。它们在问题的构成上则是行政法中观问题的延伸，并且在一定范围上使中观问题有了存在的根基。微观问题是具体的和个别的，这是没有争议的，但是，行政法学中微观问题究竟如何确定并没有一个现成的答案，这便决定了不同的行政法学研究流派在行政法学研究中设定的微观问题常有天壤之别。例如，行政主体的行政活动（笔者这里所讲的行政活动是就每一次的行政决定而论之的）究竟应当如何分类和如何实施，在各个不同的行政法学教科书中都提到过，但不同的行政法学教科书对这个具体问题都有不同的解释，没有两种教科书关于行政活动有一致的看法。在有些行政法教科书中，行政活动甚至被作为一个范畴概念来看待，例如，法国行政法学者左斯塔夫·佩泽尔就在行政活动项下讲解了"行政警察"、"公共服务"、"行政权力机关和公务员共同分担责任"、"行政机关的责任"等在一般学者看来属于行政法学其他部分的问题。[①] 由此可见,行政法学研究中的微观问题虽不一定是行政法学研究中最为重要的问题,但至少是最为复杂的问题。我们认为,行政法学研究中的微观问题具有如下性质,这些性质应当成为确定行政法学研究中微观问题的标准。第一,行政法学研究中的微观问题具有个别性。所谓个别性是指这些问题是单独成为问题的,每一个问题都是一个实实在在的问题形态,而不是一个问题群。例如,行政法学中的一个法律条款的研究就是一个个别问题,它与其他问题有一定的关系,但离开其他问题它仍然能够独立存在。第二,行政法学研究中的微观问题具有具体性。在行政法学研究中宏观和中观问题相对来讲要抽象一些,这种抽象决定了一些中观层次和宏观层次的问题难以通过研究而予以解决,各国行政法学中一些问题长期无定论实质上都是中观问题和宏观问题。微观问题都是具体而实在的,无论对于行政法学科建设,还是对行政法治进程,微观问题都是一些通过研究必须予以解决或者期待解决的问题。例如,行政处罚的时效问题对于行政处罚制度来讲,这一问题非常具体,若不通过研究予以解决,行政处罚制度就无法真正建立起来,因此,在行政法学研究中这样的问题必须有一个明确答案。第三,行政法学研究中的微观问题具有原初性。行政法学研究中的具体问题是行政法学研究中最为起点的问题。行政法学科体系就是由诸多这样的原初问题构成的,它的原初性亦使它成为行政法学科体系的基本元素。比较行政法学的研究要对这些微观问题进行比较,这个范畴的比较研究可以是对同一问题在不同行政法学科体系中状况的比较,还可以是对同一行政法学体系中不同问题的

---

① 〔法〕古斯塔夫·佩泽尔:《法国行政法》,廖坤明等译,国家行政学院出版社2002年版,目录。

比较研究。由于比较行政法学比较研究的前提是不同的行政法学科体系，因此，不同问题在同一行政法学研究中的比较可以不归入比较行政法学研究之中。若要建立广义的比较行政法学科体系，这个范畴的比较同样不可缺少。[1]

三、比较行政法学的研究方法

比较行政法学作为一个学科与其他相关学科一样，在研究过程中或者就学科体系本身而言都离不开研究方法，不论是有意识使用已经设定好的研究方法，还是下意识地运用了某种研究方法。比较行政法与比较行政法学不是同一个学科，对于二者的区别笔者在本章第一部分已经作了说明。比较行政法著作中关于方法使用的问题讲授得很少，这为作者研究比较行政法学的方法问题增加了难度。比较行政法学与比较行政法在方法上的运用是否有区别呢？应当说由于比较行政法与比较行政法学在学科体系上的差异便足以导致二者在研究方法上的差异。比较行政法研究的侧重点在行政法的实在法方面，故而，在比较行政法的研究中实用的方法和实证的方法似乎更加重要一些，正如有学者所指出的："全部比较法的方法论的基本原则是功能

---

[1] 学者们关于比较行政法和比较行政法学的研究在比较的定位上存在一定的片面性，笔者注意到，大多数比较行政法教科书常将比较放在不同国家行政法问题的比较之中，似乎离开了对不同国家行政法或者行政法学问题的比较，比较行政法学就不能存在了。黄学贤教授在其《比较行政法》一书中更正了传统研究中的这一片面性，他将中国大陆、中国澳门、台湾、香港等地区的行政法问题进行比较研究，这实质上是对传统比较行政法研究的一个挑战。笔者曾在《法学研究》撰文指出比较行政法学的比较范畴应当包括下列方面：1. 比较行政法的普遍比较研究；2. 比较行政法的体系比较研究；3. 比较行政法的规则比较研究；4. 比较行政法的个别比较研究；5. 比较行政法的案例比较研究；6. 比较行政法的区际比较研究；7. 比较行政法的时段比较研究。参见关保英：《比较行政法学若干问题探讨》，载《法学研究》2001 年第 3 期。

性原则，由此产生所有其他方法学的规则——选择应该比较的法律，探讨的范围，和比较体系的构成等。人们不能够对不可能比较的事物作出有意义的比较，而在法律上只有那些完成相同任务、相同功能的事物才是可以比较的。"① 比较行政法学的研究则是另一种情形，其方法论主要是思想方法，而思想方法中并不刻意要求实用性和实证性："正如在所有思想活动中一样，都是以提出问题或者规定一种工作假设——简言之，即一种思想——开始的。常常是由于对本国制度的解决办法感到不满，于是驱使人们探究别国的法律制度是否产生过较好的解决办法。与此相反，也可能是对外国法律制度进行纯粹的原本无目的的研究，使自己对于本国的解决办法批判的感觉敏锐了，并且由此产生一种思想或者工作假设"。② 上列方面是比较行政法方法和比较行政法学方法的根本区别。

（一）法学研究一般方法在比较行政法学中的运用

法学研究一般方法是指在法学研究中经常使用的方法。国内外绝大多数法理学著作都对法学研究的一般方法作过评价。一般而论，法学研究中的一些方法是共有的，即不论什么样的法学体系或者法学研究过程都要使用这些方法对其中的问题进行研究。例如，综合的方法与分析的方法自其产生以来就一直被普遍运用到几乎所有法学流派的研究中，即使对这些方法的使用有不同的侧重点，亦不影响两种方法在一般法学研究中的并存。笔者查阅了一些社会主义法学家对法律问题分析的著作，也查阅了一些发达资本主义国家的法理学著

---

① 〔德〕K.茨威格特等：《比较法总论》，潘汉典等译，贵州人民出版社1992年版，第56页。
② 同上书，第55页。

作，其在一些重要方法的使用上基本上是相同的。有些方法论是某种法学流派所特有的，例如，马克思主义的法理学研究就将唯物主义和辩证史观两个方法予以有机地结合，而且对两种方法的使用是并重的，没有厚此薄彼。非马克思主义的法学研究可以使用上列两个方法中的一种，但并不一定将两个方法予以有机地结合，正是这种方法上的相对确定性使马克思主义的法学区别于其它法学流派。当然，社会学法学、历史法学流派等都是由于方法的不同而成为一个具有代表性的法学流派。法学研究中方法的使用虽然不是法学流派区分的决定因素，但不能否认的是方法确实在一定条件下是法学形成流派的条件之一。法学研究的方法是一个与时俱进、不断发展、不断充实、不断变化的过程。人类社会认识自然和认识社会的方法是处在日益成熟和永无止境的状态之中，以前人们不曾知道的一些方法会随着自然科学革命和社会科学革命而涌现出来，新出现的方法或者方法论起初不一定是法学研究的方法，大多数情况下研究方法是在哲学领域或自然科学领域出现的。例如爱因斯坦相对论的方法就在物理学研究中问世，而逻辑实证主义的方法则是在哲学研究中问世。法学研究对于发生于法学以外的方法所表现出的是积极的吸收，而不是排斥。在西方一些国家，经济学方法论越来越完善，其在经济研究中已经呈现出了极大的优势，由于这样的方法论既是低成本的，又是非常有效的，因此，一些经济学之外的学科便将其拿来进行本学科的研究，其中法学研究对经济分析方法的使用在一些国家就非常成功。美国法理学家波斯纳就将经济分析的方法运用到法学研究中来，其不但用该方法对法学研究的一般问题进行分析，而且用来分析部门法中的若干问题，包括对宪法学和行政法学问题的分析。[①] 上列方面是法学研究一般方

---

① 参见〔美〕理查德·A.波斯纳：《法律的经济分析》，蒋兆康译，中国大百科全书出版社1997年版，第805页。

法的基本状况，我们无法用一个标准对法学研究一般方法作出优与劣的评价，甚至无法穷尽法学研究的一般方法的具体类型。作为比较行政法学而论，在研究中必然会受到法学一般理论的统摄，因此，我们认为比较行政法学研究中运用的方法不能排斥法学研究一般方法，例如，法学研究中唯物史观的方法就可以被顺理成章地运用于比较行政法学问题的分析。

（二）比较法学的方法在比较行政法学中的运用

比较法在法律学科中是一门比较成熟的学科，我国出版的国外比较法的专著已有不少部，如德国学者茨威格特的《比较法总论》、日本学者大木雅夫的《比较法》。我国学者也在比较法方面有专门研究，并取得了成就，例如，沈宗灵教授所著《比较法学》、吴大英主编的《比较法学》就对比较法研究的主要问题进行了梳理。比较法研究的成熟性也反映在其在方法论的运用上，诸多比较法的著作都系统探讨了比较法的方法以及方法论。比较法方法在比较行政法学研究中是可以运用的。

第一，比较法研究的基本方法之一就是占有大量的有关法的资料。"关于法律问题的思考资料必须是：过去和现在的全世界的法律；以及同法律相关的地理、气候、人种；各民族的历史命运——战争、革命、建国、奴役；宗教和伦理观念；各个人的抱负和创造力、商品生产与消费的要求；各阶层、党派和阶级的利益；各种思潮，不仅封建主义、自由主义、社会主义产生各自不同的法律，各种思潮、已选定的法律道路的合乎逻辑的考虑、特别是对于一种国家和法律的理想的追求，都是起作用的。所有这一切在社会、经济和法律的形成上都是互为前提的。所有发达民族的法律在阳光下迎风闪烁，千姿百态。这个颤动着的实体构成一个任何人依靠直觉无法了解的整体。"① 比较行政法学的研究亦须占有大量资料。当然，比较行政法学研究的资料主要不是有关法典或者法律规范的资料，而主要应当是法律理论的资料，尤其关于行政法学理论的资料。

第二，比较法研究中有一个比较范围就是对不同法系法律制度和法律理念的比较。如有人将法系分为大陆法系、英美法系、社会主义法系等。② 我们认为对法系的划分既是一个研究范围，又是一种研究方法，法系在法律进化中的理论价值毋须证明。当然，有关法系一般特征的描述有时具有一定的形而上学色彩，但以法系对法律问题进行研究却是得到普遍认同的。比较行政法学的研究亦可以引进法系的研究方法。在行政法学界学者们在讨论有关法律问题时亦常常能够接受法系的理念并从法系的特性出发，对行政法中的制度类型进行区分，例如，我国学者就对两大法系的行政法做了这样的比较："从上述历史发展可以看出，两大法系行政法在许多方面存在区别。（一）在法律体系上的不同。在法律体系上，大陆法系行政法构成一个独立的法律体系。其行政法的内容广泛，既包括行政组织法，也包括行政活动

---

① 〔德〕K. 茨威格特等：《比较法总论》，潘汉典等译，贵州人民出版社1992年版，第59页。
② 联合国教科文组织编辑出版的《当代学术通观》对法系的概念有这样一个详说："首先应该说，'法系'，抑或'主要法系'的概念本身是相当模糊的，这些实体的测定标准也是相当模糊的。试图区分'主要法系'的著述者们，大多数人确实是把法的渊源和私法观念作为依据，而无视公法的。然而，公法本身也有可能把国家组成'体系'或者甚至分成'主要法系'，这些体系是与以私法为根据所划分的体系大不一样的。例如，就法的渊源和私法观点的分类来看，拉丁美洲国家无疑属于大陆法系、民法法系，特别是时而称为'罗马法系'，时而又称'罗马——日耳曼法系'等，而与普通法系相对立的一种法系。但是，按照公法的观点，尤其是宪法观点的分类，这些国家的大部分是属于以美国为代表的公法体系；而在私法方面，它们却与美国毫无相似之处。"并指出法系包括罗马——日耳曼法系、社会主义法系、普通法系、宗教与传统法系等。参见联合国教科文组织编：《当代学术通观》（下卷），何林发译，上海人民出版社2004年版，第619—620页。

方面的法,以及对行政权力监督与控制的法,自成比较完整的系统。英美法系无公法私法之分,行政法不构成一个独立的法律体系,其行政法的内容侧重于法院对行政行为的司法审查,以控制行政权力的越权和滥用为核心,有关行政组织方面的问题一般不作为行政法的内容。(二)在适用法律规则上的不同。在处理与解决行政案件上,大陆法系国家以适用行政法规则为原则,而适用一般法律规则为补充和例外。而在英美法系国家,则以适用一般法律规则(即普通法规则)为原则,适用特别的或专门的行政法规则为补充或例外。(三)在司法体制上的不同。在有关裁决行政案件的司法体制上,大陆法系国家设有完全独立于普通法院之外并与其并列的自成体系的行政法院,专门处理行政案件,两套法院平行并列,互不从属,英美法系国家,行政诉讼和民事诉讼、刑事诉讼一样由普通法院按照普通法程序管辖。没有设立专门独立的行政法院系统。"[1]

第三,比较法研究最为基本的是对不同国度法律问题的比较,"比较法学者如果想要在外国法律制度中找到某些规则在功能上同本国一定的规则旗鼓相当,他就必须在某种程度上具有系统上的想象力。"[2] 这说明当学者们提到比较法问题时立足点基本上都是国与国之间在法律问题上的可比性。我们认为,比较行政法学研究中对国别行政法制度的比较是比较的一个方面,更为重要的方面是对存在于不同国度行政法理论和行政法学体系的比较。至于这个范畴的比较方法在比较行政法学研究中运用到何种程度则是需要探讨的问题。

第四,比较法研究的重点是实在法,同时,当其珍视实在法时亦同样看重实在法与思想方法的关系,有学者就曾认为,把不同的法律

---

[1] 王连昌主编:《行政法学》,中国政法大学出版社1994年版,第30—31页。
[2] 〔德〕K.茨威格特等:《比较法总论》,潘汉典等译,贵州人民出版社1992年版,第60页。

秩序对问题的解决办法不加评论地相互对比，这仍然不是比较法，比较法是在此之后才开始的，"如果我们希望在比较各个制度的特征中一齐说明它们的共同性和差异，我们就必须认识……各个法律秩序之间的内部关系"。①比较法在比较过程中寻求一种思想方法，寻求从实在法之间把握法秩序的内在关系对比较行政法学而言是很重要的。换言之，当我们从比较法中吸收比较法在实在法比较中得出法秩序内在关系的结论时，我们其实是对比较法中一些思想方法的吸收。

（三）比较行政法的方法在比较行政法学中的运用

比较行政法虽不能说是一个成熟的学科，但它至少已经具备了一定的规模，早在20世纪之初，美国学者古德诺就著有《比较行政法》一书，这可以说是有关比较行政法研究的第一部系统化的著作，其关于比较行政法的体系设计既有法系比较的成分，又有不同国家行政法制度比较的内容，同时，还对不同类型的行政法制度进行了比较。后来亦有不少学者撰写了比较行政法的教科书和专著。我国自20世纪中期以后有关比较行政法的研究也取得了成就，到目前为止，国内已有数本比较行政法的教科书，例如，张正钊、韩大元主编了《比较法论》，胡建淼撰写了《比较行政法——二十国行政法比较》等。总体上而论，比较行政法的研究在我国已形成规模，比较行政法的研究方法也基本上形成。②比较行政法学与比较行政法相比则处于起步阶段，国内外有关比较行政法的著作和教科书中的内容基本上都立足于对

---

① 〔德〕K.茨威格特等：《比较法总论》，潘汉典等译，贵州人民出版社1992年版，第75页。
② 我国学者关于比较行政法的研究以资料的比对为主要方法，所谓资料比对是指对所占有的不同国家、不同地区的行政法制度和行政法规范等行政法资料进行比较分析，在进行这种分析时基本上不与相关的学理主张结合起来，也基本上不评价行政法规范和行政法制度的优劣性。

行政法实在的比较，而不是立足于对行政法学问题的比较。那么，比较行政法学是否能够从比较行政法的方法中得到启迪，是否能够直接将比较行政法的方法予以运用？这是一个有待解决的问题。笔者认为，比较行政法研究中的一些方法是能够在比较行政法学研究中合理使用的，而另一些方法则不一定能够被运用到比较行政法学的研究过程中来。这里有一个哲理上的问题需要予以说明，即比较行政法学的研究方法是否应当以比较行政法的研究作为基础。从法和法学的逻辑关系看，似乎法学研究必须以法的研究为基础，即是说法的研究是法学研究的逻辑前提，而法学研究则是法的研究的升华。若从这个逻辑关系出发，法学的研究就应该以法的研究为基础，进而法学研究的方法亦必然建立在法的研究的方法论之上。然而法学在一定程度上是独立的，有关法学理论的研究并不必然以实在法的研究为基础。由此出发，我们认为，比较行政法学可以适当地运用比较行政法的方法，但不能用比较行政法的方法完全取代比较行政法学的方法。

（四）比较行政法学特有的研究方法

正如上述，比较行政法学是区别于比较法和比较行政法的一个独立的行政法学科。它的这种独立性也决定了其研究方法上的相对独立性。比较行政法学独有的研究方法则是其学科地位独立性在一个方面的表现。在笔者看来，比较行政法学独有的方法可以概括为下列方面。

第一，行政法学流派的比较法与行政法学家的比较法。毫无疑问，比较行政法学与比较行政法一样仍然突出了"比较"的特色。在比较行政法学中有关比较行政法学流派的比较与比较行政法学家的比较则是比较行政法所没有的。换言之，在比较行政法的研究中不涉及行政法学流派与行政法学家的比较问题。所谓行政法学流派的比较是指对行政法学研究中形成的若干流派进行的比较。行政法学流派在行政法学研究中是一个客观存在。笔者注意到，行政法学研究在它的各个历史时期都有相应的流派，例如，在美国的行政程序法制定前夕，就有一派行政法学家积极倡导行政的程序正义，即对行政在实体上的问题暂时不予关注，主要看行政在其运作过程中程序规则的状况。在20世纪50—60年代苏联出现的国家管理主义亦可称之为一个行政法学流派，其主张行政法是政府行政系统进行行政管理的规则，行政法的功能是行政主体对管理关系进行调适时适用和制定的规则，它的研究规模与学术体系足以使其成为一个行政法学流派。同样，20世纪80年代在我国倡导的服务行政的行政法学研究群亦在这个问题上形成了声势，以行政法学流派进行称谓并不过分。由于比较行政法学在国内外的不发达性决定了对若干不同法学流派的比较的研究还是一个空白。比较行政法学对行政法学流派的比较研究是一个全新的研究方法，这一方法只有在比较行政法学研究中才存在。与行政法学流派的比较研究相对应的是对行政法学家的比较研究。国内外的行政法学家无疑是行政法学事业存在和发展不可缺少的因素，然而，在国内外的行政法学研究中，关于行政法学家的研究少之又少，一些行政法学家对行政法学的发展作出了巨大贡献，其在思想方法等方面既不是法理学家所能够替代的，也不是宪法学家所能够替代的。而他们独有的思想方法并没有引起行政法学研究的重视，更谈不上从比较的角度对不同行政法学家的研究方法和知识体系进行比较研究了。比较行政法学则会对行政法学家进行比较研究，当然，这种比较研究并不简单地比较这些行政法学家的生平和所作的行政法工作，更为重要的是比较其在行政法学问题中的认知进路和思维方式。对行政法学流派和行政法学家进行比较既可以采用同代比较的方法，又可以采用异代比较的方法。总之，对行政法学流派和行政法学家进行比较是行政法学研究中的一个新课题,而这个课题只有比较行政法学才能完成。

第二,行政法学主流比较法与行政法学支流比较法。行政法治中有主流和支流之分,这样的划分在理论和实践两个方面都是可行的,但法学界并没有从这两个方面对法治进行分类。与法治中的主流与支流相同,行政法学亦有主流与支流之分。行政法学研究中的主流是指在一定历史时期某种在广大行政法学家看来占主流地位的行政法学论点和行政法学理论。行政法学中的主流不一定是在国家政治生活中占支配地位的主流论点,而是存在于学者学术活动中的主流理论。例如,行政权要适当地接受司法审查就成为西方一定时期行政法学研究中的主流。要求依法行政在我国20世纪90年代就是行政法学研究的主流。与主流相对应的是支流。顾名思义,行政法学研究中的支流没有在行政法学研究中占主导地位,其由一部分学者和一部分研究人员所坚持,并有一套有关行政法的理论体系。在行政法学的发展和进化中,其主流和支流常常是在相互作用、相互转化的情况下运转的。一方面行政法学研究中的主流对支流具有统摄作用,支流对主流可以起到促进和补充作用。另一方面,行政法学研究中主流和支流具有相互转换的特性,即在前一时期为主流的东西,在后一时期则可能是支流,而在前一时期为支流的东西,在后一时期则为主流。例如,我国行政法中有关宏观调控的理论(这个理论是指导行政行为和行政责任的一个行政法政策),在我国1992年之前就是一个行政法学主流,而在1992年我国全面推进市场经济以后则是一个行政法学支流。行政法学研究中主流与支流的厘清是十分重要的,一定意义上讲它们对于行政法学研究的走向和行政法学研究的整体格局具有决定意义,甚至能够对一国行政法治产生直接和间接的作用。但是,在行政法问题的研究中这种行政法学理上的主流和支流并不会引起广泛关注,只有在比较行政法学研究中，才能对主流行政法学理论和支流行政法学理论进行科学比较。

　　第三，行政法学纯学理比较法与行政法学同行政实在法关系比较法。无论学者们是否承认，行政法问题研究和行政法学研究都应当是两个不同的研究。行政法的研究是有关行政法实在和具体的行政法问题的研究，这样的研究也许能够上升到一定的学理，但它本身并不是一个科学研究的问题。行政法学研究则是对行政法学论点和行政法学思想的研究。比较行政法学以行政法学的比较研究为根本点，因此，比较行政法学研究中有些东西是纯粹的行政法学学理。例如，在行政法学研究中有一个关于行政机关是否具有法律人格的理论。一些学者主张行政机关不能具有法律上的人格，此说被称为"人格否定论"，其理论根据是行政机关是代表国家行使行政职权的，它与国家是一种代理关系，其只能以代理人和被代理人的身份进行活动，故而，它对于国家而言是代理者，而不具有独立的法律人格。另一些学者则认为，行政机关在行使权力时其身份和地位是独立的，它对外作出行政行为是以自己的名义为之的，在行政赔偿等制度中也将其作为赔偿的主体而看待，这便决定了其具有法律上的人格，此说也被称为"人格肯定说"。这个问题的探讨是一个纯粹的学理问题，因为实体法对行政机关的地位已经作出了规定，这样的探讨并不会改变实体法中的具体内容。在比较行政法学的研究中，对一些纯粹的行政法学学理进行比较便成为了比较行政法学另一独有方法。与行政法学研究中的纯学理问题相对应，其中一些问题的研究与行政法治实践密不可分，一些行政法学学理是在行政实在法的基础上产生的，还有一些行政法学学理能够对行政法治实践和行政实在法产生积极或消极作用。总之，行政法学理与行政实在法关系的研究在行政法学研究中也是一个重要组成部分，在笔者看来这样的研究存在于行政法学的研究中，而不是存在于行政法的研究中。这一点便决定了比较行政法学的方法论中包含着对行政法学理与行政实在法关系的比较。这个比较研究是很重要的。我们知道，在一些国家行政法学理论相对比较发达，但其行政法实在并不发达。而在另一些国家，行政法实在走在世界的前列，但行政法学理论却没有与行政法实在同步。这个问题在行政法教科书和行政法的著作中并没有专门研究。而比较行政法学则可以将这个研究包括进来，这是比较行政法学在研究方法上的另一个相对独特的地方。

四、比较行政法学的体系结构

比较法研究中学科体系的设计有各种各样的模式，有的学者以法系对比较法学科进行设计，例如，《比较法总论》就以罗马法系、德意志法系、英美法系、北欧法系、其他法系为其学科的基本结构。[①] 有的学者们以国别作为学科体系设计的进路。例如我国比较行政法的体系设计基本上都是以国别为基点的，王名扬先生的《比较行政法》就对法、英、美等国的行政法进行了比较，而且在讲授过程中都以这些国家的行政法状况为基本单位。胡建森的《比较行政法》对20国行政法分别进行了介绍，都是以不同国家为单位的。我们认为，在比较法的研究中无论以法系为进路的设计模式，还是以国家为进路的设计模式，其问题的处理都是比较容易的，因为，比较法是对法实在的研究（当然，在比较法的研究中包括正在发生法律效力的实体法和曾经发生过法律效力而现已被废止的实在法两个方面，已经废止的实在法即使被废止仍然是一种法律实在，因为实在法是相对于法学理论而言

---

① 参见〔德〕K.茨威格特等：《比较法总论》，潘汉典等译，贵州人民出版社1992年版，目录。

的),比较行政法学的体系设计则是另一种情形,一方面,比较行政法学的体系设计要比比较法的体系设计难度大,因为它没有可以依赖的实在法基础。另一方面,比较行政法学体系的设计相对比较主观,行政法学研究本身是一个主观范畴的东西。在笔者看来,目前国内外只有比较行政法的著述,而没有比较行政法学的著述,笔者对比较行政法学体系的设计还应该说是第一次,因此,设计之难度是可以想象的。笔者将从下列方面对比较行政法学体系结构予以说明。

(一) 比较行政法学体系设计的主观性

比较行政法学体系的设计是一个相对主观的东西,对它的这种主观性我们可以从下列方面予以证实。第一,比较行政法学所依赖的基础是行政法学,而不是行政法实在。换言之,人们关于行政法的理论设计、行政法的基本论点等是比较行政法学研究的基础,这个基础本身就是主观的。行政法学是存在于主观范畴的东西。主观与客观在哲学上是两个对立或者对应的范畴,两者在质的规定性以及其他方面都存在较大差异。既然比较行政法学存在的基础是主观的,那么,比较行政法学的体系设计就不可能改变其存在基础所具有的特点,亦不可能在这个基础上建立起属于客观范畴的东西。第二,比较行政法学体系到目前为止并没有一个被人们设计出来可供参考的蓝本。这一点决定了我们对比较行政法学体系进行设计是从零开始的,我们所依赖的只是人们对行政法学认识过程所形成的作为主观的论点。比较行政法学体系设计的首创性使其主观性更加明显。第三,比较行政法学体系设计既不是一个立法行为,也不是一个执行行为,而是一个纯粹的学术研究行为,其整个过程是在我们的思维活动作用下进行的,对问题的思考和认识是这个过程的最大特点。当然,我们在认识和思考过程中会考虑一些行政实在法的内容,但作为比较行政法学而言与行政实在法的关系是间接的而不是直接的,一些学者常常从法学作为实用学科这一事实出发,认为法学是以法律规范为基础的,但法学与法律规范的关系形式并不必然决定比较法学与法律规范的关系形式。因为比较法学是对法学的比较而不是对法的比较,与之相适应,比较行政法学是对行政法学问题的比较而不是对行政法规范的比较。比较行政法学的又一基础是有关行政法的认识,行政法规范与它只是一种相对间接的关系形式。一定意义上讲,比较行政法学体系设计是人们对比较行政法学问题的一个理想,是人们的一种企求。这一点决定了人们主观认知的不同所设计的比较行政法学体系也就有所不同。事实上,在行政法学研究中,一个问题若是一个纯粹的学理问题,关于这个问题就不仅仅只有一个论点,不同学者对同一问题的不同认识、不同学者对行政法学体系所作的不同构建就是主观性的一个生动体现。而问题的关键在于学者们关于行政法学体系设计、关于行政法问题的错位性认识并不影响其理论的自证性,并不影响两个不同理论的并存这一事实。这些都足以对比较行政法学的主观性作出证明。因为,在行政实在法中,事实和结论常常都只能为一,而不能为二,更不能够有两个对立的东西存在于同一个事物之中,因为它们的基础和它们本身都是客观的。

(二)以行政实在法研究为背景的体系构建

比较行政法学体系构建具有强烈的主观性,这应当说是一个哲学上的命题,即我们以哲学的角度分析比较行政法学的体系构建问题时,其是一个主观性行为。然而,我们不能因为行政法学体系构建在哲学命题上的主观性就否认比较行政法学体系构建必须有一定的前提和背景这一事实。具体地讲,比较行政法学体系构建的主观性并不是说人们可以不依赖任何客观存在的东西任意对这个体系进行想象和设计。我们如果接受了比较行政法学体系构建必须依赖于一定的资料和背景这一事实，进一步的工作就是比较行政法学体系构建究竟应当借鉴哪些事实和背景，其基本的前提究竟是什么。笔者认为有三个比较行政法学体系构建的进路，即以实在法为研究背景的体系构建、以行政法治理想格局为背景的体系构建和以实在法与主观认知相结合为背景的体系构建。

以实在法为研究背景的体系构建是指我们在对比较行政法学的体系进行设计和建构时要充分考虑学者们对行政实在法研究的状况，并必须依行政实在法在国家行政法体系中的基本格局和调整范围，以及其所取得的研究成果设计比较行政法学的学科体系。行政法学研究中有一部分是对行政实在法的研究，即对一国有关行政法典和行政法规范进行的研究。当然，也包括对一国行政实在法基本价值和发展格局的研究。笔者在前面已经指出，在绝大多数行政法学的研究中，关于行政实在法的思辨研究相对较少，而关于行政实在法中实施和应用问题的研究则较多，这就使目前绝大多数国家的行政法学体系基本上都是对行政实在法的反映和对行政实在法问题的阐释。笔者认为，对行政实在法的研究不一定都能够归入到行政法学之中，一些关于行政实在法内容的解释、关于行政实在法规范的具体说明恐怕还不能以行政法学称谓。[①] 只有那些对行政实在法问题进行哲理研究、学理研究，并具有一定的方法论和思考问题的科学进路的研究才可以归入到行政法学之中。比较行政法学在体系设计中可以以这个研究范畴为

---

① 应当说明，在我国行政法学研究中，学者们并没有对行政法学研究作出如此精细的划分，以至于只要对行政实在法进行思考的都被归入到行政法学之中，可以说，在我国绝大多数称之为行政法学的著作其实都是行政实在法问题的工作报告，其中一些阐释行政法问题的所谓专著和教科书既无一定的方法论，又无严密的逻辑推理过程，甚至对自身所涉及的问题也不能自圆其说，这样的研究即使有著作和论文，在笔者看来也不能归入到行政法学之中。

背景。梅利曼在《大陆法系》一书中提出了三大法系的命题,并以实在法为背景专门研究了大陆法系的状况,他认为:"法系这一术语,并不是指一系列关于合同、公司或者犯罪的法律规范,尽管从某种意义上说这些规范都是法系在某一方面的表现形式。准确地说,法系是指关于法的性质,法在社会和政治中的地位,法律制度的实施及其相应的机构,法律的制定、适用、研究、完善和教育的方法等一整套根深蒂固的并为历史条件所限制的理论。法系与文化相勾连,而法系又是文化的一部分,法律制度被置于文化的视野而加以考察。"[①] 这种以实体法为背景并对实在法的特性作出高度学理概括的研究显属法学研究的一种,而不是规范研究。在行政法学界对行政法规范进行学理研究的亦非常多。[②] 关于行政实在法的研究进而形成学科体系特征的论点和见解,是比较行政法学整体设计可以选择的一个进路。例如,我们可以以行政实在法在一个国家法治体系中的分类为排列标准,对行政组织法学、行政行为法学、行政救济法学进行比较法学上的研究。这个关于比较行政法学体系的构建方式是可以选择的,这样的选择对于比较行政法学指导诸国的行政法实践是很有意义的。但是,这种关于比较行政法学的体系构建可能会将比较行政法学与比较行政法予以混淆。一旦二者的混淆成为事实并影响到学者们对行政法学问题的思考,其所造成的后果就是非常致命的。因此,在笔者看来,建构科学的行政法学体系和比较行政法学体系是全世界行政法学研究必须予以解决的问题,如果这一问题得不到解决行政法学就永远只是一

---

① 〔美〕约翰·亨利·梅利曼:《大陆法系》,顾培东等译,法律出版社 2004 年版,第 2 页。
② 行政法学研究中对规范的学理研究有诸种不同的研究方法,通常情况下是以一国行政实在法(包括行政法制度和行政法典)为研究对象,并对其进行理论上的解读。除此之外,也有对行政法中的主要制度进行理论解读的,如对行政处罚、行政强制等进行解读。还有些是对行政法规范中的一些疑难问题进行理论研究。

个关于行政法的工作报告,行政法学就难以在社会科学之林有一席之地。质而言之,以行政实在法研究为背景的比较行政法学体系构建是可能的,但也是存在很大弊害的。

(三)以行政法治理想格局为背景的体系构建

《牛津法律大辞典》关于法治是这样解释的:"在任何法律制度中,法治的内容是:对立法权的限制;反对滥用行政权力的保护措施;获得法律的忠告、帮助和保护的大量的和平等的机会;对个人和团体各种权利和自由的正当保护;以及在法律面前人人平等。在超国家的和国际的社会中,法治指对不同社会的不同传统、愿望和要求的承认,以及发展协调权利要求,解决争端和冲突,消除暴力的方法。它不是强调政府要维护和执行法律及秩序;而是说政府本身要服从法律制度,而不能不顾法律或重新制定适应本身利益的法律。"[①] 这个解释实质上也揭示了法治的一些理想格局。所谓法治的理想格局是指通过法治所要实现的社会状态和政治状态,尤其是政治状态。行政法治是法治的有机构成部分,关于行政法治的理想格局有数百种论点,大到一些哲学大师,小到一些行政法学研究人员都有关于行政法治理想格局的论断,例如黑格尔认为:"执行和实施国王的决定,一般说来就是贯彻和维护已经决定了的东西,即现行的法律、制度和公益设施等,这和做决定这件事本身是不同的。这种使特殊从属于普遍的事务由行政权来执行。行政权包括审判权和警察权,它们和市民社会中的特殊物有直接的关系,并通过这些特殊目的来实现普遍利益。"[②] 美国政治思想家和法学家古德诺认为:"许多由国家制定法律的机关通过

---

① 〔英〕戴维·M.沃克主编:《牛津法律大辞典》,邓正来译,光明日报出版社1988年版,第790页。
② 〔德〕黑格尔:《法哲学原理》,范扬、张企泰译,商务印书馆1982年版,第308页。

的法律具有一个特点,它们只是作为一般的行为规则来表达国家意志的。因此,它们当然不会,也不可能把国家意志表达得十分详细,使之即使没有政府的进一步活动也能够被执行。而政府的进一步活动就在于把一个具体的人或具体的事例纳入法律的一般规则对它起作用的那个类别里。而只有在具体的事例被纳入法律对之起作用的一般类别之后,国家的意志才能够被执行。例如,法律可以规定某些类别的人应就某些类别的财产纳税,并规定这些税额应根据财产的数量而有所变化。为了使国家有关某个人就某部分财产纳多少税这个意志得到表达,就必须确定三件事:即这一给定的个人是否属于某个规定的类别;他是否拥有某个规定类别的财产,以及他的财产的数额。再如,法律可以规定某些类别的建筑物应该以某种规定的方式来建造。那么,为了保证有关法律规定能得到遵守,法律可以规定,在建筑物动工之前,所有的建筑规划都应得到某个政府机构的批准。在以上两种情况下,政府机构都必须采取一些行动,以便把具体的事例置于一般法律规则的作用之下。情况既然如此,这种政府职能的行使就与司法行政功能的行使很相像了。在某种情况下,事情可能适合于被认为明显属于司法性质的机关来处理,在另外一些情况下则不然。当然,在大多数情况下,专门从事于仅涉及个人权利的诉讼案判决工作的司法机关,是不适于处理上述那类事务的。"[1] 法国社会主义者马布利认为:"如果我们想使执政者公正,就应当使国家的需要不多,而为了使执政者更习惯于公正,就应当使法律不给予执政者以可以比其他公民有更多需要的条件。……因为活动受到限制的政府,在国家的需要有节制的条件下,不可能使财政管理发生混乱;因为受到取缔豪华法律限制的执政者们,要想使自己幸福,并不需要积累大量财富;因

---

[1] 〔美〕古德诺:《政治与行政》,王元译,华夏出版社1982年版,第4页。

为政府在需要不多的条件下一直会感到富裕，易于保持原来的习惯，即执行自然界的使命，施行德政。在其他地方，国家在使公民破产；而在这里，国家援助遭受损失的人民，帮助公民重建被火烧掉的住宅，对不幸遭到雹灾和其他天灾的农民补助他们所受到的损失，把由于贫穷而不得不蹲在家里挨饿的贫困的居民送到海外去谋生。"① 我国也有学者认为："行政权力，源于公民权利，是公民权利的一种特殊的转化形式。我们知道，公民通过选举，产生自己的权力机关，权力机关再根据权力分立的原则，将行政权力从统一的国家权力中分解出来，并组成政府统一行使该行政权力。可见一切国家权力都是直接、间接来源于公民权利，权力是权利的一种特殊形式。行政权力一旦形成便同公民权利结成一种既互相依存，又相互对立的关系。一方权利（权力）的实现，要求另一方履行相应的义务，反过来也是这样。每一方既是权利的主体又是义务主体，双方的权利义务在总体上应是平衡的。对于行政主体来说，它既要保护公民的合法权益，同时又要防止公民权利的滥用、法定义务的违反，以维护公共利益或他人的合法权益。这是行政主体的职权和职责。对于公民来讲，他一方面要服从、配合和参与行政管理，尊重行政权的合法行使，另一方面，他又要通过直接或间接的形式监督行政主体依法行政，防止行政权的滥用或违法行使。"② 我们认为，在行政法学研究中，行政法治的理想格局是学者们关注的基本问题，这个理想格局不单单是一个行政法治理念，更为重要的是在行政法对社会关系的调整中诸多制度和规范都有一个理想化和合理化的问题。人们关于行政法治理想格局的思考到目前为止并没有结束，即便在一个国家中行政法制度相对比较完善的情况下，

---

① 〔法〕《马布利选集》，何清新译，商务印书馆1983年版，第54页。
② 罗豪才主编：《行政法学》，中国政法大学出版社1996年版，第4页。

行政法治理想格局的探讨亦不会就此结束。还有一点值得注意，就是行政法治理想格局并不一定存在标准答案，反过来说，人们关于行政法治理想格局的论点并不一定是一致的，同一个问题不同的学者有不同的见解，这些事实的论点和学理恰恰是比较行政法学存在的前提条件，因为，一方面要有能够比较的材料，另一方面，材料之间必须有可比性，这两个方面是比较法和比较行政法存在的前提，当然也是比较行政法学的前提。

（四）以实在法与行政法学认知结合为背景的体系构建

上列两种关于比较行政法学体系构建的进路其模式设计是非常清晰的，依第一个进路，我们可以清晰地设计出一个与一切实在法或者与人类共存的行政实在法研究为背景的比较行政法学体系。而依后者，我们则可以设计一个关于行政法治发展趋向的比较行政法学体系。若学者们选择上列研究进路中的任何一个都是符合科学研究的一般特性的。笔者注意到，上列进路中学者们更偏爱前者，即关于比较行政法学体系的思考更乐于以行政实体法的研究为背景，对比较行政法学体系进行合理设计。除了上列两个关于比较行政法学体系的设计进路外，还有一个进路也值得引起重视，即将行政实在法的学理思考与行政法学纯学理思考结合起来构建比较行政法学科体系。这个体系设计将行政实在法的学理思考予以厘清，概括出人们关于行政实在法研究中各个层面上的理论和见解。同时，对行政法学的纯粹学理研究进行总括。行政法学的纯粹学理研究在行政法学界并没有占主流，甚至在立法意义上讲还十分贫乏，但不能否认有些学者对行政法治问题作了高层次的学理上的研究，例如黑格尔对行政机关组织体系的思考就是高度学理性的，这种思考既没有依赖于某一国家的行政实在法，亦没有从一定的法治格局出发。在大多数人看来这样的研究所具有的是纯美学上的价值。但是,在行政法学的研究中所缺少的正是这样的研究。比较行政法学在进行体系建构时可以将行政实在法的学理思考与行政法学纯学理研究结合起来,如可以将有关行政法学方法论、行政法学理论基础、行政法学模式选择作为学科体系的一部分,再将行政法中若干问题的研究的学理作为学科体系的一部分。本书在对比较行政法学科体系进行构建时所选择的便是这种进路。

第二章 行政法学方法论运用的比较

一、行政法学方法论概说

德国法理学家拉德布鲁赫曾经有这样一个论断:"就像因自我观察而受折磨的人多数是病人一样,有理由去为本身的方法论费心忙碌的科学,也常常成为病态的科学,健康的人和健康的科学并不如此操心去知晓自身。"[1] 这个论断被一些法学研究者和其他社会科学的研究者所接受,因此,在一些学者的研究中常常回避方法论问题。笔者查阅了国内外上百部行政法学教科书,开辟专章探讨行政法学方法论的寥寥无几。但是从现代自然科学和社会科学的状况看,方法论是某门科学乃至于某门学科存在和发展的基本条件之一。即是说,某门科学或学科若没有自己的方法论,则不像拉德布鲁赫讲的是不成熟的科学,恰恰相反,方法论的成熟和完善成了人们判断某一门科学和学科成熟与否的标志。有完整方法论的科学和学科在人们眼里是成熟的、完整的。反之,没有方法论的学科和科学则被认为是不成熟的、不完整的。[2] 基于此,笔者认为要使行政法学在社会科学大系统中有一席

---

[1] 〔德〕拉德布鲁赫:《法学导论》,米健、朱林译,中国大百科全书出版社1997年版,第169页。
[2] 据笔者对行政法学界知名学者和较有影响的学术流派的观察,凡能够成为知名学者的一般都掌握了一定的方法论,或者自己创立了一个方法论体系,或者将其他学科中的

之地，就必须引起对其方法论的重视，在比较行政法学中对行政法学方法论进行比较就是理所当然的。

（一）行政法学方法论的概念

行政法学方法论是指在行政法学研究中运用的解释行政法学现象、厘清行政法问题的方法体系。行政法学方法论是行政法学研究中运用的，它的存在空间在行政法学的研究之中，这是我们对它的适用范围的限定。我们知道一个国家在运用行政法对社会进行控制的过程中亦需要一些方法或者方法论，其发生在行政法治实践中。行政法学方法论在适用范围上与行政法治的方法是有质的区别的，不能将行政法控制过程中的方法混同于行政法学研究中的方法和方法论。毫无疑问，行政法学方法论是由一些具体的解决问题的途径、程式等构成的，即其是由一些具体的方法构成的，但行政法学方法论与行政法学研究中的具体方法不同，方法论的范围要比方法的范围大得多，方法是一些个别的研究手段、研究程式，而方法论则是一定研究手段、研究程式的一个集合。这个集合一定意义上改变了研究方法的性质，它使若干方法构成了一个体系，并且使方法有了价值上的属性。我们说，方法论对一个学科的构成有决定意义，就是说这个学科中的方法已规模化了，体系化了，并足以决定这个学科中的一些价值性的东西。行政法学方法论存在的基础是行政法学，其功能则在于解释行政法学现象，包括行政法学中的个别现象和普遍现象。行政法学方法论还具有厘清行政法问题的功能，就是通过行政法学方法论对行政实在法中的一些问题高屋建瓴。概而言之，行政法学方法论是一个体系化的东

方法论巧妙地运用到行政法学中来，而且行政法学界有影响的学术著作都与一定的方法论有关，这个现象是应当引起注意的。

西，某种研究方法若成为体系就应当视为方法论而不能简单地视为具体方法；行政法学方法论还具有价值决定性，即通过行政法学方法论能够判断一个行政法学体系的基本价值。行政法学方法论的价值决定性是一个至关重要的问题，对此我们必须给予高度重视。之所以这样说，是因为行政法学方法，即研究过程中使用的具体方法是一些技术性问题，是由技术因素决定的，正因为如此，一种方法如果科学合理，不论哪种类型的行政法学研究，不论你站在什么立场研究行政法学问题，它都是可以运用的。例如，对行政法学问题进行分析和统计，无论哪一国的行政法学研究都广泛运用，这样的运用不会引来人们的非议。行政法学方法论则不是一个纯粹的技术问题，除具有技术层面以外，还有非技术层面的东西，如研究者所站的立场、研究者所坚持的意识形态、研究者所处的社会地位等都是方法论的制约因素。我们知道，在行政法学研究中一些方法论在某一国家的行政法学研究中被广泛运用，而其他国家则可能对这样的方法论予以抵制。我们不能说，行政法学方法论就必然具有阶级性，但我们有理由说行政法学方法论除了具有技术性以外，还有非常深刻的社会性。历史发展、文化传统、人文环境都是这种社会性的具体表现。[1] 行政法学方法论的社会属性还可以通过另一个事实予以说明，即一些包括行政法学在内的

---

[1] 方法论的这种复杂性质使学者们在对问题进行研究时常常不得不对自己的研究方法论作出说明，例如，《政治学手册精选》一书的作者就对其在该著作中运用的方法论作了这样的注释：其一，使用的基本方法将是历史的和解释性的。它假定，人们要了解政治学，就必须注意到它的起源、它的发展以及它的外界环境。其二，侧重点是当代的美国，这既然是对研究国度的限定就不该在方法论中说明，但本书作者在讲授其运用的方法论时还是提到了这一点。其三，"显然将概述美国政治学的'严格'解释的演变，并叙述其基本原理和方法——这是经历四代人的美国政治学的主要历史——但是，将有一个坚定的意图——坚持运用宏观的看法，即一种'世界范围'的方法。"由此可见，方法论有时还能够反映学者们的研究态度。参见〔美〕格林斯坦、波尔斯比编：《政治学手册精选》（上卷），竺乾威等译，商务印书馆1996年版，第3页。

公法学者之所以能够取得成功，有时并不决定于研究结果，而决定于其在自己的研究过程中创立或适当运用了一种方法论。有学者就对戴西的学术地位作了这样的评价："将法学方法运用于英国公法的第一人。布莱克斯通进入该领域是不成熟的，奥斯汀基本是一个民法专家，波洛克和萨蒙德让科学走出了英国私法，梅特兰的零散贡献可能属最高价值，但其主要著作是在历史领域中完成的……（戴西的）风格尽管在某种程度上也是冗长和重复的，但具有高度的可读性。其对英国公法发展的影响是巨大的，今天，他的权威比其他任何公法学者都要大。的确，没有任何一个国家其上一代的公法学者的观点，能与戴西在英国享有的声誉相媲美。"[①]。这是我们对行政法学方法论概念的初步认识。

（二）行政法学方法论的地位

行政法学方法论在行政法学中的地位鲜有学者论及。学者们所以不去讨论方法论在行政法学中的地位有这样和那样的原因，在笔者看来，最为根本的是行政法学研究中学者们对方法论的漠视。诸多学者并不认为方法论在行政法学科建设中有什么特殊地位。美国有一位哲学家对科学研究中的方法和方法论的程式化和权威化提出了强烈批评，在他看来方法论一旦形成对于这个学科来讲便是灾难性的，他列举了方法论被过分看重的十大弊端。[②] 因此，主张在科学研究中

---

① 〔英〕卡罗尔·哈洛、理查德·罗林斯：《法律与行政》（上卷），杨伟东等译，商务印书馆2004年版，第78—79页。
② 例如保罗·法伊尔阿本德认为方法论讲求"一致性"，而"一致性条件要求新假说符合于公认的理论，这是没有道理的。因为，它保留的是旧理论，而不是较好的理论。同充分确证的理论相矛盾的假说供给我们的证据，是用任何别的方法都得不到的。理论的增生是对科学有益的，而齐一性则损害科学的批判能力。齐一性还危害个人的自由发展"。参见〔美〕保罗·法伊尔阿本德：《反对方法》，周昌思译，上海译文出版社1992年版，第12页。

的最高价值在于无政府主义,即无论怎样都行,不受约束的研究才是理性的研究。然而,在笔者看来,不受约束的研究本身就是一种方法论。也就是说,这位学者所反对的是将方法论过分权威化和政治化,例如,他在《反对方法》一书中就强烈批评了意识形态介入到科学研究中的弊害。我们认为,方法论仅仅应当是一种方法论,而不应当是受过权威强化的方法论,同时方法论应当有并存的机遇,即两种不同的方法论即使其在一些重大命题上是对立的,但都有各自的合理性,或者此一方法论无法证实彼一方法论是谬误的情况下,其就不应该限制与它对立的方法论存在的空间。在行政法学研究中,方法论至少可以扮演下列角色,其所扮演的角色也反映了它在行政法学研究中或者行政法学学科建设中的地位。

第一,行政法学方法论能够作为行政法学的分析手段。行政法学研究一般都是从命题开始的,即人们在研究过程中设定一些或大或小的命题,再用所设定的命题解释行政法现象,这个过程应当说是一个分析的过程,而任何分析都或多或少带有一定的主观倾向,如通过分析使问题最大限度趋于一致。例如:《美国行政法的重构》一书一开始就指出:"美国行政法正在经历一场根本性的变革,这一变革致使人们对行政法在我们法律制度中的适当角色发生了疑问。在相当程度上,该变革系由联邦法官们一手促成;而本文将要集中关注的正是这些联邦法官的努力以及此次变革所蕴涵的意义。"[1] 其实质上是设定了一个命题,全书的分析过程就是从这个命题出发的,他所涉及的方法论是很明显的,即行政法传统模式已经瓦解而新的模式应当建立,至于这个方法论的逻辑过程我们在此无法作以评介。行政法学研究

---

[1] 〔美〕理查德·B.斯图尔特:《美国行政法的重构》,沈岿译,商务印书馆2002年版,第1页。

中离不开对问题的分析，而分析问题的方式和效果亦有不同的表现。在没有一定方法论指导下的分析，则是一些具体的分析，或者不在于追求一定效果的分析，而在一定方法论指导下的分析则是能够产生一定效果的分析。具体地讲，行政法学方法论是行政法学分析中普遍运用的，或许，存在不依靠行政法学方法论的具体分析，但这样的分析在行政法学学科构建中几乎不起作用。从这个意义上讲，有效的行政法学问题的分析是在特定方法论指导下的分析。

第二，行政法学方法论能够作为行政法学的整合手段。行政法中个别问题的研究在行政法治实践中是经常进行的，但是，这些个别问题的研究还不能与行政法学研究概念相等同。同样在行政法学研究中，也常常有个别问题的研究，如对行政法学中某一特定问题（如行政主体问题、行政法关系问题等）的研究，这些个别问题的研究可以解决行政法学中的技术性问题，但与行政法学科体系的构建还相去甚远。然而，行政法学作为一个学科的存在，与作为问题研究的存在是两个性质不同的存在形态。学科体系有一整套理念和将这些理念统一起来的原理和机理。我们知道，行政法学中的问题分布都是分散的，它们存在于行政法学不同的环节上，若能够使具体的问题统一于一体，就必须有一个机制化的东西，我们认为，这个机制化的东西无论如何也离不开行政法学的方法论。当然，学者们可以在一本教科书中和一本专著中将若干行政法学问题都记录下来，事实上，诸多行政法学教科书和行政法学著作就是这样记录行政法学问题的。然而，记录行政法学问题的著述无论如何也不能以学科的面目出现，更不能称之为科学。即是说，行政法学需要一定的整合手段，只有通过整合了的行政法学著述才可能构建一个具有自己特定的行政法学体系，才可能使自己的研究成为符合社会科学属性的研究。行政法学方法论在这种整合中起着关键作用，卡罗尔·哈洛在《法律与行政》一书中提出了红灯理论、绿灯理论和黄灯理论三个行政法学理论。① 显然,红灯理论、黄灯理论、绿灯理论按常理是相互对立的,卡罗尔·哈洛则通过现代行政与社会关系的理性模式将上列三个理论整合在了一起,使人们既能看到三种理论在基本原则和基本原理上的巨大区别,又能看到三者在逻辑上的关联关系。如果没有一个科学的方法论支撑,上列三个理论必然使人们无法理解。笔者对若干影响较大的行政法学和其它公法学著述作了深入分析,发现一部著作中的论点和其建构的学科体系能够被人接受并产生巨大影响的原因之一就是其能够运用方法论将自己设定的命题进行有效整合。行政法学方法论对行政法学科的整合,一方面可以使行政法学的概念系统予以统一,它不能包容两个对立概念范畴。另一方面,使行政法学研究中研究者自己的论点能够保持逻辑上的连贯性。应当指出,行政法学方法论在对行政法学科进行整合时在一些方面表现得似乎较为专断。我们知道,在逻辑学中有诸多定律,如同一律、排他律等,某一方法论若被研究者运用,其就必然不能容忍不符合自己方法论的设定的命题在其学科中的存在。我们注意到,国内外一些行政法学著作就常常在建构一种合理论点的同时,否定了另一个相对合理的论点。例如,行政法究竟是控权法还是保权法?依控权论者行政法是一种地地道道的控权法,而对行政法的保权功能予以断然否认。而持管理论者则认为行政法是一种保权法,对行政法的控权功能予以否认。行政法学方法论的这种独断性甚至无情性虽是它的弊端,但持有方法论的研究毕竟要比没有方法

---

① 这三个理论非常形象地表述了政府行政系统对社会公众的关系形式。红灯理论实际上就是叫停理论,即政府行政系统面对社会公众的生活空间应当叫停,不应介入到公众的生活空间中。绿灯理论则是指行政系统对社会生活的介入应当畅行无阻,既可以设立社会关系,又可以解决社会公共福利。黄灯理论则认为政府应当有条件、受限制地介入到公众生活的空间之中。

论的研究来得完整一些。当然，方法论是一种思辨体系，而不是简单地提出一个判断，设定一个较大范围的命题就能够称得上是方法论。对于行政法学方法论对行政法学科的整合功能一定要引起足够重视。在思考问题的方法不太成熟的情况下还是不要人为地设定方法论好，因为，不成熟的方法论设定常常会形成学术霸权，我国行政法学研究在一些方面就已经严重地受到了学术霸权的影响。

　　第三，行政法学方法论能够作为行政法学的定性手段。对行政法问题的研究不一定能够归入到行政法学之内，之所以这样说，是因为作为一个学科或者一门科学除了具备相应的研究行为外，还必须具有学科的体系构成，尤其必须具有支撑这个学科的学术规范。在若干学术规范中，方法论是最为基本的，即是说对于一个学科而言，方法论是其予以成立和存在的重要支撑因素。行政法个别问题的研究，只是一个研究行为，而研究行为作为一个非常单一的要素是不能与学科和科学同日而语的。从这个意义上讲，行政法学者的研究行为是否能够称得上是行政法学必须具有一定的鉴别标准，而在笔者看来，方法论就是这些标准中最为核心的。由此我们便可以说，行政法学方法论是行政法学的定性手段，没有一定方法论的研究，没有受方法论指导的研究便难以成为行政法学科范畴的研究。一个规范化的行政法学教科书，一个像样的行政法学学术著作首先必须有成规模的方法论，这是行政法学方法论能够为行政法学定性的第一层含义。从另一方面看，行政法学研究是形成流派的，例如，大陆法系行政法学和英美法系行政法学就是两个最广义的行政法学流派。它们的研究与其说是实在法决定了它们之间的区别，还不如说是方法论决定了它们之间的区别，"英国普通法是沿着一条完全不同于大陆共同法的道路发展起来的，没有受到国家主义、民族主义、实证主义和主权论的排斥，相反，在英国成为统一的民族国家后，英国普通法仍然是一个积极的力量，被作为生机勃勃的民族统一和民族精神的象征而被接受下来。大陆革命似乎要求抛弃旧法统,而英国革命则要求承受旧法统,甚至还要加以发扬光大。这从大陆法系国家和普通法系国家对法典编纂采取的不同态度就可以看得很清楚。大陆法系国家所以要编纂新的法典,是因为必须要废除共同法;而英国所以认为没有必要编纂法典,是因为普通法必须要保留下来。"① 表明思想方法的不同是两大法系区别的关键,如大陆法系受到了国家主义、民族主义、实证主义和主权的排斥,而英美法系则没有受到这些主义的排斥,其中"主义"一定程度上成为了两大法系区别的标志,而主义无论如何也是一种思想方法,而不是法律实在。法学流派的区分中方法论所起的是最为关键的作用,这是方法论对行政法学性质起决定作用的另一方面。此外,行政法学方法论还决定行政法学其他方面的性质,例如,有些行政法学研究紧密地结合行政法制度,将行政法学置于一国的制度构建之中,而有一些行政法学研究则追求的是行政法学本身的完善性。

(三)行政法学方法论谱系

行政法学从何时成为一门独立的学科,在行政法学界并没有形成定论,英国行政法学家卡罗尔·哈洛等学者认为:"行政法于19世纪开始成为一门独立的学科。"② 此论只是一家之言,并没有引起行政法学界的普遍关注。在笔者看来,行政法学究竟什么时候成为一门独立学科的讨论前提应当是设定行政法学科独立性的标准,即符合什么标准行政法学科才算成为一门独立学科,在标准没有设定、标准没有被

---

① 〔美〕约翰·亨利·梅利曼:《大陆法系》,顾培东等译,知识出版社1984年版,第23—24页。
② 〔英〕卡罗尔·哈洛、理查德·罗林斯:《法律与行政》(上卷),杨伟东等译,商务印书馆2004年版,第78页。

普遍接受的情况下,行政法学何时独立成为一门学科的问题就无法得到解决。然而,关于行政法学成为独立学科的标准并不是一个非常容易达成共识的问题。正如笔者在前面所指出的,行政法学方法论无疑是行政法学成为独立学科的条件之一。在行政法学研究中还有这样一种现象,即一些行政法思想家或者公法学家,在公法问题和政治学理论的研究中有巨大成就,甚至创立了有关政治学和公法学的学科,其在政治学和公法学的研究中形成了独到的体系,更为重要的是他们掌握了一定的方法论,在研究过程中自如地将方法论运用到本学科中。他们关于行政法的研究是附带性的,就是在其创立的学科体系中行政法学只是一个比较次要的东西。一些这样的学者尚未有行政法学的专门著述,然而,这些学者在对行政法学问题进行观察时有一套完整的方法论,诸多这样的学者对行政法学问题的阐释其精辟性完全超过了有专门著述的行政法学者。在出版的绝大多数行政法教科书中,包含的方法论少之又少,而这些公法学家的著作中所包含的方法论则较为成熟。我们也看到一些对后人产生深刻影响的行政法学论断常常出自于这些政治思想家或公法学家,而不是出自于专门从事行政法教学和研究的职业行政法学者。例如戴西关于行政法学理论的表述,并不在一部行政法教科书中体现,但却有完整的方法论指导。这个现象在行政法学界是比较特别的。在笔者看来,手中握有方法论的非行政法职业的思想家,对行政法学问题阐释的深度超过了职业行政法学者,正是这种具有方法论的关于行政法学问题的理论使行政法学能够在法律科学乃至于整个社会科学中具有一席之地。此点提醒我们,对行政学方法论的研究不要立足于行政法教科书中,若将立足点放在行政法教科书中和职业行政法学者的著作中,那么,我们可能会有行政法学方法的研究,而不会有行政法学方法论的研究。基于此,笔者认为行政法学方法论大体上有下列谱系。

其一,自然主义的方法论谱系。在政治思想和公法学的历史中,用自然法解释社会政治、公共行政和法律现象曾经在政治学和法学的发展中起过非常重要的作用。我们将这种以自然法为核心而演绎出来的诸多方法论称之为自然主义的方法论谱系。自然主义的谱系是以自然法的理论为基础的,自然法一般指人类所共有权利和正义体系,是人类社会存在和延续的基础,这个自然法在诸多经典作家看来是高于实在法,甚至高于国家及其权力体系的。自然主义作为一个谱系经历了若干发展阶段。有人认为早在古希腊自然法思想就非常完善了。① 然而,在笔者看来,自然法思想是与资产阶级革命联系在一起的,他是资产阶级革命过程中一种重要的思想方式。一些资产阶级的经典作家为了寻找出一个关于资产阶级革命的理论基础和根据,便从人性中寻找某种理性化的来源,自然法实质就是人类理性的体现。自然法作为人类理性的理论在洛克的《政府论》中有系统阐释,一定意义上讲,洛克也成为现代自然法理论的奠基者。几乎在同一时期,卢梭和孟德斯鸠等都从不同的角度完善和充实了现代自然法理论。自然法主义的核心是强调人的权利高于人应该承担的社会义务,政治实体和行政实体都必须以人的权利或者人性的本质特征作为建制的基础,实在法只是自然法的一种外在形式,任何实在法的最高价值都存在于自然法之中。基本的逻辑是这样的:人类最初生活在自然状态之中,受制于自然法,② 但在纯粹自然状态下人有诸多不便,为了更好

---

① "早在古希腊,哲学家赫拉克利特就有了自然法思想的萌芽,到亚里士多德特别是斯多葛派才得以完善。"参见《中国大百科全书·政治学》,中国大百科全书出版社1992年版,第615页。
② 第一,在自然状态中,没有一部人们制定的、稳定的、人所共知的法律,因而没有一个大家都认同的是非标准,没有一个共同的尺度来判决人与人之间的一切冲突。尽管对一切有理性的动物来说,自然法明白易懂,但由于有些人因利害关系而存有私心,有些人由于没有学习而对自然法不甚了解,因此不易接受自然法的约束,不能用自然法规范他们的行为。第二,在自然状态中,没有一个人人皆知的、公正的、有权根据成

地实现自然法规定的自然权利，人们才联合起来，订立了契约，成立了政治实体和国家。由此可以进一步认为，任何形式的权力统治都必须以人性和人的自然权利作为基础，任何政治实体、任何法律制度都必须有利于实现社会个体的自然权利，卢梭对由自然状态向文明状态的发展做了这样的说明："由自然状态进入文明状态，人类便产生了一种重大的变化。在他的行为中正义就代替了本能，而他的行动也就被赋予了前所未有的道德性。惟有当责任的呼声代替了生理的冲动，权利代替了欲望的满足的时候，前此只知道关怀一己的人类才发现自己是被迫不得不按照另外的原则行事，并且在听从自己的欲望之前，要先请教理性。在文明状态中，人类固然被剥夺了先前得自自然的许多便利。然而，取而代之的是，他获得了巨大的利益。他的能力得到了锻炼和进展，他的观念扩大了，他的感情高尚了，他的整个的心灵提高了，以至于若非新情况的流弊常常使他又堕落到原出发点之下的话，那么对于那个使他从此得以离开自然状态，使他从一个有局限性的愚昧的动物一变而为一个有智慧的生物——也就是说，一变而为一个人——的那个幸福的时刻，他一定会是非常感谢的。"[①]自然法是一种理论体系，而且这个理论体系或者不加修正地或者加修正地被一些国家在实在法中反映出来，其生命力至今还在延续着。我们认为，自然法作为一种思想体系也是方法论的一种，在这个思想体系之下派生

  文法裁决一切纠纷的仲裁人。在那里，人人都是自然法的仲裁人和执行人，而人是偏袒自己的，感情用事和报复心态极易使人超越法律的范围，人往往对自己的事过于热心，而粗心大意和漠不关心又让人对别人的事过于冷漠。第三，在自然状态中，缺乏权利来支持正确的判决，以使它得到执行。凡是受到非法伤害的人，只要自己有能力，就会使用武力去抚平受到的伤害。这种反抗经常使执行惩罚非常危险，往往使企图惩罚别人的人受到损伤。参见〔英〕大卫·韦戈尔：《政治思想导读》，舒小昀等译，江苏人民出版社 2005 年版，第 23 页。

[①] 〔英〕大卫·韦戈尔：《政治思想导读》，舒小昀等译，江苏人民出版社 2005 年版，第 26—27 页。

的方法足以成为一个谱系。在这个谱系之下，有以社会契约解释国家和法律现象的，有以正义①解释国家和法律现象的，有以道德解释国家和法律现象的。在行政法学的研究中，自然主义的谱系亦非常深刻地渗入进来，其中自然公正的行政法学解释方法，控权主义的解释方法等就是这个谱系在行政法学研究中的具体表现。

其二，理性主义的方法论谱系。西方有学者将整个18世纪称之为"理性的时代"。②显然，从广义上讲，理性的时代是一个体系庞大的哲学命题，它与我们通常讲的理性还不能算是同一个事物。理性实质上是对人与其以外之事务关系的一个描述，在这个关系中包含着巨大的关系范畴。如人与自然的关系，人与社会的关系，人与各种各样的制度及规则的关系等。若我们将理性的含义予以分解的话，其大体上包含着这样一些内容：一则，人是自然界的一部分，既是自然的产物，又是自然界的一个特殊构成，其与自然界中的其他任何事物不能归于同一类型之中。二则，人体是灵魂存在和认识的基础，人体一旦死亡，人认识事物的能力也将丧失。在理想概念中，这一点是十分关键的。正是因为人有灵魂、有思考问题和认识问题的能力，才使他与其他事物予以区分，一定意义上讲，正是灵魂赋予了人以理性。三则，人作为一种特殊的存在物，有饮食、感觉、想象、思维和志趣等五种本能，尤其想象、思维和志趣的本能构成了理性概念的基础。上列诸方面决定了人有认识能力，能够认识外在的事物，认识整个世界，而这些认识事物的能力使认识最终变为知识，最后知识成为理性的最高标准。当然，在一些学者看来，理性又可以分为消极理性和积极理性两个方面，宇宙的客观规律性和全人类的知识总汇为积极理性，即

---

① 参见〔美〕约翰·罗尔斯：《正义论》，何怀宏等译，中国社会科学出版社1988年版。
② 参见〔美〕M.怀特编：《分析的时代》，杜任之译，商务印书馆1987年版，第3—5页。

主动理性，而人的认识能力则被认为是消极理性，即被动理性。而知识和科学是它的最高形式，是人类获得幸福、建立优越社会的理论基础。理性概念是以反映理性主义作为一种思想方法的内涵，即人们对自然界之问题和社会领域中之问题的认识都不要从形而上学的角度出发，而必须对所分析的问题进行科学论证。在个体和群体的分析和判断中寻求具体的解释方法。在政治思想和公法领域，理性主义逐渐成为一个有机的方法论系列。19世纪初期，边沁和奥斯丁就是两个极具代表性的人物，他们所创立的方法论是受理性指导的，是理性思考逻辑的直接结果。边沁提出了一个解释政治和法律现象的功利原则，他认为痛苦和快乐是人以及人类社会的两大主宰，在人的本性中所追求的是最大的快乐，所规避的是最大的痛苦。人以及人类社会任何行为和行为的起因都源于这两个方面。只要属于快乐范畴的东西，不论以什么形式出现，其性质都是相同的，所不同的只是量上的差异。与之相对立，所有痛苦也都是性质相同的东西，只有量上的区别而没有质上的区别。他主张，人们都应当追求个人的利益和幸福。但由于社会利益是一切社会成员个人利益的总和，每个人在追求个人利益和幸福时，自然而然地就增加了整个社会的利益和人们享有的幸福。以此为基础，边沁以"最大多数人的最大幸福"作为判断政治实体和法律制度优劣性的标准。增进幸福就在于保证生存、富裕、安全和平等，法律制度和行政权的运作就建立在功利原则之上。1920年边沁出版了《基本原则概要》一书，其对政府和法律问题有下列对话方法出现的论断："一部全面的政治问答手册：在从头到尾与应然的政府作比较时，包含着对法律和政府领域目光敏锐的看法。Q.什么是最好的政府形式？ A.极有益于实现政府适宜目标的形式。Q.什么是政府的适宜目标？ A.最大多数人的最大幸福。Q.什么是极有益于那个目标的政府形式？ A.纯粹的民主制。Q.有多少种形式纯粹的政府？ A.三种：即纯粹的君主制，纯粹的贵族制和纯粹的民主制。Q.什么情形使这三种形式的政府相互区别？ A.统治者的数量：君主制是由一个人统治的政府，贵族制由少数人统治，民主制则是许多人的统治。Q.有多少种固定的政府形式？ A.那三种简单的形式混合能够形成多少种，就有多少。Q.君主制一词通常运用于多少种政府形式上？ A.两种：即纯粹的君主制和混合的君主制。Q.什么是最普遍种类的君主混合制？ A.君主的权力或多或少受到贵族团体或民族团体或两者共同拥有的那部分权力的监督和削弱。Q.一般而言，人类实际上追求的真正目标是什么？ A.他自己的最大幸福。Q.在民主制下，政府的真正目标是什么？ A.最大多数人的最大幸福。"[1] 人们虽然后来从相对较小的方法论观点将边沁的理论归入到功利主义之中，但其思想方法的深层却在理性主义之中，由于奥斯丁的思想方法主要运用于对有关私法制度的建构之中，在此我们就毋须进一步探讨。理性主义的方法论谱系在一些政治现象和法律现象的解释上可能有相似之处。但是，理性主义的方法论谱系就其立足点而论是以科学的眼光观察政治制度和实在法，一个政府的立法行为和行政行为都应当是科学的推理过程的结果，这样的思想方法显然没有在一些具体问题的研究上设定大前提，即便有前提的话，这个前提也是在就事论事的基础上设定的。

其三，现实主义的方法论谱系。1961年《哥伦比亚法律评论》发表了戴维斯的一篇题为《英国法官制定公法的未来：实践法理学问题》一文。戴维斯在此之前访问了英国法律界，通过访问，他对英国司法机关以及整个法律界的实证传统以及这种实证性的强大性和持久性感到震惊，他指出："对探究体现在司法判决中的政策正确性反应惊

---

[1] 〔英〕大卫·韦戈尔：《政治思想导读》，舒小昀等译，江苏人民出版社2005年版，第106—107页。

奇;而且,如果他坚持,调查者则会轻轻提醒说,法官不能考虑政策问题,只有议会才能改变法律;法官的任务完全是分析性的——即查明先前存在的法律,按照逻辑将其运用于法院审理的案件。"[①] 我们知道,英国本不是一个用实证主义等方法指导法律制度和法学研究的国度,但是,在其法学和法治中,分析主义、现实主义、实证主义却占了上风:"法律推理的分析的、形式主义或实证主义风格,主导了二战期间和战后早期的英国法——司法审查法律的形式主义——且绝没有过时。法律学生把许多时间仍消耗在对司法判决的严格语义分析、对推理的批评和预测判决可能的导向之上。许多行政法学者仍把这一分类过程看作是该学科的核心要素,尽管今天多数人可能看到这一路线难以维系。"[②] 之所以会出现这样的状况,实质上不是个别现象和偶然现象,而是法学和政治研究中的一种潮流。进入 20 世纪以后,人类认识问题的思想方法发生了深刻变化,有人将整个 19 世纪称之为思想体系的时代,即人们在社会科学的研究中所推崇的思想方法主要是创立思想体系,并运用思想体系中的若干原理解释社会现象。显然,这个思想方法在有关国家学和法律学的研究中同样被泛化,任何国家和公法问题的研究都带有一定的形而上的色彩。进入 20 世纪以后则发生了巨大变化,有人将 20 世纪称之为分析的时代,在这个时代中,人们不再看重方法论本身在美学上的特性,而更看重方法的实用性、形式性和具体性。用一句通俗的语言来概括,就是现实主义,即人们认识国家和法律问题的立足点是问题的本身,以及如何能够有相对便捷的方法解决这些具体问题。现实主义的方法论大体上有下列特点。

---

① 〔英〕卡罗尔·哈洛、理查德·罗林斯:《法律与行政》(上卷),杨伟东等译,商务印书馆 2004 年版,第 80—81 页。
② 同上书,第 81 页。

首先，它反对用成规模、大范围的理论机制分析法律现象中的任何一个具体问题，把成体系的理论不再看作放之四海而皆准的方法，认为每一个具体的问题都有它自己的特性，分析问题只能由被分析的对象和分析者两造来决定。在传统方法论中，在问题和问题的分析者之间设定了大前提，而这个大前提对于问题和问题的分析者都不一定带来好的结果，最终的分析亦必然不一定是科学的。其次，当下的有用性是分析法律现象的最高标准，反对绝对的、普遍的原则。美国现实主义者爱德华·哈利特·卡尔认为："现在，最重要的一点是：那些所谓绝对的、普遍的原则根本算不上是什么原则，只不过是基于某一特定时期的国家利益的特定表现形式基础上的国家政策的无意识的反映。不管是利益或政治的冲突，国家、阶级或个体之间的和平与合作应当成为共同、普遍的目标，这一点才是有意义的。同样有意义的是，在维护共同秩序的过程中存在共同的利益，不管是国际秩序，还是国内的'法律和秩序'。但是，一旦试图将这些抽象的原则应用到具体的政治现实中去，这些所谓的原则就变成了包裹着自我利益的透明的伪装。"[①] 实用主义的思想方法同样是一个谱系，在这个谱系之下，有许多具体的方法论，如分析的方法论、实证的方法论、形式的方法论等。行政法学研究中这种实用主义的方法论谱系在20世纪以后的行政法学研究中占有重要地位，斯图尔特在《美国行政法的重构》中的一段话反映了行政法学研究实用主义谱系的潮流："在理论上，通过严格适用禁止授予立法权原理、要求立法机关的指令更为具体明确，传统模式也许可以有效地用来限制行政机关自由行使被授予的宽泛权力。然而，由于具体实施该原理所存在的困难，也由于法院不断地宣布大

---

① 〔英〕大卫·韦戈尔：《政治思想导读》，舒小昀等译，江苏人民出版社2005年版，第468页。

量的宽泛立法指令无效所导致的制度性危险,这一解决方案被证明是不可行的。"① 这是关于授权立法的哲理分析,从这个分析过程来看作者所关注的并不是从正统行政法学理论和论证授权立法的合理性,而是从授权立法在行政法治实践中的滞障寻求解决问题的具体出路。

(四)行政法学方法论相对单薄

行政法学方法论在行政法学研究中的运用是相对单薄的,对于它的单薄性我们可以做出如下评说。

第一,行政法学方法论与宪法学以及其它法律学科相比,相对不成熟。上面我们介绍了行政法学研究的方法论谱系。实质上,这些谱系绝大多数都不是行政法学独有的,大多是政治学和一般公法学运用的方法论。在宪法学和其它法律学科中,方法论都是比较成熟的,一方面,它们各自具有自己的方法论,另一方面,它们的方法论都是成体系的。一些学科中方法论本身就具有使该学科引起关注的功能,例如在政治学中,行为主义和后行为主义就足以引起其他学科和局外人的关注,而在行政法学研究中是没有这种情况的。

第二,行政法学方法论还没有成为行政法著述中必不可少的东西。无论在传统的行政法学教科书或者行政法学著述中,还是在目前的行政法学教科书和行政法学著述中,方法论都没有成为这个学科的必备内容,绝大多数行政法教材一开始就讲授行政实在法的内容。② 在行政法学方法论还不能成为行政法学科中的必备条件的情况下,其在整个学科中的地位就必然是单薄的。

---

① 〔美〕理查德·B.斯图尔特:《美国行政法的重构》,沈岿译,商务印书馆2002年版,第15页。
② 国内行政法教科书很少探讨行政法学的基本理论,在通常情况下都以讲解行政法制度和行政法规范为主,其在给行政法下定义时亦很少从学理上去分析。

第三，行政法学方法论中真正属于自己方法论的少之又少，即是说，行政法学方法论是从其它学科中移植过来的。这种状况实质上从深层次反映了行政法学研究中研究主体知识结构的相对单一。一个行政法学可能有关于行政法治的知识，但不一定有关于行政法学的知识，可能具有关于行政法概念的知识，但不一定具有关于行政法原理的知识。总之，行政法方法论之单薄是行政法学中一个无可争辩的事实。

二、行政法学方法论运用的四种态度

（一）轻视行政法学方法论的研究态度

行政法学的研究态度是指学者们在行政法学研究中对待方法论的心理状态，显然，这种心理状态是在行政法学的客观研究过程中反映出来的。在行政法学研究中关于方法论的态度向来就是不一样的，我们可以将行政法学研究中对待方法论的态度概括为四种，即轻视行政法学方法论的研究态度、回避行政法学方法论的研究态度、刻意强调行政法学方法论的研究态度和选择运用行政法学方法论的研究态度四种。下面我们分别予以讨论。对行政法学方法论的轻视由来已久，学者们轻视行政法学方法论并不是对行政法学带有敌意，而是在一些所谓理念的指导下为之的。质而言之，当学者轻视行政法学方法论时，其似乎具有行政法学没有方法论的理论根据。日本学者和田英夫在解释行政法学方法论时有这样一些论断。一方面，行政法学科以宪法学为基础，宪法学方法论在一定范围内取代了行政法学方法论，"宪法的主要内容，是规定国家权力的范围、原理、结构，保障国民的权利，而行政法的研究对象，则是行政权的结构和作用，后者可以说是国家权力的核心,这意味着行政法学是以行政法规——宪法的从属规范和部分规范——为其对象,行政法学处于宪法学之下,发挥着手段性、技术性的具体作用,所以,宪法学和行政法学互相依存,共同构成了公法学的理论、原理、体系和解释。"[1] 非常清楚,在他看来,行政法对宪法的依赖决定了行政法方法论对宪法学方法论的依赖,这是行政法学没有方法论的理由之一。另一方面,在法律学的学科中,其他法学的发展要先于行政法学,其他部门法学的方法论为行政法学的分析提供了条件。"行政法的方法论原型(尤其是行政行为论同民法的法律行为论)来自于民法;在民法和行政法相互交叉的区域,还形成了社会法、产业法等新的法学领域;民法中的市民法原理的解释论,也能够以民主的方式,有效地克服官僚式的行政法理论,这一切都显示了行政法同民法的可能性联系。"[2] 另外,行政法是以行政权为中心的,行政法学的研究亦不能离开行政权,而行政学就是以行政权为中心的科学或学科。那么,行政学中完整的方法论便可以作为行政法学的方法论。"法技术学,关于行政法规的静态制度方面所具有的法逻辑解释的整序、操作和完结性,使传统行政法这门学问的方法和对象依然停留在这一层次,而要回答行政法学所期待的今天的课题,理由并不在此。这里,在方法论上,人们意识到必须关心行政法的存在基础,必须积极地分析技术性的行政法规所依据的原理及其动态结构。要回答现代行政法学的这些要求,应当从两个角度进行研究。一是行政法学与行政学的关系;二是导入前述的行政法学中的法社会学

---

[1] 〔日〕和田英夫:《现代行政法》,倪健民等译,中国广播电视出版社1993年版,第36页。
[2] 同上书,第37页。

方法。"① 上述三个方面是和田英夫对行政法学问题研究以后所提出的经过证明的结论。由这个结论我们看出,行政法学研究中,轻视其方法论的现象并不具有偶然性和个别性。应当说明的是,此种轻视行政法学方法论的状况只是学者们的一个认识问题,且这样的轻视并没有排斥研究方法在行政法学中的运用,只是从原理上认为行政法学研究没有适合于自己特性的方法论。令人可畏的是在行政法学界还有一种轻视研究方法的倾向,即对方法论在行政法学研究中的运用予以排斥,一些学者认为方法论只有在理论学科中才有价值,它是一个哲学上的问题。行政法学作为一门实用科学引入抽象的方法论并不利于学者们对行政法问题进行研究,这样的看法在行政法学研究中是非常多见的。

(二)回避方法论的研究态度

如果说,轻视行政法学方法论的研究态度只是行政法学研究中的个别现象的话,那么,回避方法论则是行政法学研究中较为普遍的情形。所谓回避行政法学方法论的研究态度是指学者们在研究行政法学问题时有意或无意地不去涉及方法论的问题。摆在我们面前的行政法教科书几乎都没有开辟方法论的章节,有些教科书即使提到方法论也只是作为一种研究方法看待,而没有将这些方法与方法论予以等同。事实上,一些教材介绍的研究方法也只是研究过程中运用的个别手段,还不能看作一个方法论体系。行政法教科书中回避行政法学方法论的一个重要原因是,大多数教科书对行政法问题的讲授是立足于行政法,而不是立足于行政法学。还有一些学者将行政法的研究

---

① 〔日〕和田英夫:《现代行政法》,倪健民等译,中国广播电视出版社1993年版,第37—38页。

和行政法学的研究不予区分,似乎认为行政法的研究就是行政法学的研究。① 除了行政法教科书中不讨论行政法学方法论外,有关行政法学研究的专著亦很少涉及方法论的专题。行政法学的专著有不同的类型,有些专著是有关行政法学总体问题的著作,如哈洛的《法律与行政》,洛克林的《公法与政治理论》、杨海坤的《行政法学基本论》等。有些是有关行政法学问题的专题研究,如对行政诉讼问题的专题研究,对行政行为问题的专题研究等。还有一种是对行政法典型案例的研究,包括行政机关处理的案例和司法机关在对行政行为进行司法审查时的案例。上列三类专著中,就第一种类型而论,应当具有方法论的专题研究。然而,在国内外这样的著作中有关方法论的章节并不多,《公法与政治理论》一书中对方法论做了一些讨论,但不是以专章的形式出现的,只是在"公法与科学探求"这一章节中讲了方法的应用问题,其关于方法的探讨也就是具体的方法,而不是成体系的方法论,更不是能够解释行政法问题的方法论体系。② 其他一些著作也基本上是这样的情况。行政法学专题问题研究的专著要比从理论上对行政法学总体问题研究的专著数量大许多倍,几乎与行政法制度和行政法规范有关的每一个问题,学者们都有专题研究,如我国学者关

---

① 参见关保英:《行政法教科书之总论行政法》,中国政法大学出版社2009年版,第7页。
② 在这个著作中,洛克林引用了哈勒姆的原话:"每一位从本民族的福利中获得快乐的公允的观察者都会承认:英格兰长期持续且不断增长的繁荣是人类历史上最美丽的乐章。更加宜人的气候或许可以给生存增添更多感官上的享受;但其他地区却无法享有我们的政治制度所带来的利益,这种利益广泛散布于我们的全部人口之中;也没有其他的民族能够如此完美地协调好包括财富、秩序和自由在内的各种本来难以协调的因素。这些优点肯定不能归功于本岛的土壤或者它所处的地理位置,而是应当归功于它的法律的精神,本民族独立和勤勉的独特品格正是来源于这种精神以及使其得以实现的各种方法。"通过作者的引用我们发现洛克林已经认识到具体方法和方法论之间是有差别的,然而,他没有沿着哈勒姆的思路再进一步,若能更进一步的话,洛克林可能会在自己的著作中创立一个有关公法的方法论。参见〔英〕马丁·洛克林:《公法与政治理论》,郑戈译,商务印书馆2002年版,第21—22页。

于行政法学具体问题的研究就很有特点。但在林林总总的研究中至今还没有一部关于行政法学方法论的著作,这是著作的情况。行政法学学术论文中关于方法论的研究亦非常少,有些学者研究过行政法学的解释方法,也有些学者研究过行政法学的理论基础,但关于方法论的论文无论在国内还是在国外都不多。上述事实证明,行政法学研究中回避方法论实质上是一种研究态度。至于这种研究态度是以何种因素作为思想根源的却是一个值得反思的问题。在笔者看来,学者们回避行政法学方法论,大体上有下列原因。

其一,行政法学研究面对的基本事实长期以来被框定在行政法规范之内。笔者查阅了诸多著作关于行政法学研究对象的界说,如盐野宏认为:"行政法的对象和视角,就不是和民法相并列的构筑关于国内行政的公法,而必须从总体上动态地考究行政过程中所出现的所有法现象,指出其中存在的问题,并探究其解决的方法,建立与民法学对等的体系和对象。"[1] 管欧认为:"行政法学乃以研究行政法为对象的科学,凡关于行政法之原理原则,行政法发生之作用,适用之范围,以及其他有关行政法所规律之事项,均为行政法学所研究之对象。"[2] 罗豪才认为"行政法学属于法学范畴,是一门关于行政法的科学,它研究行政法的基本原则、行政法的本质、内容与形式,研究行政法的制定、执行和遵守,研究行政法的产生与发展以及人们对行政法的观点、学说和理论。"[3] 他们基本上都认为行政法学是对规范进行研究的。由于是对规范的研究就是有关法律运作和实施的研究,这样的研究就不具有非常深刻的理性色彩,故而,方法论在这种研究中就是可有可无的。

---

[1] 〔日〕盐野宏:《行政法》,杨建顺译,法律出版社1999年版,第38页。
[2] 管欧:《中国行政法总论》,蓝星打字排版有限公司1981年版,第35页。
[3] 罗豪才主编:《行政法学》,法律出版社1996年版,第43页。

其二，行政法学方法论，或者行政法学从其他学科中吸收的方法论究竟是什么性质，具有什么功能，学者们并不一定有深刻认识。加之，长期以来，人们关于方法论的问题有一个倾向性看法，普遍认为这是一个哲学问题，只有在有关行政法哲学的研究中方法论才有意义，而行政法作为实在法的研究即使没有方法论的专题或者其他形式的构成并不影响行政法学科的完整性，这是行政法学研究中回避方法论的第二个理由。对回避行政法学方法论的研究态度予以综括的话，那么，学者们对行政法学方法论意义和价值的认识不足，以及研究过程中所具有的知识结构不能合理运用方法论等都是导致回避方法论的关键之点。

（三）刻意强调方法论的研究态度

在行政法学研究中，轻视方法论和回避方法论虽然是行政法学研究中的一种客观事实，在一定时期，一定人群中此两种态度甚至是行政法学研究的主流。然而，行政法学研究中也有一种刻意强调方法论的研究态度，这样的研究态度在行政法学研究中从人群分布看，似乎占有少数。但同时我们应该注意，凡刻意强调行政方法论的行政法学研究者都在行政法学研究中取得了巨大成就，这些成就对行政法学的研究亦起到了巨大的推动作用。这其中有一个现象是值得注意的，一些行政法学思想家通过一定的方法论对行政法学问题进行了科学阐释，在其思想体系中方法论是起决定作用的，而人们在对这些思想家取得的成就进行关注时，大多把着眼点聚在了他们通过科学方法论所得出的结论上。即是说，行政法学界对取得成就的行政法学问题的研究，大多重视方法论所产生的结果，而没有重视方法论本身。这种状况对行政法学的研究是致命的。因为，方法论所产生的结果是一些个别问题，而方法论则是全方位的。方法论产生的结果是暂时的，而方法论则具有较长的生命力。行政法学之所以在社会科学研究中相对滞后，与这种过分重视方法论的结果而不重视方法论本身不无关系。令人欣慰的是，刻意强调方法论的研究者其研究引起了人们的普遍关注，取得了非常好的社会效果。这些研究者亦被人们尊称为某种理论的奠基者或某一方面的权威。在刻意强调方法论的研究者中，莱昂·狄骥最具有代表性，狄骥所研究的范围是整个公法领域，包括宪法、行政法和有关的公共行政规则。他先后出版了诸多包括宪法学和行政法学在内的论著，并最终使公法成为一门独立学科。显然，狄骥在公法研究中取得的成就与他对哲学理论的关注有很大关系。19世纪上半叶，实证主义哲学的创始人孔德发表了《实证哲学导论》一文，将人类认识的发展分为三个阶段，即神学阶段，形而上学阶段和实证阶段，认为实证阶段与现代大生产有关，是工业革命的必然结果，实证阶段的认识方法由抽象而具体。在论及实证阶段的政府职能时，孔德认为政府的需要以及它的职能都可以从社会分工和劳动结构中演绎出来，政府职能的专门化是社会发展的必然，社会结构的分化也是一种必然。人们在社会中的生活都分布在社会的不同层次和不同结构之中。孔德的实证主义理论对狄骥产生了重大影响，其将孔德的一些原理拿来进行对公共权力的分析，认为自然法主义和理性主义都是相对抽象的，必须通过现实社会制度即经验来建立公法学科。在自然法主义者看来，人具有天赋人权，其进入国家以后就是一个权利主体，个体的人在社会权利系统中应当是实实在在的存在物，公共权利以个体的人的状况作为建立的基础。狄骥对此理论提出了批评，认为在现实社会中，只要有社会机制的存在，人与人之间就应当是一种相互依存的关系，社会正是在人与人之间的相互依存中得以有序化的。自然主义认为，由于人具有天赋权利，因此，人生而应当是自由的，生而应当是平等的，政府管理的原则建立在这种自由和平等之上。依这个理论，政府在社会过程中应当是一个义务主体而不应当是一个权利主体。孔德亦对这一论点提出了自己的见解，他认为，人组成集体以后，集体的存在优于或者大于人的存在，故而，在个人和集体的关系上，应当更强调集体主义。国家作为最大的集体必须强调它自身存在的价值，必须强调它在社会过程中的权力，而由于相互依存生存于国家中的人对于国家而言主要是义务主体，因为，个人不履行义务，社会团结、社会群体就无法存在，人与人之间本应具有的依存关系就失去了物质承担者。但是，国家一旦组织起来其就是人们在相互合作过程中的一部机器，它本身承担着多种职能，其中最为重要的职能就是为相互依存的人们提供服务，国家和政治实体的存在是为了履行保有和增进社会团结的职能。公共服务的行政法理论就是在这样的思想方法下派生出来的。当然，狄骥的分析有一个严密的逻辑体系。[①] 戴西关于法治的思想方法亦是刻意运用方法论的一个佐证，正是有这样的方法论使其理论至今还有解决问题和分析问题的价值，"首先，它意味着正常的法律保障有绝对的至高无上或压倒一切的地位，与专制权力的影响相对立，并且排斥专制的存在、特权的存在，乃至政府之自由裁量权的存在。其次，它意味着法律面前的平等，或者说意味着所有阶级平等地服从由普通法庭实施的国家普通法……。最后，它可

---

① 狄骥认为国家必须服从一种以个人的主观权利为基础的客观法，从国家保障个人权利的义务中派生出了两种后果。一方面，当国家与它的一位成员之间发生法律冲突时，必须由法院来加以审理和裁决——法院是国家组织起来，并对其资格能力和公正性给予了充分保障的机构。法院的裁决必须得到国家的承认。另一方面，如果两位公民之间产生了纠纷，国家也必须通过法院来加以解决，国家充分保障法院的独立性和审判能力。对法院裁决的尊重必须具有普遍性。为了实现这些目的，司法组织是十分重要的。这样，我们便有了一种主权权力，它是组织为一个国家的民族所享有的主观权利。这种权利受到个人的自然权利的限制。其结果是，国家有义务给予这种个人权利以最大可能的保护。参见〔法〕莱昂·狄骥：《公法的变迁》，郑戈等译，辽海出版社、春风文艺出版社 1999 年版，第 10—11 页。

以被当作表达一个事实的公式,即对于我们来说,宪法的法律、那些在外国当然属于宪法法典组成部分的法规,在由法庭加以界定并实施时,它们不是个人权利的渊源而是其结果……。因此,宪法是国家普通法的结果。"[1] 上面我们列举的两个公法学家在行政法学研究中取得的成就以及对后世的影响,一定意义上讲,都与他们运用了很好的方法有关。

(四)选择运用方法论的研究态度

方法论具有两个层面的属性,即技术层面的属性和社会层面的属性。其作为行政法学分析中的一种技术,应当是最中性的,任何研究者都可以运用不同的方法论,只要其具有科学性和合理性。例如,西方学者在研究中创造的不少方法论被我国学者常常予以使用,例如,韦德关于"行政法最接近的定义应该说是它是有关控制政府权力的法律。无论如何,这是此学科的核心。所探讨的政府权力不同于议会权力:议会作为立法机关是至高无上的,除其中一个例外,超越法律的控制。其他所有公共当局的权力皆从属于法律,国王、大臣、地方政府和其他公共机构莫不如是。"[2] 的论断,就是我们一些行政法学者分析行政法问题时常常运用的,而这个论断与其说是对行政法下的定义,还不如说是用一种控权主义的方法论分析了行政法现象。当然,行政法方法论中的技术属性,也不是在任何情况下都具有同一性,即方法论是一个无法究尽的事物,也是研究过程中一个没有止境的东西。而不同的方法论之间并不是绝对地保持方法上的互补性和共容

---

[1] 〔英〕戴维·米勒主编:《布莱克维尔政治学百科全书》,邓正来等译,中国政法大学出版社 2002 年版,第 726 页。
[2] 〔英〕卡罗尔·哈洛、理查德·罗林斯:《法律与行政》(上卷),杨伟东等译,商务印书馆 2004 年版,第 92 页。

性,而是在一定条件下,两种方法论之间常常是相互排斥的。例如,戴西运用的方法论就是与迈耶的方法论在技术上是排斥的。① 行政法学方法论的第二个属性,即社会属性更是不同的方法论之间保持一致性,甚至两种方法论之间常常是互相否定的关系形式。方法论的社会属性意味着方法论是一定的价值判断的产物,而某种方法论中包含了占统治地位的价值判断其就对本价值判断之外的事物有所排斥或者否定。例如,阶级分析的方法是苏联学者在行政法学研究中确立的方法论之一,② 当然,这个方法论是马克思主义阶级分析的观点在公法研究中的反映,正因为如此,这个方法论在西方学者的论著中是不曾出现的,而且西方的行政法学研究者并不认同这种方法。上面两个方面决定了在行政法学方法论的运用上存在着选择运用的可能性,即是说,我们从理论上分析的话,由于两种不同的方法论,在技术上和社会价值上的差异决定了学者们只能运用两种不同的方法论中的一种。不幸的是,我们作的这个理论上的假定在行政法学的现实研究中是普遍存在的。

三、行政法学方法论的两大范式的比较

行政法学方法论在分析技术上存在两大范式,即实证方法论范式和价值侧重方法论范式。行政法学中一些具体的方法论都是与这两大范式有着千丝万缕的联系。在行政法学方法论中,若具体到一个相对微观的方法论中,由于其与行政法实在和行政法理论紧密结合在一

---

① 此二人对后来行政法学研究和行政法治进路的影响是完全不同的,戴西的行政法虚无主义必然是人们对作为公法的说法更加偏爱一些,而奥托·迈耶的相对主义使人们对行政法更加偏爱一些。
② 参见〔苏〕马诺辛:《苏维埃行政法》,黄道秀译,群众出版社1983年版,第66页。

起,因而,社会属性、价值方面的特性往往多于技术属性,而笔者现在提到的这两大范式基本上是技术层面的,是人们分析行政法问题时常用的两套不同的技术系统,我们分别将两种方法论的基本精神予以评介。

(一) 实证的行政法学方法论

实证方法是科学研究中的一个普遍方法,即它不仅在法学研究中运用,更为重要的它在社会科学的其他学科中亦广泛运用。在自然科学研究中实证主义亦是一种重要的方法论。实证主义认为,"一切科学知识来源于经验,局限在人的主观经验的现象范围之内。观察和实验并未超越人的感觉资料,哲学只应当研究感知现象的经验事实和实证的科学方法,现象背后的本质是不可知的,如果哲学在探究宇宙的本原或事物的终极度原因,就会陷入毫无意义的形而上学。"[①]显然,实证主义本是哲学上的问题,是一种归属于哲学上的思想方法。但是,由于其在诸多方面的合理性,后来便被其他学科的具体研究予以采纳,不同的学科都通过对实证主义的运用使其得到了发展。行政法学研究中实证方法论同样是被广泛运用的。在行政法学研究中,实证方法论是作为一种方法和作为一种方法论体系两种形态的东西出现的。一些行政法学家在接受实证方法论时只是将其中包括的分析手段予以采纳,而另一些行政法学家则将实证方法作为方法论予以采纳,我们前面讲到狄骥对实证方法的运用实质上是作为方法论而用之的。在行政法学中我们可以对实证方法的涵义以及在行政法学中运用的进路作出这样的概括。

其一,重在真实。实证行政法学对行政法问题的研究仅限于事实领域。对行政法范围内的各种已存的、客观的规范事实,应用事实和

---

① 于光远主编:《自然辩证法百科全书》,中国大百科全书出版社1994年版,第479页。

其它已经被国家认可和付诸实践的事实范畴进行论证和证明。其在事实研究中采用的基本分析工具是：分析研究方法、统计研究方法、归纳研究方法、经验判断研究方法，在一定范围内也运用演绎方法，它反对形而上学的思考方式和寻求行政法终极原理的作法，反对任何超越或试图超越现行行政法规范和制度的经验现实而去估计行政法命运的任何企图，其所分析的基本事实是：行政立法过程的各社会关系间相互作用和施加影响的事实，行政执法中进行有效控制的事实，被管理对象对行政法所规定权利义务关系作出各种反应的事实。

其二，重在分析。实证行政法学另一基本构成是对行政法诸问题的分析。即通过分析性研究指出各种已经生效的行政法律文件和行政法规范的实际社会效果，并指出已经实施的规范的利弊。或者更深一步地讲，实证研究的着眼点在微观方面，大多发生作用的是一个一个的行政管理部门法，或一个一个的具体规范和行为准则，在分析过程中包容了对规范的论证，不大感兴趣于对行政法合理结构以及理想体系的设想和构思。如对行政强制执行进行研究时，只分析目前我国行政强制的种类、程度、适用条件等，而不侧重于对行政强制制度法典化、体系化、规范化的设想。通过分析，可以使行政法领域中的部门规范，个别行为准则得到合理说明。

其三，重在阐释。实证行政学对行政法理论和实践问题的解决还有一重要特征就是其阐释性，指把解决问题的着眼点放在陈述、说明和阐释的范围内。如运用一定的言词对行政法各关系作出定义性的、公理性的回答。各教材甚至专著对行政法的定义、行政法关系的定义、行政组织法的定义、行政行为法的定义就是明显例证。还有我们常在论文和著述中看到的有关行政法的特点、行政行为的构成、行政制裁的要件、行政复议的范围等，都属典型的阐释。此外，实证行政法学还重视对即将生效或已经生效的行政法规范的解释，例如对行政许可法的释义等。

其四,重在构建学科。实证行政法学由于强调行政法研究过程中运用实证方法对个别的、具体的问题进行陈述和注释,因此,它重视行政法学科的建设。从客观实践看,正是由于实证行政法学对行政法范围内各具体问题的研究,使行政法这一部门法和行政法学这门学科有了相应的规模,有了相对稳定的规范体系和学科体系。几乎在所有主要的行政法和行政法学的问题上,实证研究都作出了回答。但是,实证行政法学不注重价值判断和规范预测,使行政法学仅限于问题的堆积,甚至在学科系统内有不一致和矛盾之处。

笔者曾经关于行政法学在我国作出的贡献作过这样的评价:"实证的方法论促使诸多行政法规范问世,并使行政法学不少具体问题得以澄清。实证行政法学由于重在事实,重在分析,重在阐释,所以它对于解决我国行政法的实际问题、行政法的应用问题、行政法的社会控制问题起到了极大的作用。"[①]

(二)价值侧重的方法论

价值研究也叫规范研究,其在方法的内容构造上与实证方法是对立的。不过,其在产生初期也是哲学范畴的问题。价值研究中的核心问题是研究过程有预先设定的前提,并根据设定的前提对所分析的问题进行构建,形成一个与主观设想相一致的模型。价值研究在笔者看来是一种具有侧重点的研究,由于有设定的大前提。因此,整个研究过程研究者主观上占有的知识以及主观上的侧重点都会影响研究的结果。基于这一点,笔者认为将价值研究称之为价值侧重的研究更加妥当一些。行政法学研究中,价值侧重的研究应具有这样的特性。

---

① 关保英:《行政法教科书之总论行政法》,中国政法大学出版社2009年版,第6页。

其一,侧重评价。价值侧重行政法学则与之相反,其认为事实是瞬间性、个别性的和不含有效正义标准的。因此,事实研究具有盲目性和短期效果性,必须把评价作为主要研究方法,自然而然地它把对行政法的研究限制在评价领域。包括对行政法此部门法学前景的评价,行政管理过程中相互接触的社会关系间各方正义与否的评价,行政法施行中执法者素质的社会反映的评价。这种评价的方法含有模型、测试、评估、经验演绎等带有较大主观色彩的分析手段,是对行政法理想性的研究。综而观之,前者重在行政法是什么的问题,后者旨在回答行政法应该是什么的问题。

其二,侧重构架。价值侧重行政法学是与实证行政法学中的分析相对立的,不但不热衷于分析,反而认为分析只能就事论事,只能解决枝节性问题,而不可能解决行政法大系统及其支系统的构成问题。所以价值侧重行政法学在对行政法进行评价的同时,进行体系的构架,设计行政法的宏观体系,构架行政法制大系统,如行政法作为一个独立部门法的稳态结构。其所从属的社会大系统和法制系统,行政法由哪些支系统构成,各支系统的关系和与行政法总系统的联系方式,行政法制系统发展变化的各种主客观动因等。

其三,侧重预测。实证行政法学厌构想、设计、预测,价值侧重行政法学对阐释甚至不予以关注,认为阐释是立法者和执法者分内的事情,而不应是行政法学解决的问题。行政法学就是要对行政法的发展进行科学性预测,例如符合中国特色的行政法的行政法学体系的必要条件,完善的行政法体系所应具备的标准,我国行政法在今后一段时间或者未来将是什么样子等。预测包含对行政法发展条件以及各种主客观因素的研究。总而言之,实证行政法学是对行政法现实性、即时效力性、有效控制性的解释和论证,而价值侧重行政法学则是对行政法未来的设想。

其四，侧重形成科学。价值侧重行政法学由于强调对行政法目标和最大合理性以及理想模式的设计，因而使行政法学体系有了稳定的质的规定性。价值侧重行政法学的目标就是要在中国建立完整的，适合中国国情的行政法律科学。这一点是二者区别的最高形态。当然，重视实证研究的行政法学家常常指责价值侧重研究的空想性、不切实际性，认为唯有实证方法才是科学的。而重视价值侧重研究的学者也指责实证研究的目光短浅性，并认为实证研究只是对问题的研究，因此行政法学永远也难以成为一门独立的学科，唯有价值侧重研究才是科学的。实证行政法学与价值侧重行政法学既是两个不同的行政法学流派，又是行政法研究中两种互相补充的方法论，由于二者的规则系统、思维定式等不同，对行政法和行政法学的发展所起的作用也有所不同。

笔者在《行政法教科书》中对价值侧重行政法学在我国行政法学科建设中起的作用给与这样的评价"价值侧重的方法论得以使行政法成为一个独立的部门法，得以使行政法学具有了初步体系和一定的模式及结构。价值侧重行政法学的评价、构架、预测、科学等四大特性使其在行政法研究过程中追求某种超乎事实和经验的理想境界，对行政法的价值特征、意识形态属性以及外在环境的感应作出一定的评判，并通过严格的规范系统和方法论设计行政法相对独立的体系构成。显然，这易于使行政法从法制体系大系统中独立出来，具有自己独特的系统属性。在我国行政法的历史中，行政法规范早已有之，对行政法规范中具体的、个别的问题的研究早就有之。但这些研究都没有使行政法作为一个专门术语和独立学科在我国出现和存在。唯价值侧重行政法学才使行政法这一专有名词问世，使行政法学有了自己的价值体系和完整的规范系统。50年代曾一度繁荣的行政法学并非实证方法的作用所致而是价值侧重方法的功绩，当时就有不少学者阐述行政法的宏观结构,如行政法概论、行政法总论、行政法要论之类的教学大纲相继问世。这些准教科书的核心在于设想我国社会主义行政法制体系的独特色彩,这些设想是超乎我国已经存在的行政法规范之外的。有些构架尽管受到了苏联和西方行政法学体系的影响,甚至直接借用了西方和苏联关于行政法定义、行政法目的和其它理论概念,但是,其仍然使我国的行政法学在50年代就奠定了基础。如果把50年代我国行政法学视为第一代的话,那么,第二代的行政法学的产生和迅速发展则在70年代末和80年代初。这阶段的研究,笔者认为仍然以价值侧重为主要的方法论,第一部统编的行政法教材的诞生就是例证。该教材对我国行政法学科体系和行政法主要概念都作了表述。其所构架的行政法学体系甚具中国特色,然而,某种意义上,这种构架都是专家们对行政法的主观设想,具有很大程度的主观成分,其中对于行政行为的概念、要件、效力等的研究是最为典型的。此外,还有一系列著述都是大同小异。正是这一时期的价值侧重研究,为80至90年代我国行政法制的迅速发展和行政法学的初具规模提供了必要的理论要件。"[1]

我国行政法学研究基本上是在政府推动下进行的,政府推动的研究进路与其他任何事物一样都具有它的两面性。一方面,政府推动型研究可能会制约存在于社会中的研究力量对行政法学发展的推动作用,也会使实证行政法学的运用和价值侧重行政法学的运用不均衡。另一方面,政府推动型研究有利于整合行政法学研究的资源,整合行政法学研究方法。然而,在笔者看来,我国行政法学的研究在方法论的运用上一直没有得到很好的处理,没有发挥政府推动下研究进路的优势。[2]

---

[1] 关保英:《行政法教科书之总论行政法》,中国政法大学出版社2009年版,第6页。
[2] "在我国行政法学产生和发展的初始阶段,价值侧重行政法学占主导地位。一些学者

（三）其它非主流状态的方法论

从上面我们分析的行政法学方法论的谱系来看，在每一种方法论谱系之下都存在着诸多具体的方法论。《公法与政治理论》一书概括

把研究的重点放在对行政法学体系结构的构想上，展望行政法和行政法学的未来。以价值侧重方法的运用而言，尽管还不够完备，还没有吸收七八十年以后社会研究的新的方法。然而，其确实已经作为一个完整的方法论来指导行政法学，最突出的反映在50年代和70年代末80年代初。此二时期，实证研究方法也得到了重视和运用。但始终没有占据主导地位，只是作为价值侧重研究的一种辅助。80年代中期以后，情况发生了变化，原先没有得到足够重视的实证行政法学占据了统治地位，在行政法支系统、子系统中发挥着巨大的作用。而这一时期，价值侧重行政法学有极小的市场。这种实证行政法学占统治地位，价值侧重行政法学被冷落的状况一直延续至今。只是到90年代邓小平南方谈话公开发表以后，才有学者重新注意到价值侧重行政法学的社会价值，一些学者对行政法理论基础、行政法基础理论、现行行政法体系结构的讨论和以前一些带有定论性的问题的质疑是这一事实的充分体现。先前突出价值侧重方法而忽视实证方法所导致的后果是80年代初期以前我国行政法和行政法学发展缓慢的制约因素，除社会的、经济的、历史的原因外，无疑与轻视实证研究的方法有关，一味的价值侧重方法使行政法仅限于美好蓝图的描绘与想象，仅构思庞大的行政法体系和行政法学体系。这些体系本身由于欠缺牢靠的基础，欠缺必要的有机素材而难以成为科学的、具有实际指导意义的理论形态。既约束了行政法作为一门科学所需的各种具体的概念系统，更难以使行政法得到有效发展。晚近实证方法的绝对统治地位和冷落价值侧重方法所导致的后果是：一是使行政法沉湎于个别问题的研究，成了问题的学科，而非学科学的学科。近年来的绝大多数的行政法论文都只讨论行政法理论中的个别问题，如各种具体的规范构成，个别概念在行政法学中的语义等。二是造成了行政法学基本理论的重大分歧和混乱。实证研究者各自所处的社会环境、经济环境、行政环境等不同，他们在对行政法问题进行实证论析时，都不免有一定的狭隘性，因而对同一问题各个研究人员会得出不同的结论。例如，关于行政法有哪些具体原则的研究，分歧很大，甚至相互间截然不同。还如行政自由裁量权的研究，全国不下数10种观点。更甚者像行政法定义这样最基本的问题，国内也至少有50多种定义。诸如此类的分歧或混乱还可举出不少例子。三是不利于对行政执法的超前指导。'我们生活在以行政为中心的时代'这一格言已为世界许多国家和学者所接受，它反映了行政的作用，并要求行政具有很大的自主性和随机应变性。因此，行政法和行政法学对行政管理过程具有现实的指导作用外，还须有超前的指导功能。实证研究严格的事实倾向妨碍实现对行政管理和行政执法的超前指导作用。四是不利于建立行政法和行政法学体系，这一点是毋须说明的。"参见关保英：《行政法教科书之总论行政法》，中国政法大学出版社2005年版，第9—10页。

了下列方法论。

一是保守主义。保守主义的代表人物是英国政治思想和公法学家欧克肖特以及其他一些政治保守主义思想家。保守主义有三种不同的形态，第一种形态是贵族政治的理论，亨廷顿对这种保守主义是这样界定的："一个具体的和独特的历史运动的意识形态，也就是封建的——贵族的——农业的阶层对法国革命、自由主义以及资产阶级在18世纪末和19世纪初的兴起所做出的反应。"[1] 显然，这种类型的保守主义是与封建主义和土地所有者的利益是相关联的，其否定个人主义和民主，在西方国家，公法的研究中也有一些这种保守主义的倾向。第二种类型是情境化的保守主义概念，这种保守主义从现实制度的合理性出发，认为所有通过政治和法律手段改变现实制度的行为都是不合理的，即是说，既定的制度是不能够容忍革新倾向对其予以否定的，这种保守主义的本质是"对既存制度之价值的热情拥护"[2]。第三种类型为自治的保守主义，"在其中，保守主义并不一定同某一经济集团有什么瓜葛，也并非根植于某种特定的历史构型。依照这种概念，保守主义是一套根据正义、秩序、平衡和中庸等普遍价值来界定的观念体系。"[3] 保守主义既是政治学中的方法论，也是公法学的方法论，在西方行政法学研究中这种方法论是非主流的，但也不失为一种解释行政法现象的可供选择的方法论。

二是自由主义。自由主义与保守主义一样，也有不同的表现形式。总体上讲，自由主义是一种肯定个人价值的研究方法，即在社会过程中存在个人和政治实体两个相互关联、又相互对立的范畴。自由主义认为，这两个范畴的正与偏的关系上，个人为正，政治实体为

---

[1] 〔英〕马丁·洛克林：《公法与政治理论》，郑戈译，商务印书馆2002年版，第108页。
[2] 同上。
[3] 同上。

偏。自由主义的代表人物哈耶克就主张任何制度规则的设计都不得介入到个人生活的空间之中，要留给个人更多的自由。他认为需要确立一套制度以及设计这个制度的原则来保证政府权力行使中不至于侵害个人的自由。要做到这一点，就必须满足下列条件。一则，一个国家必须有一个符合法治原则的宪法，这里应当指出，有宪法还不能说就已经为自由创造了条件，而必须是能够符合法治原则的宪法。二则，国家权力之间的相对分离。显然，这个论点本身就是资产阶级经典作家的论点，但从理论上讲，它是法律制度和政治实体保护个人自由所必须的。这其中的逻辑关系，哈耶克在《自由秩序原理》一书中作过论证。三则，一套机构合理的立法系统。立法机构承担着制定法律的职能，而法本身的合理性与立法机构不无关系，为了保证立法的合理性，在立法机构中应当有上院和下院之分。立法机构作为一种机制，要比它作为一个单一的实体要好得多。四则，国家结构形式上应当是联邦制的而不应当是单一制的，因为单一制的国家结构形式容易产生集权，更容易使国家机构官僚化。此一论点中的法理学原理是值得予以关注的。传统的公法学研究并没有上升到法理学的高度探讨国家结构形式问题，而且也没有将国家结构形式与国家政治实体与个人自由之间的关系联系起来，从这个意义上讲，这个论点至少是非常具有新意的。五则，应该有一套保护个人权利的规则体系。这个规则体系中既包括保护个人政治权利的规则，又包括保护个人社会权利的规则，哈耶克在《自由秩序原理》中对一个国家中社会保障制度的探讨就非常全面，其从各个层次、各个角度探讨了社会保障制度的合理设计。六则，具有一套理性的司法审查制度。这个制度中包括对行政的司法审查和对立法的司法审查两大范畴。而对行政的司法审查主要是对行政自由裁量权的约束。上列方面是哈耶克对自由主义理论内涵的基本认识。自由主义方法论在价值上的意义远远超过了它在技术上的意义，它在行政法学方法论中亦有着非常重要的地位。由于其侧重点在政治价值方面，因此，我们还不能完全把它们归入到行政法学方法论的主流之中。

三是功能主义。功能主义有诸多变种，如实用主义的功能主义、进化论的功能主义、实证方法的功能主义等。但是，这些功能主义从其产生的背景和其对公法问题分析的进路都是共通的，克洛彭堡对功能主义的背景和进路有这样一段概括："在1870年以后，工业化和城市化进入了一个新的阶段，经济史家们将其命名为第二次工业革命，以区别于一个世纪以前现代工业萌生于英国那个时期。到1920年为止，美国、德国和法国都已经同英国一样跨入了充分工业化国家的行列……在这些年间，所有这四个国家的经济都以不同的方式从比较混乱的企业家资本主义阶段进入到了更加高级的组织化资本主义阶段……美国社会和欧洲社会中人与人之间的相互依存性日益增强，在这里，我的意思是说：复杂的城市化——工业化社会将个人卷入到史无前例的复杂关系模式之中，这种关系模式超越了个人和共同体的纽带，而扩展到更遥远的关系，但这些关系并没有因其模糊性而变得不真实……工业化和城市化的生活方式涉及精确的计算和严格的功能性程序对奇迹和神化的取代，这是现代生活中的一个不那么明显、但却同样普遍的事实。"[①] 我们认为，功能主义是现在社会中人们对政治制度和法律制度实效性追求的反映。公法作为社会制度构建中公众投入的一个成本，其必然与公众的利益有关，社会公众所关注的便是各种规则体系的有效性。进一步讲，一个规则体系若被设计出来，其究竟有无功能，或者有何种功能应该成为对其进行检测的标准。功能主义的方法论包含着诸多分析路径。分析者一般都将它视为一个独

---

① 〔英〕马丁·洛克林：《公法与政治理论》，郑戈译，商务印书馆2002年版，第191页。

立的方法论,但从行政法学方法论分析的谱系看,这个方法论有一定的从属性,即在一定意义上讲,它依附了其他方法,从这个意义上讲,功能主义亦不是行政法学研究中的主流方法论。

四、行政法学方法论在诸国运用的评价

行政法学方法论的运用是一个个人行为,不同的学者对不同的方法论有各自的偏爱,并不必然与一定的国土、一定的地域有联系。换句话说,当我们研究行政法学方法论的运用状况时,应当以个人和行政法学的流派作为评价的标准,而不应当以国家为单位对方法论的运用进行评价。但是,由于各个国家的历史状况,尤其文化传统的不同,导致了行政法学方法论在不同的国度有一定的倾向性,即一些国家偏爱此种类型的方法论,另一些国家则偏爱彼种类型的方法论。[①] 这说明受思维方式制约的方法论亦必然存在国家地域特点上的倾向性。这是我们分析行政法学方法论在诸国分布必须予以说明的问题。

(一)英美对实证方法论的珍视

英国和美国等联邦国家被称之为普通法系国家,普通法系是以判例作为法律制度之精髓的。在美国法律传统中,判例制度有着深刻的历史根源:"英国普通法是沿着一条完全不同于大陆共同法的道路发展起来的,没有受到国家主义、民族主义、实证主义和主权论的排斥,

---

[①] 张岱年先生就认为:"中国传统的思维方式,确有自己的特点,这主要表现为两种基本观点,一为总体观点,二为对立统一观点。儒道两家都注重从总体来观察事物,重视事物之间的联系。《易传》宣扬'见天下之动而观其会通',就是强调总体观点。老子、孔子都重视观察事物的对立方面及其相互转化。孔子讲'以其两端',老子讲'万物负阴而抱阳',又说'反者道之动',《易传》更提出'一阴一阳之谓道',这都是深刻的辩证观点。"参见孙荪主编:《论中国人现象》,河南人民出版社1992年版,第477页。

相反,在英国成为统一的民族国家后,英国普通法仍然是一个积极的力量,被作为生机勃勃的民族统一和民族精神的象征而被接受下来。大陆革命似乎要求抛弃旧法统,而英国革命则要求承受旧法统,甚至还要加以发扬光大。这从大陆法系国家和普通法系国家对法典编纂采取的不同态度就可以看得很清楚。大陆法系国家所以要编纂新的法典,是因为必须要废除共同法;而英国所以认为没有必要编纂法典,是因为普通法必须要保留下来。"[①] 这个传统是突出法律实在制度的传统,并突出法官在整个诉讼过程中地位的传统。这种实在法的传统对英国法学研究的影响是深远的。至于实在法中的这种实证传统如何塑造了思想方法上的实证性是一个很难回答的问题,但英国法律研究的实证性却是十分明显的。我们注意到,即便在一些带有深刻哲理的行政法学著述中,也不失从实证的角度确定思维进路。《法律与行政》一书将实证方法的研究就做了充分的体现。此书本是一个行政法哲学著作,作者从哲理上分析法律与行政之间的关系,并以此揭示出行政法治在近现代的发展进路。然而,这个归属于行政法哲学的研究,却在一开始列举了英国多年来制定的一百多个行政法典和相关的政府规章。如1946年的《土地征用〈授权程序立法〉》、1688年的《权利法案》、1980年的《广播法》、1958年的《农业买卖法》、1991年的《儿童抚养法》、1971年的《民用航空法》、1987年的《消费者保障法》、1947年的《王权诉讼法》、1944年的《放松规制与合同出租法》、1988年的《教育改革法》、1996年的《就业权利法》等。作者之所以要在一个行政法哲学研究中首先列举诸多法律法规,实质上是想通过实在法来佐证有关的行政法学理论,而这恰恰是实证研究的思

---

① 〔美〕约翰·亨利·梅利曼:《大陆法系》,顾培东等译,知识出版社1984年版,第23—24页。

路。与英国行政法的研究相同,美国行政法学研究中亦非常重视实证方法。由于20世纪以后,美国受詹姆士和杜威等实证主义和实用主义哲学思潮的影响,其在方法论方面,对实证方法的重视程度超过了英国。当然,除了实证主义和实用主义哲学对这种方法论的形成起到决定作用外,与其法律制度对判例法的广泛运用是分不开的。斯图尔特《美国行政法的重构》是其关于美国行政法学有关理论的一个哲学上的思考,这虽然是个小册子,但作者构思了一个庞大的行政法学体系,这个体系能够阐释近些年来在美国发生的行政法学革命。作者在研究每一个行政法学问题时,都提供了足够的实证材料,例如,他提出了在美国发生的"行政法程序参与权利拓展"的行政法新趋向,在对这个理论进行证成时,作者运用了上百个法律规范和数十个案例,非常详细地在注释里予以说明。作者提到"听众的正当利益能够被记入到该委员会进行评审的和司法审查的案卷之中"时作了这样一个注释:"'联合基督教会通讯办公室诉联邦通讯委员会',载《联邦上诉法院判例汇编》第359卷,第994页、第1005页(哥伦比亚特区巡回上诉法院,1966年)。政府提出警告,认为行政机关可能会被行政程序的参加者淹没,而法院不予理睬,指出诉讼成本是一个重要的限制性因素。法院还表示,行政机关可以对听众的参加施加合理的限制,法院的判决只是要求四个申请者中间至少应该有一个得到允许成为行政程序的参与方。案件发回之后,联邦通讯委员会允许所有四个申请者成为行政程序的参与方。参见《联邦上诉法院判例汇编》第425卷,第543页(哥伦比亚特区巡回上诉法院,1969年)。亦参见'全国福利权利组织诉芬奇',载《联邦上诉法院判例汇编》第429卷,第725页、第736页(哥伦比亚特区巡回上诉法院,1970年)。在此案中,卫生、教育和福利部启动了一个程序,着手终止为实施联邦'有受抚养子女的家庭补助'计划而给予各州政府的补贴。法院不仅根据资料处理案的判决认定福利领受人享有起诉资格以寻求司法审查,而且认定福利领受人享有相应的参加行政程序的权利以保障其获得司法审查的权利,尽管可以适用于本案的制定法只是规定了各州的起诉资格和各州行政机关的参与。但是,法院强调行政机关有权力控制行政程序以避免过多的成本,并且,明确拒绝责令行政机关允许全国福利权利组织参加由行政规章规定的卫生、教育和福利部与各州之间在听证前的非正式协商过程。不过,试比较'莫斯诉民用航空委员会',载《联邦上诉法院判例汇编》第430卷,第891页(哥伦比亚特区巡回上诉法院,1970年)。"[①]

  实证方法论是行政法学研究的重要方法论,就这个方法论本身而言,它具有重要的行政法哲学上的价值,不能简单地将实证方法论理解为就事论事的研究方法,也不能认为在这样的方法论之下,行政法学体系难以得到合理构建。恰恰相反,美国及相关国家正是有了这样的方法论才能使其行政法学科体系有了自己的独特风格。当我们说,英国对实证方法论比较珍爱时,我们并没有否认在美国等国家学者们亦用其他方法论解释行政法学现象这一状况,只是实证方法论在英美法学研究中占主流地位。

(二)欧陆国家对价值侧重方法的珍视

  "在西欧大陆,还存在着一些由于地理和历史的原因而保持法律上孤立状态的地区,诸如瑞士的某些州以及斯堪的纳维亚国家。斯堪的纳维亚各国的法典编纂并没有达到其他属于罗马—日耳曼法系国家那样的程度。早期对于习惯法的汇编使得这些国家对包罗万象的

---

① 〔美〕理查德·B.斯图尔特:《美国行政法的重构》,沈岿译,商务印书馆2002年版,第115页。

现代编纂不感到十分迫切。宪法与法律发展方面的广泛差异,比起文化上的不同,更使斯堪的纳维亚诸国的法律在事实上极难单独形成一个法系或归属于任何其他法系。"① 可见,在欧洲大陆国家法律体系存在着一个不断分化的状况,这个状况同时也表现在行政法学的研究中,即在欧洲不同的国家其行政法学的研究已经形成了各自的特色,分化的结果必然是研究单位越来越小,研究过程中的理论多样性越来越普遍。这个状况使人们传统上对法系的划分陷入了质疑甚至困境之中。两大法系这样的历史分类还没有现实意义,用两大法系的标签来贴不同国家的法律制度是否有些牵强。我们认为,虽然法律制度和法学研究有明显的分化倾向,但一定的文化现象、一定的法文化现象总有自己的历史共性,它的深刻影响并不仅仅限于一些特定的历史时代。进一步讲,欧洲大陆国家法学研究中的分析,并没有完全摆脱法系理论对各个国家法律制度和法学研究的影响。在实在法方面,欧陆国家是这样一种历史状况:"在所有法律文化中,第一个综合性法律汇编出现在公元六世纪皇帝查士丁尼治下的罗马帝国;这些法律为罗马—日耳曼法系的所有法律制度奠定了基础,影响了它们未来的发展。根据查士丁尼的命令进行的这项工作,如同现代法典之间的相似与差异乃是不同国家或自觉模仿,或刻意创新的结果。在整个民法世界中,这几部法典编纂者拿破仑以同样的独裁主义方式指导进行的工作一样具有重要意义。查士丁尼的编纂通过授与法律界实际运用并发展他们所声言的原则的权力而将理性、抽象观念与极大的灵活性结合了起来。另外,由于罗马国家和日耳曼国家各大学的努力,罗马法的基本概念适应了变化了的社会条件。这一过程由于共同语言——拉丁语——的使用而大大促进,这表明了语言符号与法律符号之间的

---

① 〔美〕埃尔曼:《比较法律文化》,贺卫方、高鸿钧译,生活·读书·新知三联书店1990年版,第30—31页。

密切联系。"① 这表明欧陆国家的法律制度一开始就沿着一条相对确定的法律价值进行演进，罗马的法律理念、法律文化传统、法律思维方式都为后来法学研究定好了调子，至少在整个研究过程中，欧陆法学方法论存在一个主旋律，这个主旋律实质上就是长期形成的法律价值。行政法学研究就是在这样的状况下表现自身的。基于此，我们认为，在欧陆国家行政法学的研究在方法论上更珍视价值侧重的研究。王名扬先生在其新著《比较行政法》一书中对法国行政法学的状况作了研究，肯定了法国行政法学价值研究的方法论格局。王先生认为法国行政法学经历了三个阶段，第一阶段为19世纪70年代到20世纪初，"这是法国经典行政法学形成时期，以公共权力作为行政法的基本观念。行政法学研究的重点是限制行政权力，保护公民的权利和建立国家的赔偿责任。"② 其中提到的公共权力就是行政法学的一个基本价值，这个价值是法国行政法学研究的大前提，无论法国的行政组织制度，还是法国的行政诉讼制度，其逻辑推演过程都以这个大前提而展开，进一步的推论过程也不能偏离这样的前提。第二阶段为20世纪初到第二次世界大战前夕。"这段时期狄骥的公务学说在行政法学中占主导地位。然而公共权力学说没有完全退出舞台，仍然得到有影响的法学家的支持。这个时期行政法学的权威是公务学说的创始人狄骥，和公共权力学说的拥护者奥里乌。赞成公务学说的著名法学家有：热泽，博纳尔，罗兰。拥护公共权力学说的著名法学家有贝泰勒米。"③ 公务学说与公共权力的逻辑思路究竟有何异同，是否为同一事物，我们暂且不必予以探究，但在英美国家崇尚实证行政法学研究，

---

① 〔美〕埃尔曼：《比较法律文化》，贺卫方、高鸿钧译，生活·读书·新知三联书店1990年版，第30—31页。
② 王名扬：《比较行政法》，北京大学出版社2006年版，第76页。
③ 同上。

实证方法一度在西方哲学中占主导地位的情况下,法国行政法学仍然能够设定大前提,并用具有一定形而上学色彩的大前提建构行政法学体系,足见其对价值侧重方法的重视。第三阶段为第二次世界大战以后。"公务学说进入衰退时期,公共权力观念又有上升趋势。很多学者提出某些新的行政法的基本理念,都未发生影响。行政法学从此不再具有单一的基本观念,进入多元理论时期,公务观念和公共权力观念共同占有主导地位。也有一些学者企图调和这两个观念。这个时期的特点是行政法和行政法学迅速发展,进入一个新的时期。人们探讨诉讼以外保护公民利益的新途径,行政法从以限制行政权力为重点趋向改善行政和公民的关系。1973年建立调解专员制度,以诉讼外的方式解决公民对行政侵害的申诉。1978年制定《行政和公众关系法》,规定行政公开,公民有权查阅行政程序上各种不记名的文件。1979年制定《行政行为说明理由和改善行政机关和公民关系法》,规定对相对人不利的行政处理和对一般原则适用的例外,必须说明理由。1983年制定《行政机关和使用者关系条例》,规定行政机关对相对人作出不利的决定以前,必须首先听取相对人的辩护。这些改革毫无疑问是受到战后美国行政公开立法的影响。传统的行政审判制度战后也有改进,加强了行政审判的实际效果。对行政机关自由裁量权的行使,则着重平衡行政决定所带来的利益和牺牲,以判断行政机关是否滥用自由裁量权力。从20世纪60年代开始,又先后规定各种措施以保障行政法院判决的执行。第二次世界大战以后行政法的发展,促使行政法学摆脱传统的束缚,大胆创新。"[1]显然,法国第二次世界大战以后的行政法学理念有了革命性变化。然而,这个变化仍然是有关知识理念的变化,而不是思考行政法学思想方法的变化。即是说,进入当代

---

[1] 王名扬:《比较行政法》,北京大学出版社2006年版,第76—77页。

以后，法国行政法学的思维方式仍然是设定大前提式的研究。在欧陆其他国家也基本上是相同的情况。①

（三）日本国多元方法论的评价

日本行政法学的状况和发展走的是一条非常特殊的路子。英美行政法学以实证主义为其主要特征，欧陆国家则以价值侧重为主要特征，日本国则是将上列两种路径予以结合后产生的一个特殊路径。日本行政法学的特殊性在于它将诸种方法论予以综合后形成了多元主义的方法论。一方面，日本学者在一部行政法教科书中往往用诸种方法论分析问题，且在运用诸种方法论时仅仅将它们作为分析问题的工具。例如，室井力在《日本现代行政法》一书中首先肯定了奥托·迈耶的价值研究方法，指出"'宪法消亡、行政法存续'，这是研究近代德国行政法体系的奥托·迈耶的名言。这句话着眼于宪法与行政法各自的特性，强调后者对前者的独立性。的确，宪法作为国家最高基本法，是政治价值的体系法，而行政法虽以宪法为前提，却是行政技术的体系法。若对它进行一般分析，不可否定两者之间在法的特性中存在差异。"② 即室井力一开始接受了价值研究中的一般套路，从宪法与行政法关系的一般原理出发，从宪法与行政法在新的历史条件下的认识进路出发，试图分析日本的行政法现象。在作这样的分析时，室井力又将问题予以具体化，这样的具体化使问题的研究转入到了实证的方法论之中，在进一步的分析中室井力指出："所有行政活动最终

---

① 德国行政法学的研究也以设定大前提为主要特征，德国的大多数行政法教科书都在开始讲解了行政法关系、行政法原则这样一些基本理论，这些理论实质上为后续的研究确立了基本前提。
② 〔日〕室井力主编：《日本现代行政法》，吴微译，中国政法大学出版社1995年版，第1页。

都要受到宪法及与此相应的法律指导,在此限度内,从行政法角度看,不存在自由的固有的活动领域;行政权就是行政权,它自身对国民不具有固有的优越性地位;行政法院的废除,使公法、私法上的一般性概括性的二分论失去其法制的依据;为了使行政事前程序的合法化、公正化,正在完善行政程序法;国家赔偿法制的发展;行政诉讼中诉讼事项已采用概括主义;已确立行政组织法定主义;自治体的自治立法权和自治行政财政权的保障等等,上述这些都构成现行宪法之下的行政法的基本特征。"[1]正是有价值研究和实证研究的结合,室井力关于宪法与行政法关系便得出了一个属于他自己的结论:"在行政法的立法论和解释论看来,宪法并非全面且从根本上拘束行政法。宪法基本原则及其反映的法的价值标准仍然是抽象且多义的,因而承认行政法在一定范围有选择的可能性。如果将此称为行政法对宪法的相对独立,在此限度内,就不应予以否定。"[2]日本其他学者对行政法问题的分析亦与室井力的分析过程相类似。另一方面,日本行政法学在其发展过程中似乎没有一个主流的流派。一些学者对价值侧重方法特别喜好,盐野宏对行政法问题的分析就非常强调价值侧重的方法论,其在《行政法》一书中对日本行政法的基本原理进行了设计,开辟专章论述"日本行政法的基本原理"其中提到了依法律行政的这一基本原则,并认为这个原则的核心问题之一是法律保留:"在我国,权力保留理论近年得到较多支持。该理论认为,行政权本身并不具有优越于国民的权威,所以,只要采取权力行为的形式,全部都必须有法律根据。但是,对于这种理论,存在着如下疑问,即赋予某种行为以权力,

---

[1] 〔日〕室井力主编:《日本现代行政法》,吴微译,中国政法大学出版社1995年版,第3页。
[2] 同上。

难道仅限于前面所考察的意义上的根据规范吗？例如，关于国家的补助金，一般来说其交付决定是以作为权力行为形式的处分来构成的，但那不是由于根据规范，而是由于作为规制规范的《补助金公正化法》上有特别规定。如果这样的话，即使在权力保留理论来看，补助金的交付也是不需要具体的法律根据的。此外，根据这种理论，行政指导、行政计划也不在其范围之内，这也是问题。"[1] 在日本还有一些学者则坚持的是实证分析的思路。日本行政法学研究中此种多元方法论与日本近现代文化传统是有关系的，日本人对外国的研究虽然以日本为核心，但其对先进的方法论在通常情况下并不抱敌视态度，而是温和地予以处理，正如思想家福泽谕吉所指出的："我们日本，在古代也是以神权政府的意旨统治天下，致使民智不开，并且完全迷信集中至尊地位和最高权力于一人的传统观念，因而人民的思想也是偏执的，这些情况基本上和中国人没有什么区别。然而，到了中古武人执政时代，逐渐打破了社会的结构，形成了至尊未必至强、至强未必至尊的情况，在人的心目中开始认识到至尊和至强的区别，恰如胸中容纳两种东西而任其自由活动一般。既然允许这两种东西自由活动，其中就不能不夹杂着另外一些道理。这样，尊崇神政的思想、武力压制的思想和两者夹杂着的道理，三种思想虽有强弱之分，但是任何一种思想都不能垄断，既然不能垄断，这时自然要产生一种自由的风气。这与中国人拥戴绝对的专制君主，深信君主为至尊至强的传统观念相比，是迥然不同的。在这一点上，中国人的思想是贫困的，日本人的思想是丰富的，中国人是单纯的，日本人是复杂的。思想复杂丰富的人，迷信就会消除。"[2] 日本行政法学研究的多元方法论，或者日本学者对

---

[1] 〔日〕盐野宏：《行政法》，杨建顺译，法律出版社1999年版，第55—56页。
[2] 〔日〕福泽谕吉：《文明论概略》，北京编译社译，商务印书馆1982年版，第17页。

诸种方法论的吸收使日本行政法学形成了自己独特的研究格局，无论日本行政法治更接近于大陆法系，还是有一定的英美法系的印痕，其方法论却是多元的。日本行政法学研究的繁荣也能够通过对方法论的广泛吸收予以佐证。

第三章 行政法概念界定的比较

一、行政法概念的学理分析

行政法概念是行政法学研究涉及的首要问题。因此，在比较行政法学研究中行政法概念亦不可以回避。行政法概念是对行政法这一社会现象的基本定在所作的揭示，依逻辑学的一般原理，概念无非是对事物内涵和外延两个方面的揭示。内涵是就事物所包含的质的规定性的揭示，外延则是对一事物所涵盖之范围的揭示。行政法概念作为对行政法这一事物的揭示，亦必然包括行政法内在规定性阐释和行政法涵盖范围阐释两个方面。行政法的概念是学理范畴的东西，而不是实在法范畴的东西，即任何关于行政法的定义都是在行政法学的研究中反映出来的，而不是在行政法制度中予以表现出来的。如果行政法能够在实在法中得到概念的揭示，这个概念或者定义的比较就不是比较行政法学的问题，而是比较行政法的问题。行政法学教科书对行政法概念的探讨大多采取单刀直入的方法，即一开始就给行政法下一个定义，例如在崇尚实证研究的美国行政法学界，通常也在其著述的开始给行政法下个定义，伯纳德·施瓦茨在《行政法》一书的第一页就给行政法下了一个定义："行政法是管理政府行政活动的部门法。它规定行政机关可以行使的权力，确定行使这些权力的原则，对受到行政行为损害者给予法律补偿。"① 就笔者目前所见到的上百种行政法教科书中，90％以上一开始讲授的都是有关行政法的概念。② 这种单刀直入式的研究方法，对于行政法初学者以及想了解行政法知识的人来讲是一件有利的事情。然而，与行政法概念的揭示相比，揭示行政法概念的哲理似乎更加重要一些，因为，没有行政法概念形成的哲学基础，没有从思想方法上认识行政法概念产生的过程以及行政法概念的性质，行政法概念本身就是一个没有根基的东西。正因为如此，笔者在对行政法概念进行比较分析之前，首先解决行政法概念分析的学理问题。

（一）行政法概念的实在法空缺

有学者认为法和法律的最大特点在于使非常分散的意思表示达到统一，其认为人们在社会交往和社会过程中既存在真正的物质利益上的分歧，又存在主观认识上的分歧。尤其在面对一个社会选择时，这样的分歧几乎是无法避免的。法律最为本质的地方在于它能够将分歧的利益予以协调、分歧的意思表示予以统一。这个关于法的本质的论点尽管在正统法理学家看来是肤浅的，但不能否认的是，它至少揭示了法律现象在其运作过程中的一种功能状态，即法和法律能够统一利益、统一意志、统一行为，更为重要的是法在相当大的程度上能够统一人们的认识，例如，汽车在高速公路上行驶，时速究竟应当保持在多少码之内，可以说，如果让每一个社会成员或者每一个行驶人

---

① 〔美〕伯纳德·施瓦茨：《行政法》，徐炳译，群众出版社1986年版，第1页。
② 一般教科书在第一章就给行政法下一个定义，不同的学者从不同的角度解读行政法的涵义，学者们在揭示行政法的概念时大多从一国法律制度出发，通过行政法定义描述一国行政法的概念。例如，于安在《德国行政法》一书中指出："行政法的性质是按照特定时代背景确定的。当代德国行政法的性质是所谓'给付行政法'。"参见于安编著：《德国行政法》，清华大学出版社1999年版，第12页。

自己认识的话，可以有许多种不同的认识结果。而国家有关高速公路行车的法律规范统一规定一个标准，如最大时速不得超过每小时120公里，这个规定对于驾驶员和其他即将成为驾驶员的人而言是一个强制的、行为上的约束。对行为的约束只是这个规定的外在基础，从内在方面看，这个规定统一了人们对高速公路行车时速的认识，而人们会下意识认识到每小时120公里的时速是一个最接近科学、最接近安全的时速，正是这样的认识导致人们会在绝大多数情况下认同和支持这个规定。令人遗憾的是，法和法律统一行为、统一意志、统一认识的这个优势在相关的法律概念界定中并没有发挥相应的作用，因为到目前为止，还没有哪一个国家的实在法给行政法下一个定义。换言之，行政法概念的界定在各国的行政实在法中是空缺的。实在法不给本部门法下定义不只是行政法这个部门法所特有的现象，笔者查阅了宪法、刑法等重要法律部门的相关法典，包括我国的相关法典和国外的相关法典，都没有在实在法中为本部门法下定义。实在法不给本部门法下定义究竟是由于何种根本原因决定的，至今尚未有人作出论证。笔者认为，各个部门法典不给本部门法下定义并没有非常深刻的哲学上的原因，或者说我们无法用相关的哲学原理解释这个现象。应当说，这只是一个传统和习惯的问题。在立法传统上，法所调整的社会关系都是具体的，法典一般都对所调整社会关系的状况、手段、程序、后果等方面的东西作出规定。一个法典对这些元素作出规定时，在法治实践中并不影响本部门法对其所涉及社会关系的调整，例如《中华人民共和国行政诉讼法》第40条规定："人民法院有权向有关行政机关以及其他组织、公民调取证据。但是，不得为证明行政行为的合法性调取被告作出行政行为时未收集的证据。"其关于某一事项的规定在内容和环节以及行为方式方面都是非常具体的。实在法这样的具体规定在不作出关于部门法定义的情况下，不影响其对社会关系的调整。应当说明的是实在法回避了本部门法的定义对本部门法所带来的后果而言并不十分相同。一方面，一些部门法虽没有对该部门法下定义，但指出了本部门法的制定依据和主要调整对象，例如《中华人民共和国民事诉讼法》第 1 条规定："中华人民共和国民事诉讼法以宪法为根据，结合我国民事审判工作的经验和实际情况制定。"第 2 条规定："中华人民共和国民事诉讼法的任务，是保护当事人行使诉讼权利，保证人民法院查明事实，分清是非，正确适用法律，及时审理民事案件，确认民事权利义务关系，制裁民事违法行为，保护当事人的合法权益，教育公民自觉遵守法律，维护社会秩序、经济秩序，保障社会主义建设事业顺利进行。"第 3 条规定："人民法院受理公民之间、法人之间、其他组织之间以及他们相互之间因财产关系和人身关系提起的民事诉讼，适用本法的规定。"这些条文虽没有揭示民事诉讼法的概念，但将民事诉讼法的制定依据、承担的任务、调整的社会关系等都作了规定，此种规定非常有利于把握该部门法的定义。另一方面，一些部门法只有一个相对单一的法典，刑事法律和民事法律在此方面都是非常典型的。在一个部门法有单一法典的情况下，即使实在法本身没有为该法下定义，也不影响该法内涵的相对确定性。上列两种情形对于行政法而言都是不吻合的。即是说，行政法在其相关的法典中不可能提到行政法这个部门法的定义，如《中华人民共和国国务院组织法》第 1 条规定："根据中华人民共和国宪法有关国务院的规定，制定本组织法。"后面的条文直接进入具体规定的事项之中，第 2 条规定："国务院由总理、副总理、国务委员、各部部长、各委员会主任、审计长、秘书长组成。国务院实行总理负责制。总理领导国务院的工作。副总理、国务委员协助总理工作。"在这些条文中不但不可能揭示行政法的定义，就连行政组织的定义也都回避了。另外，行政法作为调整行政管理过程中的一个法律时，本身就由诸多小型法典构成，在没有一个统摄性行政法典作为龙头的情况下，这些小型法典即便有本法典定义的具体规定，也不能全方位反映行政法的概念。

（二）行政法概念主观性之成因

行政法概念在实在法中没有一个统一的界定，这便提出了一个问题，即行政法概念究竟是主观的东西，抑或是客观的东西。毫无疑问，在绝大多数行政法学者的认识中，行政法概念是客观的而非主观的东西。正如日本学者织田万在揭示行政法性质时指出的："近世各国，于法之各部，无不编纂法典。独至行政法典，则未曾有编纂者。故行政法之形式的意义，即立法者之所命名，未由知之。除基于学者见解，定其实质上意义外，无由讲究辩明。然人各异其所见，未有定说。今就一般趋向推察之，则行政法之范围，不得不谓涉于规定行政机关之组织，及行政机关与私人关系之法规全体。而关于近世所谓法治国之行政法，特有可一言以留意者，抑法治之要，在于法令以定国家公力与人民利益之限界，使各自行动不得超越法令之制限。故法治国之行政法，一面乃公示关于国权作用之准则，一面乃彰明各人之于公法上之权能。然则与彼专制政治之行政法令，单为官吏执务章程者，固不可同一视之。"[①] 这个定性是将行政法归之于客观之中的。将行政法概念归之于客观之中似乎有着深刻的原因，似乎从法学理论上讲也是合乎道理的。在法学理论中，部门法的划分，进而对部门法概念的界定都必须以该部门法调整的对象为基础。部门法所调整的对象是客观的社会关系，而客观的社会关系决定的部门法亦必然是客观的，这个分析过程若从表层现象上看是正确的、合乎一般的逻辑推理过程的。但我们所讨论的问题不是部门法的内容构成和其状况，而是给部门法

---

① 〔日〕织田万：《清国行政法》，李秀清等点校，中国政法大学出版社2003年版，第5页。

下定义的问题。部门法本身的客观性并不影响对其下定义的主观性，深而言之，部门法本身的客观性并不能够决定人们在揭示部门法定义时的主观性。行政法作为部门法之一其所调整的社会关系是客观的，其所体现出来的规范形式也是客观的，此两方面的客观性同样不能决定行政法概念揭示的主观性。所谓行政法概念揭示的主观性是指人们界定行政法定义、阐释行政法概念的行为是一个主观性行为，从而决定了任何行政法定义都是主观的而非客观的东西。一则，当人们给行政法下定义时，是从其对行政法的理解出发的，尤其在实在法空缺了行政的定义时，任何关于行政法定义的揭示都是作者们意识活动的组成部分。也许，人们认识行政法现象，揭示行政法定义会仅仅局限行政法的法律现实，而这个现实并不等于行政法概念本身也是现实的。在这里，实质上不是一个事物，而是两个事物。第一个为行政法实在，包括行政法规范以及行政法运作过程中的社会现实。第二个则是人们对行政法现象的主观抽象，这个抽象就是行政法概念。这两个事物之间的联系是很密切的，正如辩证唯物主义所理解的，主观是见之于客观的东西，即没有客观性就没有主观性，没有一个事物的客观存在就没有人们对这一事物的主观认识。而诸多行政法学研究者将行政法现象和行政法概念混同于一体，将本来属于两个范畴的东西归属到一个事物中去，最终的结果便是只承认客观行政法的存在，而不承认作为主观的行政法概念的存在。二则，行政法概念和行政法实在永远是不可以完全吻合的。例如，马诺辛在《苏维埃行政法》一书中对行政法下了这样一个定义："行政法作为一种概念范畴就是管理法（从拉丁文中的'行政管理'一词翻译过来），更确切一点说，就是国家管理法。……国家管理是影响人们行为的社会管理一种形式。管理主体对管理对象的这种影响是借助于行政法规范（与其他手段一起）来实现的。苏维埃行政法是苏维埃社会主义法的一个部门，行政法规范调整苏维埃国家管理范围内的社会关系,即在社会主义和共产主义建设中为完成国家任务和行使国家职能而进行实际组织工作的过程中产生的关系。"① 这个定义认为行政法是苏维埃行政机关进行国家管理的法律规范的总称,国家管理是这个定义的核心内容。但是,这个定义对于苏联行政法实在而言并没有作出完全的包容,因为它排斥了苏维埃行政法实在中不是行政管理,而是约束政府行政行为的那些规则,而这样的规则无论学者们还是行政机关都是非常熟识的。行政法定义与行政法实在之间的非完全吻合性不仅仅是某国家或某些国家的状况,几乎所有国家都存在这种现象。这个现象的根本原因并不是行政法学研究人员认识上的误差所导致的,而是认识与实在之间的辩证关系决定的。即认识总是高于实在的,即主观总是高于客观的。这个关系原理也说明了行政法定义的主观性。三则,行政法概念除了包括人们对行政法实在的揭示外,还包含着人们关于行政法的一种理想,我们认识到,行政法定义基本上都是学者们从相对积极的方面对行政法现象的揭示,而且诸多定义中还包含着学者们对一国行政法治进程的主观预期,例如,我国台湾地区学者张家洋就给行政法下了这样一个定义:"(一)行政法为国内法:法律有国际法与国内法之分,国际法为国际社会中处理国际关系事务的规范。行政法自然不属于此种类别,而具有国内法的性质。所谓国内法即由本国政府以国家主权所制定,适用于国内事务,其效力以国家领域为范围的法规。唯详细推敲,国内法与国际事务并非毫无关联,在此方面应注意下列三点事项:(1)本国政府对派驻国外的各种机构与旅外侨民,以及就有关行政业务的处理,仍系适用本国之行政法规。(2)本国政府对在本国领域内的外国侨民,虽有权适用本国行政法规加以管辖,但须受国

---

① 〔苏〕B.M.马诺辛:《苏维埃行政法》,黄道秀译,群众出版社1983年版,第29页。

际法及条约的限制。(3)国内行政法规吸收外国法或国际法原理原则与规定的情形日益普遍,由此形成行政法国际化的趋势。(二)行政法为公法:前已言之,在国内法的范围内,有公法与私法两大系统。私法包含民法与商法两类,此外凡规范政府机关行使职权办理业务以及组织事项的法规,均属公法性质。故此,则行政法自属公法范畴,具有公法的特征与效力。(三)行政法乃是以国家行政权为规范对象的法规:行政法固为国内法与公法,唯国内公法不以行政法为限。依据前述国家统治权及国内法系统划分的情形,则凡属规范国家政权、元首权,及各种治权的法规莫不属于公法性质,而行政法仅为公法中的一个类别,故前述各家定义中,不乏就此点有所说明者。由此可知,在公法之中以行政权(亦即行政机关)为规范对象者始为行政法,其他部分的公法,均不属于行政法的范畴。此项说明,乃是从'形式上的行政'及法治观点,对行政法的意义所作阐释。"[1] 在这个定义中,作者对现代法治国中的权利义务相联结的社会关系形式给予了高度肯定,这个肯定实质上隐含着作者希望政府行政系统和社会成员之间应当通过权利与义务的形式建构相对和谐的关系。那么,这个预期仅仅是作者的主观预期,是作者的一种行政法理想。上列方面均表明行政法概念界定是一个主观现象,以及作为主观现象的具体形式。那么,行政法概念揭示主观性的成因究竟何在呢?笔者认为,人们对行政法下定义是一个认识活动,这个认识活动本可以通过一个统一的行为规则予以由主观而客观的。如假设一个国家在行政实在法中将行政法的定义规定下来,且规定这个定义具有法律上的拘束力和强制力。那么,法律规定的这个定义本来是人们认识的产物,是一个主观认知过程,但通过实在法的规定将这个主观的东西就客观化了,因为,它由

---

[1] 张家洋:《行政法》,三民书局1986年版,第5—6页。

一个理论形态变成了制度形态。各个部门法中都存在法典不揭示本部门法定义的状况,这个不予揭示的状况决定了各个部门法的定义都是一个主观的东西。但是,这种主观性对于行政法的定义而言更加突出一些。这主要因为行政实在法要比任何其他部门法都要复杂得多,对于这个问题我们在本章的其他部分还要讲到。

(三)行政法概念主观性之客观基础

行政法概念是主观的,是人们认识行政法现象的行为结果。这个结果不因为有认知行为而变为客观。上面我们已经指出,行政法实在无论如何是客观的东西。那么,行政法实在的客观性与行政法概念的主观性究竟是什么关系呢?在笔者看来,行政法实在是行政法定义的存在基础,即是说作为主观的行政法定义存在着客观性的基础。正因为如此,任何关于行政法的定义都不能与客观的实在法完全背离。《布莱克维尔政治学百科全书》概括了行政法定义的三种模式,第一种为法律一体主义的模式,"它不承认在公法和私法之间存在着明显的界线,并将调整行政机关的法律规则视为所有法律调整规范中的一个组成要素。这是普通法制度的传统观念,最初起源于英国,但现在已为美国和许多英联邦国家所接受。20世纪,这一观点由于行政法庭这一审理与行政机关争议的专门机构的出现,以及普通法院中行政诉讼程序的发展而受到削弱。"[①] 这个关于法律一体主义的模式揭示,是给行政法下的定义,而这定义的基础是英美等英联邦国家关于公法与私法一体化的法律实在,以及在英美等国家制度的格局。即是说法律一体主义是意识范畴的东西,是人们对行政法的认识,并通过这个

---

① 〔英〕戴维·米勒主编:《布莱克维尔政治学百科全书》,邓正来等译,中国政法大学出版社2002年版,第10页。

认识形成了一体主义的行政法概念,而这个认识的客观基础则是一定的行政实在法。第二种为法律分立主义模式。"这种模式要求分别建立公法体系和私法体系,典型的情况是由不同的法院分别执法。在法国,我们可以看到,适用行政机关的法规系统和根据这些法规审理案件的法院系统明显都是独立的,最高行政法院领导着一个不同于民事法院,并适用不同的法律规则的行政法院系统。很多国家都采用了这种模式,尽管也有其他一些国家始终希望避免两种不同法律制度和法院系统之间的有害的冲突。"[1] 分立主义将行政法作为公法之一种,作为实证法律制度的组成部分,其区别于调整私人之间关系的私法。分立主义同样是对行政法的认知,是归属于主观范畴的,而这种主观性同样以一定的实在法为基础,存在于欧陆国家的公法与私法的分立、存在于欧陆国家的行政法院和特殊的司法审查制度都是这种一体主义认识模式的客观基础。第三种模式为行政监督模式。"彼得大帝在1722年创设的检察官制度,1922年在苏联又得到了恢复。检察官是一名国家官员,其任务是监督行政行为的合法性。检察官通常有权暂时取消那些明显违法的行政决定,并提请有关的行政机关或司法机关给予刑事处罚或纪律处分。"[2] 行政监督是作者对苏联等东欧国家行政法的主观认知。当然,这个认知和拥有行政实在法的本国学者的认知是不相一致的,我国行政法学者对苏联和东欧国家的行政法认知有我们自己的范式。形成行政监督模式的认知亦离不开这些国家的行政法实在。我们知道,在苏联和东欧国家其行政监督制度是比较理想的,他们有一套完整的行政监督机制,这些机制在作为控权主义的西

---

[1] 〔英〕戴维·米勒主编:《布莱克维尔政治学百科全书》,邓正来等译,中国政法大学出版社2002年版,第10页。

[2] 同上。

方其他国家产生了一定影响,以致于这些国家的学者所注意到的苏联和东欧国家的行政法主要是行政监督法,因此,行政监督法的定义也成了认知行政法的一种范式。

　　上列关于行政法定义的三种模式充分反映了行政法定义和行政实在法之间的关系。一则,行政实在法作为一种客观存在决定了行政法概念的存在。即是说,在没有任何行政法实在的情况下,关于行政法概念的揭示就不可能准确。我们注意到在一些空想社会主义者的著作里设计了诸多行政法典,例如,摩莱里在《自然法典》中就设计了一个行政法典,① 也有一个关于行政法的定义,但由于这个设计从头到尾都是一种主观表象,致使它的这些法典只能供学术研究用,而不可能成为行政法实在。二则,不同的行政法实在决定不同的行政法概念。行政法定义在不同学者的论著中有不同的界定。然而,若将行政法定义具体到一定的时间和空间中,在相同时间和相同空间中的行政法定义基本上能够保持大体上的相似性。例如,苏联学者关于行政法的定义,基本上都是从国家行政管理的角度展开的,马诺辛给行政法下了这样一个定义,"行政法规范调整苏维埃国家管理范围内的社会关系,即在社会主义和共产主义建设中为完成国家任务和行使国家职能而进行实际组织工作的过程中产生的关系。"② 与他同时代的瓦西林科夫又给行政法下了这样一个定义:"行政法规范是苏维埃国家为调

---

① 摩莱里设计的行政法典名称叫《行政管理法》,共 12 个条文,其基本上涉及了现代行政法中的一些基本理念,如第 1 条规定:"最高参议会的职权在于监察各城市参议会所通过的决议和法令是否含有就目前或就未来而言可能与国家的法律相抵触的地方,以及公安和经济方面的措施是否真正符合分配法和其他法律的宗旨。最高参议会对这些法令进行检查之后,认可或否决其全部或部分内容。这样为一个城市所作的决定,在相同问题上适用于其他所有城市,并且经下级参议会同意之后即具有法律效力。"参见〔法〕摩莱里:《自然法典》,黄建华等译,商务印书馆 1982 年版,第 119—120 页。
② 〔苏〕B.M.马诺辛:《苏维埃行政法》,黄道秀译,群众出版社 1983 年版,第 29 页。

整国家管理领域的社会关系而制定的行为规则。"① 而这两个定义放在一起分析,其基本内涵是相同的。这种现象在其他国家也是如此。② 这个现象同样证明了行政法概念必须以行政实在法为基础。三则,行政法定义因行政实在法的变化而变化。行政法的定义随着行政法实在的发展而不断呈现新的定义形式,卡罗尔·哈洛就对行政法在美国的定义过程作了一个具有历史性的梳理。首先是红灯理论的行政法定义。所谓红灯理论的行政法定义是指行政法是用以控制政府行政权的法律,通过行政法规范为政府行政权的行使设置诸多的限制条件,行政权对于市民生活、对于市场而言应当叫停。这个行政法定义所反映的是自由资本主义时期的行政法实在。这个时期的行政法从三权分立和政府权力必须受到外在因素限制的状况出发,设计出诸多对行政组织和行政行为约束的规则。后来行政法概念的理论变成了绿灯理论。与红灯理论相反,绿灯理论认为行政法是政府行政系统对社会生活进行渗入的规则,在这个理论之下,政府制定规章的行为以及规章本身都是行政法治的组成部分。这个理论的存在基础是资本主义由自由市场阶段到福利国家时代,③ 即资本主义的国家,尤其政府行政系统应当以为社会公众创造福利为职责,这个职责也就决定了政府行政职能的性质是对社会生活发生良性作用。在绿灯理论之下,政府的积极性和主动性得到了肯定,而政府积极性和主动性的基础是为社会提供公共福利。行政法定义由红灯而变为绿灯实质上是行政法

---

① 〔苏〕Π.Т. 瓦西林科夫主编:《苏维埃行政法总论》,姜明安等译,北京大学出版社1985年版,第17页。
② 一些社会主义国家,由于受苏联法治模式的影响,对行政法定义的认识都是从国家管理的角度出发的,如前南斯拉夫共和国宪法关于公法的规定与苏联基本上是一致的。
③ 福利国家实质上是治理国家方式的一个变化,其基本理念是国家包括行政系统的主要职能是为社会提供公共服务,为社会创造更多的福利。福利国家的概念既反映了政府对社会的一种责任,又反映了国家以一种比较强势的力量介入到公共生活的空间之中。

实在的变化所引起的。当然,进入当代以后,行政法概念正以黄灯理论为基准。在黄灯理论中,既没有将行政权控制作为行政法的主要功能,也没有将行政对社会生活的渗入作为主要功能,而是强调行政系统与社会公众之间的和谐关系。这个理论的实在法基础是行政决策和行政过程必须通过行政听证等行政公开化的制度而为之。显然,行政公开化是一种非常理性地处理行政系统与社会公众之间关系的制度形态。这样的制度使学者们认为行政系统和社会公众之间应当相互渗入,并在社会和谐中共同实现某种价值。上列三种关于行政法定义的理论实质上表达了行政法治在现代国家中的发展进路。没有行政法实在的变化也就不会有行政法概念的相继变化。

(四)行政法概念之绝对主观性

行政法概念是主观的,但这个主观是以客观的行政实在法作为基础的。那么,究竟应当如何看待行政法概念的主观性以及与行政法实在的客观性之间的关系呢?笔者却认为用行政法概念的绝对主观性和行政法概念的相对主观性分析这一问题是妥当的。我们先来探讨行政法概念的绝对主观性问题。行政法概念的绝对主观性是指在行政法概念中存在着一个绝对主观的部分,这个绝对主观的部分在通常情况下并不以行政实在法的客观性为转移。我们不妨对这种绝对主观性从下列方面予以理解。

其一,行政法概念是对复杂的行政法现象的一个抽象,这个抽象本身是看不见摸不着的。即是说,行政实在法是现实的、个别的、具体的,而行政法概念则是相对若虚的、一般的、抽象的。上列区别使行政法学与行政法实在是两个不同的事物,那我们无论如何也要将行政法概念归到意识形态之中,而将行政法实在归于制度之中,行政法概念的意识属性使它在一定意义上讲是绝对主观的。

其二,行政法概念既是对行政法实在的抽象和概括,又是人们对行政法实在的设计,任何一个行政法概念都包含了作者对行政法实在的设计。对一个事物的设计是一种主观活动,而不是一种客观活动,设计行为的主观性决定了行政法概念中的一些定义始终不能够变为行政法实在。例如博登海默关于行政法的定义是十分经典的:"行政法所主要关注的并不是传达任何形式的国家意志。就其最基本的表现形式来看,它关注的乃是对行使这种意志所作的限制。如果说行政法的任务是列举和阐述授予政府官员与行政机构的自由裁量权,那是不正确的。行政法所主要关心的是法律制度对这种裁量权的行使所作的约束。然而,这并不意味着,一项授予行政权力而未同时限制或限定该权力行使的成文法规定,因此而丧失了法律规定所具有的特性。为了确定一个国家的公共行政是否受法律约束的控制,就必须从整体上考虑公法制度。如果该国的执行管理机构在履行其职责时遵循正常秩序,如果它们的活动为那些对无限裁量权的行使设定了某些限制的规则所调整,又如果存在某些措施防止这些机构滥用权力,那么这个国家就有一个有效的行政法制度。应当强调的是,控制裁量权的规则并不一定都是立法机关或司法机关制定的;它们有可能是执行管理机构本身制定规则活动的产物。然而,我们很难想象,一个现行有效的行政法制度对于由法院或某种其他公正机构及裁判庭对政府官员的行动至少进行一种有限制的检查都未作规定,便能阻止政府官员任意滥用权力的现象。"[1] 这个定义对行政实在法作了高难度的,乃至于法哲学层面的设计,如行政的造法主体应当是一元主体等。然而,这种高难度的合理设计只是一种论点,它可能永远不会变为行政

---

[1] 〔美〕E.博登海默:《法理学——法哲学及其方法》,邓正来等译,华夏出版社1987年版,第353—354页。

实在法。此说也证明了行政法概念的绝对主观性。

其三，行政法概念界定的不统一是其绝对主观性的又一个佐证。客观事物是一种真实的存在，而这个真实存在有着绝对的唯一性。即一国的实在行政法就是一种不以人的认识和意志为转移的客观存在物。行政法概念是对这个客观存在物的主观映象，这个存在物的唯一性也证明了映象本身的唯一性。不幸的是，对于同一个客观存在却常常有无数种主观映象。我们不把行政法作为一个客观的东西分析，我们仅以一个国家的行政法定义为单位分析。在一个国家之内其行政法实在是绝对的"一"，然而，在这个绝对的"一"之上建立的行政法概念却是"二"或者"三"或者"四"的。按照一般原理，在"X"个行政法概念中，相对正确和能够存在的只能是"一"，因为行政法实在只有一个"一"。而现实情况是在一个国家中关于行政法的诸种概念都能够并存，都能够和谐相处。其根本原因在于作为一种主观认识，在目前的理论基础上还无法证明其存在的不合理性，尤其在社会科学的研究中这种无法证明性是普遍存在的。

其四，行政法概念并不一定都是有着行政实在法之内容和精神的，恰恰相反，诸多行政法概念没有正确反映行政法实在，而是对行政法实在的批判和否定。例如有学者将行政法定义为是对行政权力进行设定之法，这个定义具有明显的否定行政法实在的论调，因为行政法不单单设定行政权力，更为重要的它应当是从不同层面约束行政权力。学者们在行政法定义中对行政实在法的批判、否定有时候并不是故意的，而是下意识的，此种下意识的批判和否定同样是主观的东西。总之，行政法概念在现代行政法治国家已经具有了与行政法治本身不相同的意义，如行政法概念本身就是一个哲学上的东西，还如行政法概念同时可以作为人们认识行政法的一个工具，还如行政法概念可以成为行政法治的一个口号。这些属性实质上都刻画了行政法概念绝对主观性之特性。

（五）行政法概念之相对主观性

行政法概念的绝对主观性是行政法概念的主流，与绝对主观性相对应的是其相对主观性。我们说，行政法概念中有一部分具有相对主观的成分，是基于这样一些理由。一方面，行政法概念的定义者一般都以一定的客观知识为思想背景。当一个行政法学者给行政法下定义时，与其所具备的知识结构是有直接关系的，这个知识结构对于定义者而言就是客观的。例如，具有较强外围知识结构的行政法学者对行政法概念的认识就相对宽泛一些，而外围知识结构比较单薄的研究人员其行政法定义的视野就要狭窄一些。由于行政法学是社会科学的组成部分，社会科学的研究中价值倾向是不可避免的，学者们所站的立场不同对行政法概念的揭示也就必然有所区别。另一方面，行政法定义的揭示具有时代属性。不同的时代产生不同的行政法定义，时代的变化引起行政法概念的变化，不单单是由于行政实在法的变化所导致的，最为主要的是每一个时代都有它这个时代的经济、文化、政治等多元的社会背景。这些社会背景是包括思考行政法问题在内的任何社会问题的思考者不可以超脱的。行政法概念或多或少都受到时代发展格局中外围因素的影响，《法律与行政》一书对行政法定义的哲理认识也持此一论点："尽管旧的政府理念是静止的，但新的政府理念如果不是动态的，那么至少是流动的。旧的理念视政府的作用为实施法律、维持社会秩序和保卫边疆。但对社会施加影响并非政府功能的组成部分，人们也不期望立法超越支撑明确和既定习惯的作用。相反，新的理念视政府为运动的发起者。运动的概念不限于发展或变革的政党，尽管存有异议，20世纪初保守党和统一党日益被定性为承诺进行税收改革、为新军事和国家社会开支提供资金……实施有差别的贸易税，政府不仅仅要规制社会，而且也要改善社会。"①

二、限权的行政法概念

行政法概念的比较仅仅是行政法概念的比较，即我们在行政法概念的比较中仅对学者们关于行政法的定义作的比较，而不涉及行政实在法问题，即是说，关于行政法概念的比较中最主要的是对有关行政法理念的梳理。当然，在概念比较过程中可能或多或少与一定的行政法实在有关联性，如果与行政法实在有关联的话，那也是因为这个行政法定义反映了一定的行政法实在。由于行政法的定义方式致使具体的定义有无数个，我们不必要一一进行列举，只将这些无数的定义作类型学上的分析，依类型的划分，笔者认为行政法的概念有三种类型，即限权的行政法概念、扩权的行政法概念和二元结构的行政法概念。

（一）限权行政法概念的历史考察

"公法中规定行政机关权力和职能的分支。它所涉及的基本问题是国家行政机关对权力的运用。在某些法律制度中，行政法还制约着行政机关与其他行业部门之间形成的其他各种权力形式。因此，宪法所涉及的是通过宪法对权力进行分配，并对基本的自由权加以保护；而行政法关注的则是政府行政部门对出自任何来源的权力的行使问题。行政法在 20 世纪的发展，是现代国家勃兴的结果。对于政治体制的研究者来说，行政法的意义在于它是对行政部门权力的一种限制。"② 这是西方权威政治学百科全书关于行政法的定义，这个定义所

---

① 〔英〕卡罗尔·哈洛、理查德·罗林斯：《法律与行政》（上卷），杨伟东等译，商务印书馆 2004 年版，第 47 页。
② 〔英〕戴维·米勒主编：《布莱克维尔政治学百科全书》，邓正来等译，中国政法大学出

突出的便是行政法的限权属性，在学者们的研究中关于行政法限权属性表现得更加具体："故所谓行政法者，为公法之一部分而规定行政官吏之组织及其能力；且指定权利侵害之时，而以救济之道予个人者也。"① 上列定义是限权行政法定义中几个有代表性的定义。限权行政法是行政法定义类型中最主要的一种，其持续的历史跨度也非常大。可以说，从现代行政法产生起限权行政法定义就开始形成了，早在《联邦党人文集》之中有关政府法治的限权属性的表述就非常系统了，例如在该著作中，作者有这样一个关于行政及行政权行使的论断："决定行政管理是否完善的首要因素就是行政部门的强而有力。舍此，不能保卫社会免遭外国的进攻；舍此，亦不能保证稳定地执行法律；不能保障财产以抵制联合起来破坏正常司法的巧取与豪夺；不能保障自由以抵制野心家、帮派、无政府状态的暗箭与明枪。……使行政部门能够强而有力，所需要的因素是：第一统一；第二稳定；第三充分的法律支持；第四足够的权力。"② 这个论断虽不是专门对行政法下定义，虽然不是站在行政法治这一较为具体的立场上为行政法下定义，但其思想中包含着对行政权起作用的原则应当以规制行政权为基点。为了将限权行政法定义的发展脉络予以厘清，笔者认为，限权行政法定义是一个历史过程，这个过程贯穿于若干定义行政法的全过程之中，这个过程是由下列阶段构成的。

　　第一阶段的行政限权法定义以三权分立理论为基础。在戴西以前的行政法认知中都以此发展为行政法下定义，这其中的哲学原理在于："的确，没有任何政治上的真理比这个反对意见所依据的有更大的真正价值，或者更加明显地带有自由保护者的权威色彩了。立法、

版社2002年版，第10页。
① 〔美〕古德诺：《比较行政法》，白作霖译，中国政法大学出版社2006年版，第4页。
② 〔美〕汉密尔顿等：《联邦党人文集》，程逢如等译，商务印书馆1982年版，第356页。

行政和司法权置于同一人手中，不论是一个人、少数人或许多人，不论是世袭的、自己任命的或选举的，均可公正地断定是虐政。"① 该定义将国家权力作了类型上的区分。当然，这个区分的理论前提是孟德斯鸠在《论法的精神》中系统提出来的。② 三权分立的思想是这样的，首先从理论上把国家权力作了分立。一类是为国家制定法律的权力，这个权力后来被认为是用来表达国家意志的。另一类是执行国家意志的权力，这一权力就是行政权，它的功能在于执行表达出来的国家意志，而执行过程中的行为方式是履行国家管理职能。最后一类是排解国家权力行使中以及存在于社会中之纠纷的权力，这个权力被认为是司法权。国家权力能够从理论上作出上列划分，那么，这个理论划分能否变为一种法律制度呢？诸多经典作家都对此作了论证，即认为一个国家在建立其政治体制的时候，即应当对国家权力作出理论上的区分，即分为三权，然后再将这三种权力交由三个不同的国家机构行使，美国在建立其政治制度的时候也就这样做了。就是由国会行使立法权，总统及其行政部门行使行政权，最高法院及其法院系统行使司法权。三权分立的格局形成以后，每一个机构都成了国家政治生活中的一个政治实体。每一个政治实体在国家政权体系中都扮演一定的角色，对于国家权力面对社会公众而言，三种权力是统一的。但是，三种权力由于形成了不同的权力系统，因此又是各自分割的，这种分割性便导致了每一种权力体系都有自己的意志，每一种权力体系都有自己的利益，每一种权力体系都有自己的一整套价值判断。这种状况

---

① 〔美〕汉密尔顿等：《联邦党人文集》，程逢如等译，商务印书馆 1982 年版，第 246 页。
② 其实，三权分立理论的源头是很早的，早在古希腊就有了三权分立的思想，亚里士多德在《政治学》一书中将国家权能分为三种，即议事机能、行政机能和审判机能，这三种机能的划分实质上为后来人们提出三权分立理论提供了认识上的方法论，参见〔古希腊〕亚里士多德：《政治学》，吴彭寿译，商务印书馆 1983 年版，第 215 页。

便使国家权力潜藏着巨大的被分解的倾向。为了解决或者防止国家权力在行使过程中将被分解的问题。三种国家权力之间就必须进行有机的牵制。而牵制过程中最为本质和重要的东西便是以法对各种权力及其维度作出规定,我国台湾学者左潞生就指出:"行政法是关于行政权之法,现代立宪国家,多将国家统治权分为立法、司法、行政三种,是为'三权分立制';……于三权之外,又使考试、监察两权独立,是为'五权分立制'。'立法权'为制定法律的作用,其余则皆属行于法律之下:'司法权'为维持法律的作用,'考试权'为检定公务员资格的作用,'监察权'为纠劾公务员非法的作用。其行于法律之下,除去司法、考试、监察以外,为国家统治目的而为之作用者,则为'行政权'。立法权属于立法机关,以立法权为其规定之对象者,是为'立法法',如立法院组织法、中央法规制定标准法等属之;司法权属于司法机关,以司法权为其规定之对象者,是为'司法权',如法院组织法、民法、刑法,各种诉讼法等属之;考试权属于考试机关,以考试权为其规定之对象者,是为'考试法',如考试院组织法、考试法、典试法等属之;监察权属于监察机关,以监察权为其规定之对象者,是为'监察法',如监察院组织法、监察法、审计法等属之;行政权属于行政机关,以行政权为其规定之对象者,则为'行政法',如各种行政机关组织法及一切行政法规等均属之。故行政法是以行政权为中心,为关于行政权之法。"[①] 即是说,在三权分立或诸权分立的政治格局形成以后,立法体系和司法体系必然要有一种手段对行政权进行控制,其中行政法就是这种控制的主观设想。由此可见,限权行政法定义在第一阶段是由三权分立的理论推导出来的,上列左潞生先生关于行政法作为限权法以及与三权分立之间的关系就非常生动地体现了这个推论过程。

---

① 左潞生:《行政法概要》,三民书局1977年版,第7—8页。

第二阶段的行政限权法定义以防止行政干预为基础。三权分立是行政限权法定义的第一阶段，也是原初阶段，这一阶段的具体内容在当代行政法学的研究中已经提得很少了，但这一阶段的基本限权理念还没有过时，一定意义上其指导着现代一些国家限权行政法的进一步推演。资本主义制度进入了相对较高形态以后，国家的行政权能日益突出，行政权能如果说在三权分立为理论基础阶段，三种权力保持平衡状态的话，那么，到了资本主义的高度阶段，其平衡性正被打破。行政权作为国家权力核心的格局在自然时限中悄然形成，其形成过程似乎不以人的意志为转移，似乎没有任何外力的作用，似乎人们对此种新的格局都能够认同。正如一些学者所指出的："政府的全部工作都是要专门技术的职务；完成这种职务需要具备特殊的专业性的条件，只有多少具备这些条件或者具有这方面的经验的人才能对这种条件做出适当的评价。"[①] 行政权力的膨胀有着深刻的历史原因，包括政治的、经济的、文化的等。行政权力膨胀与传统行政法中的限权理论存在着一种矛盾着的关系，即一方面，在三权分立理论指导下的行政法定义是以限权为宗旨的，然而，这个关于行政法限制政府权力的定义，并没有对实在的行政权起到约束作用。反之，在行政权的实际行使中行政对社会生活的渗透是非常普遍的，以美国为例，自1887年国际商业委员会产生以后，美国行政对社会生活的干预就基本上是全方位的，这中间存在着强烈的政府管制，我们可以把美国近一百年来制定的有关法律，尤其政府规章的状况予以列举，如1965年约翰逊总统签署第11246号行政令，确立对弱势群体就业采取优惠措施的"肯定行动"原则。1972年修订《公平就业机会法》，提高公平就业机会委员会的权力，并将《反歧视法案》的实用范围扩大至州政府及地

---

① 〔英〕J.S.密尔：《代议制政府》，汪瑄译，商务印书馆1982年版，第195页。

方政府。1989年即沃尔克委员会,发表文官评估报告书;通过《残疾就业法》,将优惠弱势群体的措施,扩大到有身心残疾的公民。[①] 这些法律和政府规章有些肯定了行政权对社会生活进行干预的权力,有些则是行政权直接通过制定规则的方式对社会生活进行干预的。在这种背景下,行政法限权理论进一步突出,例如韦德在其行政法著作中就给行政法下了这样一个定义:"行政法定义的第一个含义就是它是关于控制政府权力的法。"[②] 与三权分立的行政限权法定义在形式上是相同的,即行政法的功能都在于控制行政权。但是,此时限权行政法定义的实质以及背景则发生了变化。其实质是行政限权法中的限权不单单是政府行政系统之间的限权,即不单单是立法机关通过制定行为规则控制行政权,司法机关也通过司法审查活动制约行政权。而且在上述限权行政法的定义下,加进了社会公众对政府行政权的限制属性。古德诺在其行政法定义中就非常明确地提出了权利救济的主张,权利救济是指当社会公众的权利受到行政机关的侵犯后,其可以通过司法等机制保护自己的权利。当然,行政法定义毕竟是一个主观的东西,其对行政实在法的影响究竟有多大我们不得而知,但无论如何,行政限权法定义的第二阶段对行政法治向更高层次发展提供了学理上的依据。

第三阶段的行政限权法定义以社会自治为基础。20世纪中期以后,资本主义制度发生了根本性变化,一般情况下,人们将20世纪以后的资本主义称之为福利国家时代,所谓福利国家时代是指政府系统的权力行使不是权力分立和对社会生活的干预,而是对社会生活作出改善,其不单单保障社会的自由和秩序,更为重要的是为社会创造财

---

① 宋世明:《美国行政改革研究》,国家行政学院出版社1999年版,第188—189页。
② 〔英〕威廉·韦德:《行政法》,徐炳等译,中国大百科全书出版社1997年版,第5页。

富和各种福利。就像任何事物都具有两面性一样,福利国家也是一把双刃剑,它的一面对社会是有利的,因为,其能够为社会创造出比仅仅维持社会秩序更多的东西,也许这是它的最重要的一面。之所以说这一面比较重要,是因为福利国家是国家人性化的体现,国家已经不仅仅是一种政治实体,它还具有经济上的职能。与这一面相对,则是国家各个方面职能的增加,正如托马斯·戴伊所言:"如果说,政府的权力曾经一度受到限制的话——政府除了保障法律和秩序、保护私人自由和私人财产、监督合同、保护本国不受外国侵略以外,没有别的权力——那个时刻早已过去。今天,认为政府机构干涉着我们生活中'从生到死'的各个方面的看法是很平常的。在美国,政府的首要职责是为防老、死、无依无靠、丧失劳动力和失业提供安全保障;为老年人和穷人提供医疗照顾;为小学、中学、大学和研究生提供各级教育;调整公路、水路、铁路和空中运输的规划;提供警察和防火保护;提供卫生措施和污水处理;为医学、科学和技术的研究提供经费;管理邮政事业;进行探索太空的活动;建立公园并维持娱乐活动;为穷人提供住房和适当食物;制定职业训练和劳力安排的规划;净化空气和水;重建中心城市;维持全部就业和稳定货币供应;调整购销企业和劳资关系;消灭种族和性别歧视。看来,政府的职责似乎是无限的,而我们每年都给政府增添任务。"[①] 行政职能的普遍增加,在为社会生活不断创造利益的同时,也在一定程度上强化了政府的权力和权威,其进一步的结果则是对公众生活不适当的干预。而干预的本质则是对公众权益的侵犯,与自由资本主义时期相关自由的观念相违背。面对国家行政权的此种强大格局,人们认为,福利国家的最高价值并

[①] 〔美〕托马斯·戴伊:《谁掌管美国》,梅士、王殿宸译,世界知识出版社1980年版,第66页。

不是对行政权力的强化,而是要建立另一种机制,即社会自治的机构。社会自治是一个全新的观念,它要求政府系统在和社会公众发生关系的过程中,社会公众的自治价值高于政府权力行使的政治价值。我们知道,在限权行政法的前两个阶段,政治机制和社会机制是在分而论之的基础上展开的,二者是两张皮,即社会机制是一个方面,包括行政权力在内的政治机制是另一个方面。而在社会自治的理念之下,包括行政在内的政治体系与社会机制不可以分割,政治机制只是社会机制的物质承担者,是社会机制的一种形式。"很显然,并不是人类的每一种交流形式和每一种社会形态都以自由为特征。当人们只是生活在一起,而没有形成一种政治体的时候——例如,生活在氏族社会或在家庭的私人生活之中——决定他们行为和行动的因素不是自由,而是生活的必需和出于对保存自身的关注。并且,在任何时候,只要人类世界没有成为行动和语言的场景,自由就不可能成为社会现实,例如专制统治的社会将臣民局限在狭隘的家庭之中,从而阻止了公共领域的兴起。如果公共领域不能得到政治上的保障,那么它就缺乏得以形成的社会空间。诚然,它可能会作为愿望、希冀、期待或渴望寄留在人们的心灵之中;但众所周知,人类心灵是一个极其阴暗之所,在心灵的阴影中发生的一切很难被称作是可证明的事实。自由作为可证明的事实是和政治紧密相联系的,两者之间的关系就好像是同一事情的两个方面。"[①] 即是说政治机制和社会机制是一个事物的两个方面。该理论的进一步推演,其在行政法中的运用便是行政法是通过社会自治的机制约束政治权力行使的。限权行政法的这一理论基础是十分重要的:一则,它淡化了行政系统与公众之间在原来控权过程中

[①] 〔英〕彼得·斯特克、大卫·韦戈尔:《政治思想导读》,舒小昀等译,江苏人民出版社2005年版,第196页。

的对立性。在原来的控权理论中,行政系统和它存在的社会机制之间是对立的,通过这种对立达到对行政系统控制的目的。二则,它将政府机构之间对行政权的约束只作为行政控权的一个方面。行政控权在绝大多数情况下不是靠政治机制,而是靠社会机制完成的。三则,社会自治实质上表明社会系统能够以多种形式影响到政治系统之中,能够直接对行政权力的行使进行制约。当代行政法治中的一系列制度正是在限权行政法自治理念全面推广的情形下形成的。

(二)限权行政法概念的横向考察

限权行政法概念的横向考察不可以理解为对不同国家行政法定义认识进路的考察,行政法定义过程中,不同的学者必然存在于不同的国度之中,但学者们对行政法概念的界定并不必然与其所在的国家有关联。行政法概念的揭示本身就是一个存在于学者们主观认识上的东西。基于此,笔者这里对行政法概念所进行的横向考察是以学术论点、以学者为单位的。当然,由于历史和文化的原因不同国家的学者对行政法的认识具有这个国家的思维传统。同时,行政法定义不能完全脱离行政实在法,这便决定了不同国家的行政法学者在揭示行政法定义时必然与该国行政法制度的状况有一定的吻合性。有些定义本身就是这个国家行政实在法的反映。限权行政法的概念,在不同国家的不同学者眼里,有不同的理解。笔者将从下列四个方面将目前存在于各国和各学者中的主要限权行政法定义类型予以比较。

第一,客观法与主观法的限权行政法定义。法国行政法学家奥里乌认为行政法是公法的一个分支,行政法的规制对象是国家的行政体制,以此进路行政法是规制行政权的法律是没有疑问的。但行政法的认识进路却存在于两个哲学范畴之中,第一个哲学范畴是主观范畴,所谓主观范畴是指行政法作为一种法律实在,必须与一定的社会事实结合起来,社会事实是行政实在法价值的最高承载因素。实在法与社会事实的结合是实在法由抽象规则而变为具体形态的过程,该过程无论如何不是自动实现的,是在外力的作用下实现的。这个外力便是行政系统的机构以及行政公职人员,当然一定情形下也交给司法人员。任何一个行政法由实在规则变为社会现实的过程都是上列主体意志的体现,这样的意志性必然是主观的东西,而非客观的东西。奥里乌的这一见解显然是相对抽象的,但它为我们提供了一个分析限权行政法乃至于所有行政法认知进路的方法。依这一范畴,主观性限权行政法是那些对行政机构和行政人员法律适用方式和意志进行限速的行政法。奥里乌在揭示了行政法限权法主观性的一面之后,认为行政限权法亦有客观范畴,他认为一国行政实在法是对社会秩序的设定。任何关于行政实在制度、关于行政秩序设定的规则都离不开客观化的东西,如离不开相关的人、离不开相关的物、离不开相关的具体社会事实等。"客观法的基本要素是'司法情形',它由社会状态的平衡而自发形成;客观法同样考虑个体,例如各种机构,这些个体是行动个体,但它们的活动被视为自动活动,因而不发自一个主观法人;最后,客观法考虑由匿名力量如公共权力所做的司法行为。"[1]从主观法和客观法的角度揭示限权行政法的定义既代表了奥里乌的论点,又代表了法国行政法学家给行政法下定义的一般路径,奥里乌将这个限权的行政法定义作了概括:"在以公共行政机构及其权力的组织为目标的行政法中,一切涉及行政组织的法都是客观法,而一切涉及公共行政机构的权力的法,在产生公务管理的法律关系中,都是主观法。"[2]

---

[1] 〔法〕莫里斯·奥里乌:《行政法与公法精要》,龚觅等译,辽海出版社、春风文艺出版社1999年版,第143—144页。
[2] 同上书,第148页。

第二，普通法与特别法的限权行政法定义。普通法与特别法的划分本是法理学中关于法律类别的区分。普通法指涉及一般事项、调整一般社会关系的法律规范。特别法则是指调整特殊领域，并形成特别法律关系的法律规范。德国行政法学家平特纳将法理学中关于法律分类的这一理论运用到行政法定义中来。平特纳关于行政法是这样下定义的："行政法是公共行政所使用或者与公共行政有联系的公法，并非行政当局在很大范围所使用的私法，尤其不是所谓的行政私法。故此，不能将行政法同行政所涉及的所有法律相提并论。此外，对行政法具有重要意义的宪法也不属于行政法的范畴，而属于国家法。由此可见，行政法甚至不能包括所有对行政有重要影响的公法。"① 显然，其将行政法与宪法衔接起来，肯定了行政法与公共权力之间的关系，并指出行政法就是要对行政及行政权产生作用和影响。此点表明，它的行政法定义同样是限权法的定义。在进一步的分析中，平特纳指出了行政法的两大范畴，从而也是限制行政权的两大路径。它认为行政权的行使涉及部门职权的问题，这些部门职权是必须有规则的，它将部门管理的主要领域划分为下列方面，并指出了与之对应的行政法规范。一是地方法规和警察法。就是说，就中央层面的行政管理而言，地方行政管理应当是一个部门，其职权是对地方管理的事务起作用，这部分行政法规范就是地方行政法。它所指的地方行政法不是我们通常讲的地方立法，而是由中央制定的有关地方管理的行政法，即地方关系法，行政区域法就属此类。警察法主要调整有关社会治安管理的事项，在任何一个国家中这类法律都是非常重要的，其主要作用是在警察的职权和警察管理体制的构成上，而不是具体的治安管理规则。二是公务员法和其他公职法规。此类法律规范调整的是公务员

---

① 〔德〕平特纳：《德国普通行政法》，朱林译，中国政法大学出版社1999年版，第3页。

管理关系和有关公共权力行使中相关的组织关系。平特纳将这类行政限权法规范归入特别行政法之中，其视角是非常独特的。众所周知，这个规范在正常情况下，是普通行政法的范畴。笔者认为，从限权的角度看，很多限权都是分层次而为之的，不同层次的限权就构成了一个特殊的部门，从这个意义上讲，平特纳的划分是科学的。三是经济行政法和福利事业法。此类限权行政法主要是对政府经济管理行为和有关公共事业中行为的约束。四是建筑法和计划法，指对建筑管理中政府职责进行约束的规则和对计划管理中政府行为约束的规则。五是道路法和交通法。六是教育法、青少年法和文化法。七是社会法和救济法。八是卫生法。九是税务行政法。十是财政和预算法。平特纳所概括的十个特别行政法的种类基本上覆盖了政府权力行使的范围。应当指出，它所列举的有些行政法规范，似乎是行政管理的法律规范，似乎其功能不在于限制行政权，而是拓展行政权。但是，我们从平特纳的后续理论中则可以对这些论点作出否定的回答。他在"法律关系"一节中认为："这里考虑的是一个具体的法律关系，其中必须涉及在行政机关与公民之间或者行政部门之间的特别关系。"[①]在一种具体的法律关系中，行政主体只是一个权利主体或义务主体，不能够有任何拓展自己权利的机会，因为法律关系中的法属性就已经严格地约束了行政主体的意志。普通行政法是对特别行政法中相关规则的抽象，一个规则若能够在所有部门行政管理中普遍运用就是普通行政法。平特纳关于限权行政法中从特别行政法和普通行政法的进路认知限权的格局，是对限权行政法的另一个合理定位。

第三，体法与用法的限权行政法定义。台湾学者左潞生定义行政法为："行政法是规定行政组织及行政作用之法。行政法内容包括'行

---

① 〔德〕平特纳：《德国普通行政法》，朱林译，中国政法大学出版社1999年版，第86页。

政组织法'及'行政作用法'两大部分。行政组织法以规定行使行政权主体的组织及其权限为目的,质言之,即规定各种行政机关的构成及其行使的权限,此中包括政府行政组织及自治团体组织二者,是为行政上'体'的法则。行政作用法以规定行使行政权主体与其所属人民的关系为目的,质言之,即规定行政机关施行公务时,于何种情形下,方能授予或限制人民的权利及课取人民的义务,是为行政上'用'的法则。由此两种法则,以构成行政法的两大体系。至于'行政救济法',或称'行政争讼法',乃是行政法的补充法则,其内容除部分采用司法外,其余仍属于行政组织法及行政作用法范围,不能另立体系。"[1] 这个定义提出了一个限制政府行政权力的动态规范构成,一是"体法",二是"用法"。"体法"是指对行政机关组织体系进行设计和约束的规则。"用法"则是对行政行为进行约束的规则。左潞生的这一分析进路对行政限权法定义明晰性的梳理是十分关键的,它实质上是对限权行政法定义的高度概括,对于这样的高度概括我们没有理由再作出进一步的探究。

第四,实体法与程序法的限权行政法定义。有学者认为,美国行政法实质上就是行政程序法,这个论点所反映的是美国行政法的一个侧面,而不是美国行政法的全部。也许是为了纠正关于美国行政法就是行政程序法的偏颇论点,欧内斯特·盖尔霍恩和罗纳德·M. 利文在《行政法和行政程序概要》一书的前言中就指出,行政机关的设立通常是用以处理当前的危机和解决严重社会问题的。并指出,在现代的行政权行使中,政府对来自于社会要求的反应就是设立一个新的行政机关,或者授予已经设立的行政机关新的权力,通过这些行政机关来完成相关的社会管理职能。他们的这个论断是正确的,例如自19

---

[1] 左潞生:《行政法概要》,三民书局1977年版,第8页。

世纪末美国就设立了一系列新的专门委员会以控制一些专业领域出现的社会问题,州际商业委员会和联邦贸易委员会的设立就控制了或者试图控制垄断集团和大公司的反竞争行为。之所以会出现这样的现象,主要原因在于行政机构权力行使中的灵活性,尤其管理秩序的灵活性:"行政机关较之法院、立法机关或当选行政官员而言,拥有若干体制上的实力,能够据此处理各种复杂的问题。"[1] 这种状况无疑使政府行政权力在诸多方面有所膨胀,"机关也可变通其管理方法和决策程序以解决手边的问题。各种机关可以通过要求取得从事个体活动的许可证来控制某一领域的发展;它们能够规定标准、裁断违法行为以决定处罚;它们能够批准拨款、补助或其他奖励;它们能够制定最高和最低费率;它们还能够通过多种多样的非正式方法影响人们的行为。"[2] 行政权力的这种趋向显然使美国公众和美国社会感到不安,"但是,这些行政程序的潜在力量也会被视为是对其他重要价值的一种威胁。行政的'灵活性'可能只是未受制约的权力的伪装,况且在我们这个社会里,人们传统上一直对不受限制的政府权力抱有无可非议的极大的怀疑。"[3] 显然,这种不安的结果便是从实体上和程序上对政府行政权的约束:"因此,行政程序的根本政策问题就是如何设计一种制约制度,既可最大限度地减少官僚武断和超越权限的危险,又可保持行政部门需要的有效采取行动的灵活性。行政法所涉及的是用来控制和限制政府权力的法律制约。"[4] 这个关于限权行政法的认识及其定义实质上揭示了行政法在限权过程中的两大部类,一个部类是

---

[1] 〔美〕欧内斯特·盖尔霍恩、罗纳德·M.利文:《行政法和行政程序概要》,黄列译,中国社会科学出版社1996年版,导言第1页。
[2] 同上书,导言第2页。
[3] 同上。
[4] 同上。

对行政权进行实体上限制的规则，另一个部类便是对行政权进行限制的程序上的规则。他们的这个定义也纠正了关于美国行政法就是行政程序法的片面认识。上列关于限权行政法的四种认识进路，是由若干学者完成的，每一种进路都分布了一个国家，每一个论点实质上与每个国家行政法实在有关联。然而，总体来讲，它代表了限权行政法在横向上的若干流派，因为在上列认知进路中都孕育了一大批行政法学家和行政法研究者。

（三）限权行政法概念的本质

限权行政法的概念的源流与现代宪政制度是分不开的，纵观世界行政法学的走向以及回顾行政法学的历史，不难发现限权行政法是行政法学的主流，是学者们认识行政法定义的主流思潮。限权行政法是行政法学层面的问题，这是不可否认的。但是，限权行政法概念的本质却不仅仅在行政法治层面中，或者说，我们仅仅从行政法学和行政法治的层面分析行政权和行政法定义的本质是没有意义的，因为在行政法层面中，限权行政法所追求的就是通过行政法手段对行政权进行约束，这可以说既是行政法学层面中行政限权法的起点，也是其终点。它的本质也寓于这个起点和终点之中。行政法学的研究与行政法制度的研究不同，其就是要从相对较高的层面厘清一种行政法实在的理论根基，基于此我们认为限权行政法的本质可表述为下列方面。

其一，限权行政法概念的本质之一是公众对权力的恐惧。权力是一种支配力，指一方主体通过自己手上握有的实力对另一方主体的控制，这种控制可以是改变另一主体的利益，可以是改变另一方主体的意志，可以是改变另一方主体的行为取向等。一旦权力主体中的一方向另一方行使了实质性的权力，那么，对于被行使权力的一方而言则是一种不愉悦，甚至责难性的状态。此点足以使人们产生对来自任何形式的权力的恐惧,对行使权力采用的任何方法的恐惧。恐惧权力虽然是经典作家的一种政治理论或者法律理论,但这个理论却有着深刻的社会基础。对权力的恐惧能否推出应当在社会生活的各个方面将权力予以取消和终止呢?回答是否定的。因为作为一种社会事物总要通过一定的机制组织起来,人类社会的组织中权力是必不可少的,人们将人类社会通过权力而组织起来的这一现象认为是人类所特有的,并作为人类文明的一个体现,正如基尔南所指出的:"文明就是将社会分割成许多阶级。较高的阶级统治着较低的阶级。有时候,统治本身是为了全社会的利益;但更常的情况是为了统治阶级的利益。"①一方面是权力的非有不可,②另一方面又是人们对权力的恐惧,那么,解决的机制便是对存在的正当权力以一种理性的方式予以控制,这个逻辑原理可以描述为:"政治自由无非是权力的分配。一切权力都倾向于腐败;绝对权力则导致绝对腐败。因此,如果权力集中在少数人手中,那么政治自由就是不可能的,不管这些人是否经过民选。任何人都会滥用被赋予他们的权力,也就是说将各种形式和程度的权力集中在他们手中,他们就会绝对滥用权力。如果要使权力不被滥用,那么则要将权力尽可能分散。如果权力过于分散,则可能导致对秩序的威胁,因此尽管保守党一贯支持强大的中央集权,今天他们还是相信,如果权力完全集中在内阁之中,这将是英国的灾难,也是自由的灾难。既然政治自由无非是权力的分配,那么将政治权力和法律权力分配到不同的部门就是保障政治自由的基本途径。"③

其二,限权行政法概念的本质之二是行政权力的敏感性。在国

---

① 〔英〕维克托·基尔南:《人类的主人》,陈正国译,商务印书馆2006年版,第1页。
② 〔英〕罗素:《权力论》,吴友三译,商务印书馆1991年版,第84页。
③ 〔英〕彼得·斯特克、大卫·韦戈尔:《政治思想导读》,舒小昀等译,江苏人民出版社2005年版,第190—191页。

家政权体系中，人们对诸种权力都是非常关注的，如期盼立法权能够规范行使，期盼司法权能够公正行使等。但是，人们在关注这两类权力时更多地不是对这些权力进行控制，而是提出另一种方式使这些权力科学化、民主化、程序化等。但是，关于行政权却是以控制的主张为根本点的。笔者认为，其中的原因在于行政权在所有国家权力中是最为敏感的，"所以人类，他们已经证明了那些人的堕落，不再由他们统治，而是由法律和理性——像源自个人错误和脆弱的东西一样抽象——取而代之；而且，由于行政官员被置于人民之上，所以法律被置于行政官员之上。如果这一点无法起作用，法律或者得不到执行，或者被滥用，留给人民的唯一补救时机就是，在所有国王和行政官员首次就职时向他们提出条件、让他们宣誓，以根据法律进行公正的审判：他们依赖这些誓词获得人民的忠诚，也就是说，获得服从他们执行那些法律——他们和人民自己制定或同意的法律——的契约。而这一点常常伴随着公开的警告，即如果证明国王或行政官员没有忠诚于人民对他的信任，那么人民就会分崩离析。"[①] 行政权力的敏感性并不是空穴来风。事实上，在现代国家政权体系中，行政权对公众生活的影响，尤其负面影响远远大于其他类型的国家权力，对于此种客观上日益膨胀的权力自然应当予以控制。

其三，限权行政法概念的本质之三是对法治概念的全面认识。法治是近现代产生的一个新名词，在法治概念之前，讨论较多的是有关法制的概念。法律制度指国家政权体系通过制定行为规则对社会生活进行的规制，就实质而论，法制中的法的目标不是权力主体，而是权力对象，即权力主体通过制定规则对法律对象施以影响。法治概念

---

① 〔英〕彼得·斯特克、大卫·韦戈尔:《政治思想导读》，舒小昀等译，江苏人民出版社2005年版，第92页。

的实质是在社会机制中建立一个法治体系,这个法治体系中的主体是所有社会主体,而不是某一单个社会主体。手上握有权力的主体是法治内容的重要组成部分,即其行为亦要纳入国家的法律制度之中。在资本主义制度建立之前,封建国家和奴隶制国家都有行政法规范,而这时的行政法实质上是行政管理法。国家政权体系运用行政管理法对社会生活进行调适。法治原则将法律的对象、法律主体的形式进行了合理调整。"在一个政府中,承担执行法律的人可以制定、破坏、违犯、解释、阻碍和暂缓它们,甚或仅仅在免受惩罚的保证下逃避它们;任何这样的政府,一律被称为暴政。因此,在任何事例中,拥有足够力量这样做的违法者,无论他是世袭的还是选举出来的,是篡位者还是合法者,是善的还是恶的,一个人还是许多人,就是一个暴君;每一个接受他统治的社会就是暴政;每一个容忍他的民族是卑屈奴性的。"①行政系统作为法律的执行者是法律治理的对象,而不是一个具有造法主体资格的存在物。限权行政法的定义其实质之一就是对法治内涵的全面认识。毫无疑问,法治的国家中包括社会公众,包括普通的社会成员。但他们只是法治主体和法治对象的一个方面,在现代社会中甚至不是最为重要的一个方面。将行政系统纳入法治概念之中,使行政法的基本的定在在于对行政权的控制,这就赋予了法治新的内涵。对于行政法限权定义的这一本质必须认真领会,因为,行政法是现代法治的产物,也是现代法治概念的构成部分。

其四,限权行政法概念的本质之四是民主与法治的统一。民主的概念历史悠久,在西方启蒙时代哲学家的著作中,充满了有关人民主权的理论,最为普遍的是卢梭和洛克对人民主权理论的阐释。人民

---

① 〔英〕彼得·斯特克、大卫·韦戈尔:《政治思想导读》,舒小昀等译,江苏人民出版社2005年版,第100页。

主权理论认为,在一个国家中人民的利益高于一切,国家政权是人民权利的形式,而不是人民权利的最终结果。后来一些资本主义国家的宪法将人民主权写了进去,依据人民主权理论,一个国家政治生活的重大事项应当通过民主权利决定,民主机制是国家政治生活的运转中枢,即是说,在一个国家的政权体系中,有时还会加进一些权力形式,如国家通过强制权力进行社会管理,通过强制约束制裁统治者,但核心制度则是民主机制。社会主义制度下,民主有了新的内涵,一方面,民主是政治生活的本质,另一方面,民主又必须和法治统一起来。二者是一个整体的东西。那么,在有关国家权力,尤其国家行政权力的构成和行使中,民主究竟应当如何体现呢?民主究竟应当如何与法治保持同步呢?早在古希腊,亚里士多德就有一个著名论断:"民主具有如下特征:官员由所有人从全体成员中选举产生;所有人应该位居每个人之上,每个人相应地在所有人之上;除了那些要求特殊技能和经历的官员,所有官员的任命应该通过抽签来决定;官员应该没有财产资格限制,或者限制标准非常低;除了军事官员外,一个人不能两次担任同一个职务,或者不能长期占据某个位置;所有官员或者大多数官员应该尽量缩短任期,应该由所有人来决定,或者从所有人中选举的法官应该对一切事务进行判断,比如账目审查、宪法、私人合同这类重大事务进行裁决;代表大会应该对所有或者多数重要事务行使最高决定权,或者,地方官员应该没有任何权力,或者只是享有一点点权力。这是我们的基础,这是我们的基本原则。"[①]亚里士多德将其定位为国家政权体制的原则。笔者认为,这个论断精辟地论述了行政法限权的本质,行政法是一个法律选择,而这个法律选择的主体是广

---

① 〔英〕彼得·斯特克、大卫·韦戈尔:《政治思想导读》,舒小昀等译,江苏人民出版社2005年版,第365—366页。

大人民,或者广大民众,人民通过选择良好的规则设定行政机构体系,并进而对行政机构体系进行约束,以达到民主与法治的统一。由此我们便可以说,限权行政法定义的另一特征是达到民主与法治的统一。

(四)限权行政法概念的进步性评说

笔者曾在《行政法的私权文化与潜能》一书中对行政法中的控权理论进行了一个简略的评说,认为行政控权从理论上讲是一个二律背反的命题,或者说是行政法学理论中的一个悖论。笔者的推论过程是这样的:行政权究竟是一个好的东西,还是一个不好的东西必须首先在理论上阐释清楚,如果行政权是一个好的东西,或者我们接受了行政权是一个好的东西就必须予以确立,既然是一个好的东西,我们就必须让它发扬光大,让它按自己的逻辑去运作,就没有什么必要再人为地去控制它,因为这种控制本身既没有理论上的根据,又可能导致行政权的懈怠。如果我们选择了行政权是一个不好的东西,我们就不应该让它存在,其中不存在控制的问题。从这个意义上讲,行政权控制主义实质上是一个悖论,是一个二律背反的东西,即需要它是一个定律,控制它又是一个定律,对于行政权这个同一事物而言存在两个相反的定律。然而,行政权控制理论的二律背反在今后很长的历史时期中还将是一个客观存在。正如作者在前面所指出的,行政权在现代社会生活中是必要的,因为没有它国家将陷于无政府状态之中。而在目前人们的政治觉悟和认知水平的情况下,行政权在行使中犯错也是必然的,如行政公职人员因为觉悟较低而实施有悖于公务员本质的东西。还因为公职人员文化水平的制约使行政权在面对所处的事务时,总会出现技术上的错误。政治上存在的潜在问题和技术存在的潜在问题都说明了一个命题,即对行政权的控制。在目前这种历史环境下,行政法对行政权的控制是必须的,限权行政法的进步意义其基础就在这里。[①]

三、扩权的行政法概念

在西方有学者非常敏锐地注意到,行政法的字面意义能够作出两种解释:第一种解释是行政法是对行政权及其行政系统进行规范的法,这一部分的行政法不完全等同于限权的行政法定义,因为法律在规范行政权时也包含着对行政过程的赋权行为;第二种解释是行政法是由行政系统制定之法,那既然是行政法就是行政主体在运用行政权的主观过程中而为之的法律,依这一理解行政法是行政机关行为的结果。[②] 这个论点实质上对一些国家的行政法理念作了概括,而不是纯粹的理论上的分析。看到行政法有此两种解释是这个学者观察问题敏感性之所在,同时,他还指出,行政权在行使过程中由行政系统所造之法是不应当归入行政法的定义之中的。但是,有些学者则有相反的认识,其将行政机关在行政过程中制定的或者适用的法律规范作为行政法的核心部分,而这一部分必然是行政主体对行政权力的扩张。在笔者提出扩权的行政法概念之前,还没有哪一位学者使用这一概念,但行政法是管理法的概念则是存在了将近一百年的。笔者围绕行

[①] 限权行政法概念在行政法学界只是一个形式命题,只具有形式上的合理性,因为我们在以限权法界定行政法的概念时,并没有对限权的深刻哲理基础进行探讨,从上面的分析我们可以看出,限权行政法定义存在的最终基础应当是人性,即人们认识问题的现实和人们认识问题中的自我立场。到目前为止,在行政法学界还没有一部探讨行政法中有关人性的问题,尤其限权行政法中有关人性的问题的著作。对于行政法学界来讲,这是一个非常宏伟的研究课题,若有学者能够从人性的角度系统地探讨行政控权法的必要性,那必然使行政控权法定义更有存在的主观价值。

[②] 行政法如果产生于行政机关的行政管理活动过程,那么,行政法本身就是行政机关行为的结果,而不是行政机关行为的前提。行政法一旦作为行政机关的行为结果来看,其规制对象就不是行政机关,而是行政机关的行为对象,即行政相对人。

政法是管理法的概念对控权的行政法概念予以评介。在笔者看来，限权行政法应当有一个与之对应的概念，而在行政法的定义中，从管理法定义的实质看也是要揭示与限权法相反的定义内涵，因此，笔者用扩权的行政法概念表述有关行政法是管理法的行政法定义方式。

（一）扩权行政法概念的历史考察

扩权行政法定义并不像限权行政法定义那样，在定义之中就开宗明义标出其对行政权力的态度，即在限权行政法定义之中一般都包括了行政法控制行政权力或限制行政权力的措辞，而且这些措辞在有些著作中是十分激烈的。而在扩权行政法定义中其一般都不明确指出行政法的实质在于扩权，这个定义类型中通常都经过了一个转换，将行政管理过程中的法律规范以及对行政主体在行政过程中能够有所作为的情形转化为行政法上的扩权。而这个定义中出现最多的是行政管理而不是行政权。我们举一些关于行政法作为扩权法的定义。苏联行政法学家瓦西林科夫指出："苏维埃行政法可以认为是调整国家管理范围内的社会关系——即苏维埃国家机关在组织与实施执行和指挥活动过程中发生的社会关系——的一个法律部门。当然，这个定义需要加以具体化和说明。行政法规范还规定作为管理对象的企事业单位和组织的建立、变更和撤销的程序，调整它们和国家管理机关的相互关系，调整管理对象的许多方面的活动。此外，行政法规范还规定计划编制、物价制定、物资分配、工资确定的程序。行政法规规定公民的各种权利和义务，规定实现这些权利和义务并保证其不受侵犯和违反的机制，从而使国家法的规范得以具体化并补充国家法规范。行政法规范还规定社会组织和社会机关的法律地位；规定担任国家机关职务的程序，规定国家职员职务上的和个人的权利与义务，规定他们行使国家职务的规则以及他们的责任。行政法不仅调整管理者的活动,而且也调整被管理者的活动。例如,交通规则、公共场所行为规则、贸易规则、狩猎和捕鱼规则、教学规则、卫生规则等,都是调整被管理者活动的规则。管理机关监督人们遵守这些规则,对违反这些规则的人适用国家强制措施。行政法规范还规定什么样的行为(作为或不作为)属于行政违法行为,规定实施这些行为的行政责任的形式和种类,规定审理这些违法行为案件的程序。"[1]这个定义中,行政法的定向在行政相对人一边。我们可以认为国家行政管理过程中包括管理者和被管理者两个方面,依这个定义行政法的目标和价值定向在于为管理者设定和赋予权力,为被管理者设定行为规则。其中最为关键的一点是被管理者有关权利义务的规则来自于管理者,"管理者监督人们遵守这些规则,对违反这些规则的人适用强制措施",非常明显地肯定了管理者在整个管理过程中的职权性和主动性。如果管理者在管理过程中对自己的行为方式进行延伸的话,这种延伸本身则是对国家强制权力的行使。行政法的扩权性能在这个定义中表露无遗。与这个定义相对应的是我国1983年构撰的第一部行政法统编教材,其在定义中认为"行政法是一切行政管理法规的总称"。[2]行政管理活动过程是以政府行政系统为本位的过程,这个过程的权力主体是行政机关,与它有关的行政管理的行为规则都是行政法。进一步讲,行政机关能够遵守的法律规则是行政法,行政机关自己制定的行为规则都是行政法。我国2000年制定了《中华人民共和国立法法》,在这部法律里我们事实上肯定了行政机关的立法权。首先,《立法法》的名称是关于立法的法,即只要在这部法律里反映出来的行为

---

[1] 〔苏〕Π.T.瓦西林科夫主编:《苏维埃行政法总论》,姜明安等译,北京大学出版社1985年版,第1—2页。
[2] 王珉灿主编:《行政法概要》,法律出版社1983年版,第1页。

规则都是法。其次，这部法律中用了这样的一些能够成为法的类型，包括法律、行政法规、地方性法规、行政规章等。其中绝大部分并不是由立法机关制定的法律形式，而是行政机关制定的法律。行政机关一旦取得了立法权，便必然是对行政权的扩张。因为，众所周知，在国家政权体系的分工中，立法权是归于立法机关的，《中华人民共和国宪法》也肯定了这一点，行政机关取得立法权的第一种扩权便是将其权力扩展于立法权之中。行政机关同时还可以利用制定的行为规则进行再一次的护权，如对某一管理领域中法律留下的空间体现自己的意志，对法律规定的空间扩展其意志的控制过程。笔者所讲的有关《立法法》的情形虽是一种法律制度层面的东西，不是纯粹的行政法学理，但这个行政法实在恰恰就是对中国多年来行政法学研究中一些论点的再现。我们不用多说，扩权行政法的定义是行政法定义中的一个客观存在，谁也不能够予以否定，这个理论上的存在已经在诸多方面影响到了行政法。反过来说，扩权的行政法定义是对一定行政法实在的反映。与限权的行政法定义相同，扩权的行政法定义亦有其历史发展过程，亦有其强大的理论背景和社会实践背景。

第一阶段的扩权行政法定义以秩序设计为扩权的基础。扩权的行政法定义大多体现于社会主义国家的行政法学家之中，甚至可以说，长期以来社会主义国家的行政法学家所主张的行政法几乎都是扩权的行政法。早在20世纪30年代，苏联行政法学家就提出了行政法是国家管理法的主张，只是起初关于国家管理法的理论基础还没有阐释清楚。后来的苏联行政法学家多引用马克思的一些精辟论述界说国家管理中管理机关权威的重要性，马克思认为："一切规模较大的直接社会劳动或共同劳动，都或多或少地需要指挥，以协调个人的活动，并执行生产总体的运动——不同于这一总体的独立器官的运动——所产生的各种一般职能。一个单独的提琴手是自己指挥自己，一个乐队就需要一个乐队指挥。"[1]马克思的论点是否能够必然推论出行政法就是扩充政府行政权力的法律是值得探讨的问题,但扩权行政法定义的学者运用马克思的论述定义行政法似乎亦顺理成章。即一个国家的政权,尤其社会主义的政权建成以后,必须对社会秩序进行全新设计,因为社会主义制度与资本主义制度的建立过程不同。资本主义的建立过程是自然成长的过程,资本主义的生产方式在封建制度内部就形成了。而社会主义制度则是在推翻了旧制度以后形成的,其没有先前的制度上的积淀与准备。因此,社会主义制度建立以后必须事前设计社会秩序。社会主义社会秩序是一个全新的秩序,这个秩序的设计既没有现成答案,也没有参照物。立法机关不可能制定若干部法典将新的秩序表述清楚,正如有学者指出的:"国家活动的第一种形式是立法活动。立法活动的任务是制定法律和其他法律文件。在苏联,法律由最高国家机关——苏联最高苏维埃、加盟共和国和自治共和国最高苏维埃——制定。法律规定属于最高苏维埃专门权限的问题(这些问题最终只能由最高苏维埃解决)和其他国家生活的最重要的问题,法律规定都是最基本的规范。最高苏维埃的常设机关——它们的主席团——有权在最高苏维埃闭会期间颁布法令,法令可以修改和补充法律,但随后要提交相应最高苏维埃批准。国家管理具有执行和指挥的性质。管理活动的'执行'是指执行法律和其他法令。管理机关的执行活动常常同时是指挥的,因为它以该机关颁布单方权力性命令,包括适用国家强制措施的命令为前提。"[2]行政机关就是在具体的管理活动过程中,以立法机关的基本规则为参照完成社会秩序之设

---

[1] 〔德〕卡尔·马克思、弗里德里希·恩格斯:《马克思恩格斯全集》(第二十三卷),中共中央马克思恩格斯列宁斯大林著作编译局译,人民出版社1972年版,第431页。
[2] 〔苏〕Π.T.瓦西林科夫主编:《苏维埃行政法总论》,姜明安等译,北京大学出版社1985年版,第39页。

定的。行政机关设计新的社会秩序的权能实质上是建立行政法规范的活动,行政法的扩权本质便从这种秩序设计中体现出来,这是扩权行政法概念的第一阶段。

第二阶段的扩权行政法定义以关系设定为扩权的基础。行政法之所以要扩充行政机关的权力在第一阶段是秩序设计所必要的。随着社会的发展扩权的行政法定义的理论基础亦在发生变化。"苏维埃国家管理之苏维埃国家机关依据法律和为了执行法律而进行的执行和指挥活动,是经常地、实际地履行国家职能的活动。"[1] 显然,国家管理过程已经不单单是一种行政过程,甚至是一个法律过程。这是人们在后来国家管理的发展中对国家管理的新认识。这个认识对于扩权行政法的理论化、体系化有极其重要的意义,因为,如果不将行政管理与法律规范结合起来,不将行政权的行使与法律理念结合起来,那么,行政法本身就不会作为一个概念在社会主义的法律部门中出现。瓦西林科夫有这样一个精辟论断:"苏维埃行政法调整整个国家管理,首先包括国民经济的管理。但是经济法构想的拥护者们否认这一事实。他们断言,国民经济领域的管理关系和社会主义企业、联合组织进行经济活动时所发生的关系有着不可分割的联系,它们一道构成由经济法所调整的统一的'经济关系'。实际上,国民经济领域的国家管理是统一的苏维埃国家管理的一个组成部分,因此,它是由行政法所调整的。"[2] 将这一阶段行政扩权法定义的理论基础作一概括的话,那么,由于国家行政管理机关存在于社会主义的法治体系之中,管理行为是社会主义法律制度的组成部分,管理机关必须在制度范畴内对

---

[1] 〔苏〕Π.T.瓦西林科夫主编:《苏维埃行政法总论》,姜明安等译,北京大学出版社1985年版,第3页。
[2] 同上书,第32页。

新的社会关系作出法律上的设定，或者仅仅是名义上的法律设定。在这种设定中行政机关可能是被设定的对象之一，但在绝大多数情况下，行政机关本身就是这种关系设定的主体，行政机关在行政管理中拥有一些手段："预测。预测可以称为社会管理的第一种职能。预测就是根据现有的资料和科学成就对某种事件或过程的发展变化做出科学预见。没有预测，就不能确定整个社会和个别社会过程的未来状况。在现代社会，预测对于顺利实现其他管理职能有着越来越重要的意义。计划。计划是确定某种过程（经济的、文化的、军事的等）发展的方针、目的、比率、速度以及数量与质量的指标。"① 关系设定中行政权的扩张是十分明显的，因为关系设定实质上肯定了行政机关在行政权以外的权力行使范畴。

第三阶段的扩权行政法定义以规范形成为扩权的基础。社会主义国家的建立和发展，都经历了一个由相对凸显国家政权中政治功能向凸显国家政权中法制功能的转化过程。即是说，国家政权的建立初期，主要的国家职能主要以政治的形式出现，这在苏联建国初期的一系列政治运动中得到充分体现。② 也在中华人民共和国建国初期的一些政治运动中得到充分体现。至少在我国1954年宪法制定之前开展的一系列国家活动，基本上都是在政治机制作用下进行的。在社会主义国家的宪法典颁行以后，尤其在有关的行政法治国的理念形成以后，这种转化便至少在形式上完成了。我国在20世纪70年代末期将"有法可依、有法必依、执法必严、违法必究"作为依法治国的基本方

---

① 〔苏〕Π.T.瓦西林科夫主编：《苏维埃行政法总论》，姜明安等译，北京大学出版社1985年版，第33页。
② 苏联建国以后，开展了一系列政治性运动，这些运动一开始是政治机制的产物，当这些政治运动完成以后，便以法律的形式确定下来，行政法对苏联社会生活的调整就是在这种复杂的情势下进行的。当时实行的集体公社等就是这种活动的一个代表。

略确立下来。这个方略与目前的"法治国家"还不是同一意义上的概念,但它实质上选择了在治理国家中法律规范的重要性。扩权行政法的定义在这一阶段就以规则的形成为基础。依法治国的第一要素是要有法可依,因此,在一个国家的社会生活中形成大量的行为规范是必需的。该法理对于行政系统而言,就是在行政管理中制定大量的行为规则。每个行政管理部门行为规则的形成被认为是行政权行使质量高的一个体现,而这种部门规则在立法机关不能迅速解决的情形下自然而然地是行政机关的当然职能:"部在计划、科技、基本建设、物资技术供应、财政和信贷、干部、劳动和工资、住宅、保健、保护社会主义财产方面行使着多方面的职能。赋予部的权限是与执行上述职能相联系的。部有时是在整个部门行使这些权限,即将这些权限适用到该部门的所有客体,有时则只是将这些权限适用于直属它们管辖的个别企业、联合体和组织。所有的部在各不同领域,既相应地行使其内部协调的职能(如拟制有关计划草案准备方法的指示,批准企业和联合组织的财务计划形式等),又相应地行使对所属联合组织、企业、组织和事业单位的业务管理职能(如建立、撤销企业,任命公职人员等)。部长会议可以授权某些部实行个别的跨部门管理职能。部在自己权限范围内,根据并为了执行法律及国家最高权力机关的其他决议、部长会议的决议和命令、相应上一级部的命令,得发布文件并组织检查其执行情况。"① 此一阶段扩权行政法的理论基础对于后来行政法规范比重中绝大部分是行政系统所造之法起了极大的作用。

第四阶段的扩权行政法定义以社会改造作为扩权的基础。扩权的行政法定义在其最高阶段是以社会改造为其理论基础的。国家行政权力对社会生活的态度历来有两种情形,一种情形是国家对社会生

---

① 〔苏〕П.Т.瓦西林科夫主编:《苏维埃行政法总论》,姜明安等译,北京大学出版社1985年版,第73页。

活中的若干事务不予干预，通过社会机制决定社会事务的运作方式，科尔在《论民主》一书中就认为，"作为个人，人不能被代表，这个事实清清楚楚，很难理解那么多政府理论和民主理论就建立在个人可以被代表这种思想之上。每个人都是意识和理性的一个中心、自决能力的一种愿望、一个基本的本体。一个这样的愿望怎么能代表许多呢？一个人作为自己的同时是怎么能成为许多其他人呢？如果他能，这将是一个奇迹，但是把我们的社会制度建立在一个假想的奇迹上，这是一个危险的试验。"①归属于个人的事物、归属社会的事情，政府行政系统是不可以取代的。和这一理论相反，另一个理论则是行政可以对社会生活进行设计、对社会过程进行介入，甚至可以采取给付行政的方式为社会公众解决相关的福利。扩权行政法在当前一些学者的认识中就以此为基础。行政机关既然可以作为一个主动的存在物改造社会生活和社会过程，其就有能力介入到行政生活之中，这种介入是权力的主动行使，行政法扩权理念也就由此得到了理论上的支持。

（二）扩权行政法概念的横向考察

扩权行政法概念在不同的学者看来有不同的扩权进路，和解释扩权的不同方法论。我们可以将存在于行政法学研究中的扩权行政法概念作出下列概括。

其一，计划模式的扩权行政法概念。美国经济学家莫里斯·博恩斯坦将社会分为理智指导的社会和爱好指导的社会两种社会类型，它的这一划分是以国家权力对待社会生活的态度入手的，在爱好指导的社会类型之下，政府对公众的社会选择采取放任态度。即政府既没有

---

① 〔英〕彼得·斯特克、大卫·韦戈尔：《政治思想导读》，舒小昀等译，江苏人民出版社2005年版，第387页。

行政上的指导，也没有国家权力方面的强制，社会成员根据自己的爱好选择生活模式。尤其在社会成员的经济行为中，以市场机制作为调节手段。在理智指导的社会管理下，政府将社会生活从若干方面予以设计。其中主要的设计并不在法律和立法方面，而是在行政权的作用之下完成的。这两种社会类型也成了资本主义国家和社会主义国家对待社会的重要区别。显然，爱好指导的社会行政权在通常情况下不介入公众的生活空间。而理智指导的社会则是以国家计划尤其行政计划的方式干预社会生活。"社会主义计划性原则表现在：国家管理机关的活动是旨在实现人民代表苏维埃批准的经济和社会发展计划；在国家管理机构中设有计划机关，在其他管理机关中设有计划分支单位；管理活动本身是具有计划性的。……必须提高整个计划工作的水平，使它适应我国经济的新的规模和模式。我们的任务是要保证加速实现各种科学技术的发明和发现，以提高社会劳动生产率增长速度和产品质量；在计划中更充分地考虑社会的需要，并且在最有效地使用劳动、物资、财政、资源的情况下满足这种需要；在改善产品和价格指标体制的基础上保证计划的平衡；建立国家储备，集中力量和资源，执行最重要的全国性计划项目。统一计划系统的环节应该包括长期计划、五年计划和年度计划。长期计划要根据科学的预测编制。在计划工作中，现在要解决下述任务：保证计划的部门原则和地域原则更好地结合，更广泛地采用纲要式方法，就最重要的科学技术、经济和社会问题制定综合性计划纲要，改善编制计划的组织和方法，缩短编制期限。"[1] 这是一个关于行政计划的经典性论断，计划范围之广、内容之具体、要求之严格都是前所未有的。从行政计划出发，行政机关

---

[1] 〔苏〕Π.Т.瓦西林科夫主编：《苏维埃行政法总论》，姜明安等译，北京大学出版社1985年版，第51页。

在权力行使中诸多方面的行为即便没有法律规定,也已经具有了法律上的依据。1977年制定的苏联宪法提出了社会和发展计划的概念,使以前的国民经济计划变为了社会发展计划。这个宪法的诸多条款都是对国家经济计划的规定。[①] 扩权行政法概念中的一些论点就是从行政计划来的,此种理论指导下的扩权行政法可以说是一种刚性的扩权行政法,或者说,从比较刚性的角度对扩权法的理解。行政系统的计划行为实质上就是一种立法行为,而且在有些情况下,行政系统的计划行为高于立法行为,因为一个立法行为一旦完成,其就在较长时间内终止了因同类事项而引起的行为。但是,行政系统的计划行为则是必须经常为之的,正如前述计划包括短期计划、中期计划、长期计划等。频繁的计划行为以及由这一行为产生的结果必然会改变相对较少的立法行为及其所产生的结果,这是我们对扩权行政法横向考察后所得出的第一个结论。

其二,主体身份易位的扩权行政法概念。社会主义制度建立以后,国家政权体系虽然是依据宪法或者宪法性文件组成的,但其与西方国家的宪政体制还是存在较大区别的。在西方国家宪法所确立的宪政体制是以国家机构、国家机构的分工、国家机构内部的权力制约为特征的。当然,这种制约的前提是民主机制为基础的。社会主义国家的宪政体制中不能没有政党机构,这在苏联宪法、前南斯拉夫宪法以及中华人民共和国宪法中都有体现。[②] 社会主义国家政权的取得是

[①] 《苏维埃社会主义共和国联盟宪法》第10条规定:"苏联经济制度的基础是生产资料社会主义所有制。社会主义所有制的形式包括:国家(全民)所有制和集体农庄合作社所有制。工会和其他社会组织为执行章程所规定的任务所必需的财产,也是社会主义财产。国家保护社会主义财产,并为其增多创造条件。任何人无权利用社会主义财产来达到个人发财致富的目的和其他自私目的。"参见萧榕主编:《世界著名法典选编》(宪法学卷),中国民主法制出版社1997年版,第427页。

[②] 参见萧榕主编:《世界著名法典选编》(宪法学卷),中国民主法制出版社1997年版,第636页。

在社会主义政党的领导下进行的,因此,政党在政权体系的建设和形成中,政党在日后的国家权力分配中无疑都是一个不可不考虑的因素,正如列宁所指出的:"在我国,任何国家机关未经党中央指示,都不得解决任何重大政治问题或者组织问题。"[①] 这是社会主义政权体系下政党在权力行使中的总原则。这个总原则肯定了党对国家政权体系的领导作用,肯定了政党一定意义上是国家政权体系中重要的权力主体。"各部、国家委员会和其他中央与地方机关中的党组织就执行党和政府的指示,遵守苏维埃法律方面对所在机关的工作实施监督。这些机关的党组织应当按照苏联共产党章程。积极促进完善所在机关的工作,教育机关工作人员提高对所从事的事业的责任心,采取巩固国家纪律的措施,改进对居民的服务,开展和官僚主义的斗争。在必要的情况下,机关党组织可以越级向相应党的机关反映所在机关及其个别公职人员的问题。工业、运输、通讯、建筑、物资技术供应、商业和公共饮食等企业、公用事业单位、国营农场和其他国营农业企业、计划组织、设计机构、科研机构、高等学校、文化教育机构和医疗机构的基层党组织享有对行政机关活动进行监督的法定权利。"[②] 政党实质上具有管理国家行政事务的能力,政党组织的这个特性使行使国家行政权的行政系统在国家政权中的主体地位十分不明确,如行政系统是否具有法律上的人格?是否是一个法律关系中的独立主体?这些问题在宪法和法律中都没有规定。在很大程度上,行政机构体系具有双重身份,第一个身份是代议机关的执行机关,第二个身份是政党的执行机关。这两个身份使行政机构体系的地位非常特别,一方面,行

---

① 〔俄〕列宁:《列宁全集》(第31卷),中共中央马克思恩格斯列宁斯大林著作编译局译,人民出版社1963年版,第261页。
② 〔苏〕П.T.瓦西林科夫主编:《苏维埃行政法总论》,姜明安等译,北京大学出版社1985年版,第47页。

政机构体系受到了来自两个主体的监控。另一方面，行政机构又有了两个主体的双重授权。但总的趋势是行政机构体系作为政党和政权体系的执行机构，其在权力行使中的权威性和地位相对较高，因为行政机构是法律主体和政治主体之统一，它在法律上的权利和义务只是其行使权力中的一个范畴，更为重要的是它有政治上进一步演绎权力的能力。即是说，行政机构体系在实现行政管理时，为一定行为和不为一定行为法律已经不能对其进行完全的约束，法律只能够约束行政主体作为国家权力机关执行主体的部分，而不能约束其作为政党机构执行主体的部分。行政机关在这种情况下，有时以政党组织的名义取得了较多的权力。列宁在苏维埃国家政权运作中已经发现了这一现象，而且表现出了较大的担忧，因此，他指出："必须十分明确地划分党（及其中央）和苏维埃政权的职权；提高苏维埃工作人员和苏维埃机关的责任心和主动性；党的任务是对所有国家机关的工作进行总的领导，而不是像目前那样进行过分频繁的、不经常的、往往是对细节的干涉。"[1] 总之，国家行政机构在国家政权体系中主体身份不明确，或者主体身份的特殊性是行政法扩权定义的另一个解释路径。

其三，政府管制的扩权行政法概念。政府管制理论是政治经济学中关于国家对待经济的一种思想方式。这个思想方式在诸多思想家的著作中都有体现，20世纪西方世界中最有影响的经济学家凯恩斯就认为："国家引导消费倾向可以通过赋税计划来进行，可以通过利率升降来进行，也可以通过其他手段来完成。更重要的是，银行利率政策本身并不足决定合适的投资率。因此，我相信，投资在某种意义上的全面社会化将是大致实现充分就业的唯一手段；当然，这并不排除采取各种形式的折中方案和将公共权力与私人主动性结合起来

---

[1] 〔俄〕列宁：《列宁全集》（第33卷），中共中央马克思恩格斯列宁斯大林著作编译局译，人民出版社1963年版，第221页。

的各种策略。但除此之外别无国家社会主义囊括绝大部分社会经济生活的可能。生产工具的所有制形式并不是国家要承担的重要问题。如果国家能决定增加生产工具方面的资源数量,能决定生产工具所有者的基本回报率,那么,国家就履行了应尽的职责。此外,还可以逐渐采用社会化的必要措施,这样就不会割断社会的根本传统……"[1] 这个理论对后来美国实施新政产生了巨大影响,是新政的理论基础。当然,美国的新政实质上是一种国家干预或者政府管制的思维方式。政府管制与计划经济是有本质区别的。在计划经济的理论下,政府为经济和社会活动设计出了基本的方略。而在政府管制的理论下,政府有选择地对存在于市场的东西进行干预,有些干预甚至是十分严格的。社会主义国家的学者中有相当一部分认为政府管制是其履行经济管理职能的基本手段。政府管制虽然不是政府行政部门对经济生活的具体设计,但它赋予了政府为经济生活设置条件的权力,个人在这种管制中必然受到了行政权力的约束:"每个人都是自己公共事务执行者的时代已经一去不复返。今天,不论他属于哪个阶层,不论是为他自己,还是为他的财产,他都得向负责这项服务的集团寻求交通工具。"[2] 用政府管制的理论作为行政法的扩权性质是非常合理的,因为,政府在对个人生活、经济单位、市场主体行使经济权力时已经将自己的限权从行政领域扩展到了经济领域。

(三)扩权行政法概念的本质

扩权行政法概念是行政法学理论中自成一体的概念形式,而这个

---

[1] 〔英〕彼得·斯特克、大卫·韦戈尔:《政治思想导读》,舒小昀等译,江苏人民出版社2005年版,第426页。
[2] 同上书,第418页。

概念形式的理论基础我们在上面已经作过分析。这个概念形式与限权的行政法概念一样亦反映了一定的行政法实在。即如果我们将扩权的行政法概念的纯理论性抛开，用行政实在法的眼光来看，那么，扩权的行政法实质上是一种行政法制度，由于本书的侧重点在行政法学的研究方面，而不在行政法实在方面，故此，我们将不进一步探讨扩权行政法在各个行政法治中的状况。但是，作为比较研究，我们必须将理论上的限权行政法概念与理论上的扩权行政法概念的本质予以厘清，这也是比较研究所必需的。两种行政法概念的基本价值也是通过其本质反映出来的。扩权行政法概念的本质可以有这样一些方面。

第一，扩权行政法概念的本质之一是行政权的优先性。我国第一部统编的行政法教材对行政权优先作了这样的表述："这是行政职权的公益性所决定的。行政职权的优先性，是指行政职权与其他组织及公民个人的权利在同一领域范围相遇时，行政职权具有优先行使与实现的能力。"[1] 可见，行政权优先是将行政权与公民权相比较而言的，即当行政权与公民权利发生冲突以后，以行政权为大。扩权的行政法概念其本质中最为核心的是肯定了行政权的优先地位。当然，行政权的优先性有两种分析路径：一个是将行政权具体到某一个个案中去，在这个个案中行政权应当优于公民的个体权利，行政权优先的此层意思似乎容易被人们接受，因为，行政权在具体的运作过程中应当是国家权力的延伸，社会个体的权利不能与国家权力相对抗。另一个是将行政权作为一个权力体系看待，而将与之对应的公民权作为一个权利范畴看待。显然，这个层面的行政权优先理论是难以成立的，因为，行政权力来自公民权利这是有宪法依据的。然而，扩权的行政法定义

---

[1] 王连昌主编：《行政法学》，中国政法大学出版社1994年版，第14页。

对行政权优先的肯定是绝对的,即行政权作为一个权力范畴优先于社会公众的权利。

第二,扩权行政法概念的本质之二是政府的本位性。在一个国家的社会结构中,政府行政系统以及政府的其他部门是一方,而社会公众是另一方。双方之间在社会生活中的地位是可以作出选择和法律认同的。上面我们指出,限权的行政法定义突出社会公众的本位性,即社会公众在国家政治生活中处于相对较高的地位,而国家政权体系,尤其行政系统应当处于比社会公众相对较低的地位。扩权行政法定义则与之相反,其将行政系统视为社会过程中的一个本位,其地位要比其他社会公众的地位相对较高。"苏维埃国家管理机关是国家机关的一种形式。它被授予相应的国家管理权限。这些权限主要是以苏维埃国家的名义颁布有关法律拘束力的文件,通过适用教育、说服和监督的措施保证这些文件的贯彻;对执行这些法律文件的情况实施监督;在必要的场合,通过适用国家强制措施,而保证这些法律文件不致遭到违反。"[1] 这是关于行政系统本位性的肯定性表述。

第三,扩权行政法概念的本质之三是对社会个体的不信任性。国家行政机关所面对的社会公众有两个理解进路。其一是将社会公众作为一个整体看待,即社会公众是一方,国家政权体系是另一方。其二是将社会公众作为个体看待,即社会中的成员是一个一个的个体。社会主义国家的宪政理论把社会公众的整体作为国家政权的基础,例如宪法规定的人民当家做主,一切权力属于人民就是例证。但是,社会公众作为整体大多存在于理论层面上。在国家行政权力的行使过程中,在行政权的运作中一般都将社会公众作为个体来看待的。行政法扩权理论的本质之中的另一个便是行政系统对社会个体的不放心

---

[1] 〔苏〕П.Т.瓦西林科夫主编:《苏维埃行政法总论》,姜明安等译,北京大学出版社1985年版,第59页。

性。所谓行政系统对社会公众的不放心性是指行政系统认为社会中的个体是不足以通过自身很好生存的，只有在行政系统的作用下，才能有很好生存的机会。行政系统对社会秩序的设计、社会关系的设定等都是基于对社会个体生存条件的改变而为之的。

第四，扩权行政法概念的本质之四是职权的万能性。"苏维埃国家管理不仅旨在实现经济和组织的职能，而且在于实现国家的所有其他职能，如文化教育，对劳动手段和要求的监督，对社会主义所有制、法律秩序、公民权利和合法利益的保护，国防及保卫和平。此外，在社会主义建设时期，国家管理机关还直接执行镇压被推翻了的阶级的反抗的职能。在世界社会主义体系建立以后，国家管理机关要积极从事发展和社会主义国家的兄弟合作，维护世界和平以及保持和所有国家的正常关系。"[①] 从这个关于行政职权的经典表述中我们可以看出，扩权行政法概念中的职权的功能，即行政职权是由行政机关实施的具有主体性的权力，其对社会生活和公众空间的影响是无所不能的。正因为行政职权具有这种强大的功能，因此，由其充分发挥作用应当是有效率的，这便是扩权行政法本质的另一内涵。

（四）扩权行政法概念的终结

扩权行政法概念就目前掌握的资料看，集中体现在俄国十月革命至1991年苏联解体的这个历史阶段中，主张行政法为管理法从而扩张行政权的主要是苏联、东欧以及其他一些社会主义国家的行政法学家。我们知道，任何政治思想和法律思想都有其存在的社会背景，都有其形成的文化背景，都有与之相适应的意识形态的支持。扩权行政

---

① 〔苏〕Π.T.瓦西林科夫主编：《苏维埃行政法总论》，姜明安等译，北京大学出版社1985年版，第41页。

法概念是社会主义国家行政管理思想和法治思想的统一。尤其在社会主义国家处于高度的计划经济阶段，政府对社会生活的干预是必不可少的，扩权行政法思想理念就是这一阶段社会和文化背景的反映。20世纪以来，人类政治思想和法律思想都发生了深刻变化，政府机制和社会机制的关系也有了新的认识进路。即便一些长期推行计划经济体制的国家，计划仅仅被认为是政府管理社会生活的方式之一。社会权利与政治权利的平等性，或者政府机制由社会机制而产生的社会思想认识进路深入人心。在行政法学家的著述中不再坚持扩权的行政法定义模式。也许有学者认为行政法具有行政管理的性质，但是，即便是持这种主张的学者也只是将行政法的管理功能视为功能之一，如我国20世纪90年代以后编著的行政法教科书大都放弃了扩权行政法的定义主张。[①] 从这个意义上讲，我们认为扩权行政法的概念已经终结。这种终结在不同的国家、不同的学者中有不同的反映，一些学者放弃了扩权行政法定义选择了限权行政法的定义，另一些学者放弃了扩权行政法的定义，则选择了二元行政法的定义。对于二元行政法的定义，我们将在下一节讨论。

四、二元结构的行政法概念

二元结构的行政法概念是学者们认识行政法的另一个进路。一定意义上讲，二元结构的行政法定义是对限权的行政法定义和扩权的行政法定义的折衷，即其在两个相对偏执的行政法定义之间选择了一条中间道路。依二元行政法定义，行政法应当是限权法和扩权法的统

[①] 我国20世纪90年代以后基本上摈弃了管理法的行政法定义，而代之以二元结构的行政法定义，即认为行政法还是行政管理法，但行政法的管理性能存在于两个情境之中，一是对行政相对人的管理，二是对政府行政系统的管理。

一。这种定义方式已经不是某一个国家行政法学家的独占性论点，而具有相当程度的普遍性。本节我们将二元行政法概念的若干基本问题予以评介。

（一）二元行政法的产生及背景

"行政法，简言之就是调整行政的行政组织及行政活动＝行政作用本身，以及有关围绕这些法律纠纷的法。更简洁地说，它是对行政的授权与统治之法，即在宪法下，规定行政组织的地位、权限和责任等，或具体规定行政机关的各种行为，而不问这种行为是权力的还是非权力的，与此同时，广泛规定行政救济的各种方式和程序，据此对行政权加以限制。这里所说的加以限制，意味着对行政权加以拘束，但也意味着它不仅把行政看作是必要的手段限制其活动，而且根据需要，也推动向积极的行政活动方向上的拘束。"[①] 这是日本行政法学家室井力给行政法下的定义。在这个定义中，室井力先生揭示了行政法的两个有机构成部分，一部分是有关约束行政系统及其职权行使的部分，另一部分是行政机关在行使行政权力时应当具有必要手段和发生作用的必要部门，行政机关拥有特定部门的管理手段，并根据这种手段为一定行政行为，这种手段和行为的延伸便是行政权威的体现。即在这个定义的前一部分内容中所包括的行政法内容是限权法的内容，而在这个定义的后一部分则是有关扩权法的内容。我国有学者认为："行政法是关于行政权力的授予、行使以及对行政权力进行监督和对其后果予以补救的法律规范的总称。用以调整在行政权力的授予、行使以及对其监督过程中发生的各类社会关系，尤其是行政权与其他国

[①]〔日〕室井力主编:《日本现代行政法》，吴微译，中国政法大学出版社1995年版，第4页。

家权力和个人权利之间发生的社会关系。"① 这个定义的提出者在对该定义内容进一步解释时指出了这个定义的下列若干涵义。

一则,其认为"行政法是设定行政权力的法",并指出了行政法所设定权力的若干范畴:"行政法是用来设定行政权的法律规范。这包括两部分内容:一是行政权必须授予一定的载体,并形成一定的体制,以及这些权力组织内部活动的各种规则。二是规定哪一类行政组织享有何项行政权力、权力的范围有多大、权力之间界限何在等问题。在一个国家法律体系中,凡是创设和规定行政权力的法律规范均属于行政法范畴。这类规范有不同的存在形式:一种是统一规定于某一法律。如《地方各级人民代表大会和地方各级人民政府组织法》规定了行使行政权力的地方各级人民政府的设置、体制、职权等;第二种是分散在各单行法中,如《食品安全法》《药品管理法》《矿产资源法》等。相当一部分法律都涉及该领域内行使行政权力的主体和职权;第三种是通过法律,专门将某种权力授予某类行政机关。如通过《行政处罚法》,权力机关将行政处罚的部分设定授予有规章制定权以上的行政机关。并明确规定了行政法规制定机关和规章制定机关在行政处罚设定权方面的范围和限制,这是因为:行政处罚权是一项对公民、法人人身、财产权利产生影响的行政权力,并非任何行政机关均可设定,只有那些依法享有此权力的行政机关才能享有,而且必须在法定范围内实施。据此我们可以判断,所有规定行政机关享有处罚权的法律规范均是行政规范,因为正是这些法律创设了行政权力。"② 这个表述恰如其分地反映了其对行政法扩权功能的认同。

二则,其认为"行政法是规范行政权力如何行使和运用的法",作

---

① 应松年主编:《行政法学新论》,中国方正出版社1999年版,第11页。
② 同上书,第11—12页。

者进一步指出:"行政机关或某一组织依法取得行政权并不意味着能够顺利有效地行使该权力。如何保证行政权力的有效行使同时防止出现侵害公民法人权益的现象呢？还需要一整套规范行政权运用及行使的规则，这类规则包括实体规则和程序规则两部分，是行政法的核心内容。就这类规则的存在形式而言，它们又可以分为两大类。一类是分散在各个特别法、部门法中的规则，如《治安管理处罚法》《海关法》《税收征收管理法》等，分别是规范警察权力、海关权力、税收权力行使的具体规则。另一类是统一于某一法律，各机关普遍适用的规则，如《行政处罚法》《行政程序法》等，这类法律是统一规范行政权力的运用及行使的规则的。"[①] 此一层面的含义是较为典型的限权行政法定义。当然，作者还提出了行政法包括行政救济的规则和行政监督的规则以及行政机关在部门行政管理中的规则。其所提出的监督规则和救济规则是以限权为对象的，而其所提出的部门行政管理规则则是以扩权为特征的。

上列两个行政法定义既没有遵行扩权行政法定义的路径，也没有依限权行政法的思维方式对行政法概念进行界定，而是选择了一种将扩权的行政法定义与限权的行政法定义结合起来的新的路径。这种定义行政法的新路径的产生有着深刻的背景。

其一，二元结构行政法概念的产生有其社会背景。在限权行政法定义之中，学者们主张行政法应当对行政权力进行法律约束。这种约束主张的最早社会背景是自由资本主义时代的国家特征，即在自由资本主义阶段，政府行政系统所履行的主要是国家安全等方面的防护职能。行政系统在这个职能之外，不能再有其他职能，限权的目的在于防止行政权在若干领域的不当延伸。扩权行政法的背景则在于需要

---

① 应松年主编:《行政法学新论》，中国方正出版社1999年版，第12页。

一个强大的行政机构体系对社会生活中的秩序、社会关系等进行设计和设定，人们对行政系统的依赖性是扩权行政的主要社会背景和历史根源。二元结构的行政法概念的产生，其社会背景则是另一种情形。进入20世纪以后，国家政权的职能和性质都发生了变化，自由资本主义已经向更高形态过渡，当然，过渡的原因在于资本主义社会中出现的各种新的社会事项，对于诸种社会事项的出现，国家不能视而不见，不能不予以干涉，社会公众亦常常希望行政系统能够有所作为，正如有学者所表达的："这种倾向进入二十世纪后半叶进一步得到加强。是否称这种国家与行政为社会国家或福利国家，或者是否称它为国家垄断资本主义阶段的国家及其行政暂且不论，但必须肯定现代社会的现实国家或公共团体及其行政与过去具有明显不同的作用和职能。现代社会一方面维持资本主义社会与经济，另一方面，也为苦于各种矛盾的人提供精神的、物质的服务。这种现代社会只要不否定行政本来是追求实现公共利益这一理念（行政的公共性），今后仍将不断通过各种理由继续且必须介入我们的社会与经济生活。"① 行政体系进入社会过程的深度和广度都较前发生了质的变化。对于这样的变化，社会公众的反应自然是非常矛盾的。一方面，社会公众希望行政系统在为自己创造利益方面能够积极、主动，另一方面，出于对行政权侵犯性的恐惧，人们又不希望行政权对社会生活的介入过于深刻。正是这种矛盾着的状况，使行政法二元结构的概念有存在的空间。我们认为，一个理论，尤其社会科学的理论既是解释社会现象的方法，又是能够解决社会问题的方略，二元结构的行政法定义对于解决我们对行政权的这种两难心理诉求，解决行政权在运作中这种实质性的两难状

---

① 〔日〕室井力主编：《日本现代行政法》，吴微译，中国政法大学出版社1995年版，第8页。

况都是非常适合的。事实上,行政权在现代社会中,尤其在当代社会中的表现与其在传统社会结构中的表现有巨大区别。在传统社会中行政的功能和手段都具有高度的单一性和价值上的同质性,而在当今社会格局中,行政权本身就蕴涵着形式上和实质上的单质性。积极的行政和消极的行政就充分体现了行政权的这种矛盾状况。积极行政是指行政权在其运作中必须保持沉默和被动。然而,积极行政和消极行政只是社会公众对行政权运作中的主观愿望,行政本身并不一定能够恰当把握这种积极性和消极性的度。这样便需要具有两种价值的行政法制度予以调适。当行政权本为积极而没有积极的情况下,扩权的行政法定义便为其积极性提供了理论基础,便为社会公众为这种积极性的诉求提供了理论基础。当行政权本该消极而没有消极的情况下,限权的行政法定义便能够提供理论基础,主要指为社会公众对行政的基本态度提供一种指导方法。有学者还用负担行政法和授益行政法的概念描述行政的这种矛盾性:"行政在与作为其对象的权益的关系上,从其内容上看,可以分为负担行政和授益行政。前者是剥夺限制国民权益的行政(例如分摊金的课赋、营业的停止、各种执照的吊销),后者是给予国民某些权益的行政(例如,补助金的交付、各种许认可、租税的减免、道路建设)。另外,有的行政对某一特定人是授益行政,但对其他特定人则构成负担行政(例如,批准在居民住地附近的建筑、对公共汽车运费的认可)。"[①] 这个分类与其说是对行政权的理论认识,还不如说是对行政权客观状况的一种评介。上列的分析足以表明二元结构的行政法概念具有深刻的社会背景。

其二,二元结构行政法概念的产生有其思想背景。如果说,二元

---

① 〔日〕室井力主编:《日本现代行政法》,吴微译,中国政法大学出版社1995年版,第12页。

结构的行政法概念在日本等国的出现是强大的社会背景的作用下形成的话，那么，其在我国的出现则主要基于某种思想基础。我们认为，扩权行政法虽然是社会主义国家行政法研究的主张，或者说，其思想进路主要产生于社会主义国家，其与社会主义行政法学家的研究习惯有关。但进一步的分析则表明，限权的行政法概念是社会主义国家行政法概念的一种政府主张。即限权行政法概念既是社会主义国家的意识形态和治国方略所肯定和认同的，又是社会主义政权体系对行政法理论带有的强制性的指导意见。例如，《中华人民共和国宪法》第15条规定："国家实行社会主义市场经济。国家加强经济立法，完善宏观调控。国家依法禁止任何组织或者个人扰乱社会经济秩序。"第16条规定："国有企业在法律规定的范围内有权自主经营。国有企业依照法律规定，通过职工代表大会和其他形式，实行民主管理。"这两个宪法条文为行政系统的扩权提供了具体的制度基础，当然，我国有关其他法律文件都肯定了这个制度基础。更为重要的是，在我国的主流意识形态中，包括行政机构体系的国家政权体系在社会管理中的权力扩展和权力延伸是得到肯定的。正是在这样的思想指导下，扩权行政法定义才在我国行政法学研究中一度占有主流地位。然而，进入20世纪中期以后，随着自1978年开始的改革开放和经济体制改革，学者们已经认识到经济体制的改革和政治体制的改革不能够截然分开。经济体制改革到一定阶段后，如果不进行政治体制的改革，经济体制改革就不可能再深入下去。与之相适应，人们认为政府行政系统的扩权必然使经济体制改革阻滞。中国共产党第十三次全国代表大会在1987年召开后，社会公众的核心议题亦为政治体制改革，其中设计了若干关于政治体制改革的思路。但这样的设计还不能够直接进入到行政法治和行政法学层面。即在行政法学研究中，国家意识形态所倡导的主流思想仍然适用解释扩权的行政法概念，而不适合于解释限权的行政法概念。然而,行政法学研究者,其中一些接触过西方行政法学和行政法制度的学者深深地认识到,顺应历史潮流的行政法概念应当是限权的行政法概念而不是扩权的行政法概念,正如龚祥瑞教授在《比较宪法与行政法》一书中对行政法所下的定义那样:"行政法是关于行政的法律,它调整着行政机构的组织和职能、权限和职责。"[①] 学者们对行政法限权的主流诉求与当时的主流意识形态,与当时的行政法传统存在巨大的背反。扩权行政法概念自俄国社会主义革命成功到20世纪80年代已有60多年的历史,在中国亦有40多年的历史,因此,在政府行政系统的认识中和在诸多行政法学者的认识中,扩权的行政法概念还难以被否定。

正是在此种社会制度的实在需求与主流意识形态和主流行政法学派认识冲突的背景下,二元结构的行政法产生了。二元结构是指将行政法用两个元素统一起来,其中的一个元素是用行政法限权,另一个元素是用行政法扩权。即行政法是管理管理者的法与管理被管理者的法律的统一,对其进一步的涵义我们将在下文中进一步分析。

(二)二元结构行政法概念的本质

二元结构的行政法概念在不同的国家有不同的具体表现,在不同的学者所构造的二元行政法学科体系中学科内容的构造亦有所不同。我国行政法学研究人员在行政法教科书中,虽然行政法定义的基本涵义是二元结构,但在讲授行政法体系时则以一元为主,即将限权的行政法内容讲得相对较多,而将扩权的行政法内容放在部门行政法学教科书中,以应松年教授主编的《行政法学新论》为例,其在全书中设置了四编,第一编为"总论",在总论部分主要论述了行政法的一般理

---

① 龚祥瑞:《比较宪法与行政法》,法律出版社2003年版,第6页。

论,尤其行政法的基础理论,如行政法渊源、行政法关系等。第二编为"行政主体论",在这一部分介绍了行政机关和公务员等两个重要的行政法主体。第三编为"行政行为论",包括行政立法、行政执法、行政许可、行政救助、行政检查、行政征收、行政合同、行政处罚、行政强制、行政司法等重要的行政行为。第四编为"对行政的监督论",包括行政法制监督、行政复议、行政诉讼和国家赔偿等。单就这个体系而论,我们认为其涉及的内容主要是限权行政法的内容。这个教科书中关于行政法扩权的内容基本上没有系统讲解,但学者们千万要注意,其在行政法定义中认同了大量属于扩权的行政法范畴,因为,其将行政管理过程中的法律都归入于行政法之中,再加之部门行政法在我国体系的庞大性,一部行政总论之中没有太好的条件列举部门行政法中扩权行政法的内容。与我国学者的体系设计相反,日本二元结构的行政法概念的主张者设计的行政法教科书则将限权的行政法内容和扩权的行政法内容予以了适当的平衡,日本行政法学家室井力主编的《日本现代行政法》开辟了下列诸编,第一编为"行政法的基本原理",第二编为"行政作用法",第三编为"行政救济法",第四编为"行政行为法",第五编为"主要行政领域——现代行政与国民生活。"其设置的五编中,前四编主要是有关限权行政法的内容,而第六编则是扩权行政法的内容,如其将"警察及防卫"、"医疗卫生行政"、"公共设施生活环境的改善"、"教育行政"、"社会保障及劳务保护"、"经济行政"、"财政"等都作为一章。此种将二元机构的行政法概念通过行政法等体系的设计表现出来的著述方式是值得认同的,因为它使行政法学科体系的设计与行政法概念统一起来了。这便从另一个侧面反映了二元结构的行政法定义在不同的学者看来,其内涵是不完全相同的。但是,二元结构的行政法是一个对行政法概念认识的路径,这种路径的若干具体区别并不影响其总体上的相似性或者同一性。笔者认为,二元结构行政法概念的本质有下列方面。

第一,二元法的行政法概念运用的是对立统一的分析方法。对立统一是辩证哲学原理中的一个基本规律,其认为任何事物内部都存在着相互对立的两个方面,这两个方面的东西互为前提条件、互相支持,互相制约,共同存在于某事物这个统一体之中。行政法概念中的限权行政法和扩权行政法,在二元结构行政法概念看来都是相对片面的,都突出了行政法这一事物中的某一种单一属性。二元结构使行政法中既有规范行政机关的规则体系,又有规范行政相对人的规则体系,二者共同存在于行政法这一事物之中。这个行政法概念之所以在社会主义国家,尤其在我国被广泛接受和传播,与其在哲学方法上的两分法是分不开的。正如有学者对法所作的概括:"在讲行政法律关系核心时,我们不能只强调行政主体的权利,而不强调其所应承担的义务;不能只讲个人的义务,而不讲个人的权利,更不能使个人的权利为客体。在我国行政法制相对还不健全的今天,如果把行政主体与行政相对一方的行政法律关系仅仅归结为权力与服从的关系,那就会扭曲我国人民和政府的关系,就会给滥用权力的人找到借口。我们是社会主义国家,是人民当家做主的国家。保护人民的合法权益,为人民服务,是我国行政法对国家机关的一项基本要求。因此,我们决不能受封建主义、官僚主义影响,割裂权利与义务的关系。我们在分析行政法上的权利、义务关系时,尤其要注意从辩证唯物主义的立场出发,深刻地分析问题,避免片面、主观。"[①]

第二,二元结构的行政法概念是行政法学研究中的矛盾调和。限权的行政法概念与扩权的行政法概念是相互矛盾着的,在行政法学理论中是两个相互对立着的行政法学派。这样的对立若存在于不同国

---

① 罗豪才主编:《行政法学》,中国政法大学出版社1996年版,第22页。

家的学者之中,其对行政法学理论体系的构建就不会产生太大影响,但若存在于一个国家的学者之中,其必然会制约一个国家的行政法学研究,进而制约一个国家的行政法实在。令人遗憾的是,限权的行政法概念和扩权的行政法概念即便在一个国家也常常是同时存在的,如果两种概念处于势均力敌的情况下,其后果便必然制约一个国家行政法学体系的形成,使一个国家的行政法学研究难以形成主流的思想体系。二元结构的行政法概念则调和了行政法学研究中关于行政法概念的矛盾。这种调和不单单是对个别行政法学家在行政法研究中论点的调和,主要是对一个国家中行政法学研究群体矛盾的调和。笔者注意到,自20世纪80年代后期,二元结构的行政法概念在我国被提出以后,行政法学研究中不同流派之间的冲突并不十分明显,人们通过行政法的二元结构的思维理解和领会我国行政法的一般意义。

第三,二元结构的行政法概念是行政法治中的理念妥协。行政法治向来就有两种理念,当然,这两种理念通过限权的行政法定义和扩权的行政法定义得到了反映。一个理念是行政法必须对行政权力进行高强度的控制。立法机关作为国家法律的制定者应当将社会生活的主要秩序设计出来,留给行政机关非常小的裁量空间。另一个理念则是行政机关作为政治实体的构成部分,应当积极主动地行使权力,因此,行政法主要应当以对社会的控制为主,而不应当以对行政机关的控制为主。这两种关于行政法对行政权态度的理念实质上是对一国行政法治进程选择的反映。这两种关于行政法治的进路,依时代民主意识来讲,前者是合乎理性的。但依行政权威理论来讲,后者是合乎理性的。因为行政主体通过行政法对社会进行控制,以效率价值论之的话,是最为有效的。上列两个理念在我国不同的学者中有不同的反映,在国家政权体制中的反映和社会系统中的反映亦有所不同。学者提出二元结构实质上是对行政法治模式设计的妥协。有学者对这种妥协的精神作了这样的注解："公共利益与公民利益的差别与冲突是现代社会最常见最普遍的一种现象，正确处理利益关系应该是统筹兼顾，不可只顾一头，反映在行政法学上，其利益主体的权利义务关系应该是平衡的。这种平衡既包括不同主体之间的权利义务的平衡，也包括同一主体自身权利义务的平衡。平衡论认为，一方面，为了维护公共利益，必须赋予行政机关必要的权力，并维护这些权力有效地行使以达到行政目的。另一方面，又必须维护公民的合法权益，强调行政公开，重视公民的参与和权利补救，以及对行政权的监督。这两方面不能偏废。行政法，既调整行政关系，又调整监督行政关系，是调整这两类关系的法律规范和原则的总称。行政关系，经法律的调整，具有权利义务的内容，即上升为行政法律关系。行政法律关系可分为行政实体法律关系和行政程序法律关系，它们是同一行为同时受两种不同的法律规范的调整而形成的两类不同的关系。监督行政关系则是为了监督行政权、解决行政争议的各种关系，其中主要是行政诉讼关系。行政关系和监督行政关系，具有内在的必然的联系，同时受同一部门法调整。行政法关系，其中包括行政实体法律关系和行政程序法律关系以及监督行政法律关系，最显著的一个特征是权利义务不对等性，但后二者的不对等性与前者的不对等性是倒置的，这就平衡了行政主体与行政相对方的权利义务关系，保证了两个主体法律地位的平等，体现了现代行政法的民主性。行政法主体，都必须遵循行政法治原则，都应受法治原则的制约，无论何方违反行政法律规范，都应追究其行政法律责任，只是各方可能违反的法律规范、追究其责任的主体，以及可能受到制裁的形式有所不同而已。行政法既不是行政特权法即管理法，也不是抑制行政权力的控权法，而应是平衡法。当然，同行政主体相比较，行政相对方处于弱者的地位。因此，在一般情况下，应在总体上强调依法行政，给予行政相对方更多的行政参与权和设置更为完备的权利补救措施,以体现人民当家做主的国家性质。"①

第四,二元结构的行政法概念是对行政法体系不规整的认同。部门法体系的划分与其调整的对象有关,通常情况下人们根据法律规范调整的对象将其划分成若干不同的部门,即调和同一对象的行为规则才能存在于同一部门法之中。二元结构的行政法在调整对象的设立上一般容纳了两个以上的对象范围。如按对行政机关进行限制的关系形式作为一个对象,亦将行政机关在行政管理过程遇到的关系形式作为一个调整对象。两个调整对象本身是有差异的,两种调整对象中的关系形式亦有较大反差。显然,将不同调整对象的东西统一于一个法律概念之下,必然使此门法律规范的体系具有不规整性。例如,我国学者们依二元结构的行政法概念编撰的行政法规体系就是一个管理政府和政府管理的规范的大集合。其中有关行政管理的法律法规以及有关的规范性文件就处于极度的膨胀之中。在限权行政法概念之下,行政法规范体系的规范性是十分明显的,如美国学者编纂了《美国宪法与行政法典》,②其中有关宪法和行政法的规范条文是极其有限,即是说,在单一的行政法概念之下,行政法规范体系相对规整一些,而在二元结构的行政法概念之下,其行政法体系是不规整的。而其不规整性的体现并不仅仅表现在其规范数量的膨胀方面,还表现在不同规范存在于一个法律体系中的冲突方面,这样的冲突对于一个部门法的科学性构架是致命的。

---

① 罗豪才主编:《行政法学》,中国政法大学出版社1996年版,第9页。
② 美国法典中宪法与行政法卷翻译成汉语以后,总字数不超过200万字,这和管理法主义国家形成鲜明对比,通常情况下,管理法主义的国家由于将行政管理法都视为行政法,某一方面的管理规则常常就有若干个,一个领域的行政管理规则要比美国整个行政法典还要多许多倍。

(三)二元结构行政法概念的张力

二元结构的行政法概念一定意义上讲是关于行政法的一种政治性解释,之所以说它是政治性解释是因为此种关于行政法概念的解释过程充满着政治角逐中的行为规则。在政治角逐中,一个问题常常不需要最终答案,只要各派政治力量都能接受,那么这种能够接受的方案就是可以存在的,但这并不是最终的,因为这个答案在下次的角逐中将可能被否决。二元结构的行政法概念必然不是一个最终的方案,因为它对行政法的解释带有阶级性,至少不是一个最终的解释,因为它没有一个关于行政法的最后价值判断;在政治角逐中,一个问题常常不需要正确答案,一个通过政治行为所作出的选择不必要是最为正确的,能够调和各派力量和各派利益的错误的选择是经常存在于政治选择之中的。二元结构的行政法概念我们还不能说是一个错误的选择,但至少其无法用一种理性的适合于行政法治的方法论进行解释。上列两点证明了二元结构的行政法概念是政治过程的产物,其概念之张力是十分明显的。

其一,方法论上的张力。我们在本书第二章探讨了行政法学方法论,而且对存在于现代各国行政法学探讨中的方法论进行了梳理。可以说,任何一个能够对行政法作出解释的方法论也能够对行政法现象作出合乎逻辑的说明。然而,二元结构的行政法概念却难以用一种合适的方法论进行解释。你可以说,我们可以用对立统一规律证明在行政法概念中存在限权法和扩权法的必要性。但是,这样的解释具体到行政法层面是提供不了任何有价值的关于行政法进一步发展的路径的。它只是描述了行政法这一现象中主观上应当存在的两种东西,但没有说明这两种东西存在于一个体系之中所能够导致的进一步结果。行政法放置于整个社会机制之中,是一个非常微观的东西,对于这种微观的东西只能够用具体的方法论进行解释，如果用非常宽泛的方法论解释则无法阐释行政法中的个别问题，如行政自由裁量权究竟应当是进一步扩大，还是应当通过法律手段予以控制，用对立统一规律是无法解释的，二元结构的行政法概念和在二元结构的行政法体系中亦无法用一个原理证明这一问题，更谈不上提供一个具体答案了。

其二，法治对象上的张力。有学者将行政法的调整对象界定为："行政法的调整对象可概括为两大类：（一）行政关系，这类关系，又可细分为：1.行政机关相互之间的关系，行政机关与公务员之间的关系。这种行政关系的特点一般是主体之间的关系要受到层级的节制，特别是在上下级关系中，命令与服从是其关系的重要形式。在同级关系中，其共同的上级的协调往往必不可少。2.行政机关与公民、法人或其他组织之间的关系，这种关系的特点是，行政主体处于主导地位，双方意思表示不对等，但不存在层级的节制。（二）其他国家机关对行政机关的监督关系，这类关系通常也是由于行政职能的存在及其行使引起的。在这类关系中行政机关总处于被监督者的地位，监督主体处于主导地位。监督行政关系有其自己的特点，但其基础自然是行政关系。"[①] 这是二元结构行政法概念关于行政法规制对象的论述，再没有比这样的论述更加模糊不清和模棱两可的了。因为通过这个描述现代国家中法治的主体为何物我们无从知道。法治的主体是一个确定的因素，不能够是此一时彼一时的不确定因素。更不能是通过行政法制度将有关行政法的参与者各打五十大板的思维程序。在现代国家，你可引用宪政民主理论解释行政权的法律理想，你也可以用国家权威的理论解释行政法的规制对象。显然，法治发达国家，包括我国在内都应当选择现代宪政理论。而依宪政理论，社会公众在国家政治

---

① 罗豪才主编：《行政法学》，中国政法大学出版社1996年版，第9—10页。

生活中是权利和国家权力的唯一拥有者，而政府行政系统只是国家权力的行使主体。当然，如果我们离宪政民主机制的距离还很遥远，那么，我们仅可以依国家强权理论将行政法治定义为通过国家行政主体的强力对社会的治理，即我们可以毫不掩饰地回归到扩权行政法的概念之中。二元结构的行政法使法治在我国处于一种权度的张力之中，至少依二元结构的行政法解释行政法现象的话，给人们的印象是一种张力。

其三，学科体系上的张力。行政法概念是行政法学科构建的始点。即是说，我们要建构一个行政法学科体系，必须首先给行政法下一个定义，同时我们所理解的行政法定义便决定着未来构建的行政法学科体系。二元结构的行政法定义的进路使行政法学科中存在一些从法治对象讲相互冲突的元素。我们知道，一旦当行政权进入运作阶段，一旦当行政机关依据手中的行政权进行社会控制时，其就与行政权行使的对象，在个案中存在利益和意志的冲突，行政法的功能便是控制这样的冲突。行政法只有在恰当地选择了控制点之后，冲突才能得到有效控制，反之，若冲突的控制点没有正确选择，那么，冲突的控制就无法进行。以法律构建行政法学科体系的话，其必然存在逻辑上的张力。我国行政法学科体系虽然经过近 20 年的努力，但至今还没有形成一个相对规整的体系，或者还没有形成让绝大多数行政法学人都认同的学科体系，其原因与这个体系的不合理，以及人们长期受到二元结构的影响，对科学的体系还无法正确判断是分不开的。

其四，法典结构上的张力。综观世界各国的行政法典，我们不难发现，其法典在规范构成上逻辑上的同元性是十分明显的。所谓法典逻辑上的同元性是指一部行政法典的规制对象始终是一致的，规范的逻辑构成始终是一致的，规范之行为原则和行为方式始终是一致的。例如，1946 年制定的美国联邦行政程序法，从头到尾以行政权的行使为对象,而基本的逻辑方法是为行政权在实体上的行使提供具体的程序规则,其权利保护取向始终在社会公众一边。然而,行政法典的同元性在我国行政法典中则没有得到充分保证。以《中华人民共和国行政许可法》为例,该法在立法宗旨和立法走向上是一个以规制行政主体为对象的行政法典,但在这个行政法典中关于行政相对人必须履行法律义务的条款有上10条之多。还如《中华人民共和国土地管理法》本是一个规制行政相对人的法典,但在这个法典之中关于行政主体义务的条款也不在少。我们不是说,在一个行政法典之中不能够将两个元素相对地统一起来,只要这种统一是必须的,没有这种必须的统一就无法进行技术处理,此时这种统一才是必要的。然而,我国任何一部行政法法典似乎没有这样的统一,法典本身就是不全面、不周延的。我们认为,我国行政法概念中二元结构占主流地位的状况是行政法典中混合两个元素的必然结果。这样的混合使法典的实际规制价值大打折扣,因为行政主体可以在以规范自己为对象的行政法典中寻找到一个平衡行政相对人的另一个条款,而行政相对人同样可以在规制自己的法典中寻找到一个约束行政机关的条款,并进而达到与行政机关的平衡。我国行政法典中这种相互的平衡实质上已对行政法进程起到了极大的负面作用。而其思想方法上的源头还在二元结构的行政法方面。

(四)二元结构行政法概念分化之必然性评说

二元结构行政法概念的产生有其特定的社会背景和理论背景。当产生它的这些大背景不再存在时,二元结构行政法概念也就失去了存在的空间。进入21世纪之后,我国的社会进程在一些方面已经有所加快。主要表现在我国社会过程的全球化方面,我国政权体系运作的开放性方面。在这样的格局之下,二元结构的行政法定义已经基本上不能适应社会主体对行政权控制的进程。其由二元进路向一元进路的转化已经成为必然。不幸的是我国学界虽然已经认识到这种转化的必然性和必要性,但很少有学者从一元的角度对行政法概念进行重新界定,并以此对行政法体系进行合理建构。现实中应当发生的事情没有发生并不意味着其不会发生,二元结构行政法概念之分化、二元结构行政法体系之分解正是历史的必然。①

---

① 笔者曾撰文分析了二元结构行政法体系的分化问题。

第四章 行政法理论基础阐释的比较

一、行政法理论基础的含义

行政法理论基础在国外,尤其在法治发达国家的行政法学研究中似乎是一个不太重要的问题,因为近些年来出版的有关行政法学著作并没有专门探讨行政法理论基础的章节。然而,不争的事实是,虽然国外学者不以理论基础的概念来称谓其关于行政法思想的进路,但其在探讨行政法问题的走向时却对几乎每一个问题都寻求一个基本的理论支架。例如,斯图尔特在《美国行政法的重构》一书中,对自由裁量权在美国的走势分析便依赖于一个理论,即"禁止授予立法权原理的复活",他指出:"在政府的许多管理活动中,就管理事项的性质而言,要详细规定行政机关必须采取的做法是不可能的。当一个新领域的管制刚开始实施时,这一点最为明显。行政管理是实行一种试验。如果管理事项在政治意义上和经济意义上是变动的,如工资和价格管制,那么,在该管理问题上基本参数的经常性变化,排除了制定可以在任意长的时间内始终如一地予以奉行的详尽政策之可能性。随着联邦政府为管理经济承担更多的责任,以上所列之局限的发生几率会日益增加。"[①] 因此他主张:"在控制立法机关授予行政机关自由

---

① 〔美〕理查德·B.斯图尔特:《美国行政法的重构》,沈岿译,商务印书馆2002年版,第38—39页。

裁量选择权方面，设想一个更为谨慎的司法角色是不可能的。法院已经适用立法目的明确表述之政策，对那些侵犯重大个人利益的制定法授权进行狭义的理解。假如立法目的明确表述之政策适用于经济行政和社会行政情境，国会至少必须在扩大行政机关的权力之前重新审视行政机关受命所做的工作。因此，对制定法的授权予以狭义解释的政策，可能会得以有效地适用。"[1] 可见，其对有关行政自由裁量权发展进路的分析是从这个问题的上位原理出发的。禁止授予立法权原理的复活予以适当的解释美国行政法中自由裁量权的现状。当然，斯图尔特并没有以寻求理论基础的论证方式论证之。在笔者看来，行政法理论基础在行政法研究中应当是一个非常重要的问题。比较行政法理论基础对行政法问题的解释和解决，可能比行政法学方法论来得更完整、更实在。行政法学方法论是没有定式的，而行政法的理论基础则是有定式的，行政法学方法论可以有诸多选择，而行政法理论基础则不是一个可以由学者们任意设定、任意选择的问题，如果哪一国的行政法学研究中人为设置了行政法的理论基础，并使理论基础漫天飞，那么，这个国家的行政法学研究要么处于起步阶段，要么处于极度的混乱之中。究竟什么是行政法的理论基础呢？在国内外行政法学界鲜有学者专门为理论基础下定义，杨海坤教授认为"行政法理论基础是一国行政法学术及制度实践的最根本的理论支柱"。[2] 这可以说是对行政法理论基础性能的揭示，还不能算做对行政法理论基础所下的定义。法国行政法学者古斯塔夫·佩泽尔在其教科书中，有这样一个标题，即："公共权力的概念，行政法的基础"，并进一步论述道：

---

[1] 〔美〕理查德·B.斯图尔特：《美国行政法的重构》，沈岿译，商务印书馆2002年版，第41页。
[2] 杨海坤、关保英：《行政法服务论的逻辑结构》，中国政法大学出版社2002年版，序言。

"公法以公共权力和主权的概念为基础,'公法的独特性表达了统治任务的法律需要'。行政部门发布命令和实施禁令。这样就可以在国家的行为中区别出公共权力的行为和管理行为。当国家通过发布命令表达它统治的意愿时,这种行为属于行政法的特殊规则并服从行政法官的管辖。当国家像个人一样行动(例如,作为契约的一方)时,它所实施的管理行为隶属私法和普通法官管辖。"[①] 这个揭示所表达的应当是行政法的现实基础,而不应当是行政法的理论基础,即便是对行政法理论基础的解释,也没有从正面回答行政法理论基础的概念。

关于行政法理论基础在没有相关参照定义的情况下,笔者试依个人的理解给行政法理论基础下一个定义:所谓行政法的理论基础是指决定行政法客观存在及其法治价值、走向、调控进路的规范化了的思想体系。这个思想体系仅仅能够解释和决定行政法现象,或者虽然亦能够解释其他法律和公共权力现象,但在解释和决定行政法现象中其逻辑关系是顺理成章的,其与行政法的制度现实之间存在着一种天然的逻辑联系,而这种逻辑联系是在行政法学人的推理下而完成的。在笔者的定义中,大体包括下列内涵,这些内容亦成为某种东西是否能够成为行政法理论基础的衡量尺度。

第一,行政法理论基础是意识范畴的东西。在宇宙的存在物中,有作为物质的存在物和作为意识的存在物之分。行政法的理论基础不是物质的存在物,这一点是必须予以明确的。我们知道,依辩证原理物质的存在物其形态是非常广泛的,一个国家的实在法制度应当是物质的,即其与意识相对是一种能够被感知的东西。行政法理论基础不是行政法制度基础其根本就在于此,即是说,行政法的制度基础是

---

① 〔法〕古斯塔夫·佩泽尔:《法国行政法》,廖坤明等译,国家行政学院出版社2002年版,第11—12页。

归属于物质的存在物,而行政法的理论基础则是归属于意识的存在物。《法律与行政》一书在探讨行政法问题时,将"国家、政府与法律"作为一个专题来讨论,而在这个讨论中作者指出:"国家权力的性质和范围的大幅度扩张,可以通过多种方式加以说明。第一,公共开支大幅增加。1870年时,为1亿英镑,占国民总收入的9%,人均3英镑。一百年后,为200亿英镑,占国民总收入的43%,人均400英镑。当前,公共开支已逾520亿英镑,占国民总收入的42%,人均1000英镑……第二,受雇管理国家事务的人员数量大幅增加。1900年中央政府有50000名公务员,1980年有548600名非企业性公务员,如果再加上大约600000名地方政府官员和管理卫生服务的约100000名官员,而不包括诸如水政和下水道机关及国有企业这类机构的管理人员,已有大约125万官员。"[①]作者依这一段话行政法中的基本内容推演现代行政法发展中一些基本问题。这个分析过程虽然具有极强的理论性,有非常精妙的逻辑推演过程,但是,作者在其中指出的这些事实只是行政法的一个现实基础,而不是行政法的理论基础。这一问题,即行政法理论基础的形态和行政法现实基础的形态必须区别开来。行政法现实基础要么是存在于社会中的物质实在,要么是存在于国家权力体系中的规范实在。而行政法理论基础则是一种思想,一种社会意识。毛泽东曾经对我们国家政权以及我党的权力行使作过分析,尤其指出了政党和国家权力行使的理论基础,他指出"指导我们事业的理论基础是马克思列宁主义"。显然,毛泽东对理论基础的框定亦在意识范畴之内。

第二,行政法理论基础是成体系的思想。同是意识范畴的东西,但有着诸多不同的存在形态。社会个体关于事物的观点和认识是一

---

① 〔英〕卡罗尔·哈洛、理查德·罗林斯:《法律与行政》(上卷),杨伟东等译,商务印书馆2004年版,第35页。

种意识,国家政权体系在治安国家中还没有制度化的主张亦是意识范畴的东西。行政法理论基础是非常特殊的意识,这种意识在笔者看来就是一种思想体系。一方面,行政法理论基础是一种思想,即人们关于某一方面事物的观点或哲理上的思考。另一方面,这个思考已经不是个别的思考和个别的现象,而形成了批判化的论点,即一种符合特定条件的思想体系。柏拉图在《理想国》中关于权利的认识就有这样一个思想体系:"每一个统治阶层总是制定符合自己利益的法律,一个民主政府制定的是民主的法律,一个专制政府制定的是暴虐的法律,等等;在制定这些法律的过程中,他们把凡是符合自己,即统治者利益的东西,界定为臣民的'权利',任何人如果违反了他们的法律,都会被视为'罪犯'而受到惩罚。我在说所有城邦的'权利',即统治阶层的利益都是一回事时,就是那个意思;在每一个城邦,这一统治阶层都是'最强有力'的因素。因此,我们如果展开正确的辩论,就会认识到'权利'别无二致,总是'较强者'的利益。"[1]这是一个关于权利的哲学认识,这个认识虽然只是对其深入研究权利的一个哲学概括,但其是经过了充分论证后得出的一个结论,这样的思想是成体系的,是可以作为对权利概念进行分析的工具的。[2]

第三,行政法理论基础是与行政法近距离的外围认知。行政法的

---

[1] 〔英〕彼得·斯特克、大卫·韦戈尔:《政治思想导读》,舒小昀等译,江苏人民出版社2005年版,第133页。

[2] 行政法理论基础作为一种思想体系,或者换句话说作为一种成体系的思想是非常重要的。柏拉图这个思想体系的形成在其《理想国》和《法律篇》这两部哲学著作中都有较大的论证篇幅。而且诸多的论点虽不可以通过实验去证明,但至少是完成了某种推论过程,且一些推论过程是十分严谨和周延的。反观我国一些行政法学者,动辄将其对行政法现象的某种单一认识定义为行政法的理论基础,据笔者考察,我国近年来提出的诸多行政法理论基础除极个别的外,基本上都没有一部专著对其进行论证。在笔者看来,一两篇论文,或者一些论文是很难将行政法理论基础阐释清楚的。而且某些理论出版的系列论文中还有相互质疑和批评的情形。

理论基础与行政法的基础理论不同,行政法基础理论存在于行政法学的研究范畴之中,在人们构设行政法学科体系时,基础理论是必须设置的,如果行政法没有基础理论的设置,行政法的诸多实在问题就无法回答,如中外学者在其行政法教科书中都有行政法渊源、行政法关系等这样一些基础理论。行政法理论基础则不在行政法学科体系之内,正因如此,绝大多数行政法教科书并没有讲解行政法的理论基础问题。也就是说,行政法的理论基础存在于行政法之外,例如,"国家"或者"国家管理"本身并不是行政法学科中的基本问题,但在苏联的行政法学科构造以及行政法学研究中,上列词语是运用颇多的分析工具,我国有学者对这个现象作了描述:"在苏联时期的行政法学中,国家管理占有特别重要的地位。'管理'、'国家管理'、'管理法'是在苏维埃行政法学中出现频率较高的词汇。在苏联行政法学教材中,与'管理'或者'国家管理'有关的内容也占有相当大的比例。例如,在 C.C.司徒节尼金撰写的《苏维埃行政法》(总则)(中国人民大学出版社 1954 年中文版)一书中,有关国家管理的内容占有全书 7 章中的 5 章;在 Г.И.彼得罗夫撰写的《苏维埃行政法》(总则)(列宁格勒出版社 1970 年俄文版)中,有关国家管理的内容占有全书 17 章中的 8 章;在 O.M.雅库巴撰写的《苏维埃行政法》(基辅出版社 1975 年俄文版)一书中,有关国家管理的内容占有全书 19 章中的 7 章;在 Ю.M.科兹罗夫撰写的《苏维埃行政法的基本理论》(莫斯科知识出版社 1979 年俄文版)中,有关国家管理的内容占有全书 12 章中的 5 章。"[①] 国家管理一定意义上讲是苏联行政法的理论基础,关于这一问题我们在本章的其他部分还要进一步讨论。理论基础是外围于行政法的东西,究竟是什么原因决定了它的外围性,笔者认为其实是非常

---

① 刘春萍:《转型期的俄罗斯联邦行政法》,法律出版社 2005 年版,第 51 页。

容易理解的,行政法的理论基础与行政法的实在基础一样,本身就是一个基础,是行政法和行政法学理论赖以存在的根基,我们可以形象地将建筑物与建筑物得以存在的地基的关系,将行政法与行政法理论基础的关系相比较,即行政法是一个建筑物,而行政法理论基础和现实基础则是支撑这个建筑物的地基,其作为两个事物的关系形式也就清楚了。同时还应指出,在行政法外围能够解释行政法现象的思想体系是非常多的,例如,我们可以用平衡与不平衡、协调与不协调等哲学上的思想体系解释行政法中行政主体与行政相对人之间的关系。我们还可以用法律起源和国家起源的理论解释行政法现象等。即是说,凡能够用来分析行政法的所有思想体系都是行政法的理论基础。在笔者看来,只有距离行政法最近的理论体系才能成为行政法的理论基础。当然,它们之间的距离和方位究竟是多少,在多大的距离内这种理论是最为合适的,我想我们无法像数学分析那样计算那么精确。但是,如果有两个能够解释行政法现象的思想体系,一个是相对较近的,另一个是相对较远的,我们就应当选择相对较近的,也只有相对较近的能够算是行政法的理论基础。若我们舍弃了相对较近的理论,而用相对较远的理论作为行政法的理论基础,那就必然违反了分析问题的基本方法。在我国的确有一些行政法研究人员将一些超远距离的理论用来解释行政法现象,并将其称之为行政法的理论基础。当然,相对较远的理论在解释行政法现象时亦可能从表面上达到理论基础的效果,但其终究是一种谬误,因为某种东西如果放之四海而皆准,那么,其对某一具体问题的分析中就不会有太大的价值。若我们以距离感确定行政法的理论基础,那是否存在一个能够解释和解决行政法问题的理论基础系列,一个层系的理论制度和决定另一个层系的理论,笔者认为,沿着这条路线进行推演的话,行政法理论基础有层系之分的说法是成立的。但怎么样厘清其理论层系的逻辑结构则是一个非常难的问题。也许,正是因为这个逻辑结构没有理出来,我们看到在诸多行政法理论基础的研究中存在着将不同辈分的理论基础在不同场合运用的情形。而且常常出现,以孙子辈的理论基础批判和否定爷爷辈的理论基础的情形。

第四,行政法理论基础是有实际功效的。我们说,行政法理论基础是有实际功效的是指,一方面,行政法理论基础能够有效地解释行政法现象,对行政法这一社会现象的若干理论和实践问题作出科学回答。例如,洛克林认为:"公法能够而且应当表述出自己独特的法律科学基础。这些更为激进的主张来源于这样一种信念:公法的独特性来自于它的独特研究对象。公法所调整的法律关系具有根本的政治性,这要求它采用一种与私法研究方法截然不同的独特研究方法。它要求那些负责在这一领域作出法律决策的人士理解决策过程的更宽广的结构性背景。"[①] 通过这一论断,他分析了政治理论能够有效分析公法理论的这一理论基础,这个理论基础对于人们从政治过程的层面研究包括行政法和宪法在内的公法问题提供了有效的工具。另一方面,行政法理论基础能够解决一些行政法问题。其既可以解决行政法学研究中没有解决的问题,也可以解决行政法治实践中的问题。关于行政法理论基础的功能学者有这样的论述:"就其存在价值或所负使命而言,理论基础至少应具备以下四项功能:其一,解释功能,即理论基础必须能够对一国行政法的产生、发展过程以及行政法的目标与手段、内容与形式、观念与制度等现象作出全面而合理的解释。其二,指导功能,即理论基础必须能够科学地指导一国行政法的制度建设与理论体系的构建,从而减少其盲目性,使其沿着合乎行政法基本规律的方向和朝着既定的理想目标健康发展。其三,整合功能,即理论基

---

① 〔英〕马丁·洛克林:《公法与政治理论》,郑戈译,商务印书馆2002年版,第9页。

础必须如同一束红线一样,贯穿于行政法的始终,从而促使整个学科的知识体系趋于和谐、有序和统一。其四,修复功能,即理论基础必须保持足够的开放性和弹性,进而通过不断地自我修复满足时代发展及社会变迁的需求。"①

(一)行政法理论基础的哲学维度

行政法理论基础的考察视角是多方面的,其中哲学视角对于全面观察和掌握其精神实质就有非常重要的意义。我们如果将行政法理论放置于哲学层面分析,其便有下列基本的解读路径。

一则,行政法基础理论是理论化了的政治主张。行政法基础理论是一种思想体系,即其通过一个合理的理论方法得到了体系化的构设,例如在政治学的理论基础中就有一个由托尔瓦德·格拉恩发明的理论基础,即"权力的集中与转移的理论",他这一理论的基本内容可概括为:"权力集中与转移现象也可能与社会中有争议的政治问题的数量有关。我们似乎可以说,当冲突多的时候,就会发生政治权力集中。这时,官僚机构认同什么样的价值观念这一点就很重要了。相反,在一个价值认同非常一致的时期,就会发生政治权力转移,因为以更小的代价就能满足自治官僚机构的需要。此外,当价值观念一致时,自主的官僚机构最有效,并且还会激发其他相同的价值观念,忽略冲突。缓解政治和社会冲突是符合自治官僚机构的利益的,因为冲突是新的价值体系产生的标志,而新的价值体系会减损自治官僚机构公务员的作用。因此,自主的官僚机构是一股保守的力量。"②这个理论的形成是通过格拉恩在一部系统的政治学著作中表述的。其成为

---

① 关保英:《行政法的私权文化与潜能》,山东人民出版社2011年版,第172页。
② 〔挪威〕斯坦因·U.拉尔森主编:《政治学理论与方法》,任晓等译,上海人民出版社2006年版,第261页。

一个完整的理论体系具有它产生的背景,有人将这个理论基础形成的背景表述为阶级分化的民主社会秩序,即知识对政治价值的作用等。同时,作为一种理论的思想其能够有公式化的定义来表达,有学者就将这个理论表述为这样一个公式:[①]

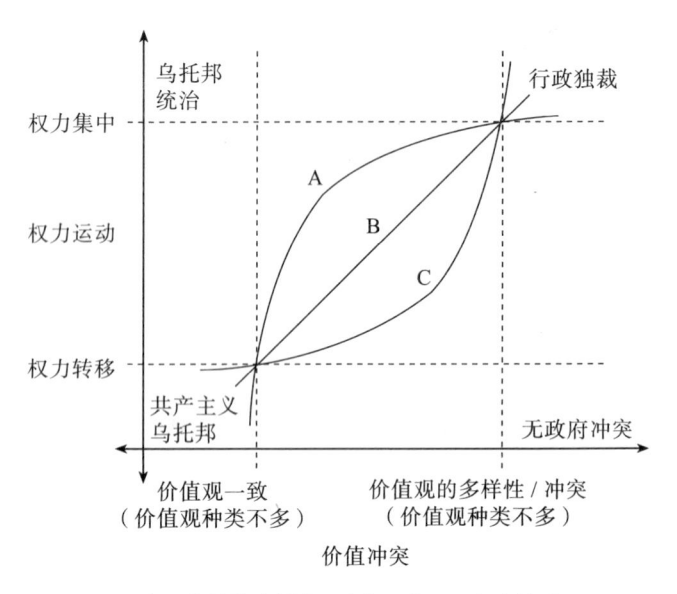

民主国家价值多样化/冲突程度以及权力转移
"民主崩溃"或转向其他国家形式的门槛

同时,这样的理论能够进行普遍性的验证等。但是,仅仅具有技术上和形式上的要素,我们认为还不足以成为某个部门法的理论基础。深而论之,行政法理论基础是一种政治主张,它包含着一定的价值,正如有学者分析政治学中理论基础的涵义时所强调的:"即其赋予一个内在的目的或目标。政治活动者有可能根据他们自己的价值

---

① 参见〔挪威〕斯坦因·U.拉尔森主编:《政治学理论与方法》,任晓等译,上海人民出版社2006年版,第269页。

观为政治外在地设定一个目的或目标。……价值观作为理想和原则进入了政治领域。大致说来,原则是程序性的,它是一种行为规则,主要指出我们该如何行动,而不是关注我们的行动所产生的结果状态。"[1] 这个关于政治学理论基础的论断,运用到行政法理论基础的分析中来也是恰当的。行政法理论基础从分类学的方面看,可以分为纯粹的理论基础,即这样的理论基础只能够分析行政法问题,解释行政法现象,甚至提出行政法主张。但不能够对行政法制度和行政法实在产生影响。还可以分为实用的行政法理论基础,在这样的理论基础中其包含着政治上的价值判断,而这种价值判断影响到了行政法实在之中。第一种类型的行政法理论基础几乎可以说是少之又少的,只有在空想社会主义者的行政法主张中才是存在的。即是说,行政法理论基础都是能够对行政实在法产生积极或消极作用的,其都具有明显的政治上的价值属性。与其说它是行政法中的理论问题,还不如说它是对行政法进程的政治主张。权力分立作为行政法的理论基础之一就对西方各国行政法实在产生了巨大影响:"欧洲各国,往时制度亦不分别司法实务与行政事务。枢密院及政府官吏,皆同掌行政司法事务,此间未尝设区划分立之制。其初有之,实为西历一千七百九十年八月十六日、二十四日法国之法律。此法律,以关于民事刑事之裁判为司法事务,其他政务皆为行政事务。由是欧洲大陆各国,大抵模仿法国制度,以至今日。"[2] 这是权力分立理论对法国行政法治的政治影响,而在法国接受权力分立的理论基础之前,则是这样一种情况:"今据此制度,最要留意者,有行政裁判及权限裁判是也。此二种裁判制度,固出于区分行政司法之必要,然更溯查所其由来,皆由于法国国

---

[1] 〔英〕杰弗里·托马斯:《政治哲学导论》,顾肃等译,中国人民大学出版社2006年版,第16页。
[2] 〔日〕织田万:《清国行政法》,李秀清等点校,中国政法大学出版社2003年版,第4页。

势沿革致之。盖往时法国裁判所之权力强大,常与王权颉颃不相下,发布一般命令,干涉行政事务,屡使王命不行。"① 此点表明,不同类型的国家、不同类型的法律制度其行政法的理论基础在通常情况下是不同的。

二则,行政法理论基础有以适当形式转化为制度规则的可能。行政法理论基础是一种成体系的思想,即一个完整的理论体系是行政法理论基础的原型。在这个问题上,学界的认识存在一定的偏差,如有学者认为美国宪法第 5 修正案中"不经正当程序不得剥夺任何人的生命、自由或财产"是美国行政法的理论基础。② 这实质上颠倒了理论基础作为理论形态与理论基础转化为法律形态的逻辑关系。美国宪法中确定的正当程序条款在其宪法第 5 修正案和第 14 修正案中都有规定。但是,这些规定本身并不是理论,它是由一些更深层次的理论转化而来的,这个更深层次的理论便是以三权分立为基础的权力控制理论。行政法理论基础的原型是一种理论体系,但是,这个原型能够适当地转化为制度形态,能够在诸如宪法等法律制度中体现出来。行政法理论基础在笔者看来是在行政法的上位法或者能够制约行政法的制度形态中得到反映的,而不是在行政法中得到反映的,在这个问题上,我国学者同样存在一些模糊认识,有学者在著述中就有这样一个标题:"各国行政法确立的理论基础"。③ 在笔者看来,这个措辞要么是一个笔误,要么是一个关于行政法理论基础认知的极大错误。行政法作为能够设定具体社会关系的部门法是没有办法规定其理论基础的。正如该书在下文对法国行政法理论基础的评介那样:"由于法国行政法产生与发展的特殊的历史条件,法国的行政法强调行政机关

---

① 〔日〕织田万:《清国行政法》,李秀清等点校,中国政法大学出版社 2003 年版,第 4 页。
② 张正钊、韩大元主编:《比较行政法》,中国人民大学出版社 1998 年版,第 63 页。
③ 同上书,第 61 页。

及其组织活动的调整,采取二元化的司法体制。在整个19世纪,法国行政法以公共权力理论作为基础。但是从19世纪后半叶开始,由于行政权力活动范围的扩大,传统的公共权力理论遭到了实践的挑战,出现了'公务学说',即以1873年2月8日布朗克案件的判决为契机,提出以公务观念作为在国家行政机关中适用行政法的标准。这一理论尽管受一些学者们的反对,但在第二次世界大战以前多数学者认为它是行政法的基本观念,比公共权力标准更能说明行政法的性质。此后,随着行政环境的变化,传统的'公务学说'也未能充分说明新的行政现象,学者们在确定新的行政法基本观念时又提出公共利益说、新公共权力说等理论。当然,在有没有必要确定行政法基本观念问题上,学者们的看法也不尽一致。有学者认为,行政法现象比较复杂,没有必要也不可能确定统一的观念。尽管在不同的历史时期,法国行政法基本观念的提法与具体理论有所不同,但贯穿在法国行政法结构与运行过程中的总体思想,仍然是以公共权力为优越的观念,'从而未能脱出保权说的框架'。"[①]这个论述表明行政法理论基础是行政实在法之外的东西。在行政实在法之外其首先是一种理论。这个理论能够以恰当的形式转化为实在法,或者转化为某种制度性东西,如转化为对行政权起作用的行政政策。发达国家的宪法中一般都有行政法理论基础的个别规定,其将本来属于理论体系的东西,将其结论性论点或者主要的论点予以规定,例如,《法兰西共和国宪法》第3条规定:"国家主权属于人民,由人民通过其代表和通过公民投票的方法行使国家主权。任何一部分人民或者任何个人都不得擅自行使国家主权。"[②]通过宪法对行政法理论基础进行转化是各国通行的处理

[①] 张正钊、韩大元主编:《比较行政法》,中国人民大学出版社1998年版,第61—62页。
[②] 萧榕主编:《世界著名法典选编》(宪法卷),中国民主法制出版社1997年版,第125页。

方式。在一些国家还在执政党的文件中将有关的行政法理论基础规定为行政政策，例如《中国共产党章程》（2002年修改）总纲中规定："全党要用邓小平理论、'三个代表'重要思想和党的基本路线统一思想，统一行动，并且毫不动摇地长期坚持下去。"在一些国家的行政法实践中，还存在这样一些情形，即某种政治主张在宪法和制度性文件中予以规定，而学者们认为这个规定需要从理论上予以澄清，或者进行系统化，并依此设计了一个能够对行政法起作用的理论体系。一些学者便将这样的理论体系误认为行政法的理论基础。之所以说这样的理论阐释不能够认为是行政法的理论基础，是因为这些理论已经没有新意，已经不足以作为一个理论形态支持行政过程，因为此种情况下实在法的支持要比理论阐释的支持更加实际和具体。

三则，行政法理论基础受一国主流政治文化的制约。政治文化是政治学分析中的重要概念，它的基本涵义是："一个社会的政治文化包括对表现政治的标志和价值及社会成员对政治目标的其他倾向的经验信念。这是一个政治体系的集体历史和现在组成这个体系的个人的生活历史的产物。它植根于公共事件和私人经历，体现一个社会的中心政治价值。"[①] 这个关于政治文化的概念非常类似于主流意识形态的概念，所谓主流意识形态就是指一个国家由政府主导和倡导的意识形态。我国的主流意识形态在一些经典作家的论述中已经有所表达。[②] 西方国家主流意识形态是有关资本主义代议民主制等。我们认

---

① 〔美〕格林斯坦、波尔斯比编：《政治学手册精选》（上卷），竺乾威等译，商务印书馆1996年版，第166页。
② 为了保证现代化的正确方向，邓小平在1979年3月提出要坚持四项基本原则，即坚持社会主义道路，坚持人民民主专政即无产阶级专政，坚持共产党的领导，坚持马克思列宁主义、毛泽东思想。他说，社会主义是中国人民长期革命斗争所选择的道路，只有社会主义才能救中国，才能发展中国。中国的四个现代化，就是社会主义的现代化；搞改革，实际上是社会主义制度的自我完善。在社会主义社会，国内外还存在着敌对分子，在一定范围内还存在阶级斗争，帝国主义推行的"和平演变"战略，企图颠

为，行政法理论基础既可以受非主流的意识形态影响，也可以受主流意识形态的制约。但是，行政作为实在的法律规范和法律制度是一国政治制度的组成部分。一国政治制度的格局必然受制于主流意识形态的影响，而受非主流意识形态影响的程度相对较弱，不论在法治发达国家，还是在法治相对落后的国家，基本上都是这样的情形。我国有学者也认识到了这一点："把行政法理论基础理解为价值观和方法论是符合现代行政法运行规律的。当行政法表现为具体制度时，制度运行中体现各自特殊的原理或理论基础。就其价值层面而言，不同类型行政法制度在客观上存在着共同的思想与理论基础，并随着行政功能的扩大，行政法在价值上的相似性日益加强。如法治行政是不同文化背景的各国行政法都要遵循的共同的价值观，是支配与指导行政活动的共同基础。但从方法论和运行过程角度看，行政法在共同的行政法制度中表现不同，如法治行政观念在英美法系和大陆法系国家中具有不同的意义与表现形式。另外，在法治行政原理的共同指导下，各国可根据行政法的历史特点与不同的文化背景，确立适用于本国行政法背景的具体理论。"[①] 这里还有一个相对外在的东西必须引起注意，即在一般情况下，一个国家的民主化程度相对较高时，主流意识形态对行政法理论基础的制约相对较弱，其他的意识形态对行政法理论基础渗入的机会相对较多。反之，一国的民主进程相对比较缓慢时，其主流意识形态对行政法理论基础影响的程度相对要大一些，其他非主

覆中国的社会主义制度，所以必须坚持人民民主专政。没有人民民主专政，就不可能保卫和建设社会主义。中国共产党在长期革命斗争中与人民群众建立了血肉联系的领导力量。共产党离不开人民，人民也离不开共产党。没有共产党，就没有新中国；没有共产党的领导，就没有现代中国的一切。马克思列宁主义、毛泽东思想是科学体系，是中国人民的行动指南，是制定我们路线方针政策的理论基础。毛泽东思想过去是今后仍将是中国革命和建设的指导思想。参见《中国大百科全书》（政治学卷），中国大百科全书出版社1992年版，第55页。

① 张正钊、韩大元主编：《比较行政法》，中国人民大学出版社1998年版，第54页。

流意识形态制约和影响行政理论基础的机会较少一些。

四则，相对于一个国家而言，相对于一个国家的行政法现象而言，其理论基础是可变的。行政法理论基础与行政法实在的关系不像自然界中一事物引起另一事物的发生是必然的那样，其常常具有诸多外力作用的因素。即一种理论体系可能适合于解释和决定一个国家的行政法实在，然而，主流意识形态以及宪法和其他制度性东西并没有认同这种理论基础与行政实在法之间的关系。相反，另一种思想方法可能不适合于解释该国的行政法现象。但该国的主流意识形态都认为这种思想方法对该国行政法治具有非常重要的指导意义。深而论之的话，行政法理论基础并不具有哲学上的必然性，它可以通过相关的选择而被确定下来，此点决定了行政法理论基础是一个可变的事物。在一个国家中，此一时期认同的行政法理论基础，彼一时期则可以被否定。这个事实几乎在每一个国家的行政法发展中都出现过。然而，同样是行政法理论基础的移位或变化，一些国家的变化可能是良性的，即由一个不适于解释行政法现象的理论基础向更加科学的理论基础的过渡。而在有些情况下，则可能丢弃了原来科学的理论基础，代之以不科学的理论基础。当然，我们说行政法理论基础是可变的，并不是说行政法理论基础是完全主观的东西。其实，一定时期、一定国家的行政法应当建立在一个最为合理的理论基础之上，只有用这样的思想方法看待行政法的理论基础，才能够使我们在这个问题上不犯错误。

（二）行政法理论基础与行政法现实基础之比较

行政法理论基础绝对不能等同于行政法的现实基础，然而，在国内诸多行政法的教科书中常将行政法理论基础与行政法现实基础相混淆。基于此，笔者认为应当将行政法理论基础与行政法现实基础的区别理清楚。首先,行政法的理论基础与行政法的现实基础在一些方面存在共性。它们的共性之一为都是行政法存在的基础,都作为一种支撑因素对行政法起作用。任何一个国家的行政法都离不开这两个方面的基础。之二为二者都对行政法的发展和进程起着制约作用。一国行政法的走势如何既取决于其现实基础的状况,又取决于其理论基础的状况。其实,行政法理论基础与行政法现实基础又是有所区别的,我们认为二者的区别主要体现在下列方面。一是主观性与客观性的区别。行政法理论基础是归属于主观的东西,是人们对行政法认知中的主观要素。例如意识形态、思想方法、传统文化等都可以以某种方式转化为行政法的理论基础。行政法现实基础则是客观的东西,其既是一些制度实在,又是一些能够被感知的社会元素,如政府的结构、公务的组合方式等。行政法现实基础比行政法理论基础对行政法的决定更加直接一些。我国行政法学界关于行政法基础的研究大多限于理论基础方面,而关于现实基础研究的相对较少。甚至在我国行政法学界行政法现实基础的提法也很少。不过,我国一些学者虽没有上升到理论的高度概括行政法的现实基础,但一些行政法学教科书还是不同程度地揭示了行政法存在的现实基础,只不过这种揭示是在相对微观和相对具体的问题上进行的。如有学者在揭示行政立法的发展时指出:"现代社会、经济关系的复杂化导致对立法的需要倍增。19世纪以后,由于科学技术的进步,社会生产力高速发展,使各种社会矛盾和问题也随之出现。为了维护社会、经济秩序,保障社会、经济的正常发展,迫切需要大量的法律调整各种社会矛盾,解决经济发展中的各种问题。但议会精力有限,时间有限,仅靠它本身的工作远远满足不了社会对法律的需求。即使议会每天制定一项法律,且每天工作(这自然是完全不可能的),一年它也只能出台三百几十项法律,而一个现代国家,每年所需要的规范性文件,总是数以千计。因此,议会不得不授权其他国家机关,特别是授权行政机关制定法规、规章来代替法律,或对法律规定的原则加以具体化,或加以补充。"[1] 比较合理地揭示了行政立法在其发展中受现实基础决定的情形。行政法现实基础的客观性决定了人们在行政法个别问题的研究中不忽视其重要性,也能够对其做出准确判断。同时,现实基础的客观性也决定了人们很难用一个体系化的东西对行政法现实基础做出概括。二是弱制约性与强制约性的区别。行政法受理论基础和现实基础两个基础的制约,但由于二者存在形态上的巨大差异,使其在制约行政法方面的表现力也有所区别。行政法理论基础由于是主观性的东西,其对行政法实在的制约相对弱一些。而行政法现实基础由于是一种客观存在,其对行政实在法的制约则要强一些。当然,我们区分行政法理论基础和现实基础对行政法制约的强弱程度是将二者在总体上比较后而论的。即从两种基础的总体格局对行政法实在的影响看,理论基础要弱于现实基础。这并不是说行政法理论基础在任何条件下都比行政法现实基础对行政实在法的影响小。在一国行政法体系的形成过程中,一个公认的主流行政法理论基础对行政法进程的影响常常大于行政法现实基础。因此,在这种情况下,其理论基础对行政实在法可以设计一个非常清晰的发展进路,而行政法的现实基础只表现了一定的行政法需求,而不可能使行政法进程有一个理想模式。还应当指出,行政法理论基础是主观的东西,作为一种主观的存在物,其有可能在一定条件下是错误的,因为人们主观认识并不能够每日每时地与客观现实一致起来。这决定了,一个国家如果以权威和权力的方式选择了某种错误的行政法理论基础,其可能会对一国行政法进程的影响产生灾难性后果。戴西关于英国没有行政法的理论就对英国的行政

---

[1] 罗豪才主编:《行政法学》,中国政法大学出版社1996年版,第147页。

法治进程产生了负面效应，而这个理论在当时情况下是被作为行政法的理论基础而看待的。行政法现实基础则不会出现这样的情形，因此，我们说行政法理论基础与行政法现实基础对行政法治影响的强弱程度是一个相对意义上的概念。三是决定动态方面与决定静态方面。一国行政法治体系是一个整体事物，在这个事物中存在静态要素和动态要素两个方面。当然，行政法体系中动态要求和静态要求的区分亦是在相对条件下为之的。我们认为，行政法治的进路、行政法中经常发生作用的行为要素都是以动态的形式表现出来的。而行政法中的行为规则、各主体之间一定确定好的关系形式、行政法中的主体和客体等体现于实在法制度方面的东西都是静态的。行政法理论基础对行政法中动态东西的制约和影响要相对大些，甚至直接决定行政法中的动态要素。与此形成对照的是行政法现实基础则主要决定和制约行政法中的静态要素。对于这个特性，一定要引起注意，我们知道，行政法中的规则是必须能够有效调整社会关系的，如果其脱离了现实基础，便失去了决定它的实在要素，因而便可能出现与社会现实相悖的实在法。行政法理论基础对行政法中动态要素的决定亦是一个至关重要的问题，因为行政法中的动态要素亦是行政法治的构成部分。

（三）行政法理论基础与支撑行政法治理论之比较

在一国的宪法规范和其他公法规范中总会设计一些法治原则，其中一些法治原则是行政法原则，例如《中华人民共和国宪法》第 27 条规定："一切国家机关实行精简的原则，实行工作责任制，实行工作人员的培训和考核制度，不断提高工作质量和工作效率，反对官僚主义。一切国家机关和国家工作人员必须依靠人民的支持，经常保持同人民的密切联系，倾听人民的意见和建议，接受人民的监督，努力为人民服务。"该条确立了行政法治的若干重要原则，如机构精简原则、提高行政效率原则、接受社会监督原则等。类似的法治原则在各国的宪法和公法中都有明文规定，这些原则的实质在于设计一个国家行政法治的进路，也是支撑行政法治的理论。在行政法学研究中，这些原则常常被一些学者误解为是行政法的理论基础，或者行政法的现实基础。在笔者看来，将其理解为理论基础或者现实基础都是错误的。其不是现实基础是不需论证的。因为这些反映在宪法和公法典当中的东西并不是一种社会现实。但将其理解或者通过推演化为行政法的理论基础则具有极大的隐蔽性，因此，我们认为有必要将行政法的理论基础与支撑行政法治相关理论之间的区别理清楚。其一，行政法理论基础是宏观的东西，而行政法治理论是微观的东西。行政法理论基础是将行政法作为一个整体事物来看的，其解决行政法现象的进路是为整个行政法提供理论支撑。而行政法理论是一个相对微观的东西，其主要指导行政法治在运作过程中的一些环节上的问题。当然，笔者所指的环节是指在整个行政法治体系中的一个具体方面。例如，行政法治中的程序合法理论主要在行政行为中运用，而在行政组织体系方面，这个理论无法作出进一步的推演。其二，行政法理论基础是起指导作用的东西。而行政法治理论则是能够操作的东西。行政法理论基础在一国的行政法治中应当是该国行政法的一种指导思想，如三权分立作为美国行政法的理论基础，它的功能主要是指导美国整个行政法制度和美国行政法治的运作。行政法治理论常常是可以直接予以操作的东西。例如，依法行政原则就可以直接在行政处罚和行政许可以及其他行政行为中予以操作。一些具体的行政法治理论其操作性能十分明显，例如行政处罚制度中的重要行政法治原理"一事不再罚"实质上就是一个能够对行政处罚过程进行直接约束的理论。行政法理论基础含有深刻的政治思想价值，因此，在一国的行政法制度中并不要求成为行政法理论基础的东西在每一个行政法环节中都能够予以操作。其三,行政法理论基础在通常情况下只有一个,至少科学合理的行政法理论基础只有一个。但是,行政法治理论却有许多个。如果我们对其不作范围上的限定的话,那么,每一个环节上的行政法治都有与之对应的法治理论,这些理论使一国行政法学体系有了实实在在的内容,例如,在公务员法律制度中就有一个政务行为相对技术化的行政法治原理,① 便在有关公务员法的理论中起着重要作用。这种一与多的关系以及一与多的行政法理论基础与行政法治理论区别的特性是必须给予高度重视的。如果不作出这样的确定的话,行政法理论基础将在行政法学研究中无法寻求哪怕是相对的统一。

二、作为自然正义的理论基础

(一)自然正义的概念

在行政法学著作中自然正义的出现大多于英国行政法学者的著述中,最为系统地阐释自然正义内容的是韦德的《行政法》这一鸿篇巨著,可以说韦德是第一个在行政法学著作中使自然正义概念准确化的人,他指出:"在最广泛的意义上,自然正义只意味着'自然的是非观',甚至在严格法律意义上现在也常与'公正'等同。据说'自然'这个浪漫的语词'除了也许有点怀旧的痕迹外',不增加任何意义;而且'正义根本不是一个自然的观念——越进入自然状态,越少正义'。但在行政法上自然正义是一个界定完好的概念,它包括公正程序的两项根本规则:一个人不能在自己的案件中做法官;人们的抗辩必须公

---

① 在西方国家,现代公务员制度的实质就是公务员要从有关的政治行为和政治状态中独立出来,他们既不对在野党负责,又不对执政党负责,只要向管理的社会事务负责,行政管理需要的技术准则是其行为方式的基本评价标准。

正地听取。在法院和法定裁判所可以理所当然地认为这些原则必须得到遵守。但它们是如此的普遍,如此之'自然',以至于不限于司法权。它们同样适用于行政权,有时也用于合同创设的权力。正是在适用于普通的行政权的过程中,公共机构往往忽视它们,比如警察当局在解除一名警察时或大臣在批准住房规划时。近些年来随着法院发展出自己的规则,随着行政权范围的扩大,这类案件大量增加。自然正义成了行政法最活跃的部分之一。"① 这个关于自然正义的概念,虽然显得比较冗长,但从下定义的角度来讲,是非常形象的。在笔者看来,自然正义在行政法的定位并不十分困难,只要我们能够准确领会在历史上存在的有关自然法的思想,那么行政法中自然正义的概念就很容易掌握了。自然法学说是西方政治思想中用自然法解释社会政治现象的一种政治学说。自然法是一般指人类所具有的权利和正义体系。自然法是人类社会存在的基础,它先于国家而存在,人类社会关系的维系最早就是依赖于自然法的。自然法的超国家性和超政治性是其最大的特征。此种超国家性并不是说它是抽象的、和政治没有关系的,而是说它是国家和政治的最后决定因素。自然法的思想究竟源于何时,在有关政治哲学的著作中并没有一个公认的论点。在笔者看来,亚里士多德在其《尼各马可伦理学》一书的思想方法中就包含了诸多自然法的思想。他说:"我们所探求的不是一般的公正,而是政治的或城邦的公正。这种公正就是为了自足存在而共同生活,只有自由人和比例上或算术上均等的人之间才有公正,对于那与此不符的人,他们相互之间并没有政治的公正,而是某种类似的公正。公正只对那些法律所适用的人才存在,法律只存在于不公正的人们中,判决

---

① 〔英〕威廉·韦德:《行政法》,徐炳等译,中国大百科全书出版社1997年版,第94—95页。

就是公正和不公正的判别。在人群之中如若夹杂着不公正的,就可能做出不公正的事来(虽然做不公正的事,并非完全是不公正)。总的说来,做不公正的事总是把好处多归于自己,把坏处少归于自己。所以我们不允许个人的统治,因为他可以为了自己而成为暴君,而要以法律为统治。有的领袖维护公正,如若他维护公正也就维护了中道。一个公正的领袖对自己毫不多取(除非按照比例,他自己什么好处也不多占。他是为他人而工作。所以,如前面所说的,公正是关于他人的善)。因此应该对他有所补偿,这就是光荣和尊严。有人不以此为满足,他就会成为暴君。"① 其从人性的角度讲评公正与不公正,而这种从人性认识公正概念的思想方法就是自然法的思想方法。在欧洲中世纪亦有自然法的追随者,托马斯·阿奎那就是其中的代表人物。与亚里士多德不同的是,阿奎那不是从人的角度寻求自然法的源头和演进过程,而是从上帝那里寻找自然法的来源,他依次将法分成了若干层次,最高层次是上帝之法,其后再是相关实在法。可以说,使自然法思想相对完善的并进入一个更高境界的是洛克和卢梭等资产阶级启蒙思想家。与前期的自然法学学说不同,他们不是从人的义务的角度解释人与人之间的关系、人与国家之间的关系,而是从人的权利的角度解释人与人之间的关系、人与国家之间的关系,著名的天赋人权学说就是自然法发展的最高阶段。他们认为人最初生活于自然状态之中,而在自然状态中人的权利之实现会遇到诸多障碍,为了使权利的实现相对顺利和和谐,人们就订立了法之社会契约,孟德斯鸠将其转换以后认为:"人,作为一个'物理的存在物'来说,是和一切物体一样,受不变的规律的支配。作为一个'智能的存在物'来说,人是

---

① 〔古希腊〕亚里士多德:《尼各马可伦理学》,苗力田译,中国社会科学出版社1990年版,第101—102页。

不断地违背上帝所制定的规律的,并且更改自己所制定的规律。他应该自己处理自己的事,但是他是一个有局限性的存在物;他和一切'有局限性的智灵'一样,不能免于无知与错误;他甚至于连自己微薄的知识也失掉了。作为有感觉的动物,他受到千百种情欲的支配。这样的一个存在物,就能够随时把他的创造者忘掉;上帝通过宗教的规律让他记起上帝来。这样的一个存在物,就能够随时忘掉他自己;哲学家们通过道德的规律劝告了他。他生来就是要过社会生活的;但是他在社会里却可能把其他的人忘掉;立法者通过政治的和民事的法律使他们尽他们的职责。"[①] 当然,有人认为20世纪以后,出现的一些政治学流派和法学流派仍然是自然法学说的一个变种。[②] 我们认为,自然法在后来的延续已经没有必要再予以关注了,因为社会契约理论和天赋人权学说就已经非常准确地表述了自然法的思维进路。自然法的基本思想若在行政法中予以转化,便可以得出如同韦德得出的结论。

其一,自然法的自然正义要求政府行政权的行使必须"程序正当"。韦德认为:"程序不是次要的事情。随着政府权力持续不断的急剧增长,只有依靠程序公正,权力才可能变得让人能容忍。比如,控制土地利用的立法在很大程度上征用土地不予补偿,这大部分被认为可以接受而未引起公愤。但如果有关规划有申诉稍有处理不公的传言,人们就会怨声载道。"[③] 程序正当作为自然法的内容在行政法学的解释中并不是一个能够被轻易接受的东西。正如韦德进一步所分析的,行政系统以及行政官员所追求的是行政过程中的效率,他们往往把程序看成是阻滞效率的一个最大障碍。自然正义的程序正当限制了行政机关以及行政公职人员行使行政权力和处理行政事务的自由,

---

① 〔法〕孟德斯鸠:《论法的精神》(上册),张雁深译,商务印书馆1982年版,第3页。
② 《中国大百科全书》(政治学卷),中国大百科全书出版社1992年版,第615页。
③ 〔英〕威廉·韦德:《行政法》,徐炳等译,中国大百科全书出版社1997年版,第93页。

如果依照程序规则行使必然浪费时间和金钱,加大行政成本。正因为如此,韦德在程序正当的内涵中进一步强调:"正因为它们主要是维持公正的原则,可减少苦怨,所以可以说自然正义原则促进效率而不是阻碍效率。只要法院不让它们恣意肆行,使之在任何情况下都与良好行政要求的准则一致,它们就应被视为不仅是公民的保障也是官员的保障。不怀偏见并适当地考虑了受影响的那些人们的意见而作出的决定,将不仅更可接受而且质量也会更高。正义与效率并行不悖,只要法律不要过分苛刻。"①

其二,自然法的自然正义要求"越权无效"。自然法从天赋人权出发,认为国家政权体系中诸权的取得是通过社会契约而完成的,即是说社会契约是国家政权体系中诸种权力主体行使权力的法律形式。契约的最大特点之一是它确定权利和义务的明确性,以及权利义务主体在行使权力中的诚信度。而依社会契约理论,国家权力主体都应当有自己的权力范围,这个权力范围在西方一些学者的著作中称之为"管辖权",韦德所讲的管辖权是针对行政系统而言的,在这个问题上其研究中的法律措辞与我国学者存在较大区别。我国学者一般将行政主体的权力范围称之为职权或职类,有些学者也称之为职能。因此,在我国的法学研究中,一说到管辖权人们自然而然地会与有关司法权的概念结合起来,这只是一个研究传统的问题。韦德指出:"法院坚持从广义上去理解管辖权,因为这是它们纠正滥用权力行为的最终权力手段。它们希望扩大越权原则,以涵盖所有违反法律原则行使法定权力的事件。这是行政法进步的传统方式。但是,这一原则被大家认同以前,混乱是一定会出现的。"② 在这个表述中,管辖权的内容

---

① 〔英〕威廉·韦德:《行政法》,徐炳等译,中国大百科全书出版社1997年版,第94页。
② 同上书,第48页。

是针对行政机关的行政权而言的。既然各个主体有自己的管辖权,这个权力就是契约内容所清楚地反映的。当然,契约在这个时候已经转化成了法律规范。如果那个机构行使了管辖权以外的权力就必然违反了最初的契约。因此,超越权限的行为是自然正义的核心内容之一。但是,韦德没有在讨论自然正义时讨论越权无效的原则,而是在"法院权力的宪法基础"一章中讨论越权无效的。笔者认为,在韦德看来越权无效是行政法中的一个基本原则,"公共当局不应越权,这一简单的命题可以恰当地称之为行政法的核心原则。在很大程度上法院通过扩大和提炼这一原则发展了这一命题。"[①] 显然,越权无效作为行政法治的核心原则,亦必然在行政权与司法权的关系中体现它的重要性,而这中间的正义属性是毋庸进一步论证的。

其三,自然法的自然正义要求"公平对待"。公平对待是指存在于社会中个体的人能够向行政机关主张与他人一样的待遇。自然法中有一个基本问题就是作为理性的人,是生而平等的。认为人本身有理解自己权利和义务的能力。因此,当人与政治实体发生联系时,应当获得与其同类一样的行使权利和履行义务的条件。平等理念在后来的发展中有多种多样的认识进路,有自由观的平等论:"自由至上论者就认为,平等的自由就是指近乎拥有占有财产和签订合同的绝对权利,不论这种权利会造成什么样的资源分配。"[②] 有民主主义的平等论,"公民在政治上享有参与管理社会的平等机会。"[③] 机会均等论者则认为平等是一种机会均等,主张人在体力、生理、性别、职业等方面都存在较大的差异,平等不应当是绝对的平均主义,而是为人们创

[①] 〔英〕威廉·韦德:《行政法》,徐炳等译,中国大百科全书出版社1997年版,第48页。
[②] 〔英〕戴维·米勒主编:《布莱克维尔政治学百科全书》,邓正来等译,中国政法大学出版社2002年版,第245页。
[③] 同上。

造一种均等的机会。无论如何,平等概念系统化的原初主张是天赋人权理论,其作为自然法内容的部分也就不证自明了。在行政法中它就转化为了行政机关应当平等地对待每一个当事人。这应当是行政机关在权力行使中的一个基本义务,而对于当事人而言则是其对行政机关的一个基本权利。这个理论虽是一个较为高层次的理念,但这并不影响它在法治过程中的意义,施瓦茨在其关于行政机关如何行使自由裁量权的理解中已经将其作为裁量权行使的一个判定标准,即如果行政机关在一个相同的权力行使中,若在不同的行政相对人之间采用了不同的行为方式就可以被称为是裁量不当。[①] 这个行政法理念无论在行政法的操作层面起任何作用,都不影响它作为自然正义这一相对较高理念的组成部分这一基本事实。

(二) 自然正义作为行政法理论基础的解释逻辑

自然正义的理论在其最高阶段,即天赋人权阶段已经不是一个简单的理论体系问题,而是一个具有根本性的政治主张,正如著名的法国人权宣言所规定的:"组成国民议会的法国人民的代表们,认为不知人权、忽视人权或轻蔑人权是公众不幸和政府腐败的唯一原因,所以决定把自然的、不可剥夺的和神圣的人权阐明于庄严的宣言之中,以便社会各个成员可以经常翻阅和领悟本宣言,永远关注自己的权利和义务;以便立法权的决议和行政权的决定能随时与整个政治机构的目标两相比较,从而能更加受到他们的尊重;以便公民们今后根据简单而无可争辩的原则而提出的那些要求,可以确保宪法与全体幸福之维护。"[②] 其所针对的是专制权力对社会公众的侵害,尤其对新兴的资

---

① 〔美〕伯纳德·施瓦茨:《行政法》,徐炳译,群众出版社1986年版,第571页。
② 〔英〕彼得·斯特克、大卫·韦戈尔:《政治思想导读》,舒小昀等译,江苏人民出版社2005年版,第139页。

产阶级的侵害。自然正义的基本内容便是提升和改变社会公众的地位，而控制来自于国家行政权体系中的诸种权力。其若运用到控制行政权之中便是行政法的理论基础。那么，自然正义作为行政法的理论基础只有在其对行政权的态度上才能做出合乎逻辑的解释。笔者试从下列方面予以解释。

其一，行政权无根基性的自然正义背反。行政权在封建制度之下是归属于国王或皇帝的权力，而国王或者皇帝是如何取得这种权力的，只能用上天赋予或不言而喻等无法证明的理论来说明。这种关于行政权的解释显然是缺乏令人信服的根基的。而自然公正原则认为过去设立的行政权其实是没有任何基础的权力。自然正义中的主权在民理论将行政权存在的根基予以厘清。然而，行政权存在根基理论上的厘清并不意味着这种权力就会自然而然地依决定它的根基而运行。即是说，行政系统组成以后并不一定能够根据决定它的人民的意志而行为。背反人民意志的情形至少在理论上的存在是完全可能的。因此之故，便需要法律规则将行政权的若干事项，包括行政权的组织的结构等规定下来。"将权力分割开来只是徒劳无益：如果权力的总和不受限制的话，分散的权力只得进行联合，专制主义将无可救药。如果没有另一种权力的同意，我们的权力应该神圣不可亵渎，而这种神圣不可侵犯禁止所有的权力。仅仅只有行政权借用立法权还不够，立法权必须能够让他们只在法律规定的范围内行动。如果没有法律的支持，现在还不是行政权有权行动的时候，如果限制不是设定去支持它，如果没有规定法律的制定者对有些事情可以不制定法律——或者，换言之，统治权是有限制的，就存在一些人民或他们的代表都没有去作出的决定。"[1] 法律规则使行政权的根基不但明确化，而且始终

---

[1] 〔英〕彼得·斯特克、大卫·韦戈尔：《政治思想导读》，舒小昀等译，江苏人民出版社2005年版，第372—373页。

要求行政机关在这个根基的基础上运转。

其二,行政权封闭性的自然正义背反。行政权在封建体制之下,是相对封闭的权力形态。封建权力的封闭性是由封建社会政治体制的内部结构性决定的。所谓内部结构性是指封建专制权力同样是一个结构化的系统,这个结构化甚至不比现代行政权的机构性差,例如中国古代的官吏制度就是一个非常严密的机构系统:"东汉以来,已经形成了豪门、名士'月旦评'的风气,即每月初一品评本乡人士的德才,以作地方官举荐的参考。曹魏初,曹丕采纳吏部尚书陈群的建议,实施'九品中正制'(也称'九品官人法'):由中央委派专职官吏任各州郡的'中正'官,负责察访、评定本地士人,按其才德声望分为上上、上中、上下、中上、中中、中下、下上、下中、下下九品并登记造册,品级高者向吏部推荐为官。随着魏晋南北朝门阀世族统治的形成,各州郡的豪门大族已发展到可以左右政局的地步,九品中正制也成了豪门大族垄断仕途的工具,结果导致了'上品无寒门,下品无世族'的局面。九品举荐虽然仍分为孝廉、秀才、明经等科,按例也仍须考试,但考试已同虚设。一直到南北朝后期,世族衰落,寒门兴起,考试的重要性才日渐上升。"① 然而,不可否认的是封建行政权力的结构性是在行政系统内部存在的,它对外是一个相对封闭的系统。其在吸引社会成员进入行政系统方面是半封闭的,而在系统内部的运作中则是完全封闭的。行政权的封闭性显然是和自然法的理念不一致的,依自然法理论,行政权本不是行政系统的权力,而是由社会公众依约转让的权力。这个权力本来就是社会过程的产物,是一种社会化的权力形态,"在一个单一的共和国里,人民交出的一切权力是交给一个政府执行的,而且把政府划分为不同的部门以防篡夺。在美国的复合

---

① 徐永康主编:《中国法制史》,华东理工大学出版社1994年版,第244页。

共和国里，人民交出的权力首先分给两种不同的政府，然后把各政府分得的那部分权力再分给几个分立的部门。因此，人民的权利就有了双重保障。两种政府将互相控制，同时各政府又自己控制自己。"[1] 行政权由封闭而开放是自然正义的基本要求，也是其对行政权格局的理论推演。那么，如何使行政权由封闭而开放呢？法律手段就是最为有效的，行政法在其中所起的作用便是对行政权进行开放性的保护。

其三，行政权无根据性的自然正义背反。行政权的来源与行政权的根据不是同一意义的概念，上面我们在分析行政权的根基时，其实亦包括了行政权的来源问题。行政权的来源只是说明行政权的性质的后来获取性，并没有提供行政权在运行过程中的具体规则。自然正义理论中包括不超越权力的原则，而且这个原则是一个核心概念。如何使行政权不超越其范围呢？首先必须对其确定具体的范围，正如韦德提出的管辖权概念。孟德斯鸠在《论法的精神》这一经典著作中就已经初步判定了行政权的界限："在每一个政府中，都有三种权力：立法权；依赖国家法律的行政权；依赖民法的行政权。依靠第一种权力，君主或行政首脑制定临时或永久的法律，修订或废除那些已经制定的法律。依靠第二种权力，他讲和或宣战，派驻和接纳大使及其随员，建立公共安全保障，防备入侵。依靠第三种权力，他惩罚犯罪，解决个人间发生的争端。我们将称后者为司法权，而别的只是国家的行政权。"[2] 不论其所设定的范围是否正确和周延，它对行政权范围作出判定的研究路径都被后来的人们所接受，在一些国家的宪法中甚至列举规定了行政权的具体范围。行政权的依据不仅仅来自一个国家的宪

---

[1] 〔美〕汉密尔顿等：《联邦党人文集》，程逢如等译，商务印书馆1989年版，第265—266页。
[2] 〔英〕彼得·斯特克、大卫·韦戈尔：《政治思想导读》，舒小昀等译，江苏人民出版社2005年版，第95页。

法，而且来自下位的行政法。因为，行政权的依据不仅仅指一个国家中中央政府行政权的依据，不仅仅指一个国家某一部门行政权的依据，也不仅仅指一个国家地方行政权的依据，而是各个层次、各个部门、各个区域的行政权都应当有依据，虽然，如此精细的依据在宪法中规定是不可能的。行政法的存在与为行政权提供不论哪个层面的依据是有关系的。

其四，行政权单向运作的自然正义背反。行政权的运作在没有法律约束的情况下，几乎都是单向性的。尤其在封建专制国家，它的这种单向性更加明显。"君主制国家在尘世至高无上：因为王不仅是神灵在地球上的副手、坐在神灵的御座上，而且他们甚至还被上帝亲口称为神。君主与上帝的相似性，主要体现在三个方面。一是该称呼出自上帝之口，其他两个则源自政治和哲学的根基。在圣经中，王被称做神，因此他们的权力与神灵的权力相比有某种关系。王还被比喻为一家之长：因为一位王真正是一国之父，是其子民的政治之父。"[1] 所谓行政权的单向性是指行政权在运作中沿着一条单向线路运行。一方面，行政权的启动是在行政系统中的高层开始的，封建社会中的国王和皇帝就有决定行政权运作内容的绝对权力，一旦这种决定形成，就沿着一个固定的线路层层下移，直到最后对社会成员发生作用。行政权单向运作与自然正义的基本法则是背反的。依自然正义法则，行政权的基础在人性方面，存在于社会最低层次的广大自然人的人性是行政权的最终决定因素，行政权的运行线路要么由下自上开始，要么双向进行。而绝对的单向运行与自然法原则是相反的。《代议政府》中有这样一个理论："每个公民不仅对那种终极主权的行使享有发言

---

[1] 〔英〕彼得·斯特克、大卫·韦戈尔：《政治思想导读》，舒小昀等译，江苏人民出版社2005年版，第56页。

权,而且被要求真正参加政府,亲自担任某种地方的或全局的公共职务……。毫无疑问,最理想的政府形式并不是指在一切文明状态下都是可行的或适当的政府形式,而是指这样的一种政府形式:在可行和适当的情况下,它会带来最大的、直接的和潜在的有益后果。地地道道的平民政府就是能够声称具有这种性质的唯一政体。它在政体上能够充分展示它两方面的优越性。它比任何其他政体既更便于提供良好的管理,又更能较好地促进民族性格向较高形式发展。"[1] 行政法的存在及功能便可以得到解释了,它通过一种规则将行政权运作过程中的两端连接起来,我们认为,行政权作为一种权力的行使是对人的,而不是对物的。当它对人时就存在行政权的发动者一方与行政权的作用对象一方。在单向运作的情况下,一方是主体,另一方只是客体,即行政权的发动者一方是主体,而受其作用的社会成员一方是客体。自然法理论中,主客体的形式当然不是专制权力行使下的状况,至少是主客体互换的关系。行政法规则将两种主体资格予以确认,再有效地将二者予以联结。

上列四个方面是我们对自然正义理论作为行政法理论基础的逻辑阐释。

(三)自然公正作为行政法理论基础的分布图

自然公正的理论就像自然法的理论一样,其内涵并不是十分确定的,即便其有确定的内涵,在不同的国家的行政法理论中必然会有不同的表现。其原因在于,一方面,行政法理论基础本身就是一个主观的东西,而由自然公正向具体的理论基础转化过程又是一个主观性

---

[1] 〔英〕彼得·斯特克、大卫·韦戈尔:《政治思想导读》,舒小昀等译,江苏人民出版社2005年版,第376页。

极强的工作。这必然使其在不同的学者演绎之下有不同的表现方式。另一方面，行政法建立在每一个国家的政治体制和政府机构之中，各国在政治传统和政治体制上的区别必然使同一个理论在同一个国家会有不同的实际效果。但是，不论其会发生什么样的变化，不论其在各个国家有怎样的表现方式，自然公正作为行政理论基础的精髓却是不变的，只要接受自然公正的国家，其行政法的理论基础大体上都有相同的内涵。我们试将自然公正作为行政法理论基础的分布作如下概括。

第一，分布于英国行政法学中的自然正义。韦德对英国行政法的历史作过这样一个概括："行政法在英国有很长的历史。但是，现代形式的行政法直到 17 世纪下半叶才出现。它基本规则的相当大的部分，例如自然正义原则，可以追溯到 17 世纪甚至更早。早些时候，起各种行政管理作用的治安法官受巡回法院的法官监督。巡回法官在他们自己的地区传达国王发布的命令，处理违法和渎职行为，并向伦敦、北方及威尔士报告当地的情况。在都铎王朝时代，枢密院的权威加强了这项制度。现代类型的集权国家经历了一个很长时间才得以形成。枢密院的监督是通过星座法庭行使的，星座法庭可以对不服从治安法官的人予以惩罚，有权谴责治安法官或自己代替治安法官。但是，国家的权力在行政水平上一般不受挑战。一个自治城市的自由人可能通过获取上级法院对下级法院的强制令来抵制非法的驱逐，调卷令可以在下水道管理局非法行使职权时纠正其非法行为。但这样都是基于宪法的理由，而不是行政的理由，很明显的是在国内战争的战场上解决了国王与平民的争议。因此，现存的行政法从 17 世纪下半叶起持续发展。18 世纪是法制非常出色的时期，这是有了高度适应的条件，司法控制的基础得到了加强。在两个世纪不同年代中制定的法律可以不需改变，这多么神奇！这棵树还在长，现在长出了新枝，但是它仍根植于几个世纪一贯的老地方。"[1] 说明英国在行政法理论基础的选择上是以自然正义为最高标准的。英国行政法中的一系列制度和其基本的行政法理念都能够用"自然正义"这一理论基础进行解释。不论在韦德的《行政法》中，还是在卡罗尔·哈洛等的《法律与行政》中都能找到痕迹。我们认为，英国行政法推崇的自然正义的理论基础，在实在法中的意义甚至大于在行政法学研究中的意义，"一种与权力主义相反的学说。任何公共行为的唯一正当理由在于它所取得的公众福祉应当与行为所需要的强制力相称。不过要知道，这最终还是一个由我们每个人进行个人评价的问题；因此，在公民个人的主动性中注入了真正的推动力。机会留给了个人主义的贮备库，而这正是大量的社会福利最终所仰仗的。"[2] 自然正义理论在英国之所以能够取得理论上和法律实在上两个方面的巨大成功，其根本原因也必须从其思想背景和现实背景之中得到证明。英国的行政法思想理论在西方国家中是比较发达的，以洛克为代表的自然法学派使英国政治思想所达到的高度，至少在当时超过了其他任何国家，后来有诸如布莱克斯图、梅因等这些职业法学家将行政法理论在法学研究中的具体应用，这就使英国在思想上有接受自然法的优先条件，自然公正的理论化也基本上是由英国学者完成的，政治制度方面，英国是世界上最早设立议会的国家，其在13世纪就有了现代意义上的议会，难怪乎人们将英国称之为"议会之母"。17世纪"光荣革命"后，议会已经成为国家权力的中心，正如一位瑞士籍政治学家所指出的，英国议会除不能将男人变为女人，和把女人变成男人以外，什么都可以做。1689年

---

[1] 〔英〕威廉·韦德：《行政法》，徐炳等译，中国大百科全书出版社1997年版，第17—18页。
[2] 〔英〕卡罗尔·哈洛、理查德·罗林斯：《法律与行政》（上卷），杨伟东等译，商务印书馆2004年版，第152页。

和1701年英国通过了两个宪法性法案,即《权利法案》和《王位继承法》,这两个法案赋予了议会立法权、财政监督权、决定王位继承权等。我们知道,英国是议会君主制政体,形式上在议会之上设有国王,但国王只是国家权力的象征,政治权力的核心在议会方面。议会权力的核心地位虽然在后来的国家权力发展中有所弱化,但是,英国议会权力相对较大的历史传统对后来英国法治的影响是不可低估的,自然正义的基本理论之所以能够成为英国行政法的主流理论基础,一定意义上讲是由英国这种历史传统决定的。

第二,分布于德国行政法学中的自然正义。德国行政法属于罗马—日耳曼法系,即后来所演变的大陆法系,与英国法不属于同一个法系。以此推论的话,在英国行政法中自然正义作为行政法的理论基础,而在德国则应当是另一个理论基础,如果做出这样的推论似乎并不意外,因为大陆法系和英美法系不仅仅是法律形式上的区别。然而,在笔者看来,大陆法系和英美法系的界限就好像公法和私法的界限那样,已经越来越不明显。如果说在一国法律制度形成的初期,以法系来为不同国家的法律制度贴上标签还算合理的话,那么,在一国法律制度发展到较高层次的情况下,不同国家的法律不是越来越走向相反的一面,而是越来越走向趋同。这一点使我们能够合理解释自然正义理论为什么会同样在德国存在。笔者之所以认为,德国行政法亦以自然正义作为理论基础,这与其行政法学理论体系的结构以及行政法制度是有关系的。毛雷尔在其创设的行政法学体系中提出了一个"主观权利"的概念,认为主观权利是社会公众的一个一般权利,是法理学分析中的权利形态,当然其存在的基础仍然是法律规范和法律制度,他认为主观权利是法律规范赋予社会个体的权能,就是个人为了实现自己的权利要求他人或者行政机关不为一定行为、容忍或者不作为的权利。"主观权利不仅存在于公民——国家的关系,也存在于国家——公民的关系,以及公法人相互之间的关系。……法律约束要求行政机关遵守和适用法律,主观权利实际上并没有给公民提供多于客观权利所赋予的权益,因此,人们不免怀疑主观公权利是否具有自己的价值。但是,进一步的研究表明:主观权利对国家和公民之间的关系具有决定性影响。主观权利使宪法保障的尊严和人格(基本法第1条第1款和第2条第1款)产生法律效果。基本法承认公民是权利主体,从而赋予公民独立于国家、要求国家遵守有关法律的权利。离开这些权利,公民可能成为国家活动的仆从和客体。保障主观权利是自由、民主、社会、法治国家的基本条件之一。因此,基本法颁布之后,主观权利得到了广泛的提高。基本权利是主观权利的特殊表现形式。"[①] 此段话实质上是自然法理论的延伸,是自然正义的具体内容。问题不在于在德国行政法的著述中有了这种个别的关于主观权利的论断,更为重要的是德国行政法学者解释行政法现象时,主流的论点似乎都要以这样的主观权利展开,而且主观权利成了学者们解释行政法现象的一把近乎万能的钥匙,例如,奥托·迈耶亦就有这样的论断:"真正的公法上的权利是从授予个人参与权开始的。由受委任者掌管国家事务,是为国家的利益——即公共利益——而进行。这在更广的程度而言又必须顾及个人。个人利益对国家事务的进行有其要求。为以权利的形式确保个人的上述利益,可以依据法律规定授予个人在国家活动中的参与权,以及对部分公共权力的控制力。这种权利的表现形式是各异的,部分更相当于请求权,部分更相当于物权。"[②] 德国行政法实在中,主观权利理论同样非常重要,例如,毛雷尔用发生在德国的一个案件说明主观公权利在现代社会中的个体化趋势,"甲在

---

① 〔德〕哈特穆特·毛雷尔:《行政法学总论》,高家伟译,法律出版社2000年版,第153页。
② 〔德〕奥托·迈耶:《德国行政法》,刘飞译,商务印书馆2002年版,第114页。

市郊区的一个独家房屋中居住,对附近的一个体育协会房屋中每天直至深夜发出的巨大噪声侵扰提出申告。甲请求主管地方警察机关的市长对体育协会进行干预,在23点之后禁止举行活动。市长没有采取任何措施。对这类请求该如何裁判?由于没有专门法律规范,只能适用一般警察法。根据一般警察条款,在出现对公共秩序和安全的危险时,警察机关可以裁量是否以及如何干预。应当首先审查是否存在对公共秩序和安全的威胁(事实要件)。如果这一点是肯定的,接下来的问题是该公民是否因该一般警察条款取得了权利。以前认为,警察只为公共利益而活动;今天人们承认,在涉及个人权益保护的范围之内,警察也为公民个人的利益活动。就此而言,一般警察条款也含有保护个人的特征。但是,甲只能要求市长无裁量瑕疵地审查和决定,而不能要求发布特定的禁止令,行政法院也只能就此作出判决(行政法院法第113条第5款第2项规定的答复判决)。很有可能:根据案件具体情况,只有被请求的干预措施是正确的(裁量压缩),市长应当发布该禁令,行政法院只能作出相应的履行法定职责的判决(行政法院法第113条第5款第1项)。"①总之,自然正义在德国行政法中理论基础的地位是不能怀疑的,其虽然与在英国有不同的进路,但在解释方法和寻求解决问题的路径上都有着法治精神上的一致性。

(四)对自然正义作为行政法理论基础的评价

自然正义作为行政法的理论基础在全世界行政法学领域是有很大影响的,研究行政法的人一方面基本上都知道这一理论基础,另一方面都或多或少在某一方面接受了这个理论基础中的一些主张。一

---

① 〔德〕哈特穆特·毛雷尔:《行政法学总论》,高家伟译,法律出版社2000年版,第161—162页。

些当代还在建构的行政法制度一定程度上与这个理论基础有关。对于这个理论基础,我们认为就像我们认识其他任何事物那样,应当从两个方面看,从其正的方面分析,有三个基本事实值得我们重视。一则,自然正义有一个非常厚实的理论体系,因此容易让人信服。我们一开始就介绍了自然法的历史发展进程,若从古希腊算起,其已有数千年的历史,有关自然法的思想几乎俯拾皆是。这个非常厚重的理论积演既容易让人接受,也容易使人沿着其基本思路向下思考,罗尔斯就是沿着自然正义的理论创造出了在 20 世纪最有影响的一个政治学乃至法学的理论,这个理论现在也被一些行政法学研究者广泛接受和运用。二则,自然正义理论从人性和人本开始进行逻辑推演,其在行政法的理论中建立了一个非常好的权利体系,只要从自然正义出发就必然会注意到人的权利问题。现代行政法实在中的一系列理念和制度都从这个基本的权利体系展开。对于行政法学和行政法实在而言,由自然正义而推演和构建的权利体系,是这个理论基础更为成功的地方,也是其对人类行政法学研究的巨大贡献。三则,自然正义作为行政法理论基础在解释行政法现象、解决行政法问题方面是较为方便的,这其中的原因在于,自然正义原理中包含的价值材料种种,只要学者们选择一个行政法研究中的问题,如果对自然正义理论熟识,就一定能够找到一个解决自己设定问题的理论。自然正义理论在行政法研究中被广泛接受的事实证明了这一点。

在对自然正义作为行政法理论基础予以肯定时,我们同时认为这个理论有它的一些缺憾。一方面,这个理论需要作出一个整体的、科学的整合是相对较难的。自然正义理论中包含着非常复杂的理论层级,而且诸多理论之间存在一定的包容性。这就使得自然正义中的元素相对分散,对其进行整合本身就是一件非常困难的事情,而要用这个分散的理论体系整合成行政法的理论基础就更加有难度了。另一方面，自然正义从它产生的那一天起就带有非常强烈的政治价值，其将社会公众与行政系统作为两个事物来看，至少在一个具体的法律关系中是两个相对应的事物。由于二者是对应甚至对立的，因此，从自然权利出发行政当然要受制于个体权利，这种解释的政治价值能够使社会公众与政府保持敬而远之的关系形式。但是，在当代社会中，行政权的约束不仅仅是政治问题，更为重要的是它是一个技术问题，我们如何从技术上对行政权进行有效约束，从自然正义理论基础中很难有较大收获。

三、作为分权与制衡的理论基础

（一）分权与制衡的概念

国家权力在其相对较低阶段无论从理论上还是实践中都没有较为精细的分类，即便有分类，也是依据具体事务而作出的形式意义的分类。后来随着人们对国家权力认识水平的提高，便从较深层次的理论上对国家权力进行相对科学的划分。孟德斯鸠在《论法的精神》中首先提出了国家有三种不同的权力。即立法权，就是为国家制定法律的权力；行政权，就是为了执行法律而对社会事务进行处置的权力；司法权，就是排解社会纠纷和判解社会矛盾的权力。在孟德斯鸠的著作中三权的分立还只是一种初步的理论设想，但由于这个理论设想对于一个国家的政权而言，尤其对权力行使的民主化具有革命性的意义。后来通过《联邦党人文集》等著述的进一步深化，使三权分立的理论成了一种学说。《联邦党人文集》第47篇写道："没有任何政治上的真理比这个反对意见所依据的有更大的真正价值，或者更加明显地带有自由保卫者的权威色彩了。立法、行政和司法权置于同一人手中,不论是一个人、少数人或许多人,不论是世袭的、自己任命的或选举的,均可公正地断定是虐政。因此如果联邦宪法真的被指责为积累权力,或混合权力,或具有这样一种积累的危险倾向,那就不需要再用其他论据来引起对这个制度的普遍反对了。然而我相信,每个人都会清楚,这种指责是得不到支持的,而它所依据的原则完全被误解和误用了。"[①]这是对这个学说基本含义的高度概括。这个学说在后来制定的美国宪法中得到了具体应用。

《美国宪法》第1条第1款规定"本宪法所规定的立法权,全属合众国的国会,国会由一个参议院和一个众议院组成。"第8款规定"国会有权规定并征收税金、捐税、关税和其他赋税,用以偿付国债并为合众国的共同防御和全民福利提供经费;但是各种捐税、关税和其他赋税,在合众国内应划一征收;以合众国的信用举债;管理与外国的、州与州间的,以及对印第安部落的贸易;制定在合众国内一致适用的归化条例,和有关破产的一致适用的法律;铸造货币,调节其价值,并厘定外币价值,以及制定度量衡的标准;制定对伪造合众国证券和货币的惩罚条例;设立邮政局及建造驿路;为促进科学和实用技艺的进步,对作家和发明家的著作和发明,在一定期限内给予专利权的保障;设置最高法院以下的各级法院;界定并惩罚海盗罪、在公海所犯的重罪和违背国际公法的罪行;宣战,对民用船只颁发捕押敌船及采取报复行动的特许证,制定在陆地和海面房获战利品的规则;募集和维持陆军,但每次拨充该项费用的款项,其有效期不得超过两年;配备和保持海军;制定有关管理和控制陆海军队的各种条例;制定召集民兵的条例,以便执行联邦法律,镇压叛乱和击退侵略;规定民兵的组织、装备和训练,以及民兵为合众国服务时的管理办法,但各州保

[①] 〔美〕汉密尔顿等:《联邦党人文集》,程逢如等译,商务印书馆1982年版,第246页。

留其军官任命权,和依照国会规定的条例训练其民团的权力;对于由某州让与而由国会承受,用以充当合众国政府所在地的地区(不逾十哩见方),握有对其一切事务的全部立法权;对于经州议会同意,向州政府购得,用以建筑要塞、弹药库、兵工厂、船坞和其它必要建筑物的地方,也握有同样的权力——并且为了行使上述各项权力,以及行使本宪法赋予合众国政府或其各部门或其官员的种种权力,制定一切必要的和适当的法律。"通过这两个条文基本将国会的权力性质以及作为立法权的范围作了规定,这个规定要比三权分立在纯粹的学说阶段有了更新的内涵。

第2条第1款规定:"行政权属于美利坚合众国总统。……"第2款规定:"总统为合众国陆海军的总司令,并在各州民团奉召为合众国执行任务时担任统帅;他可以要求每个行政部门的主管官员提出有关他们职务的任何事件的书面意见,除了弹劾案之外,他有权对于违犯合众国法律者颁赐缓刑和特赦。总统有权缔订条约,但须争取参议院的意见和同意,并须出席的参议员中2/3的人赞成;他有权提名,并于取得参议院的意见和同意后,任命大使、公使及领事、最高法院的法官,以及一切其它在本宪法中未经明定、但以后将依法律的规定而设置之合众国官员;国会可以制定法律,酌情把这些较低级官员的任命权,授予总统本人,授予法院,或授予各行政部门的首长。在参议院休会期间,如遇有职位出缺,总统有权任命官员补充缺额,任期于参议院下届议会结束时终结。"通过这个条文,将行政权的性质和范围作了明确,这样的明确规定要比封建专制体制之下权力不作任何判分科学了不知道多少倍。

第3条第1款规定:"合众国的司法权属于一个最高法院以及由国会随时下令设立的低级法院。最高法院和低级法院的法官,如果尽忠职守,应继续任职,并按期接受俸给作为其服务之报酬,在其继续任职期间，该项俸给不得削减。"第 2 款规定："司法权适用的范围，应包括在本宪法、合众国法律和合众国已订的及将订的条约之下发生的一切涉及普通法及衡平法的案件；一切有关大使、公使及领事的案件；一切有关海上裁判权及海事裁判权的案件；合众国为当事一方的诉讼；州与州之间的诉讼，州与另一州的公民之间的诉讼，一州公民与另一州公民之间的诉讼，同州公民之间为不同之州所让与之土地而争执的诉讼，以及一州或其公民与外国政府、公民或其属民之间的诉讼。在一切有关大使、公使、领事以及州为当事一方的案件中，最高法院有最初审理权。在上述所有其它案件中，最高法院有关于法律和事实的受理上诉权，但由国会规定为例外及另有处理条例者，不在此限。对一切罪行的审判，除了弹劾案以外，均应由陪审团裁定，并且该审判应在罪案发生的州内举行；但如罪案发生地点并不在任何一州之内，该项审判应在国会按法律指定之地点或几个地点举行。"① 从这个条文中我们已经能够看到行政权与司法权之间的制约关系。当然，前面条文中已经有一些关于行政权与立法权相互制约的内容。

上列规定表明了分权与制衡是有机地联系在一起的。分权的目的不是各个机构之间在国家权力的行使中坐地分赃，而是保证各个机构在行使自己权力的时候能够更有效、更有责任心。并最终以整体上使国家权力系统沿着一个相对理性的轨道运行。这样便在权力分立的基础上产生了制衡理论。广义上讲，制衡理论是权力分立理论的组成部分，因为纯粹的分权并不一定使权力的行使发生真正意义上的质的变化。但是，笔者注意到，相当一部分经典作家在对权力分立和制衡进行研究时，是将二者作为两个理论看待的。正如詹姆斯·M. 伯

---

① 萧榕主编：《世界著名法典选编》（宪法卷），中国民主法制出版社 1997 年版，第 10—12 页。

恩斯指出的："分权依然不够。在制宪者看来，总有这样的危险，即握有不同权力的不同官员，可能将他们的权力集中起来并采取共同行动。分权本身还不能防止政府部门和官员对同一种压力——例如占压倒多数的选民作出反应。如果分权还不够，还有什么别的办法呢？制宪者们的答案是制衡制。麦迪逊写道：'防止某些权力逐渐集中于同一部门的最可靠办法，就是赋予各部门的主管人以必要的宪法手段和个人动机……必须用野心来对抗野心。'因此，每一个部门在其他部门的活动中都有某种作用。我们有一个'由分立的机构分享权力的政府'。这就是，国会制定法律，但总统可以否决它们。最高法院可以宣布经国会通过并经总统签署的法律违宪，但总统经参议院批准任命法官。总统执行法律，但由国会给钱。参议院和众议院在制定法律过程中互有对另一方的绝对的否决权，因为法案必须经两院批准。每一个部门不仅对其他部门的行动有一定的权力，而且彼此在政治上互相独立。总统是由总统选举人选举的（选举人现由民选）。参议员现在由各州选民选出，众议员则由他们选区的选民选出。虽然联邦法官由总统经参议院同意任命，但法官一旦任职，实际上终身留任。制宪者们也确保选民多数只能在一段时间里控制政府的一部分。人们多数在非大选年（即非总统选举年）可能控制众议院，但代表前次人民多数的总统仍可任职两年。此外，参议员任期为六年，每两年只改选三分之一。最后，还规定设联邦法院。事实上，在我们的制衡制中，法官是十分重要的，值得特别注意。"[1]

三权分立理论是权力分立理论的基本形态，而不是唯一形态。一些理论家在三权分立的基础上拓展了它的内涵，或者说拓展了相关的

---

[1] 〔美〕詹姆斯·M.伯恩斯等:《美国式民主》,谭君久等译,中国社会科学出版社1993年版,第36—37页。

权力范围。孙中山先生就运用权力分立的学说创造了五权分立的理论,在后来制定的《中华民国宪法》中五权政制的理论变成了法律实在。对于权力分立,尤其三权分立的理论价值和给后来各国国家政权建立所产生的积极意义,怎么估价都不过分。一方面,权力分立理论为人们思考国家政权的行使方式寻找到了一个非常好的出路。在权力分立理论产生之前,人们将国家权力作为一个事物看待,既然国家权力是一个事物,那么,由一个机构或一个人行使这样的权力就不会有理论上的障碍。封建专制权力就是以国家权力的一体化作为强大的理论背景的。另一个方面,权力分立的本质是比较科学,它的科学性在于"以权力制约权力"。人们在三权分立理论问世之后,亦曾从不同角度探讨了权力的制约问题。如通过社会公众制约政府的权力等。[1]然而,一谈到制约关系我们必须立即想到只有当两个主体势均力敌的情况下,制约才能够是有效的,若两个不同的主体其物质实力和精神实力等都存在巨大的反差,这种情况下,权力的制约就不可能做到,这用简单的物理原因就可以对其作出证明。从这个意义上讲,以权制权的理论是一种非常科学的理论。由于三权分立或者权力分立的学说和制度我们都非常熟悉,笔者就简单地将其内容评介如上。

(二)分权与制衡作为行政法理论基础的解释

分权与制衡作为行政法理论基础的解释逻辑应当说是比较容易的,首先权力分立与制衡理论为行政权的存在提供了理论基础和法律基础。这个提供是行政法问题解释和探究的始点。我们知道,行政法

---

[1] 施米特对社会公众制约政府权力的理论根据作了这样的分析,当一切政府规范和法律,一切法律解释,一切命令和制度安排等都是主权者的命令,主权者并不是君主或具有决定资格的权威,而是社会公众。权利就是法律,而法律就是解决有关什么是权利争端的命令,权利不是真理,而是颁布的法律。转引自〔美〕埃尔斯特等编:《宪政与民主》,潘勤、谢鹏程译,三联书店1997年版,第126页。

是以行政权为中心的法律,韦德甚至认为"行政法一直伴随着国家权力的扩大同步发展"。[1] 正是权力分立的理论使行政权既有了理论上的论证,又有了相应的制度构建。行政权的清晰化是行政法,至少是现代意义上的行政法存在的前提条件。因此,我们认为,权力分立理论在行政法治和行政法学科构建中是最有决定意义的东西。古德诺在《比较行政法》中用同一编的篇幅探讨分权学说,并不是偶然的,其已经认识到分权学说与现代行政法之间的关系:"政治哲学者之理论,或欲使政府之作用,以前记之行政支部为限,然实际所构成者,无如是之政府也。近世各国无不以直接增进人民之物质及知识的福幸为政府之义务,如维持创设交通机关、教育制度、公共的救济之方法等是。在此方向,政府迄于如何之范围,而延长其作用?如何而政府自为之、如何而放任于人民之私业?凡此皆为最重要之政治问题。而解答之者,为政治学及社会学。凡因增进人民之福幸,所行之职务分类之,可称为内务。而是等职务,又须政府之执行的作用,于是又构成行政职务之第五支部,如内务行政。"[2]

其次,权力分立与制衡理论使政府各部门都有相应的价值追求。权力分立理论及制度使国家权力系统中形成了不同的权力领域,而每一个权力领域都有介入其中的社会群体,不同群体之间的争夺等就使不同机构之间必须通过相应的法律形式连接起来。权力分立理论将国家权力分成不同的类型,每一种类型的权力在大规模的社会结构中都是一个权力系统,每个权力系统都存在着种种复杂的权力要素,其中最为重要的是行使权力的社会群体。每一个社会群体实质上都是该社会中的利益群体。国家权力的划分本身就是相对的,无论行政

---

[1] 〔英〕威廉·韦德:《行政法》,徐炳等译,中国大百科全书出版社1997年版,第18页。
[2] 〔美〕古德诺:《比较行政法》,白作霖译,中国政法大学出版社2006年版,第2—3页。

权和立法权的界限,还是立法权和司法权的界限,或者行政权和司法权的界限等。权力划分的模糊性是由技术原因决定的,而不是由政治原因决定的。然而,这种技术划分上的模糊性必然会反映到政治过程中。美国经济学家布坎南所讲的政府公职人员不是经济阐人的理论,并不仅仅指政府行政系统的利益体现会对社会公众单因素造成伤害。当行政系统将自己的利益实实在在地反映在行政过程时,其也对立法权及其体系、司法权及其体系以及由这些体系决定的社会群体造成侵害。此种根本上的利益区别同时决定了每一个权力系统的价值取向,笔者所说的价值取向是指每一个权力系统都非常重视本系统在社会过程中的功能。卢梭在他的著作里就已经对这个问题表示过担心:"立法者在方方面面都占据了国家中的一个特殊位置。如果他因自己的天赋而应当这样做,那么,他同样因自己的职责——既不是地方行政长官,也不是君主——而这样做了。这个职责建立起了共和国,却无法进入自己的国体;它是个人性的高级功能,与人类的帝国毫无共同之处。因为如果统治人类的人不应当控制法律,那么,控制法律的人就不应当使它凌驾于人类之上;否则,他的法律就会成为自己情感的仆人,经常仅仅用来使自己的不公正永久存在下去:他的私人目标将无可避免地损害其工作的圣洁……"[①] 即是说,从立法权的本质看,它应当是为社会创造共同的归属感和共同的情感,但不幸的是立法者在创造共同归属感的同时,也不适当地创造着其他权力群体对自己的归属感。行政权作为与立法权对应的权力,其在进行社会整合时,也通过整合性行为使其他权力在自己的组合之中。不同权力系统自我价值的追求,不同权力体系价值上的相背,便使行政法规则有了存在

[①] 〔英〕彼得·斯特克、大卫·韦戈尔:《政治思想导读》,舒小昀等译,江苏人民出版社2005年版,第99页。

的必要和空间。

　　再次,权力分立使每一个权力实体必须有恰当的名分和恰当的身份。而名分和身份的确定便使行政法的存在能够从主体法律资格角度得到解释。古德诺指出:"政府云者,本为理想的观念,而非有物质的生存者也。若欲使之振实力于活动之世界,则不可不具有代表物质的作用之能力之代理者,又不可不于前文所区别五个行政部各组织适当之代理者。且欲使种种方向之行政作用,保其一致,则更不可不于行政诸员之上组织一权力,是为行政上之元首。是故行政之学,非但考究行政作用之规则,并不可不于行政组织之题目消费许多之时间。因行政组织之重大,遂至行政一语,往往总称元首以至其最贱之属吏。如此则阿特米尼斯雷宣之语,为政府职务之意义,同时又为国家行政组织之意义。所谓阿特米尼斯雷宣者,谓执行之职务,又谓有执行权力者之全体焉。"[①] 国家权力的分立既使权力有了不同的类型,又使每种权力有了对应的行使者。国家权力的大规模性要求权力主体必须以一定的名分行使权力。古德诺指出,上至高级行政组织,下至公职人员都是通过一定的名分而取得行使权力的资格的。法律范畴中的资格实质上是一种法律上的人格。权力分立对人格的确立提出了要求,而权力分立作为一种制度并不能够使权力行使主体的资格法律化。行政法的功能与作用就在于对权力分立后行政系统主体资格的确认。这种确认不是由行政系统自己完成的,而是由行政主体以外的其他机关,如立法机关通过自己实施的法律行为而完成的。确立行政主体资格的法律一部分是宪法,但是大部分还是行政法。行政法对行政权主体资格的规定包含着主体资格确立之条件,主体资格之权力范围等。"第一种之官吏,尽其时间之全部于公共职务,无其他职业。

---

① 〔美〕古德诺:《比较行政法》,白作霖译,中国政法大学出版社2006年版,第3—4页。

又法律上亦不许有他之职业,且不求他之职业而于生活上受十分之报酬者也。此种官吏往往由法律责以专门的教养,即其关于官职上义务之事项,须有多少之知识是也。某国则以此法律的要求之结果,至对于官吏位置之候补者。关于行政事项,以修一定之课程为必要,以全体或主要依赖此专务的官吏之制度,谓之官治制,此制有从事于官职之专业,又有掌管公共事务行政官吏之阶级。反之,若名誉官吏,则不以其时间之全部投之公共事务,公共官职及其他之常职兼营,其维持之方法,专恃此种职业及私有之资产。"① 此论断虽然不是对行政法确立行政主体资格意义的描述,但其对职务的描述反映了主体资格通过行政法确立的重要性。

最后,也是非常重要的一点,立法权与行政权的分立具有一定的逻辑关系,立法权的功能是基本功能和首要功能:"一切国家最早的基本政策性法律,就是关于立法权的建立;最早的基本自然法规定了立法权自身,以便保护社会和生活在其中的每一个人(只要他的利益与公共利益相符)。立法权不但是国家的最高权力,而且一经共同体授予,就是神圣和不可改变的;其他任何人发布的任何法令,无论采取什么方式,无论有什么样的力量为背景,都无法具有法律的效力和约束力,除非得到了公众选举和任命的立法机关的批准。因此,一个人必须承担的最神圣的义务,最终都来自这个最高权力,并受它所制定的法律的指导。"② 立法权的这种重要性被后来的学者们表述为表达国家意志的权力。行政权与立法权的逻辑关系在于它是将表达出来的国家意志予以执行的权力。这个论点在理论和实践上都是成立的。进一步的推演就不会有理论上的障碍了,即行政机关应当受到表达国

---

① 〔美〕古德诺:《比较行政法》,白作霖译,中国政法大学出版社2006年版,第203页。
② 〔英〕彼得·斯特克、大卫·韦戈尔:《政治思想导读》,舒小昀等译,江苏人民出版社2005年版,第94页。

家意志的立法机关行为的限制。行政法也可以顺理成章地解释为立法机关为了使自己的意志得到有效执行而与行政系统形成的一种约定规则。在立法机关对行政机关的控制规则中,其哲理上的前提还在于立法机关和行政机关在权力范畴、机构体系等方面的区分。

(三)分权与制衡作为行政法理论基础的分布图

三权分立作为一种学说产生于欧洲大陆,但其作为一种制度则最早在美国建立。当然,美国在建立三权分立制度之前,其已经被诸如《联邦党人文集》的作者这样一些思想家所探究和推广。因此,以权力分立作为行政法的理论基础最具代表性的莫过于美国。

权力分立作为行政法的理论基础在美国有着巨大的历史连贯性。早在1897年古德诺出版的《比较行政法》中就对分权学说之理论与实践进行论述,并以此推演行政法诸原理,如"自确定行政官吏之组织观之,则行政法者,乃补充宪法所必要之法律也。宪法规定政府组织之大纲领,行政法则分演其纲领而涉及其细目者也。行政法非但以规定政府之行政组织补充宪法,又以决定关于行政官吏行政上之法律规定而补充宪法。盖宪法以个人之权利为根据而研究政府与个人之关系,行政法则以政府之权力为根据而研究之。故有谓宪法重权利,行政法重义务者。如此则行政法不问其置重于政府之权力与人民之义务,若个人之权利为之侵害,则不可不求救济于行政法。盖行政法,于制限行政作用范围之程度,而指定行政部不可不尊重之个人权利也;且欲使行政部不侵犯其指定之个人权利,苟被侵犯,则必予个人以救济之道也。"[①] 不仅如此,古德诺在后来出版的《美国行政法原理》一书中,延续了其在《比较行政法》中的理论基础。应当指出的

---

① 〔美〕古德诺:《比较行政法》,白作霖译,中国政法大学出版社2006年版,第5—6页。

是美国将行政法中有关三权分立学说作为其理论基础,不像自然正义在英国法中那样是被明确提出来的,而是学者们在推论行政法问题时下意识地运用三权分立和制衡的基本思想。1975年斯图尔特出版了《美国行政法的重构》一书,在这部著作中,作者所接受的行政法理论基础同样是权力分立与制衡。"行政机关决定的给予私人的制裁,必须得到立法机关的授权,授权的方式是制定控制行政行为的规则。除了军事和外交事务以及国家紧急状态时期之外,宪法并未认可行政机关对人身和财产拥有与生俱来的权力。针对私人行为的强制性控制必须由立法机关予以授权,并且,根据禁止授予立法权原理,立法机关必须颁布规则、标准、目标或某个'可理解的原则',以指引行政权力的行使。"① 其在重构美国行政法的体系时基本上的思维套路是权力分立和制衡思想。而且根据作者的理解,美国行政法凡是比较成功的地方,都有效地贯彻和体现了三权分立,而美国行政法中不成功的地方其根本原因则是没有很好地执行权力分立的理论体系。在讨论美国行政法权力分立与制衡的理论基础时,有一个事实我们必须提到,即古德诺在《政治与行政》一书中所提出的论点。古德诺认为,三权分立的理论是难以成立的,他从国家意志只有表达和执行两个方面入手,认为一个国家的权力只能有两大类,一类是立法权,另一类是执行权。对于古德诺的这个论点我们应当辩证地看,一方面,古德诺并没有否认权力分立和权力制衡这样一个基本理论,而这个理论本身的价值要比权力分成若干类来得更加重要。另一方面,古德诺的整个分析过程是沿着三权分立的进路展开的,只是其将三权分立用另一种方式进行了理解而已,而他提出的两权理论既改变不了美国行政实在法

---

① 〔美〕理查德·B.斯图尔特:《美国行政法的重构》,沈岿译,商务印书馆2002年版,第6页。

的格局,又难以成为美国行政法研究中的主流思潮。

权力分立与制衡在欧洲一些国家已存在,而且不同的国家对其进行了不同程度的改造。瑞士就是将三权分立学说和制度实践改造得比较成功的国家之一。1848年瑞士通过了联邦宪法,而且该宪法被联邦各州所接受。在这个宪法中,设定了权力分立的政权体制。行政权由一个7名成员组成的联邦委员会行使,由这个委员会集体负责。当然,行政权的委员会制是瑞士与美国的最大区别,这个区别并没有降低其政权体制结构中权力分立的格局。瑞士的立法权赋予了国民院和联邦院。瑞士此种权力分立的体制自然而然是由权力分立学说所支配的,为后来瑞士行政法受立法的约束起到了巨大的作用。"大约在1840年前后,一些州已经有了公民否决权,又过了不到10年,出现了全民否决的权利,这其实赋予了公民极大的立法监督权,从本质上也是立法权了。之后,又出现了人民倡议权,其本质便是提案权。并于1891年,人民倡议权扩大到了联邦一级。"[1] 权力分立使立法权对行政权的渗入具有充分的理论根据,而立法权作为社会公众的权力就转换成了公民对行政系统的控制手段,目前,瑞士实行的全民公决的制度就是在权力分立的基础上形成的。由于全民公决将政府行政系统对重大问题的决策权剥夺了,使公众对政府行政系统的控制已经超过了诸如先前的行政公开化、行政程序规则等制度的价值。

我们知道,权力分立的学说和体制并不单单是三权分立,也不单单是古德诺设想的二权分立,还可以有四权、[2] 五权等的分立。孙中山

---

[1] 郭成伟主编:《外国政体概要》,江苏人民出版社2001年版,第273—274页。
[2] 国家权力的理论分类和制度分类是两个不同的概念,但制度分类往往以理论分类为基础。我国国家权力实质上分为四类,即立法权、行政法、审判权、检察权,这四种权力的分类不单单是一个理论分类,而是制度分类。基于这四种权力在体制结构上是怎样处理的则是另一范畴的问题。

先生提出的立法权、行政权、司法权、考试权、监察权等五种权力就是五权学说。《中华民国宪法》规定的五权政制也成了一个非常实在的行政法体制。我国台湾地区行政法便以五权政制作为其理论基础，对此，我们不需进行专门讨论。

（四）对分权与制衡作为行政法理论基础的评价

分权与制衡理论作为一种政治学说，其理论价值是巨大的，我们在上面已经作了说明。然而，以分权理论和制衡理论建构的政治制度却在运作过程中遇到了诸多问题。一方面，立法权的传统内涵已经发生着一些变化，其在一定范围内行使着行政权，"不能全禁立法部与于行政之事业。国家编成之根本的法律，各国无不于最重要行政行为之几分，设立法部施行之条款，即采用分权说之国亦然。则厉行分权主义之一除外例，即以国家担负义务，不可不依立法部之承诺或发议规定于宪法是也。有时担负如是义务，政府不能为，必限于有宪法制定权者（纽约州宪法第7条第九节至第十二节参照）。又列国之宪法，多以政府费用之预算确定权予立法部。凡此行为或以为立法部之行为，或因得其承认而有法律上之效力，不拘其具备法律案之形式与否，其实皆行政的行为也。何则？其通常类似立法部之行为，不如类似行政部之行为甚也。故虽宪法国，纯然之立法行为，必以行政部形式的公布之。而此则并无须行政部形式上之公布，而始有效力。实际上，亦无行公布之形式者。然此行为，于其形式，决非行政的行为。故注重于分权说之学者，不称之为实质的条令，而谓之形式的条令。"[①] 另一方面，行政权的传统内涵亦在发生变化，其在很大程度上具有制定

---

① 〔美〕古德诺：《比较行政法》，白作霖译，中国政法大学出版社2006年版，第15—16页。

法律的能力,"行政官不但可依法律拒否之权及法律案提起权而干预立法事务也,又有可发一般施行命令之权焉。政府之要务,恒有定法律之细目,不为永久之条令,使时时可以变更者。夫人民之利害,依地方而异其趣,依时间之经过而变更。虽如何明智远识之立法部,亦不能察人民之利害,规定行政法上所可整理之一切事件。故欲适用一般之法律规则,使应人民之利害得失,不可不以绝大任意作用之能力予行政吏。即令一国之宪法,有使行政官专执行立法部决议之制限,仍无不认行政上之元首,有补充行政法细目之立法权;又或宪法上不认有如是之权力,则许立法部委任此权力于元首或其下僚者也。行政官发一般规则之权力,世谓之命令权。而使用此权力之结果,行政官所发之命令有三种,如独立命令、补充命令、委任命令是。"[1]司法系统行使行政权的情形亦非常普遍,"一般规则,虽有使审判厅专裁决个人间争端之制限,然政府之要务,恒有以稍带行政的性质之职务,便宜委任于审判厅者。此事无论在何种国家,无不皆然。在法律上司法的职务,实际不能明白区别之国,尤见其然。"[2]

上列分析表明,分权学说在其制度实践中遇到了诸多麻烦。那么,该制度实践上的问题是否将其作为行政法理论基础的事实动摇了呢?笔者认为并非如此。权力分立的进步性以及在国家政权体制技术设计上的合理性是毋庸置疑的,以权力制约权力的基本思想亦非常科学的,至少到目前为止,分权和制衡在制度实践中亦非常妥当。正因为如此,即便三权分立或者五权分立在制度现实中存在危机,它作为一种包含科学内涵的理论尚没有过时,在一定国家和一些学者的行政法认知中,权力分立和制衡仍然是行政法的理论基础。但是,随

---

[1] 〔美〕古德诺:《比较行政法》,白作霖译,中国政法大学出版社2006年版,第17页。
[2] 同上书,第18页。

着社会的发展,尤其公众对行政活动的干预和介入日益激烈的情况下,我们认为依传统的权力分立和制衡理论,行政法中的一系列问题便无法解决。即是说这个理论基础必须得到一定程度的修复,这种修复的根本点在于应当将主权在民的理论适当地具体化,使主权在民理论中的具体内容能够与权力分立和制衡的理论统一起来,权力分立与制衡至少在法律形式上将社会公众排除于讨论的范围之外。当然,行政法作为一种控制技术,由一个具有实质性权力的部门通过相关的规则制约另一个具有实质性权力的部门是正确的。而现代社会中,日益发展的民主意识要求权力的制约范围应当再予以放大,由社会公众直接作为机制化制约的补充是非常理想的。《美国行政法的重构》中提出了行政法的这种趋向:"立法模式没有能力提供一种控制行政自由裁量权的方式,这在相当程度上可以解释为什么人们对经济学家和哲学家的还原理论重新发生了兴趣。还原理论力图把集体选择消解为个人交易,把公法消解为私法,从而限制行政职能。然而,正如前文所指出的,这些理论不可能为解决某些我们最为紧迫的、即时的困难提供一个方案。行政国成功地抵制了试图革除它或把它的运作完全还原给市场模型的努力,从而将持续存在下去。走出这个迷宫的唯一可以设想的路径似乎是建构一种新的、综合的政府和法律理论。我们传统的形式正义、个人自治和集体选择责任机制等理想,和当前分散的、不协调一致的、自由裁量的政府权力行使之现实,以及当前私人利益在内部凝聚力和政治力量上的巨大差异之现实,将由这种理论成功地予以调和。这一设想很可能是无法达成的,并且在可预见的将来是绝对不会实现的。"[①] 我们若将传统权力分立与制衡框定在公法制约

---

① 〔美〕理查德·B.斯图尔特:《美国行政法的重构》,沈岿译,商务印书馆2002年版,第191—192页。

的范畴之内的话，那么现实则要求权力分立与制衡必须延展到私法之中。行政法理论基础中的权力分立与制衡就由公法问题变成了一个公法与私法的复合性问题。当然，对这个理论基础进行理论上的修复本身就是一种难度极大的事情，而将这个理论上的修复转化为制度实践就更加困难了。

四、作为管理范式的理论基础

在我国行政法著述中，只要谈到行政法理论基础，几乎都要谈到管理论。所谓管理论是指行政法的理论基础必须从国家管理的角度去解释，认为行政法是对国家事务进行管理的工具，"认为行政机关是权力主体，相对方是义务主体，二者之间的关系是权力义务关系，权力义务不对等是行政法的基本特征，命令——服从是行政行为的基本模式。强调法制的中心是以法行政，即用法律管理国家事务，要求行政相对方服从法律的命令，否则要承担行政法律责任，受到法律的制裁。他们将行政法律责任的范围限于行政相对方的责任，不强调行政主体的法律责任，追究行政法律责任的机关是主管行政机关或行政裁判机构。行政救济，早期被认为是行政长官对受害的相对方的一种恩赐，此后方逐步被承认为对相对方的一种权利补救措施。他们一般都是以行政组织、行政职能和作用为核心来构筑行政法学理论体系。在他们的早期著作中，不讲司法审查和司法补救。管理论的产生有其历史、社会的必然性，在一定条件下，对社会的稳定和发展起了积极的作用。"[1] 我们认为，管理论作为行政法的理论基础是学者们都知晓的。但是，管理论的基本思想体系却一直没有一个非常系统的阐释。

---

[1] 罗豪才主编：《行政法学》，中国政法大学出版社1996年版，第5—6页。

我们在分析自然正义理论、权力分立与制衡理论时，分别介绍了这些理论的基本构成，我们还认为这些理论的创立者有一套非常完整的思想体系，一方面是该理论本身，即该理论在行政法之外的方法论体系，另一方面是该理论有解释行政法问题的方法论或者逻辑过程。相比之下，管理论提到的人们很多，而该理论自身的系统性以及对行政法过程的解释逻辑都是不充分的。然而，我们不能因此就否定管理论的存在。笔者认为，管理论实质上是从管理范式的角度解释行政法的理论基础的，因此，我们认为国家管理范式这一概念更能表达管理论的精神实质。

（一）管理范式的基本含义

国家管理具有广义上的理解和狭义上的理解两个进路，狭义上的国家管理应当是现代国家权力划分以后出现的，即当行政权与其他国家权力分立以后出现的。广义的行政管理则指的是国家政权体系对待社会的行为方式。在这个行为方式中包括为具体的管理制定规则的情形和实施管理的情形。毫无疑问，人类社会在进入三权分立体制之前的国家管理概念是广义的，即国家政权体系所为的所有活动都是国家管理活动。正是在这种广义上人们将国家管理的历史发展分为下列阶段：

第一阶段被称为自治式的管理阶段。人类社会的存在总是需要有序的生活，而有序的生活必然建立在相应的组织行为之中，我们可以将最原始的组织行为理解成管理。原始社会虽没有国家，但管理却是存在的。在最早期的阶段，组织活动实质上是通过社会成员的自主行为完成的，我们有理由将最原始的自主行为理解为自治。如果在这个阶段相关的组织和管理行为存在的话，其就是自治式的管理。

第二阶段，被称为封赠式管理。"官僚制度形成以前，有原始国家首领将土地分封给部下或亲属的行政管理。"① 原始社会作为一个大的社会形态其也存在着高级与低级之分，或者存在着初级与高级之分。原始社会初期，自治式管理是基本的管理形式，而到了较为高级，即部落和氏族组织形式阶段，管理的形式则发生了变化，自治式的管理形式已经不能与社会过程相一致，需要更加有效的组织，这种更加有效的组织便是以部落首领权威出现的封赠式管理。

第三阶段被称为为王权之管理。这种管理形式主要出现于奴隶社会。我们知道，在奴隶社会发展的初期（即便到了后期情况亦相类似）国王是国家权力的主要象征，而国王之下并没有形成像封建社会那样组织有序的官僚机构，其即使有一定的机构，也还远远没有达到官僚体制的水准。可以说，国王和诸侯以及奴隶主是管理的主要实施者，管理的模式也是由单个主体进行的社会控制。

第四阶段被称之为官僚制度的管理。"中央集权的国家形成以后，由专职人员进行的制度化的行政管理，如古埃及的新王国，中国秦始皇以后的历代封建王朝和古罗马帝国等的国家管理。"② 封建制度建立以后，除了树立皇帝的权威，建立皇权以外，还建立了完整的官僚体系，当然，封建社会的官僚体系没有对国家权力进行严格的理论上和体制上分类，而是根据设立的组织机构的类型，决定归属于一个机构中的事务。

第五阶段被称之为法制化的管理。资本主义国家政权建立以后，对国家权力进行了合理分解，依据分解的国家权力类型决定国家机构及其体系的类型。我们上面介绍的三权分立体制就是这种类型中最为重要的一种。各个类型的国家机构之间通过宪法和其他法律规范予以联结，使它们之间的关系通过法律形式体现出来。与之相适应，

---

① 《中国大百科全书》（政治学卷），中国大百科全书出版社1992年版，第399页。
② 同上。

国家行政管理也就是一种真正意义上的法律管理。社会主义政权体系的建立，在若干重大的国家政权理论上对资本主义政权的性质作了否定，但对资本主义国家的行政管理模式则没有否定，而且在诸多技术方面接受了他们的模式。笔者之所以这样说，是基于下列事实：马克思在《黑格尔法哲学批判》中认为资本主义国家存在一个等级制官僚机构，这个等级制的官僚机构若用阶级分析的方法看，是资本主义的本质，是资产阶级掌握的统治工具。但从管理技术方面看它则有效地完成了对社会的统治和治理。马克思站在阶级分析的立场上认为资本主义官僚模式在社会主义制度中是不可接受的，他在后来的《法兰西内战》中进一步论证了社会主义国家管理的平等性和履行管理职能过程中的机会均等性，即任何一个社会成员都有直接行使国家管理权的机会，任何一个社会成员都既可以是管理的主体，也可以是被管理者。马克思对社会主义国家管理模式的设想只是说明在社会主义国家管理必须体现人民群众利益这一阶级本质，但不是说社会主义国家的行政管理就可以是无序的。马克思主要抵制了资本主义国家政权体制尤其是行政体制的阶级本质，而没有否定这个国家机器在统治人民方面的有效组织性。从这个认识过程我们可以看出，社会主义国家对行政管理的有效性同样是期待的。第一个社会主义国家苏维埃共和国建立以后，列宁在多处讲到苏维埃国家管理的重要性。列宁在《国家与革命》这一重要的就关于国家学说的著作中明确指出："我们决不梦想，立刻就可以不要任何管理制，不要任何从属关系。"①

由上面的分析我们能够领略到国家管理的发展脉络。国家管理的形式我们概括了五种类型，每一种形式若从相反的角度推论都有一

---

① 〔俄〕列宁：《列宁选集》（第 3 卷），中共中央马克思恩格斯列宁斯大林著作编译局译，人民出版社 1959 年版，第 186 页。

个适合该形式的内在精神,自治是原始社会管理的内在精神,分封赠爵制是奴隶制管理的内在精神,官僚控制的形式则是封建制管理的内在精神,资本主义虽是法制化的管理,但其是在权力相互制约和平衡中完成管理的。社会主义国家管理形式亦是法制,整个管理过程是国家对社会的控制过程,如果说,资本主义国家的政权体系主要侧重于权力制衡的话,社会主义国家的政权体系则主要是进行社会控制。整个控制过程是通过法律和其他相关的规则完成的。

（二）管理范式作为行政法理论基础的解释逻辑

行政法的理论基础是解释行政法现象的工具,同时也是解决行政法问题的理论前提。行政法理论基础的这两个命题有着不同的内涵和不同的视角。依据第一个命题,行政法理论基础是被动的,它只是解释行政法现象的工具,本身并不能够创造出新的行政法理念来。这个命题中的行政法是一个静态的、具有确定内涵的事物。具体地讲,由这个命题出发,自然正义理论的行政法与权力分立理论的行政法是一个具有同质的定在。依据第二个命题,行政法理论基础则是主动的,其能够用自己固有的理解设定一种行政法现象。质而言之,由这个命题出发,自然正义理论的行政法与权力分立与制衡理论的行政法是两个不同质的事物。笔者认为,行政法理论基础中上列两个命题前者决定了我们能够用行政法这个词语分析和表达每一个国家此一领域中的法现象,后一命题则使我们区分了不同国家和不同政权体制中行政法的不同内涵。管理范式作为行政法理论基础中的"行政法"既使行政法这一概念能够与在前两种理论基础中的"行政法"作同一性解释,又使其有着与它们相区别的新的内涵。例如,我们在对行政法概念进行比较时,曾经指出扩权行政法中有相当一部分是由行政机关制定的法。这个问题必须引起注意,如果不予以澄清,有关管理范式作为行政法理论基础的解释就难以进行下去。

　　管理范式作为行政法理论基础的解释在苏联学者的行政法定义中就有高度概括，例如司徒节尼金给行政法下了这样一个定义："苏维埃社会主义行政法的对象，也和其他一切社会主义法权部门的对象一样，即是由各法权规范所调整的一定的社会关系的综合。苏维埃社会主义行政法调整着在组织与实现旨在——如上所述——竭力巩固和发展社会主义的各个方面——经济、政治、思想意识，旨在增强苏维埃人民的幸福、维护公民底权利、保证公民履行自己的义务、保卫苏联国家安全、独立、自主的执行与指挥活动过程中所产生的社会关系。在执行和指挥活动的过程中，各国家机关要参与在下列的各种关系中：（甲）相互的关系（例如，区劳动者代表苏维埃执行委员会和区人民教育科）；（乙）同劳动者自愿的组织和团体发生的关系（例如，农业科和集体农场或工艺组合）；（丙）同个别的公民发生的关系（例如，采办部的代表和公民伊凡诺夫）。这种关系便是由行政法规范所调整着。苏维埃社会主义国家所关心的，是要任何一个机关、任何一个社会组织、任何一个公职人员以及各个公民的每一个由法权规范所调整的行为，都要完全适合于法律的要求。因此，苏维埃社会主义国家便制定各项法权规范，这些规范：（一）规定在实施执行和指挥活动的各国家机关的职权——也就是权限和义务的范围——和责任。即凡规定各机关及其公职人员的权利、义务和职能，规定各机关底各个环节之间的职权的划分，规定国家机关发布国家管理法令的权限的规范都是属于这一类的。（二）规定执行和指挥活动范围内公民的权利和义务。属于这一类的是，规定公民维护其合法权利和利益、与对公职人员底违法行为加以控告的权利的各项规范。此外，规定公民履行国家机关的合法命令的义务以及由于违反这种命令而应负的责任的规范也属于这一类。（三）调整国家机关在社会生活的各不同方面实施其执行和指挥活动的方式和方法。凡是规定国家机关同各社会组织之间的相互关系，吸收劳动者来参加国家管理所采用的方式的规范都属于这一类。(四)规定国家管理机关的设立和撤销的程序。属于这一类的是规定哪一些国家机关有权组设新的机关，撤销现存机关，把现存机关分成几个小的单位，把一机关划归另一主管机关，改变现存机关的结构的规范。"① 由这个定义我们可以看出，行政法是围绕国家行政机关在行政管理过程中的执行和指挥活动而展开的，管理范式作为行政法的理论基础其实已经被概括出来了，为了使问题的分析进一步深入，笔者再从下列方面予以讨论。

第一，国家行政管理是一种社会控制活动，而这种控制是在立法者——行政系统——社会这样的关系中实现的。社会主义的国家政权是在否定旧的国家政权体系以后建立起来的。这个政权是一个全新的政权形式，该政权建立以后宣告它的人民性和阶级统治性。而要进行有效的阶级统治就必须通过两套控制机制予以实现。一套控制机制是对国家政权体系对立面的控制，即对否定和反对国家政权的社会因素的控制，社会主义国家制定的刑事法律以及采取刑事法律以外的手段进行的控制都属于这个范畴。在这个范畴中，还包括有关的社会治安法制。② 另一套控制机制是对社会公众的控制机制。社会主义国家政权对社会公众的控制是行政管理行为的组成部分。这种控制不能被理解为是统治或者压迫，而是为了维护社会秩序对社会公众理性关系形式的构造。在行政机构完成的上列控制过程中，行政机构体系

---

① 〔苏〕司徒节尼金：《苏维埃行政法》，中国人民大学国家法教研室译，中国人民大学出版1955年版，第3—5页。
② 例如《俄罗斯联邦行政违法法典》中就有诸多内容用来控制社会的负面行为。例如该法第二章第二条之一规定："自然人或法人违反法律的、有过错的并被本法典或俄罗斯联邦主体行政违法法规定了行政责任的行为(不作为)，被视为行政违法行为。"刘向文译：《俄罗斯联邦行政违法法典》，中国人民大学出版社2004年版，第5页。

处在一个中间环节上,这个环节在卢梭的著作里被称之为比例中项。这个公式的一方是社会,另一方则是国家立法机关或者包括立法机关在内的政权体制。行政系统这个中间体的角色使其只有通过理性化的规则才能保持这个公式的协调与统一。司徒节尼金虽然没有用这样的公式来表达行政系统的整个控制过程,但在他的行政法概念中,提到的执行与指挥活动就恰当地表达了行政机构体系作为中间体的特性。管理范式作为行政法的理论基础从这个控制图式中就可以得到说明。司徒节尼金的一句话更是准确地表达了管理范式与行政法的关系:"所以,在各国家机关的执行和指挥过程中所发生的关于财产的关系之所以要由行政法来调整,是因为,国家机关的命令便是这种关系发生的根据。"①

第二,国家管理是通过一定的主体实施的,而实施国家管理的主体在现代社会中是一个组织起来的体系,这个组织体系是需要通过规则予以规制的。《苏维埃行政法》指出:"苏维埃国家管理机关为国家政权的执行及指挥机关,苏维埃国家管理机关为了达到建成社会主义并逐渐由社会主义过渡到共产主义这一目的,可在自己的权限范围内,根据法律及管理法令,也就为了执行法律及管理法令,得实际执行下列职能:组织社会关系、计划、核算、监督、对经济及社会文化建设的领导、对巩固国防、巩固国家安全和社会秩序的领导。在苏联,国家管理机关的体系是按照下列形式建立起来的:苏联部长会议——即苏联政府,为国家政权最高执行及指挥机关。加盟共和国及自治共和国部长会议,为各该共和国国家政权最高执行及指挥机关。苏联、加盟共和国及自治共和国之各部在其权限内领导着国家管理之各个

---

① 〔苏〕司徒节尼金:《苏维埃行政法》,中国人民大学国家法教研室译,中国人民大学出版1955年版,第11页。

部门。在边区、省、自治省、州、区、市及村均设有执行委员会——为各该地方劳动者代表苏维埃的执行和指挥机关。各执行委员会依据有关国家机关的决议,实行着对文化、政治和经济建设之领导。"[1] 表明国家管理中必须有一个能够实施管理行为的组织体系,这个组织体系在现代社会中是一个庞大的系统,它本身必须通过相应的规则才能够整合起来,这个规则亦是行政法的范畴。至于这个规则的状况我们可以不必太在意,我们只是想证明国家管理主体的存在意味着相关管理规则亦必然存在。顺着这个路径,便能够论证在国家管理理论之下行政法的意义。

第三,国家管理是有范围、行为方式、手段等技术性要素的。而这些技术性要素是国家管理有效与否的重要衡量标准。为了使这些技术上的东西不游离于权力行使过程中相关的关系形式之外,需要通过法律规范将这些要素或者以概括的方式规定下来,或者以列举的方式规定下来。这便是行政法存在能够通过管理论进行解释的又一逻辑。具体地讲,国家管理中存在一个管理范围,即行政机关如能够对社会过程起作用,其在怎样的范围上起作用,这在行政体制设计伊始就必须解决。当然,这种解决的绝大部分规则存在于行政法之中,而只有一小部分存在于宪法之中。管理的行为方式在官僚体制化行政管理之中是难以有具体的、严格的规定的,而进入法治化管理以后,管理过程中的行为方式就必须得到法律的认可,"每一个国家管理机关的权利和义务,或直接确切地规定在苏联宪法或加盟共和国宪法上,或规定在相当的各项条例、规章或上级机关的专门决定中。执行本身所具的职权是每一个国家机关的义务,并不以该机关的领导人

---

[1] 〔苏〕司徒节尼金:《苏维埃行政法》,中国人民大学国家法教研室译,中国人民大学出版 1955 年版,第 59—60 页。

或其他公职人员个人处置为转移。每一个国家管理机关于职权范围内皆独立进行活动。上级机关不应代替下级机关执行其所负的职权。上级机关的作用在于领导下级机关、在于指导其活动。在领导程序上，上级机关在其权限内，得监督其所属下级机关之活动、撤销或停止其活动、给予它以指示。根据上级机关之指示，每一国家管理机关独立执行其所负之责任。"① 除了管理行为方式外，管理手段亦为国家行政管理中一个重要内容，其在现代社会中亦不可以在国家法律制度中予以回避。

上列方面的论述足以表达管理范式作为行政法理论基础这一事实。应当说，管理范式本来是解释行政法现象的工具和解决行政法问题的手段，是一个相对中性的概念。但是，在后来行政法的发展和进程中，管理范式作为行政法理论基础成了行政法的重要指导原则，其对行政法治的影响程度超过了意识范畴，已经不仅仅起到行政法指导思想的作用。难怪乎在一些学者的行政法教科书中先不讲行政法的原则，而先要讲国家行政管理的原则。司徒节尼金的《苏维埃行政法》、马诺辛的《苏维埃行政法》、瓦林科夫的《行政法总论》等都将国家行政管理的原则作为行政法学体系的核心内容。我们如果仔细观察的话，就可以看出，这些作者将国家管理原则视为行政法的理论基础、视为行政法的指导思想，更视为行政法的基本原则。②

（三）管理范式作为行政法理论基础的分布图

管理范式作为行政法理论基础的分布有四个探讨路径，一是从各

---

① 〔苏〕司徒节尼金：《苏维埃行政法》，中国人民大学国家法教研室译，中国人民大学出版1955年版，第61页。
② 司徒节尼金讲解了国家管理的四个基本原则，一是劳动群众参加国家管理原则。二是各民族权利平等原则。三是民主集中制原则。四是社会主义的国家计划原则。在后两个原则中突出了国家政权系统，尤其是行政机关在行政管理中的高度权威。

国行政法学和行政法治的总体格局确定之。二是从行政法学者研究的状况确定之。三是从以上两个方面的结合确定之。四是从历史的时间段和空间段确定之。

从第一个分析路径出发,我们认为,苏联的行政法学和行政法治毫不含糊地将管理范式作为其行政法的理论基础。马诺辛的《苏维埃行政法》就非常肯定地讲道:"苏维埃国家管理,是国家为建成共产主义社会,依照并执行法律,由不断进行工作的国家管理机关行使其执行指挥职能而实施的实际组织活动。"[①] 苏联之所以以管理范式作为行政法的理论基础有很多方面的原因。一则,苏联的政治体制是议行合一的体制,所谓议行合一的体制是指"立法权和行政权属于同一个最高权力机关。或者行政机关从属于立法机关,仅是立法机关的执行部门的政体形式和政权活动原则。"[②] 现代议行合一制的开端是1871年巴黎公社建立的政权体制。议行合一体制被认为是与三权分立对立的体制。与三权分立体制对立是议行合一体制的根本。显然,其与三权分立体制的对立不仅仅是权力结构形式上的对立,在笔者看来,最为实质的是其与三权分立在价值判断上的对立。三权分立的价值判断是权力的分立和权力之间的制衡。议行合一则不强调权力分立和制衡的价值,而强调的是权力运作过程有序性以及权力社会功能的价值。这个价值的进一步推演便是国家管理。既然国家管理是社会主义制度下的一个政治性的价值判断,其也必然成为行政法逻辑推演的理论基础。二则,苏联的国家政权体制是人类历史上建构的最新的政权体制,在这个政权体制建立之前类似的政权体制并没有建立起来。巴黎公社虽然是第一个无产阶级政权,但就巴黎公社本身来看还没有

---

① 〔苏〕B.M.马诺辛:《苏维埃行政法》,黄道秀译,群众出版社1983年版,第11页。
② 〔苏〕司徒节尼金:《苏维埃行政法》,中国人民大学国家法教研室译,中国人民大学出版1955年版,第5页。

能够形成一个完整的政权体制,其作为政权体制的一些结构性条件并不具备。从这个意义上讲,苏联的政权体制是第一个系统化的社会主义政权体制。依社会主义国家政权的相关理论,行政对社会的组织是其基本职能,而其他国家机关为行政机关提供行使权力的条件和空间等都使行政法作为管理范式很容易得到解释。即便自然正义、权力分立和制衡能够在社会主义国家政权中存在,依社会主义国家与法律的理论,其只有在打破和推翻了旧制度,否定了旧的理论的基础上才能建构起来,那么别的任何理论都是不可以被采纳的。管理范式的理论几乎成了当时历史条件下的唯一选择。此外,依第一个分析路径,中华人民共和国建国初期,甚至后来很长一段历史时期亦是以管理范式理论作为行政法的理论基础。这从我国1983年编撰的第一部统编的行政法教科书可以看出来。[①]

其它三个分析路径是有意义的,但是要将学者们复杂的理论观点理出来并不是一件容易的事情。应当说明的是,并不是所有苏联学者都坚持将管理范式作为行政法理论基础。在西方一些行政法学者的著作中亦有坚持管理论者。

(四)对管理范式作为行政法理论基础的评价

管理范式作为行政法的理论基础与其他理论基础一样有它自己的得与失。在笔者看来,管理范式作为行政法理论基础的所得小于其

---

① 《行政法概要》是我国司法部教材编辑部组织编写的第一部统编的行政法教科书,这部教科书的基本体系结构是以苏联的教科书编排体系为蓝本的,同时也是对我国那个时代行政法状况的一个客观反映,该书以国家管理为基础展开对行政法问题的讨论,其在总论部分的第一章就专门讲解了"我国国家行政管理的指导思想和基本原则",而在一共设置的15章内容中,有9章都是以"国家管理"或"行政管理"命名的。如"国家行政管理的法律监督"、"军事行政管理"、"外事行政管理"、"民政行政管理"、"公安行政管理"等。参见王珉灿主编:《行政法概要》,法律出版社1983年版,目录。

所失。

就其所得而言，最主要地体现在对强制性的社会秩序的构建上，即通过行政法的规范体系有效地建构起一个强制性的社会管理秩序。司徒节尼金对国家卫生机关行政法地位的表述就很能体现行政法在秩序设计中的意义："国家卫生机关，可以以行政程序作下列活动：经这种机关发现某一食品工业企业有违犯卫生规则的情事时，即令该企业在未消除所发现的违犯卫生规则情事以前，暂时停止工作并停止售卖其所制食品；生产用的房屋、售货用的房屋以及储存用的房屋，如不合卫生条件，则在实行必要的卫生措施以前禁止使用；如认为某些食品不适应用时，即禁止其保存和使用，并命令将该项食品销毁或专供技术用途而加以重（改）作。对于肉类制品、罐头制品、奶油制品及糖果点心制品等的品质实行监督的国家监督机关，也赋有这些同样的权利。"[①] 还有一个问题也值得提出来，以管理范式作为行政法的理论基础使行政法体系在所有法律体系中最为强大，凡能够归入于管理范畴的行为规则都是行政法的内容。我们知道，自然正义作为行政法的理论基础，权力分立与制衡作为行政法的理论基础都将行政法的范畴限定在控权和限权规则之内，从而也限定了行政法规范的数量。而管理范式作为行政法理论基础，除一部分控制行政权的法是行政法之外，绝大部分行政法是有关行政机关进行管理的法，既扩大了行政法构成部分中的一个部类，又使行政法的总量增加了许多倍。仅从行政法的数量来认识行政法的话，那么，管理范式的最大贡献是加大了行政法体系的总量。

管理范式作为行政法理论基础之所失表现在：一则，在秩序和自

[①]〔苏〕司徒节尼金：《苏维埃行政法》，中国人民大学国家法教研室译，中国人民大学出版1955年版，第173页。

由的关系上其错误地将秩序作为最后的价值,而将自由作为辅助性价值。秩序和自由向来就是一对矛盾着的事物,秩序是指人类社会应当保持一种有序的生活方式,但当秩序作为一个单一的事物来看,它是一个正当命题,即是说,人类社会需要建构一个有秩序的社会。所谓自由则是指人作为社会中的最小分子应当有人身、言论、财产等方面的自由,其可以自由选择、自由判断、在相对宽松的环境中生活。与秩序一样,自由单独分析的话,也是一个正当命题,即人类应当生活在自由的环境之中。然而,问题是,秩序与自由一旦放在一起就成了一对矛盾,即秩序意味着要使个人放弃一部分自由,而自由意味着秩序应当是相对的。有些情况下就应当存在一定范围的无序性,例如市场经济规律中的竞争理论就是对自由的肯定而对秩序在局部空间上的否定。自然正义和权力分立与制衡作为行政法的理论基础似乎能够寻求到解决秩序与自由的巧妙方式。即通过政权体系内部的博弈将社会矛盾予以转移,既达到社会秩序的有序性,又能够保证公众足够的自由。而管理范式作为行政法的理论基础在秩序和自由的选择上,一方面使这种选择过于极端,另一方面,其所选择的是秩序,而对于自由这一价值判断要么保持沉默,要么予以否定。在人类进入20世纪以后,秩序与自由的天平应当说主要向自由一方倾斜,诸国行政法学理论和行政法治中公众参与制度的设计充分说明了这一点。对自由的不十分珍视是管理范式作为行政法理论基础的最大所失。二则,在行政和法律的关系上,其错误地选择了行政优先。司徒节尼金指出:"苏维埃国家借助行政法规范不管其表现形式和方法如何调整国家机关在实施执行和指挥活动范围内的社会关系。行政法规范总是指明在某些特定情况下应当怎样做和不应怎样做。行政法规范规定在实施执行和指挥活动的国家机关和同它发生关系的对方之间的具体关系中人们必须的行为。行政法规范的调整作用是表现在:规范中所指定的各人(机关、团体、公职人员、公民)要按照规范的规定去行事,如果违犯法规的规定,便要招致国家对于规范的违犯者加以某种的处分。此外,在规定某种必须的行为的同时,行政法规范还给予一定的机关或人员以要求他人或机关实行此项必须的行为的权限。"[①] 请注意,此话并不是司氏随口而说的,因为在其他管理范式论者的著作中笔者也曾看到过这样的话。此段关于行政法的论述也许从浅层次看似乎没有问题。但是,从深层次观察的话,其存在着非常严重的逻辑错误。我们知道,行政法这三个字里面包括了两个可以分离出来的概念,一个是行政,一个是法(行政与管理尤其与国家是能够同日而语的)。行政和法究竟是什么关系,在自然正义理论和权力分立与制衡理论中,行政法中的行政和法都是两个元素,但这两个元素的关系中法是主元素,行政是次元素,即法律现象是整合行政现象的思考逻辑。而在管理范式的理论中,二元素的关系则发生了颠倒,行政成了行政法的主词,法则成了行政的副词。因为,整个行政管理是国家控制过程的核心,法只是国家控制过程中的手段,法始终附着于行政管理过程。即是说,在现实运作中,如果法律与行政发生了冲突,则必须以行政过程的状况判断法律的状况,以行政过程的状况决定法的取舍。传统行政法理论中行政优先的原则也许就是由此推论出来的。

管理范式理论上列两方面的得失使其历史使命基本上已经完成。绝大多数国家、绝大多数学者都不再认同这一理论基础了。

---

① 〔苏〕司徒节尼金:《苏维埃行政法》,中国人民大学国家法教研室译,中国人民大学出版1955年版,第5页。

第五章 行政法基础理论的比较

一、行政法基础理论界说

行政法基础理论是指从学理上分析行政法问题的那些较为基础的理论和原理。在行政法教科书中没有人专门给行政法基础理论下定义,在行政法学研究的论著和论文中也基本上寻不到以行政法基础理论为专题的研究。但是,几乎在每一部行政法教科书中都用相当大的篇幅介绍行政法的基础理论,有些教科书虽然未讲解行政法基础理论,但在讨论行政法一般问题时运用了某一个基础理论,或者能够称为行政法基础理论的东西。例如,我国台湾地区行政法学者张家洋先生在其所著的经典行政法教科书《行政法》一书中在第一篇中就介绍了"行政法的基本法理"。其在分析行政执行这一具体问题时就运用了行政法的基础理论:"关于行政执行法的各项基本观念已见前述。此外,尚有值得注意者,即该法制定的意义,在于强调'依法行政原则'的重要性。具体言之,行政处分虽具有公法上的各种效力,但行政机关命令权与强制权的行使,仍均须有法律上的依据,……行政法学者对此多有一致的认定,例如林纪东氏认为:'为保障人民之权利,确保执行之公正起见,行政上之强制执行方法,仍须另有法规上之根据,以免行政机关之滥用强制执行权也'。"[①] 可见,行政法基础理论在行政

---

① 张家洋:《行政法》,三民书局 1986 年版,第 675 页。

法学科体系中无论如何都是不可缺少的。那么,行政法基础理论究竟应当如何从深层次认识呢?笔者认为,行政法基础理解有下列涵义。

其一,行政法基础理论是行政法中的原理。行政法基础理论属于理论范畴,这是没有争议的。在行政法学中属于理论范畴的东西还有行政法学方法论,还有行政法理论基础等。这三个共同属于理论范畴的东西在理论形态上都存在着明显的差异。行政法的理论基础作为一种理论是成体系的,其具有庞大的理论范畴,有一整套关于行政法问题的推论过程,且其是对整个行政法学和行政法治的理论,而不是行政法中某一具体问题的理论。我们在第四章介绍的行政法的若干理论基础清楚地表明每一个理论基础都是一套可以称之为哲学原理的东西。行政法学方法论亦是理论形态的东西。它主要是一些分析技术和分析手段,在这个分析手段中有一整套辩证思考的方式和方法。然而,行政法学方法论的理论体系化程度远不如行政法的理论基础。正因为如此,我们认为,行政法学方法论在行政法学理论中要比行政法理论基础的分布复杂,其论点也相对较多。行政法基础理论从概念上讲要大于行政法学方法论和行政法理论基础,因为分析行政法问题时的相关理论都是行政法的基础理论。概念范畴的相对庞大性并不意味着其本身的成体系性。即是说,行政法理论基础与行政法基础理论和行政法方法论相比其理论形态较小一些,我们一般将其称之为原理,其可适用的是行政法中的一些具体问题或中观的问题,对于整个行政法而言基础理论不能推断整体上的思维进路。如我们不能用行政法关系这一基础理论分析一国行政法的走向。此外,在行政法学科体系中,基础理论几乎都是以定律的形式表达出来的,如在行政行为基础理论中就有构成要件、生效方式等定律性的东西。进一步讲,行政法基础理论是一些精巧的分析定律,具有强烈的技术色彩,此点也决定了行政法基础理论不像行政法学方法论和行政法理论基础那样具有强烈的价值判断。我们在两个不同类型的行政法学科中常常能够找到同一个基础理论。我们也能够在不同的行政法学流派中寻找到同一个基础理论分析行政法问题的情形。例如,《日本现代行政法》对行政关系的内容下了这样一个定义:"所谓行政法律关系内容是指行政法律关系中的权利与义务。传统学说称公法关系中的权利与义务为公权与公义务,将私法关系中的权利与义务称为私权与私的义务。这种公权又分类为国家公权与个人公权。国家公权被认为是行政体的公权,个人公权被认为是国民公权。在这些公权当中,人们一直特别议论的行政法律关系中的公权,是关于个人的公权。而且对这种个人的公权议论最多的,一是与私权相比较的公权在实体法上的特殊性,另一个是与如何确定在裁判程序上能够请求的国民利益的范围有关联。"[①] 我国的一部行政法教科书则这样解释行政法关系的内容:"行政法关系是行政法在调整行政关系过程中所规定的国家行政机关和其他行政法关系主体之间具有的权利与义务关系。行政法关系主体依照行政法所享有的权利和承担的义务,是行政法关系中的主要内容。权利是指行政法关系主体自己有某种行为或要求他人做某种行为或不做某种行为的能力和资格。权利是受行政法保护的一种权益,义务是行政法规定应负的一定责任。国家行政机关和行政关系其他主体之间的权利与义务,都由宪法和行政法所规定。如宪法规定了职工和国家工作人员的退休制度,行政机关制定具体规则组织实施。这时国家行政机关为履行义务一方,公民为享有权利一方。国家行政机关依照法律征兵时,公民为履行义务一方,国家行政机关则为行使权力一方。"[②] 由于他们都是从技术上分析行政法中的具体问

---

① 〔日〕室井力主编:《日本现代行政法》,吴微译,中国政法大学出版社1995年版,第42页。
② 侯洵直主编:《中国行政法》,河南人民出版社1987年版,第7页。

题，其中所依据的不带有任何价值判断的定律便都可以运用。当然，我们说，行政法的基础理论是行政法中的原理，并不是说这些原理就是绝对正确的，因为行政法基础理论与行政法理论基础一样都是人们主观认知范畴的东西，他们的这种认知或者是正确的，或者是错误的。在一般情况下，作为行政法原理的东西至少能够在使用者看来合乎解释问题的一般方法。还应说明的是，行政法基础理论也是一个发展变化的事物，在此一时期为基础理论的东西到了彼一时期则有可能不再能够成立。例如，苏联行政法理论中一系列原来用得较多的基础理论后来都被放弃了。比如典型的是苏联学者在讲解行政法基本原则这一基础理论时都讲到民主集中制原则，而1991年以后的俄罗斯行政法中则不再有这样的原则。当然，你可以说这是行政法基本原则这一基础理论的内容问题，它本身并不影响行政法基本原则这一基础理论的存在，即使我们能够这样分析，也不能否认行政法基础理论的可变性。

其二，行政法基础理论是形成基本共识的原理。行政法基础理论在一定意义上讲，与行政法学的方法论在功能和意义上是一致的，即它们都是分析行政法问题的一个工具。行政法方法论作为分析问题的工具具有较大的随意性，不同的行政法学流派、不同的行政法学者都可以运用不同的方法论进行分析。而行政法基础理论作为一种分析工具则不具备这样的随意性，其基本原理是人们在研究行政法问题时大体上形成共识的。至于这样的共识是如何形成的，我们不得而知，因为，行政法基础理论同样不是行政实在法，它没有任何形式的国家强迫，也没有任何形式的外在权势的压力。因此，关于行政法基础理论形成共识的根源本身就是一个值得探讨的问题。在笔者看来，行政法现象具有一定的质的规定性，而这个事物的质的规定性决定了观察这一事物时在一些最基本问题上的共识性，如在人们考察行政法的运行过程时,必然都会发现其中存在着行政机关和行政相对人两个方面,行政法关系的原理就是以此二方面为核心展开的。行政法基础理论的共识性是一个十分关键的问题,因为,行政法学科体系中没有这样的共识,没有原理上的一致性,各国之间的行政法理论和实务就没有共通性,各个学者就不可能对行政法问题进行交流。当然,我们说行政法基础理论是形成共识的原理还有其它层面的意思。一则,在行政法原理中还有一些原理没有成为共识,那么,这种没有成为共识的原理就不能作为行政法的基础理论,它也许是一些行政法论点,也许是行政法认知中的一个方法论。行政法方法论是否能够转化成行政法基础理论是一个值得探讨的问题,在行政法学科体系中,有些成为原理的东西在其初期就只是一个方法论,或者理论基础中的一个分内涵。例如,越权无效是一个行政法基础理论,当然这个基础理论被后来一些国家的行政实在法予以认可,使其由理论形态变成了制度形态。从其最原始的状态看,是行政法中的一个方法论或者行政法理论基础中的一个分论点。在行政法学科中,某个问题是否能够成为共识,有诸多决定因素。可能决定于这个原理本身的合理性和价值,还可能决定于一国主流思想方法对这个原理的认同感,还可能决定于其他外在因素。总而言之,一个原理是否能够形成共识并不必然由这个原理的合理性所决定。[①] 二则,在行政法学科中有些理论或原理成了共识,而且具有较大的合理性和科学性,但其最终没有成为行政法基

---

① 据笔者观察,在行政法学科体系中,一些能够成为原理的理论其价值是非常大的,但一直未能成为行政法的基础理论,例如,卢梭在社会契约论中关于行政体是比例中项的原理,在笔者看来这是一个具有极大的理论价值和实践价值的原理。卢梭从这个原理得出一个结论,在一个国家真正合乎理性的行政体只能有一个,而不能有第二个,这个原理表明行政机构体系的建立是一个非常精巧的技术问题,这个原理对行政法提出了非常高的要求。但是卢梭的这个原理一直没有形成共识,故而也没有能够成为行政法的基础理论。

础理论。造成这种现象的原因有时在技术层面上，即人们无法用一个很好的方法将这个成为共识又具有较大价值的理论转化成行政法的基础理论。例如，古德诺在《政治与行政》一书中提出的关于政治与行政二分法的理论在社会主义国家的学者中就已经形成了共识，这是因为，这个理论成了他们批判三权分立理论和制度的一个重要的理论依据。这个理论无论怎样形成共识，其并没有在社会主义国家行政法学理论中作为基础理论。在笔者看来，将这个理论或原理转化成行政法基础理论在技术层面上有诸多问题不容易处理，如政治与行政二分法以后，议行合一的理论又如何在行政法中真正体现出来。有些形成共识的原理不能转化为行政法基础理论，则可能就是由于人文因素，或者其与主流意识形态不一致，或者其与行政法理论的传统有障碍。汉斯·J.沃尔夫对行政法的空间要素这一归属于行政法效力的基础理论有这样一种论述："行政法不仅具有时间要素，而且具有空间要素，即行政法的区域或者地域要素。领土原则是行政法空间要素的法理根据和高权作用的界限所在。上文在'法律渊源的地域效力'部分介绍了空间要素的一个重要侧面。法律规范的地域效力取决于地区高权，行政法的空间要素并不限于此。除此之外，行政法空间方面的具体化措施还是基础设施和给付行政、生存照顾和未来照顾以及担保给付责任的重要组成部分，它们涉及所有的行政活动。"[①] 林纪东所著的《行政法新论》亦阐释了同样的问题："行政法规自以适用于领土之一部时，则对其它区域不生效力，如对日抗战时公布之'战区各县县政府组织规程'，仅适用于战区之县政府，非战区之县政府，自不能引为组织之根据。一国之行政法规，多不适用于该国之特别法域，所谓

---

① 〔德〕汉斯·J.沃尔夫等：《行政法》(第一卷)，高家伟译，商务印书馆2002年版，第464页。

特别法域，谓因特别原因，原则上不适用该国之普遍法，另有专为该地制定之法规，以资适用之地域，如我国之蒙藏是。蒙藏之政治社会组织以及经济状态，与内地悬殊，如将适用于内地之法规，强为适用，将有方枘圆凿之患，故应认其为特别法域，另订法规而适用之。地方行政机关所公布之命令，地方自治团体所公布之自治法规，自仅适用于其管辖区域。"① 可见，同一问题的分析至少在问题的设定上我国学者和德国学者达成了共识。

其三，行政法基础理论是有其基本内涵的。内涵的具体性与否是区分行政法理论基础与行政法基础理论的又一关键点。行政法理论基础通常是一些相对抽象的理论，其理论涉及内容的规模相对较大，适于解释行政法中具有价值属性的问题，对于行政法具体问题仅具有间接的指导意义，行政法基础理论的内涵是具体的，一方面，一个行政法基础理论的内容包含着十分具体的信条或对行政法问题的判断。例如，行政法渊源这个基础理论就包括了一个行政法规范的制定主体、一个行政法规范的规则来源、一个行政法规范调整社会关系时的适用范围等。我们正是通过这些具体内容把握了行政法在运行过程中的相关具体问题。另一方面，一个行政法基础理论常常都与行政法中某一环节的问题有关，其具体到行政法中的一个制度或一个行为中去。例如，王连昌主编的《行政法学》对行政主体这一行政法的基础理论作了这样的评述："行政主体是指享有国家行政权力，能以自己的名义从事行政管理活动，并能独立地承担由此所产生的法律责任的组织。"② 行政主体是一个行政法基础理论，而不是行政法中的一个个别的现象或者行政法学科中的一个单一概念。因为，在行政

---

① 林纪东：《行政法新论》，三民书局1956年版，第75页。
② 王连昌主编：《行政法学》，中国政法大学出版社1994年版，第61页。

法文件中没有行政主体的概念，至少我国的行政规范没有采用行政主体的概念，《中华人民共和国行政诉讼法》《中华人民共和国行政处罚法》《中华人民共和国行政复议法》《中华人民共和国行政许可法》等都以行政机关表达了行政法关系中的这一主体。行政主体这一基础理论将行政机关和行使行政权的其他机关予以抽象，并使其具体到行政组织和行政法关系这两个行政法现象中去。而行政主体这一基础理论的内涵便可以得到下列揭示：首先，行政主体是享有行政权力，实施行政活动的组织。"应该明确，并不是所有的组织都能成为行政主体，只有行使国家行政权，以行政管理为职责并由此实施行政活动，才是行政主体的本质特征。在我国，其他国家机关，如行使立法权的国家权力机关，行使审判权的人民法院，行使检察权的人民检察院，以及企事业单位，由于不享有宪法和法律赋予的行政权，因而不能成为行政主体。"[1] 其次，行政主体是能以自己的名义实施行政管理活动的组织。"所谓以自己的名义实施行政管理活动，是指行政主体必须具有独立的法律人格，能独立地对外发布决定和命令，独立采取措施，独立参加行政复议和行政诉讼活动等。不能以自己的名义独立实施行政管理活动的组织不能成为行政主体，行政机关内部的各种组成机构即是这种组织。例如，治安处罚行为大多由公安局内的治安处（科）具体实施，但处罚书必须以公安局的名义作出，在治安行政诉讼中，出庭应诉的是公安局，而不是治安处（科），因为公安局内的治安处（科）不是行政主体，公安局才具有行政主体资格。再如，工商行政管理行为分别是由企业登记管理机构、市场管理机构等具体实施，但这些机构不是以自己的名义实施管理活动，如对某个企业颁发营业

---

[1] 王连昌主编：《行政法学》，中国政法大学出版社1994年版，第61页。

执照、对某个违法公民进行处罚等,而是以工商行政管理局的名义作出,因为工商行政管理局才享有行政主体资格。此外,受行政机关委托而执行某些行政管理任务的组织,如城市的治安联防等,由于不具有行政主体资格,也不能以自己的名义作出行政决定,而只能以委托机关的名义从事行政管理活动。"[①]最后,行政主体是能够承担其行为所产生的法律责任的组织。"一个组织是否能成为行政主体,还要看其是否能承担行政行为所产生的责任,如果仅仅从事某项公务活动,但并不负担由此而产生的责任,那么,这个组织就不是行政主体。例如,某个社会团体接受行政机关的委托从事公务活动,但该社会团体并不承担由此而产生的责任,其责任是由委托的行政机关来承担。在此,受委托的社会团体尽管是在从事公务活动,但它并不因此而成为行政主体。此外,某些组织虽然具有行政主体资格,但它不具有处理某项行政事务的职权,因而如果它接受某项委托,由其行为所产生的责任,仍然由委托的机关承担。行政主体的这一特征,使其区别于行政委托。在行政委托中,被委托人的行为所产生的后果不是由其自身承担,而是由委托的行政机关来承担。"[②]这个基础理论是非常典型的,人们通过行政主体这一基础理论就可以把握上述具体的内容。从这个角度也可以看出,行政法基础理论在行政法学科中的价值是行政法理论基础和行政方法论所无法替代的。

其四,行政法基础理论是对行政法现象中分散因素的抽象。我们知道,不同的部门法有不同的特性,不同的部门法中构成该部门法的规范体系有很大差异。一些部门法有一个统一的法典,而且只有这样一部统一的法典,即使还有其他的形式,也无法与该法典对这个部门

[①] 王连昌主编:《行政法学》,中国政法大学出版社 1994 年版,第 61—62 页。
[②] 同上书,第 62 页。

法的意义相匹敌。刑法和民法就是这样的部门法。另一些部门法则分布着无数法典，而且各法典都没有绝对地支撑该部门法的能力。在上列诸种情形中，第一种情形下，这个部门法的基础理论通常会在其法典中反映出来，法典既是支撑这个部门法的法律制度，又是能够阐释这个部门法内容的法律理论。在我们这样认为时是在相对意义上讲的，即不是说一个部门法的法典中规定了相关的理论，就没有必要再在学科体系中建立新的理论体系了。我们知道，人类社会发展到今天，有诸多著名的法典被历史保留了下来，例如，古代的《摩奴法典》《汉谟拉比法典》《萨利克法典》等等，近现代的《拿破仑法典》《美国统一商法典》等等。笔者注意到，这些著名法典除了具体的行为规则外，都包含诸多关于该部门法基础理论的东西。例如《拿破仑法典》第 3 条规定"有关警察与公共治安的法律，对于居住于法国境内的居民均有强行力。不动产，即使属于外国人所有，仍适用法国法律。关于个人身份与法律上能力的法律，适用于全体法国人，即使其居住于国外时亦同。"[①] 又如，人类文明社会开端的《汉谟拉比法典》一开始就规定："安努那克之王，至大之安努，与决定国运之天地主宰恩利尔，授与埃亚之长子马都克以统治全人类之权，表彰之于伊极极之中，以其庄严之名为巴比伦之名，使之成为万方之最强大者，并在其中建立一个其根基与天地共始终的不朽王国。"[②] 这些规定为这个部门法的相关基础理论提供了非常好的依据，它不需要再作进一步的阐释就能起到统摄该部门法及其学科构建的作用。而在部门法典比较分散的情况下，问题就没有这么简单了。行政法在所有部门法中其体系和法典构成是极为复杂的，其没有一部统一的法典，甚至没有一个成为主体

[①] 李浩培等译：《拿破仑法典》，商务印书馆 1997 年版，第 1 页。
[②] 《外国法制史》编写组编：《外国法制史资料选编》，北京大学出版社 1982 年版，第 17 页。

法的法典。我们知道，在美国行政法中影响最大的是1946年制定的《联邦行政程序法》，但是也不能说这个法典是美国行政法的主体法，因为我们注意到美国法典中有关"行政法和宪法卷"的并不仅仅是《联邦行政程序法》，还有其他一些法典，这些法典在美国行政法中同样不可缺少，但其同样不能将美国行政法这一法律部门支撑起来。正因为如此，人们呼唤、期待制定统一的行政法典，其中最大的好处就在于对行政法体系以及行政法学科体系进行整合，正如有学者所分析的："行政法在形式上，有一个和宪法、民法、刑法等不同的特征，就是它没有统一的法典。因为行政法是以行政权为规律对象的法，而行政权作用范围广泛，对象复杂，且每因客观情势的变迁，时时有改变对策的必要，很难把复杂纷歧的行政权作用，统而一之，包括于一个法典之中；而系依照个别需要，制定各别独立的行政法规，以便适用。通常所谓行政法，就是指这些各别独立的行政法规而言，而没有统一的行政法典。然而行政法因为没有统一法典的缘故，一般性（总则性）的规定，既感欠缺，各种行政法规相互之间，复时有矛盾、分歧、重复的现象，行政法规的解释和适用，乃倍见困难。于是发生行政法的法典立法问题，行政法有没有制定统一法典的必要？有没有制定统一法典的可能？乃为学者和实务家所研究的问题。他们研究的结果，认为行政法有制定统一法典的必要，因为它至少有下列几个好处：（一）使行政得到确实的法律基础，使国民在行政法关系上，得到确实的法律保障。（二）使行政裁判，有统一的法规可据，不必在凌乱的解释和判例中，广事搜寻。（三）使行政官和初习法律的人，容易得悉现行行政法的全貌，且易于进一步精通公法，而促进公法教育的进步。至于行政法有没有制定统一法典可能的问题？多数学者认为把所有行政法规，归纳在一起，编为统一的法典，目前虽不可能，但制定各种行政法规共同适用的总则，则是可能的，所以热心于行政法的法典立法运动。"① 行政法没有统一法典使得行政法这个学科显得比其他法律部门学科的元素更加分散。显然,作为一个学科体系分散化既不是它的特征,也不是它的目标。将分散的内容通过一定的方式集中化才是学科的属性。行政法基础理论就是将行政法现象中分散因素予以集中和抽象的最为有效的手段。

正如前述,行政法基础理论都是一些类似于定律的原理,我们知道,定律的最大特征就是将一类复杂的现象用一个大家都能够理解的公式予以简化。例如,数学中的三角形内角和勾股定理,将无数三角形用内角之和都等于 180° 的定律予以简化,使人们再不会畏惧对无数三角形的分析。林纪东对行政行为成立要件作了下列四个方面的概括:"行政处分之成立,必须具备一定之条件,如条件有缺,则为行政处分之不存在;或为有瑕疵之行政处分,而发生无效或撤销之问题。然则行政处分之成立要件为何,此可分为(一)主观之要件,(二)内容之要件,(三)形式之要件,及(四)手续之要件四项,兹为略述于次,其详论行政处分之无效及撤销时,再为合并论之。"② 对于一个行政行为而言,四个基本要件缺一不可,正是这四个要件构成了行政行为的基本规格,而不符合这些要件的行政行为就是违法的或者不当的行政行为。这个基础理论将无数行政行为予以抽象,使问题变得非常容易理解。③

---

① 王云五主编:《云五社会科学大辞典》(行政学卷),台湾商务印书馆1971年版,第281页。
② 林纪东:《行政法新论》,三民书局1956年版,第235页。
③ 如果说,行政理论基础是将行政法问题的探讨引向深入,进而使该学科的进行更加复杂的话,那么,行政法基础理论则是相反的情形,它通过定律性原理将复杂的、分散的行政法现象予以统一和整合了。从这个意义上讲,行政法基础理论研究贵在简化,人为地将行政法基础理论变得抽象复杂的研究方法都与基础理论本身的价值是相悖的。

(一)行政法基础理论与法理学

《牛津法律大辞典》认为法理学一词有三个层次的含义:第一层次的含义是作为法律知识或法律科学的法理学。"在最为广泛的意义上使用,包括法律的研究与知识,与最广义理解的法律科学一词同义。"[①] 即法理学既是有关法的知识,又是有关法的科学,是对法律现象的主观印象。第二层次上的含义是,"作为最一般的研究法律的法律科学的一个分支,有别于某一特定法律制度的制定、阐述、解释、评价和应用,是对法律的一般性研究,着重于考察法律中最普遍、最抽象、最基本的理论和问题。"[②] 并认为此一层面的含义常常与法律理论和法律科学的概念相通。这一层面的法理学含义,"即对法律及其问题进行一般性研究的学科,很早就产生了,至少可以说哲学家们、社会和国家,法学家们也就同样对这些问题加以研究。"[③] 第三个层次上的含义是"作为比较夸张的法律的同义语来使用"。由此可见,法理学一词可以有诸多解释方法。而在上列三个层面的含义中,第二个层面则比较准确地表达了法理学的含义。

所谓法理学是指关于法的一般理论和学科,其所涉及的是法作为一个社会现象总体上的特性,在现代法律学科的体系中,法理学是一个独立的学科体系,虽然它没有一个像刑法、民法那样起独立支撑作用的单独法典,也没有像行政法、经济法那样的众多法典予以支撑,但所有法典都是它存在的基础,都对它起到支持作用。行政法基础理论涉及对行政法现象分析的相对抽象的进路,因此,在我们探讨行政

[①] 〔英〕戴维·M.沃克主编:《牛津法律大辞典》,邓正来等译,光明日报出版社1988年版,第489页。
[②] 同上。
[③] 同上。

法基础理论问题时无法回避它与法理学的关系。在笔者看来，二者的关系形式可以从下列方面予以表达。

第一，法的一般理论作为行政法基础理论之基础。法的一般理论是指法理学中对于法的产生、法的本质、法的类型、法的控制技术等基本理论问题的描述，这些描述是对法作为一个抽象出来的事物所作的概括，而这个概括可以成为行政法基础理论之基础。即法理学中的基本原理是我们创设行政法基础理论时必须首先考虑的问题。例如，在法理学中关于法的特征上的区别有公法和私法之分。那么，我们在构设行政法基础理论时就应当将这个基本构设作为基础。张家洋先生在其教科书中对公法与私法区分的理论价值作了高度评介："从法理及实用方面，将法律区分为公法与私法，在世界法学的演进过程中，具有悠久的历史源流。具体言之，此为自古罗马时代以来，即已成立的传统性法律基本分类，现代许多国家仍以此种区分作为其法律秩序的基础，……公法与私法的区分，不仅为重要的法律学说，具有理论上的价值；而且经各国长期采行之后，在法律关系及政府机关业务方面，亦足以产生具体的影响和效果。"① 具体而言，公法与私法此种法理上的分类有下列重要意义：一则，法律适用机关在适用法律时，因公法与私法的性质认定不同，所产生的法律后果亦不同。例如，开业医师在为病人进行诊治时，若造成医疗事故，就有可能用两种不同的方式处理，如将医师管理的规则认为公法，便追究其医疗事故的责任，而认为其行为违反的是私法，因其对行政相对人权利造成了侵害，那就应当依合同法的规定进行民事上的赔偿，可见，将这一违法行为归入不同的法律类型之中所带来的法律后果就必然有所不同。二则，"对于各种违法行为，将因所违反法律性质的不同，使违法者负担不

---

① 张家洋：《行政法》，三民书局1986年版，第8—10页。

同的法律责任。在私法方面系以民事损害赔偿责任为主体；在公法方面,则可能涉及行政、惩戒、刑事及国家赔偿责任等在内。"[①] 在法治实际中公法责任的结果与私法责任的结果有质的区别,公法责任在有些情况下,比私法责任严厉一些,而在有些情况下则比私法责任松弛一些。总之,公法与私法的区分自古罗马时期就已经开始了,其在欧洲国家的法律学理论乃至于法律制度中影响颇大。这个理论一定意义上讲是我们对行政法进行定位的法理前提之一,我们一般将行政法定位为公法就是从这个法理分类得出的结论。

此外,在行政法教科书中亦经常看到大陆法系与英美法系的理论划分,这个划分就划分者来讲是有实践上的依据的,即有些国家的法律制度主要以成文法为核心,而有些国家的法律制度则以判例法为核心。我们在行政法的分析中,尤其在行政法有关原理的构建上都考虑这个基本的划分。王名扬教授的《比较行政法》在第一章就探讨了法系问题,指出:"法系一词除指一个国家的法律系统以外,有时也指具有相同法律传统的国家的法律模式。这个意义上的法系大于一个国家的法系。由于几个国家具有共同的文化传统,所以产生相同的法律传统,因此他们的法律构成一个法系。法系一词有时又指一个国家内部某一地区或某一民族,由于其独特的文化背景和历史传统,产生独特的法律传统模式。例如少数民族的法律可能成为一个法系。联邦内部的邦,长期以来生活在不同的统治之下,形成不同的团体观念、团体利益和社会生活传统。他们的法律分别成为不同的法系。此外,在国际社会中适用于不同国家的国际法,有其独特的法律形式和技术,和国内法不同,也构成一个法系。"[②] 在对法系的概念作出区分后,进一步指出:"本书比较研究的法英美三国行政法,分别属于这两个

---

① 张家洋:《行政法》,三民书局1986年版,第675页。
② 王名扬:《比较行政法》,北京大学出版社2006年版,第2页。

法系。"① 在后来有关行政法具体问题的讨论中都涉及了法系的内容和因素。

上列我们提到的公法与私法的划分、普通法系与大陆法系的划分本来都是法理学问题，然而，其是行政法基础理论设定的基础。

法的一般理论作为行政法基础理论的基础还提出我们必须注意一个现象，即一国法理学的主流必然决定一国行政法基础理论的状况。西方国家的法理学在法律技术的分析上要比我国先进，而我国在法的政治价值的理论分析中则有自己的特点。因此，我们可以看出我国行政法教科书在行政法基础理论研究中都乐于用法的阶级分析的方法分析行政的这一属性。例如有教科书在阐述我国行政法的特点时强调："中国行政法是社会主义性质的行政法，是以工人阶级为领导、以工农联盟为基础、代表广大人民利益的国家的意志在行政管理方面的体现，是我国几十年来社会主义行政管理经验的总结和法律制度化，反映着我国国情，适合我国统一的多民族国家行政管理的特点和需要。"② 而法国法学家佩泽尔则认为行政法最大的特点是它的民主性："行政法中的某些规则在私法中没有对应的规则：单方面决定的强制性、先决特权、制订法规的权力、可以强迫个人提供财物及劳务（剥夺……）、行政处罚……。"③ 佩泽尔所指出的主动性不是行政主体和行政机关权力的优先性，而是行政法在调整社会关系过程中法本身所具有的自主性，他的这个自主性理论是以法国关于法律至上的一般法理为基础的。

第二，法的一般理论直接转化成行政法的基础理论。法的一般

---

① 王名扬：《比较行政法》，北京大学出版社2006年版，第3页。
② 侯淘直主编：《中国行政法》，河南人民出版社1987年版，第4页。
③ 〔法〕古斯塔夫·佩泽尔：《法国行政法》，廖坤明等译，国家行政学院出版社2002年版，第6页。

理论中有诸多是一些相对具体的理论，是为了简化复杂的法律现象而提供给人们的一个公式。这样的公式运用到任何一个部门法中都是可以的，例如，法理学中有一个关于法律人格的理论，有关作者对法律人格作了解释："在法律上指作为一个法律上的人的法律资格，即维持和行使法律权利，服从法律义务和责任的能力的集合。对于任何法律制度来说，无论它写上与否，无论在何种情况下，都将赋予一定的人、团体、机构和诸如此类的组织以法律人格。在早期的法律制度中，有些人，主要是奴隶，根本没有法律人格，他们只是动产。被剥夺了公民权的人丧失了法律人格。现代法律制度主要赋予自然人和法人以法律人格，但从逻辑上讲，并非不可能将法律人格赋予动物、群体、公共机构、基金会、协会、偶像等其他实体。"[1]法律人格这一法律理论中有两个关键点值得注意，一是介入法律中来的人应当具有或符合某种身份。即不具备一定身份的人在法律上就没有人格，而在其没有人格的情况下就不能够为某种法律行为并形成法律事实。另一是能力。即在法律关系中是否有能力为某种行为或者不为某种行为。在法律关系中的权利能力和行为能力都与法律人格有关。这个理论在行政法中实际上得到了直接转化，"至于何人有出诉之权能？则依行政诉讼之种类而各异。（一）若在基于权利毁损之抗告诉讼，则出诉权者，常为依行政厅之处分违法而被毁损权利之主张者。然此亦不必以其处分之直接对方，为绝对要件。因对于他人所行之处分而自己之权利被毁损时，其权利者亦得出诉之，是为当然也。例如因对于甲行租税滞约之处分，而查封甲所有之不动产时，乙于该不动产上有抵当权，则乙因其抵当权之被毁损亦可对于其滞纳处分提起行政诉讼也。

---

[1] 〔英〕戴维·M.沃克主编：《牛津法律大辞典》，邓正来等译，光明日报出版社1988年版，第688页。

依同例若对于甲行滞纳处分,而误认乙之所有物为甲之所有物而查封之,则乙可因自己之权利被毁损而出诉,固不待言。盖滞纳处分自身,系对于甲所行者,然第三者之权利因此被毁损,则此第三者亦当然有出诉权也。"① 即行政诉讼中的原告只有在具备一定身份和能力时才是真正的原告。刑法、民法典、行政法及其它部门法中都有一些法理学中的概念和名词,如法律关系、法律原则、法律渊源、法律行为、主观要件、客体与主体等等。即是说,法理学中的一些概念能够转化到任何一个部门法之中。但是,我们还应当注意,一旦这些法的一般理论转化到另一部门法之后,其原来的内容就会有一定的变化。例如,行政法关系中主体身份的相对稳定性在其它部门法中就是不存在的,法理学的一般理论也没有刻意要求法律主体身份的相对稳定性。那么,行政法,当然也包括其它部门法在内如何将法的一般理论中的公理转化成某部门法的基础理论是一个需要引起重视的问题。因此,笔者发现,在我国行政法学科发展中,有一些基础理论在转化过程中实质上背离了法理学中关于法的一般理论。以行政法关系为例,我国行政法关系的特点描述中就有一个单方面性的理论,其实这个理论背离了法理学中关于法律关系具有平等性的理论。②

第三,法的一些一般理论不适于解释行政法现象。法理学是关于

---

① 〔日〕美浓部达吉:《行政裁判法》,邓定人译,中国政法大学出版社 2005 年版,第 124—125 页。
② 行政法关系的单方面性是我国行政法学界对行政法关系特征的描述,根据这一理论,行政机关能够单方面决定行政法关系的产生、变更和消灭,能够决定行政法关系中权利和义务的走向等。这一理论近年来遭到学者们的普遍质疑,有学者认为单方面性的理论是一个非常不恰当的理论,因为该理论将行政法关系中权利主体和义务主体的关系混淆了,即在行政法关系中行政主体始终是权利主体,而行政相对人始终是义务主体,这显然与法律关系的一般原理冲突。参见张淑芳:《行政法关系单方面性的理论审视》,载《法律科学》1999 年第 5 期。

法的一般理论的学科，其在对法的研究中所建立的基础是抽象的、一般意义的法，并不是具体的法律规则。当法的一般理论对法的属性等进行抽象时，所抽象出来的原理必然是一般原理。这个一般原理在对待特殊的法律现象时并不能保证百分之百的合适。这种现象实质上用辩证哲学的原理是很容易得到阐释的。特殊的东西在一定条件下就是绝对的特殊，而一些普通的原理就是不能够包容这个特殊，如果普通的、一般的东西都能包容特殊的话，那么特殊也就不复存在了。法理学中哪些理论或原理不能够转化成行政法的基础理论是一个需要通过深入研究才能够厘清的问题。我们认为，人类社会在长期的发展中刑事法律规范和民事法律规范都有非常长的历史；而行政法尤其是现代意义上的行政法是资产阶级革命以后的产物，这样便使法的一般理论中的内容更贴近刑法和民法等这些传统的部门法，而离行政法的距离则相对较远。例如室井力在分析行政法中的一个重要基础理论，即"本性保留"时说了这么一段话："'本质性保留'说（亦称为'本质事项保留说'，'本质性理论'，'重要事项保留说'）是20世纪70年代以与西德联邦宪法法院有关系的教育法，原子能法，广播法等各种判决为中心形成的。该议论的特点是从宪法规定的民主主义法治国家原理重新研究传统的'依法行政'原理，重视议会的参与，特别是依法保障基本人权。议会依法应规范的对象以宪法规定的人权保障为基本而判断。但已确认，基于议会的立法权限除宪法明确规定属于行政权者外，原则上不受限制，依法律的规范不仅针对行政活动，还要求适用于其组织及程序。关于要求授权规定的明确性，应参照规范的对象、有关基本权性质、基本权制约程度及方法等。对'本质性理论'提出的疑问及批判，主要是指它的标准不明确。"[①] 此段论述若

---

① 〔日〕室井力主编：《日本现代行政法》，吴微译，中国政法大学出版社1995年版，第25页。

放在现代法理学的角度观察几乎不知他要表达一个什么意思,但其在行政法中基本的内涵是十分清楚的。这里存在一个法理学理论与行政法基础理论契合的问题。站在完善法理学的立场上,其应当与时俱进,随着行政法的发展在基本理论和原理上应当不断创新,进而以创新之理论指导各个部门法。站在行政法必须符合法的一般特性的立场上,行政法不能够唯我独尊,应使它的基础理论能够融入到主流法律理念之中。

(二)行政法基础理论与宪法理论

行政法与宪法在法律形式上的关系向来是行政法学研究中关注的问题之一,例如我国有的教科书设立专门的条目,主讲行政法与宪法的关系:"宪法是国家的根本法,具有最高的法律效力。宪法与行政法的关系,首先是一种主从关系。行政法规范都是直接或间接地根据宪法制定的,而且不得与宪法相抵触,否则就无效。行政法是从属于宪法的。宪法规定国家的一切根本性问题,其中关于国家行政管理制度的原则规范,同时也是行政法的重要渊源。宪法与行政法之间具有互相渗透的关系。宪法作为根本法,只规定国家制度和社会制度的基本原则。为了贯彻宪法有关国家行政管理方面的原则规定,需要通过各种行政规范使之具体化。否则,就不足以调整各种复杂的行政关系。在这方面,行政法是宪法的具体化。"[①] 这个表述至少将行政法和宪法在法律形式上的关系揭示出来了。汉斯·J.沃尔夫在其《行政法》一书中专节讨论了行政法与联邦宪法、与州宪法的关系。在谈到行政法与联邦宪法的关系时指出:"德国公共行政不仅要遵循欧共体法,而且要遵循基本法。基本法确定了公共行政的法律基本框架,奠

---

① 侯淘直主编:《中国行政法》,河南人民出版社1987年版,第15页。

定了公共行政的'遗传密码'范围。同时，基本法保障行政活动的必要的动态性和灵活性，不妨害行政法的发展。基本法对公共行政的约束力首先体现在第1条第3款(基本法的约束力)和第20条第3款(受法律和权利的约束)。基本法第20条第1款和第28条作了进一步的补充规定，确立了联邦和各州必须遵循的宪法原则，即民主、社会国家、共和、法治国家、联邦国家等。第20a条规定了环境国家，第23条规定了联邦德国加入欧洲共同体和欧洲联盟，第28条第2款规定了自治，第83条以下对行政机构设置作了一般规定。第33条和第137条规定了公务人员法，第34条规定了违反职务义务的赔偿责任。在与行政有关的预算法范围内(基本法第104a条以下)，行政机关应当注意总体经济平衡(基本法第109条第2款)。这些规定是行政国家中行政活动的准备、法律适用和解释的标准，表明了'行政法是宪法的具体化'这句话的正确性。"[①] 在作了上述具体分析后，沃尔夫认为行政法具有天然的履宪性，它的履宪性体现在"每一个行政活动都是一个潜在的宪法决定"。

我们认为，宪法与行政法法律形式上的关系原理是十分重要的，这个关系原理主要体现于宪法和行政法的法实在方面。如行政法是对宪法的具体化，宪法规定基本轮廓，行政法对具体事项予以扩充，行政法不能违背宪法等等。这些法律形式上的表述固然重要，但我们还不能将这种法律形式上的表述纳入到行政法基础理论与宪法理论的关系之中，或者不能完全纳入其中。沃尔夫提到的宪法决定行政法的"遗传密码"理论是一个非常形象的表述，其实他已经看到了行政法基础理论与宪法理论具有内在的关联性这一事实。但遗憾的是，他

---

① 〔德〕汉斯·J.沃尔夫等:《行政法》(第一卷)，高家伟译，商务印书馆2002年版，第133—134页。

没有再向前走一步，将行政法基础理论与宪法理论做一个更加深入的探讨。笔者认为，行政法基础理论与宪法理论的关系可以表述为下列情形。

其一，行政法基础理论与宪法理论有一部分是重合的。行政法与宪法都是公法的范畴，它们都与公共权力的设立和行使有关，所不同的是行政法所涉及的是一个方面的公共权力，而宪法则关系到若干种公共权力。这样便使行政法的一些基础理论与宪法中的一些原理是同一个原理。以正当程序为例，在美国正当程序最早并不是出现于行政法中，而是出现于宪法中，美国宪法第5条和第14条修正案都是有关正当程序的规定，这些规定实质上也构成了现代正当程序的基本理论。这个理论与行政法的基础理论中的正当程序是完全一致的，但是，在这里我们绝对不能片面地认为，行政法中正当程序的理论是从宪法转换过来的，这是因为正当程序在行政法中有着一套适合于自己的解释机制，这个解释机制虽然与宪法理论中的程序理论不谋而合，但它自己能够在自己的框架内自圆其说。《法律与行政》一书就有关于行政程序的一段论述："行政程序的发展已成为当代社会的一个普遍现象，尽管其发展的速度和方式在国与国之间迥然有别。自然，最少的管理是政府理念的内在本性。即使是自由主义政策的最热情的支持者，也承认政府至少要具有防御、司法行政和警察职能。但是，不管是何种政治哲学，日益复杂的社会需求已迫使一个又一个国家不断增加附加职能：为了保护一般公众和雇员最基本的卫生和安全标准——这构成了19世纪英国第一个重要的公共服务发展——迅速增加了大量的附加社会服务，从基本的公众援助措施到20世纪中期高度多样化的社会保障制度；对公共设施、劳动关系、其他许多经济和社会事业的监督，密切地影响到公共利益……当今构成许多国家的政治和经济制度的混合经济……已联合管理和规制双重的行政职能。特定的工业和公共事业皆由国家本身所运营——或通过政府各部或日益经常地通过半自治的公有公司，后者虽对政府负责，但或多或少具有深层的管理自主性……与此同时，大量仍由私人所有的工业和商业，仍不同程度地受到工业监督和规制，而另外的公共当局则管理着各种社会服务。"[①] 这个论述仅仅是从行政权运行的角度解释行政程序的，没有依赖于任何宪法上的解释。但是，我们不能否认，现代宪法都有关于程序正义的理论，它或者存在于宪法所设立的基本原理之中，[②] 或者存在于一国的宪法学理论体系之中。也就是说，正当程序理论既是宪法中的一个重要的、独立的理论，也是行政法中的一个重要的、独立的理论，二者在理论价值上并不是从属的，而是相互独立的，从这个意义上讲，行政法基础理论中有一部分与宪法理论是重合关系。行政法基础理论与宪法理论究竟有多少、有哪些是重合的，这应当通过进一步的研究才能厘清。同时，行政法基础理论与宪法理论的重合状况还要看各国宪法和行政法的具体状况。理论上讲，一国宪法理论越全面、越完整，在宪法行文或宪法学体系中设定的理论范畴越多，那么，便为其与行政法基础理论的重合创造了更加充分的条件。相应地，一国行政法基础理论越细致、越具体、容量越大，与宪法理论可能重合的部分也就越多。行政法基础理论与宪法理论的重合不能认为是不正当的，更不能认为，此种情况会降低宪法的效力。在笔者看来，在现代公法的范畴中，行政法应当与宪法保持一定的距离感，

---

① 〔英〕卡罗尔·哈洛、理查德·罗林斯：《法律与行政》（上卷），杨伟东等译，商务印书馆 2004 年版，第 49 页。
② 宪法之中的原理设计是普遍存在的，有些国家在宪法序言中写进诸多的原理，甚至于政治理论，有些国家则在宪法的总则中写进一些原理或理论，例如，《法兰西共和国宪法》就规定了天赋人权的学说，宪法将这些理论规定下来以后它实质上就是一种宪法理论。

即不能用宪法理论完全统制行政法,也不能用行政法理论代替宪法理论。只有在两种部门法各自独立的基础上,我们才能讨论行政法基础理论与宪法理论的重合问题。

其二,本属于宪法理论,被适当地运用于行政法基础理论中。毫无疑问,公法理论的绝大部分应当在宪法理论之中,因为宪法是公法的龙头法,在行政法基础理论中有一些就是将本来属于宪法的理论转换过来了。美浓部达吉在《行政裁判法》一书中分析了行政裁判与司法裁判分离的情形:"宪法第六十一条最后所明示之最主要原则,即为行政裁判与司法裁判分离,对于行政事件之诉讼,均使属于行政裁判所审理之,非司法裁判所可受理也。若自宪法之文字言之,宪法谓'由于行政官厅之违法处分,而致损害其权利之诉讼,其应属于别以法律所定之行政裁判所之裁判者,不在司法裁判所受理之范围',则亦并非举一切行政事件,置于司法裁判所之权限外也,惟于行政诉讼中,仅属诸行政裁判所之裁判,不得由司法裁判所受理之而已,以此趣旨,惟在禁止行政裁判所与司法裁判所之权限重复耳。然果如此解释之,则决不能得宪法之真意。盖宪法之趣旨,若谓仅在就同一事件,以否定两个裁判所之共有裁判权,则此固不待明文规定而自明者。盖无论何种事件,均不得有二重裁判权之机关以相互并立,非独行政裁判所与司法裁判所之关系为然也。虽同在司法裁判所中,而通常裁判所与特别裁判所,亦不得有权限之重复;又虽在同一之通常裁判所中,而各个裁判所,亦权限互分,对于同一事件,不得有重复之权限。则宪法第六十一条之规定,其不能作如此之解释也明矣。"[①]可以说,他的这个讨论是非常精细的,其主要想说明在日本行政裁判制度中司法裁判与行政裁判分离的行政法问题究竟与宪法的规定是何种

---

① 〔日〕美浓部达吉:《行政裁判法》,邓定人译,中国政法大学出版社2005年版,第19页。

关系。笔者认为，他虽然没有明确指出，行政法基础理论中两裁分离是从宪法理论中直接转换过来的，但他已经注意到了行政法这一基础理论的宪法基础。首先，我们必须对行政裁判与司法裁判的分离在行政法学体系进行定位。在笔者看来，二裁分离是日本行政法的一个基础理论，因为日本行政裁判和司法裁判的一系列问题必须从这个基础理论中进行推演。当然，在其他国家，如英美法系国家则可能是另一种情形，至少二裁分离不是这些国家行政法的基础理论。那么，日本行政法的这个基础理论本不是行政法固有的，我们上面已经指出它并不是诸国行政法的一个普通问题，也不是日本行政法传统理论所能包容的，它是日本宪法所独有的。[①] 即是说日本宪法中关于行政裁判权与司法裁判权是日本宪法中有关权力分立理论的一个分支。这个宪法理论与行政法有一定关联性就被行政法予以采用，从而成为了行政法的基础理论。宪法理论被行政法基础理论借用的情形在行政法中非常多见，我国台湾学者在其行政法教科书中都有一个基础理论，即人民的公权理论，并将其作为行政法理论中最为基本的理论，行政法中一系列问题的解决都借助于这种理论，由此我们认为它是行政法的基础理论。而人民的公权本是宪法理论，如人民的公权包括这样一些权利：一是参政权，"民主国家莫不崇尚'主权在民'的思想，并以民意政治作为施政的基础，因而赋予人民对国家政治表示意见并参与统治权行使的权利，是为参政权，包括人民政权及服公职权在内。此种公权因须由人民以主动地位行使，故又称主动公权。参政权的授予，固然在于满足人民政治上的需要，但同时更具有促进国家民主政治发

[①] 笔者所指的独有性是将日本宪法和其他部门法比较而言的，而不是将日本宪法和其他国家宪法相比较而言的，因为法国宪法中也有二裁分离的规定，宪法学体系中也有二裁分离的理论。

展的目的。故就国家公益的观点而言,参政权亦可视为兼具人民义务的性质,尤其在人民政权方面确属如此,因而以往曾有国家采行强制投票者。"[1] 二是自由权,"自由权属消极公权的性质,亦为基本人权中的重要部分,系指人民依法享有自由意思表示、作为与不作为,而不受国家或他人非法干涉的权利。现代国家宪法所规范的自由权,大致均包含人身、居住迁徙、言论讲学、著作出版、秘密通讯、宗教信仰,及集会结社自由等项。亦有学者认为自由权应分类为精神的自由权、行动的自由权、人身的自由权、财产的自由权,及居住的自由权五项,其中以人身自由居于最重要的地位。目前各民主国家对人民的自由权均极为重视,采宪法直接保障主义者相当普遍,唯自由权仍应有法定范围,受国家法令的限制,行政机关的措施常对人民各种自由权发生影响,故自由权的保障乃是行政法关系上的重要课题。"[2] 三是平等权,"平等权亦属消极公权性质,系指基于'法律之前人人平等'的原则,人民得以同样条件,在法律上享同等权利负担同等义务,而排除任何标准的差别待遇之谓。平等权乃属法理上的一般原则,无论对公法与私法的适用,均构成基本规范,在行政法关系上自然具有同样的重要性,为推行法治行政的必要前提条件。平等权在本质上虽属消极性,但在现代国家因受社会政策思想的影响,倡导采行机会均等、社会均富,及保障弱者等措施,遂使平等权的内涵具有积极的意义,并与受益权及参政权等相互配合,发挥社会改革的功效。"[3] 四是受益权,"受益权原具有请求权的性质,但积极国家时代,政府为发挥其服务功能,应就其职权范围内的事项无待人民的请求,即积极主动加以推行,俾可增进人民的福祉,故各种受益权并不一定须由人民提出

---

[1] 张家洋:《行政法》,三民书局1986年版,第162页。
[2] 同上书,第163页。
[3] 同上书,第164页。

请求始能获得。"[1] 上列四种权力无一不是宪法上的权力。行政法学者将宪法理论运用到行政法基础理论中来是由行政法与宪法的天然关系决定的。但是，我们认为，有些理论即便能够被恰当地直接从宪法转用或者借用到行政法中来，亦应当要对其进行加工，使其能够在成为行政法基础理论时具有新的内涵。

其三，行政法基础理论中有一些本属于行政法，但也常常被用于分析宪法。奥托·迈耶关于行政法永存、宪法死亡的理论肯定了行政法及其理论在现代法治国家的重要性，这个分析若站在宪法和宪法学的立场上是不可以接受的。但是，这个理论反映了行政法和行政法学在一些国家的发展势头，要比宪法和宪法学发展得更快。这种现象导致了一些先进的公法理念首先产生于行政法理论中，而不是产生于宪法理论中。《法律与行政》关于现代行政机构体系运用马克斯·韦伯的理论做了这样的分析："最重要的是，官僚化为按照纯粹客观的考虑，贯彻实施专门化的行政功能原则提供了最佳可能性。由公务员承担具体的实施工作，这些公务员经过专门训练，通过不断实践，掌握的东西越来越多。'客观'执行事务主要是指按照可预测的规则和'无须考虑个人'的方式执行事务……上述第二个因素'可预测的规则'，对现代官僚制而言，同样也极为重要。现代文化，尤其是其技术和经济基础的独特之处，要求结果具有特别的'可预测性'……受到资本主义欢迎的（官僚制）的特殊性质越发达，官僚制的'非人性化'就越强，其将难以计算的爱、憎以及所有纯粹个人的、非理性的和情感的因素成功排除在公务之外就越彻底。这即是官僚制的独特性质，并因其特别的品质而受到赞扬。"[2] 他的这个分析只是反映了有关行政机构

---

[1] 张家洋：《行政法》，三民书局1986年版，第164页。
[2] 〔英〕卡罗尔·哈洛、理查德·罗林斯：《法律与行政》（上卷），杨伟东等译，商务印书馆2004年版，第50页。

体系的相关原理在行政法中的状况，一方面，现代行政机构体系通过行政法的构筑成为了一种理想模式，另一方面，行政机构体系通过其体系化在自律性、刻板化方面对行政效率的降低，以此便推论出在一定范围内扩大行政自由裁量权的行政法原理。这个关于行政机构体系的基础理论是行政法之中的，甚至可以说，它是当代行政法所独有的。然而，由于行政机构体系，尤其官僚化倾向的事实使其又不得不在宪法学的分析中有所体现。在公法理论和实践中这样的现象非常普遍，而且随着社会的发展还将不断上升。这实质上反映了人们传统理念中宪法为首，行政法为卑，与行政法迅猛发展这一事实之间的张力。在观念和事实的张力中，恐怕只有观念让位于事实这种张力才能缓和。质而言之，我们必须反思传统的公法理论，必须正确认识行政法和宪法在发展和变化过程中的逻辑关系。否则，我们还会遇到更多的矛盾和冲突。

（三）行政法基础理论与其它部门法基础理论

不同的部门法虽然所调整的社会关系有所不同，但这丝毫不能降低不同部门法在理论体系上的可借鉴性，甚至于可通用性。刑法由于其产生的历史非常悠久（据说原始社会就有诸如同态复仇和血亲复仇等刑法制度），因此，刑法学的学科体系亦相对比较成熟，与之相对应的刑法基础理论亦相对科学和完善。民事法律制度在全世界的影响超过了其他任何一个属于私法的部门法，而且民事法律制度亦有非常长的历史。这也决定了民事法律理论亦较为成熟，早在古罗马就有了非常发达的民事法律体系，民法基础理论亦是完善的，解释方法也是相对科学的。这些部门法的相关理论被运用到行政法基础理论中来亦是一个不争的事实。但是，由于行政法毕竟是典型的公法，以公权关系为调整对象，这决定了其在法律属性和调控技术上有自己的独特性，民事法律理论中一些非常好的东西并不一定适合于解释行政法现象，刑事法律中的相关原理也不能不加选择地进入行政法的分析之中。如果我们将民事和刑事法律的成熟理论能够运用于行政法中的话，那么，下列方面的制约因素是必须予以考虑的。

一则，其它部门法的基本理论可以成为行政法基础理论的个别部分，而不能成为行政法的基本理论。例如，行政赔偿与行政补偿制度中有关的过错责任原则、无过错责任原则、混合责任原则等原理就是从民事法律理论中借用过来的。但是，这个借用仅仅适用于行政赔偿和行政补偿的基础理论，而且这个理论到了行政法中以后有自己独特的内涵，正如室井力所概括的："损失补偿是因国家的合法活动对国民造成损失所给予的补救。更详细地说，是因国家行使公权力而有意对国民造成财产上的损失所给予的补救。首先，损失补偿是国家行使其权力对国民造成损失所给予的补救。对经国民同意而造成的损失，国家不予补偿。从这种意义上讲，在多数情况下，损失补偿是因公权力的行使使国民蒙受损失而给予的补偿。但是，例如将撤回行政财产目的外使用许可的补偿和解除普通财产借贷契约的'补偿'（国有财产法第19条、第24条第2款、地方自治法第238条之四第2款、第238条之五第3款），或将征收土地的补偿和任意收买的对等价格，都视为各个不同性质的补偿，未必合理。对非权力行政指导所造成的损失，可以考虑给予补偿。"①

二则，其它部门法的基本理论在移植到行政法基础理论中时，必须与有关的公权理论有机地结合起来。其他部门法，尤其民事法律的基础是私权，而行政法至少在关系调整的形式方面是公权，如果将有

---

① 〔日〕室井力主编：《日本现代行政法》，吴微译，中国政法大学出版社1995年版，第192—193页。

关的私权理论运用到行政法中来的时候必须将两种不同性质权力的理论区分清楚。例如,民法中主体地位平等的理论在引入行政法关系这一基础理论中时,必须将这个平等严格地限定在具体的行政关系中,否则,就会使民事法律中的平等理论在行政法中泛化。

二、行政法基础理论地位的比较

行政法基础理论是行政法学科所不能缺少的,任何一个学者在构建行政法学科体系时都要运用一定的基础理论,这是一个不容置疑的事实。与这个事实相伴的则是另一个现象,即在不同国家的行政法学科体系中,不同学者的行政法学研究中对行政法基础理论的适用方法以及重视程度都是有所不同的。如有学者主张:"行政法作为一门理论学科,应有一定的侧重点或核心为主线去构成学科体系,而不是对行政法规范的归纳、分类和解释。由于行政法的主要任务在于规范行政活动过程中的行政权与公民、组织的权利、行政权与其他国家权力的关系,因此,行政法学体系构成也应围绕这一核心去建立。"[1] 从这个论断可以看出,其将行政法甚至归入于理论学科,反对对行政法问题进行归纳等。显然,在此种思想支配下,行政法的基础理论就必然会成为学科构建的始点和终点。而另有学者认为:"行政法学为社会科学及法学的一种,其所研究的具体对象为人类政治文化的产物及社会活动的规范,此种行政法制具有高度实用价值,而非玄奥抽象的哲理。因之,从事行政法学的研究,应采用法儒狄骥所倡导的实证方法,以客观的态度,直接观察事实现象,摒弃一切先天的、神学的或形而上学的概念,用演绎归纳方法,分析法令的意义、内容、与效果,求得

---

[1] 王连昌主编:《行政法学》,中国政法大学出版社1994年版,第22页。

结论，发现其原理原则，作为指导法制运作与进步的圭臬。"[①] 这个思路与前者相反，其主张行政法学作为实在法学科的地位，在实证研究中亦可能运用诸多先进的方法，亦可能需要基础理论来对问题进行阐释，但行政法基础理论只是分析过程中的手段，其不具有自身所独有的理论价值。笔者将行政法学研究中基础理论在学科地位中的状况概括为三类，分述于后。

（一）行政法基础理论在行政法学科中相对独立

行政法基础理论在行政法学科中相对独立的情形是指在构建行政法学科体系或者叙述行政法问题时，将行政法的基础理论作为独立的部分讲解。成为行政法基础理论的部分不涉及行政法中的制度问题和规范问题，只是理解和认识行政实在法的一把钥匙，此种著述方式在行政法学界是比较流行的。例如，法国学者佩泽尔在《法国行政法》中，先设一篇为总论，在总论部分讲到了行政法的概念、渊源、行政法的历史发展等基本的理论问题，这些理论问题其实都是行政法基础理论的构成部分。我国早期出版的行政法教科书一般都将导论作为一篇，在导论部分要讲到一些重要的行政法基础理论，《中国行政法》一书中的导论包括"行政法的概念"、"行政法的产生与发展"、"行政法的基本原则"等章节，而提到了"行政法关系"、"行政法渊源"、"行政法原则"等行政法的基础理论。王连昌主编的《行政法学》则为"结论"，在结论部分讲了这样一些基础理论："行政权"、"行政法学"、"行政法的历史发展"、"行政法原则"等。

将行政法基础理论在行政法学科体系中相对独立有一些共同的东西：第一，行政法基础理论独立出来以后，整个学科体系的构建相

[①] 张家洋：《行政法》，三民书局1986年版，第51页。

对比较严整，以基础理论统摄整个行政法的学科体系，使行政法这个学科在理论构造上能够与其他法律学科分庭抗礼。第二，行政法基础理论独立出来的研究进路中，所设定的基础理论更接近于法理学理论。通常情况下是将法理学的一般原理运用于行政法的分析之中，例如，一般都要讲到行政法关系、行政法渊源、行政法原则等。此种著述方式有利于拓宽行政法学的视野，尤其有利于在行政法学科体系中寻求到上位的法哲学原理。第三，行政法基础理论独立出来的研究方法有一个非常重大的贡献，即使行政法基础理论在行政法学科体系中相对稳定和成熟，这既有利于其他学科了解行政法学研究的状况，又有利于行政法学在社会公众中的推广。笔者还注意到，将行政法基础理论独立出的最初研究者是欧陆国家，尤其是法国的行政法学家。之所以会由欧洲率先发表主要与欧洲国家的法律学研究的传统分不开。欧陆国家在法律谱系上讲属于大陆法系，而大陆法系是从古罗马的法律传统中继承下来的。罗马法的传统中最为重要的地方就是其思维方法上的严整性和学科体系构建上的精巧性，王名扬先生对大陆法系作了这样的评介："罗马法是一个经过长期发展和改进，结构严整、技术先进的法律体系。……法律的作用不在于解决纠纷，而在于合理地组织社会生活。法律规则是指导人类行为的规则，是应当遵守的规则，具有一定的普遍性，通过解释过程而适用于具体事件。法律规则的制定，即使需要根据实际情况，也不是针对具体事件，而是基于合理的考虑，以便能够广泛地适用。"[①] 表明大陆法系的法律学构建在学科的科学化方面是领先的，对此，张家洋教授也有同样的认识："各国行政法学的发展原以欧陆国家为先驱，此等国家属大陆法系，其行政法学在内容方面具有传统的特性，即深受罗马法的影响，对公法与私

---

① 王名扬：《比较行政法》，北京大学出版社2006年版，第8页。

法采明确区分、成文法主义盛行、采司法二元制,及重视国家公权力的行使。"① 大陆法系关于法律体系的严整性对行政法基础理论在行政法学科中具有独立地位,起到了极大的作用。同时,将行政法基础理论作为一个相对独立的东西评介和研究与学者们以及学者所在国在思想方法上的传统有关联性。英美法系以实证主义和实用主义构建其学科体系,在思想方法上不热衷于体系的构建,而热衷于问题的解决,因此,其通常情况下并不独立阐述行政法的基础理论。

(二) 行政法基础理论在行政法学科中作为支点

此种对行政法基础理论的处理方法与前一种相反,其不将行政法基础理论作为一个部类或范畴独立出来,而是在分析行政法规范、行政法制度、行政法应用等问题时以行政法的基础理论作为支撑。理查德·B. 斯图尔特的《美国行政法的重构》就是一部比较典型的将行政法基础理论作为理论支点的著作。其在书的章节中没有专门开列一篇或者一章作为行政法的基础理论进行评介,而是一开始就谈到行政自由裁量权问题。在对行政自由裁量权的控制技术进行分析时,他讲到了三个控制技术,在讲解过程中才运用一些原理作为佐证:"第二种技术是为了控制新政时期立法所授予的宽泛自由裁量权而发展起来的,它要求行政机关在做出决定的过程中应在详尽说明理由的基础上保持前后一致。根据这一原理,行政机关可能被要求为其在特定情形中做出某种选择说明理由,即便立法指令的宽松结构允许其在一定范围内作出多种可能的选择。法院还可能进一步要求,行政机关的选择必须在一定时间内保持前后一致,或者至少为其对既定政策的偏离给出有说服力的充分理由,尤其是在涉及个人重大的期待利益的场

---

① 张家洋:《行政法》,三民书局1986年版,第44页。

合。这些要求再一次表明其并非直接针对行政政策的实体内容。无论是过去还是现在,它们的目的都仅仅是为了确保行政行为与某种法律允许的社会目标有合乎理性的关联,是为了促进形式主义以保护私人自主权。不过,这些要求也可能对行政政策的实体内容产生某种影响。要求行政机关在详尽说明理由的基础上保持前后一致,可能会使行政机关在适应新的偶发事件方面步履维艰,或者可能会使行政机关在处理个别的不良行径——其理由并不容易予以一般化的说明——方面步履维艰。而且,这一要求可能会给诉讼当事人提供更多的手段以抵抗行政机关的制裁,可能会给法官们提供更多的手段,以寻求程序上的理由来撤销可质疑的行政决定。"① 这个分析是对行政法自由裁量权在美国行政法治中状况的分析,是一个事实上的分析。然而,作者在进行该事实分析时运用了诸多行政法基础理论,其中行政行为说明理由就是美国行政法中的一个最为普遍和普通的基础理论。作者还提到了行政行为的连续性,即前后一致的基础理论等。《法律与行政》本是一部有关行政法的巨著。但是,这部著作没有在最初的论述中设立任何规范化的基础理论。从作者开卷的前几章中我们就可以看到其与前一种学科构建方法的巨大差异。第一章为"国家、政府与法律",第二章为"红灯理论",第三章为"绿灯理论"、第四章为"黄灯永远闪亮?"、第五章为"保守党的改革"等等。这样的著述方式甚至让崇尚基础理论独立化的学者们摸不着头脑。但是,其在讨论行政法中的具体问题时将基础理论作为阐释问题的支点,与《美国行政法的重构》一书的著述方式基本相同,例如,作者在探讨"公开和公民参与"这一行政法主题时有下列一段精通分析:"可以说,现代参与理论更

---

① 〔美〕理查德·B. 斯图尔特:《美国行政法的重构》,沈岿译,商务印书馆2002年版,第16—17页。

适于美国的联邦体制,在美国的政治思想中,多元主义一直得到了强有力的体现。在英国,它与我们占统治地位的政治传统相抵触,我们的政治传统是围绕着一套代议制政府理论建构的,根据该理论,通过我们选出的代表我们都参与了政府。这非常适合一部由议会至上学说统率的宪法,产生了对中央集权根深蒂固的偏爱。英国对'强政府'的迷恋,是这个民族国家中政治稳定这一先入之见的集中体现。相比较而言,参与理论的根基深入到多元主义的形式中,正如我们在第一章中所说的那样,其关心的是将国家分解成更小的且更容易进入的单元。"[①] 其对基础理论在具体问题讨论中的运用非常自如,甚至运用了代议政府的相关基础理论分析这个具体问题。美国行政法学家施瓦茨的《行政法》在运用基础理论作为支点构设行政法学科体系方面比上列两位学者有过之而无不及。

将基础理论作为支点的学科构建有这样一些特点。其一,在这些学者眼里行政法基础理论是一个开放系统,不仅仅如大陆法系学者理解的那些作为行政法最为基础和最为基本的理论,而且凡能够解释行政法现象和解决行政法具体问题的理论和原理都是行政法的基础理论。还以卡罗尔·哈洛为例,还以其讨论公民参与为例,其以下列论断作为基础理论支撑自己所设定的论点:"随着社会的发展及其在文化和技术上变得复杂,逐渐出现了一种主张,决策应该注入一种更为民主的表达形式。因而,在过去十到二十年间,现代社会倾向于支持参与式民主和决策中的专门知识同时发展。显然要同时最大化这两方面的价值偏好是不可能的;不是因为它们是绝对的,彼此不相容的,而是彼此抵消,结果是对于参与要求和解决问题的技术要求来说都不

[①] 〔英〕卡罗尔·哈洛、理查德·罗林斯:《法律与行政》(上卷),杨伟东等译,商务印书馆2004年版,第220页。

那么令人满意。尽管存在这些对抗性，社会中的张力要求必须形成富有成效的努力重塑传统的决策过程以适应公民参与的战略；这种主张的运行现在已经势不可挡，并且引起了高度情感化的内容，以至于任何对公民参与机会的拒绝都会被认为是对民主传统的背叛。"[1] 在这里其对基础理论的理解是所有有关能够支持行政法问题的理论和原理。

其二，行政法基础理论不要苛求在方法上的严整性和技术上的规范性，更不能过于刻板。我们很少能够看到美国行政法教科书和英国行政法教科书使用行政法关系、行政主体资格等这样的传统基础理论分析行政法问题，王名扬先生也认为："美国当代行政法学著作，除专著以外，一般性的著作主要包括下列内容：分权，权力委托，调查程序，制定法规程序，行政裁决程序，司法审查，行政赔偿责任，总统控制，国会控制，行政公开的程序。行政程序的研究受到重视，行政组织的研究不占重要地位。"[2] 即美国行政法著述中并不刻意介绍一些基本的行政法基础理论。诸多美国行政法学著作由于在基础理论运用上的开放性，但就著述所开辟的章节看更像是行政学或者政治学著作。

（三）行政法基础理论相对独立与作为支点并重

行政法基础理论是行政法问题的分析工具，作为工具来讲有各种各样的使用方法。上面我们分析了两种关于行政法基础理论在行政法学科中适用的情形。其实，在这两个情形之外，还有一种情形就是将上列两种分析方法予以折中。其在行政法学科体系的构设中，首先有一定的基础理论将这个学科支撑起来。例如，沃尔夫在其教科书《行政法》中先在第一编中介绍行政法的一些最为基础的理论，如第

---

[1] 〔英〕卡罗尔·哈洛、理查德·罗林斯：《法律与行政》(上卷)，杨伟东等译，商务印书馆 2004 年版，第 223 页。
[2] 王名扬：《比较行政法》，北京大学出版社 2006 年版，第 82 页。

一章为"行政法的基础、概念和主体",第二章为"行政法的历史类型",第三章为"行政学",这一编的基本内容都是有关行政法的基础理论。第二编中,沃尔夫又讲了一些非常重要的基础理论,如行政法的宪法基础,行政法在分权体制中的状况。由此我们可以看出,作者对行政法基础理论在行政法学科体系中的地位非常看重,使一些基础的、一般的基础理论成为这个学科的基础。但是,作者在前面讲了这么多的基础理论后,并没有在后面的章节中停止对行政法基础理论的探讨和运用。第三编作者的标题为"客观行政法",而在作者认为的客观行政法中讲到了我们在前面提到的作为行政法基础的理论,如行政法的渊源、行政法的约束力、行政法的合法性等等。作者在一些具体问题的分析中亦经常使用一些基础理论做逻辑上的推演。[1]日本行政法学家室井力走的路子与沃尔夫相同,其在《日本现代行政法》第一编"行政法的基本原理"中奠定了一般意义的基础理论之基础,讲到了"行政法的性质与特征"、"现代社会与行政法"、"法治主义"、"行政法律关系"等。通过这些章节的设置将整个行政法问题的后续论述建立在牢靠的基础之上。从第二编开始,室井力所解决的是行政法的规范和制度问题,对这些问题的探讨都与英美学者的思维方式相同,除了用法规、案例说明问题外,还尽可能用基础理论进行分析,如在揭示行政行为撤销时,用瑕疵行政行为的概念对行政行为的违法不当以及

---

[1] 沃尔夫在对"行政行为的明确性"进行讨论时指出:"行政行为特别是处置的内容必须客观上将行政机关的意志清楚、明确和完整地表达出来。该要求是依法行政原则的具体化,主要是为了落实作为法治国家标准之一的法律的明确性和安定性思想。行政行为必须明确地说明什么样的事实为根据,即由谁作了什么、提出了什么主张、给谁提供什么或者认定了什么。行政机关不得要求行政相对人借助第三人或者其它辅助手段明确自己的义务。行政行为内容的表述必须足够明确,以至于不可能存在其它的主观判断标准。"〔德〕汉斯·J.沃尔夫等:《行政法》(第二卷),高家伟译,商务印书馆2002年版,第74—75页。

其他非法性的情形进行概括,他给瑕疵行政行为下了这样一个定义:"将构成行政行为的违法性或不当性的原因称为行政行为的瑕疵。从法治主义的要求来看,有瑕疵的行政行为应认为无效,但依公定力作用,有瑕疵的行政行为,只要具有正当权限的法院或行政厅不予撤销,使其丧失效力,它作为有效效力仍然通用,任何人也不得否认其效力。这样,通常有瑕疵的行政行为一旦有效成立,事后也只能以瑕疵为由予以撤销。这称为应该并可以撤销的行政行为。但是,如果认为在任何情形下,对有瑕疵的行政行为都承认公定力的存在,那么将会明显地违反法治主义的要求,而且将会不当地限制相对人以及国民的权益。因此理论上历来对有瑕疵的行政行为,根据瑕疵的状况,除应予以撤销的行政行为外,承认其存在公定力不起作用的无效行政行为。这种区别,当前由于行政案件诉讼法承认撤销诉讼的同时也承认无效确认诉讼作为抗告诉讼的一类型,据此,构成实定法上的区别。"[①] 作者通过这个定义基本上形成了一个关于瑕疵行政行为的基础理论,该理论对于行政行为的撤销有非常大的指导意义。笔者认为,将行政法基础理论独立出来并在具体的行政法问题和事实的分析中以相关基础理论作为支点的分析方法,或者说构建行政法学科体系的方法是非常完整的,它使行政法的研究能够将理性与事实判断有机结合起来,从美学的角度看,这样的体系构建是非常优美的。[②] 此种体系构建的

---

① 〔日〕室井力主编:《日本现代行政法》,吴微译,中国政法大学出版社1995年版,第99—100页。
② 笔者不知出于什么原因,特别喜欢我国台湾学者和法国学者,也包括一些日本学者构建行政法学体系的思维方式,他们在很多问题上的分析甚至有八股之嫌,但就一个学科体系给人的美感来看,无疑,我国台湾学者、德国学者、日本学者在此方面是处于领先地位的。有人认为,德国人无论在平时的工作中,还是在日常生活中都非常严谨,日本人在有些方面也很相似。他们之所以能够构建出优美的行政法学体系可能与其严谨的秉性分不开,笔者这样说只是表达一种感叹而已。

方式中有一个问题需要提出来,即行政法学科体系形式上的优美性是否能够使行政法学更好地指导行政法实践呢?是否能够使行政法基础理论很好地支持行政法实在呢?这都是值得探讨的,因为形式上的美感并不必然决定实质上的美感。同时,在这个构建进路中,独立出来的行政法基础理论与分散于行政法制度和行政法事实探究中的行政法理论是否能够保持统一性,是否能够保持逻辑上的连贯性,至少是值得引起注意的。①

(四)行政法基础理论在诸国的走势

要厘清行政法基础理论在各国的走势并不是一个比较容易的问题:一方面,任何一个国家的行政法学研究都存在一些流派或派别,各流派和派别之间对行政法中同一问题的看法自有不同的观点,这种研究进路上的复杂性使我们往往难以把握一国行政法学研究的主流,尤其难以把握行政法基础理论中哪些是公认的、能够起到统摄作用的基础理论。另一方面,行政法基础理论的走势分析难以确定一个标准,例如,有些国家的行政法治不一定很发达,但其行政法学流派却层出不穷,在社会科学的研究中此种现象是广泛存在的,例如,在苏

---

① 我国台湾学者在给行政法下定义时亦十分重视定义中含有的基础理论,而且特别讲究定义内涵上的美感,例如,张家洋先生在给行政法下了一个定义后,用排比的方式揭示了行政法六个方面的含义:行政法为国内法;行政法为公法;行政法乃是以国家行政权为规范对象的法;行政法乃是规范行政组织、职权、作用、业务、及争议事项的法;行政法为规范人民在行政权下权利义务的法;行政法乃是有关行政权事项法规的总称。而且每一个论点里边基本上都套有若干小论点。在笔者看来,这个定义非常符合美学原理,层层深入,布局也很合理。但是其中的一些论点说不说都没有太大的关系,如"行政法是国内法"之说是没有实质意义的,因为国际法是一个法律部门,在讨论刑法、民法、行政法等部门法时不用说人们都知道是国内法。如果将行政法限于国内是和别的国家的法相比的话,那便没有提到国内法之必要,因为任何一个国家的法律都是以本国领土或本国公民为对象的。

联东欧诸国未解体之前,关于社会主义制度下经济问题的研究,即社会主义的经济学,最为发达的当推波兰,但波兰的经济情况在当时都是比较差的国家之一。就是说,其经济学的研究水准超前于其经济制度。而有些国家经济状况并不差,但经济学的研究却相对比较落后。我们认为,行政法的研究也是这样的情形。换句话说,有些国家行政法学派林林总总,但主流的行政法基础理论却难以作出判断。而另一些国家行政法学派并不多,但行政法学研究的基础理论都相对比较统一,究竟这两种情况哪一种更好呢?我们似乎难以用一个标准来衡量。但是,大体上讲行政法基础理论是这样的情形,法国由于是行政法之母国,其行政法基础理论在20世纪之前应当处于领先地位。正如王名扬先生所讲的:"法国行政法学对行政法的研究分为总论和分论两个部分。总论研究的对象是与全部行政活动共同有关的问题,其中包括:行政组织;行政活动的手段;包括法律手段(行政行为),人员手段(公务员制度),物质手段(公产,公共工程,公用征收,公用征调);行政活动的方式和每种方式共同的原则;对行政活动的监督(行政诉讼);违法行政活动的责任。"[①] 可见,法国行政法基础理论的规范化程度是比较高的。但是,后来随着各国政治、经济、文化、思想方法等的发展,法国行政法基础理论在近数十年来并没有太大的发展。欧洲大陆的德国还有亚洲的日本,以及我国台湾地区也有良好的行政法基础理论的传统,但在其行政法基础理论中新的理论和新的解释问题的方法并不多。英美的行政法在20世纪之前应当说落后于其他国家,张家洋先生也指出:"至于英美法系国家,其法制本身亦具有传统的特性,即早期以判例法为主体、对公法与私法的区分不明确、采司法一元主义、重视民权保障限制政府行政权力等均是。因有此等特性存

---

① 王名扬:《比较行政法》,北京大学出版社2006年版,第77页。

在，致使行政法制普遍未受注意。英国近代宪法学家戴雪，早年即曾认为英国无行政法。其实英美绝非无行政法制存在，仅是对行政法的研究起步较迟而已。英美国家行政法学的发展，大致开始于十九世纪末年，约在1893年时，美国学者古德诺氏所著'比较行政法'一书问世，1905年又出版其'美国行政法原理'。至1911年傅儒德氏编著成'行政法例案'一书，为个案研究之著作。唯初期行政法学的发展并未受到应有的重视。"[①] 然而，20世纪中期以后，英美行政法学的发展发生了新的变化，"但自1903年代罗斯福新政时期开始后的近数十年来英美两国社会及政府发展的趋势已极为明显。行政权范围不断扩张，行政机关逐渐获得准立法与准司法授权。行政委员会在政府中具有重要地位、诉愿制度的采行日广、美国并于1946年制定其行政程序法。凡此种种均足以说明'行政国家'时代的来临，行政法的重要性已从各种客观事实中获得普遍的认定。而英美国家有关行政法学的研究也随之而日趋蓬勃，近年来屡有重要著作问世，例如韦德与菲利浦斯合著的'宪法与行政法'、戴维斯的'行政法与政府'、格瑞菲斯与史特瑞合著的'行政法原理'等均是。且在二次大战后，德日两国因受英美法系的影响，使其传统行政法制发生相当程度的转变。唯所应注意者，即英美法系国家在重视判例法及司法一元制的传统下，对行政法学的研究范围及重心，与大陆法系国家不尽相同而已。"[②] 这是对英美行政法近数十年来发展的客观评介。笔者认为，目前一些新的行政法基础理论大多来自于英美国家，例如，卡罗尔·哈洛提出的诸灯理论就给行政法基础理论注入了非常新鲜的空气。

---

① 张家洋：《行政法》，三民书局1986年版，第45页。
② 同上书，第45—46页。

三、行政法基础理论范畴的比较

（一）行政法基础理论范畴的概念

所谓行政法基础理论的范畴是指构成行政法基础理论的那些概念、原理和解释方法的具体范围。行政法基础理论也和其他任何事物一样，既有其作为内涵的部分，也有其作为外延的部分。如果通俗讲，行政法基础理论的范畴就是这些基础理论的外延。即是说，在行政法基础理论中其上限和下限，以纵向和横向究竟能够延伸到什么地方。如同行政基础理论内涵的相对模糊性、可变性、不十分确定性那样，行政法基础理论的外延的上下限等也是较难以确定的。笔者认为，在考察行政法基础理论的外延时，即对其范畴进行确定时，下列方面的因素是可以为我们提供思维进路的。

其一，行政法基础理论是一个系统。行政法基础理论是行政法学科体系中的一个仅仅包含自身内涵的定在，不论我们在行政法学科体系中将其独立出来，还是将其作为其他问题的支点，都不能否认，基础理论本身作为一个独立事物这一事实。韦德的《行政法》一书对基础理论的表述就印证了笔者的这一论点，韦德在其著作中开设这样一节，即"行政法梗概"，提出了下列主题是其《行政法》教科书的体系设计：行政当局、行政职能、司法控制、自由裁量权、自然正义、救济及责任、立法和司法程序等。[①] 韦德所列的这些问题，除了行政当局以外，其他问题都是相对抽象，甚至虚拟的。因为这些问题并不是行

---

① 〔英〕威廉·韦德：《行政法》，徐炳等译，中国大百科全书出版社1997年版，第8—12页。

政实在法予以规定的,而是学者们在表述行政法创设和规范时运用的概念系统和相关原理。但是,作为一部行政法教科书,作为一个行政法的学科体系没有这样一些概念系统,人们就无法知道行政法究竟是什么东西,无法知道行政法与其他法律理论之间的关系。正如韦德在"行政职能"这一概念下所讲的:"如果不把行政法作为一种法律原则的体系来讲,单纯论述行政管理的各种权力和责任那就需要几百页。但是判例法有些特别突出的公共行政管理规则。这些内容的概述将在后面予以明确的阐述。我们选定的题目是土地征用、城市和乡村的规划、新城以及城市的发展、公有的土地、住宅、卫生、社会保险、移民和监狱、惩戒等等。这里讲的梗概仅仅是为了提供背景资料。然而,这些联系在一起,说明了社会行政管理所要求的中央行政管理和地方行政管理的密切合作。"① 由此可见,行政法基础理论范畴的确定应从基础理论是一个系统出发,任何能够称之为基础理论的东西都存在于这个系统之中。

其二,行政法基础理论是以结构化的形式出现的。这一点与上一点是相互联系的,当我们认同了行政法基础理论是一个系统以后,就必须同时认为行政法基础理论是有依据的,是以结构的特征呈现出来的。这是系统原理的基本内涵,对该原理本身我们没有必要再作剖析。行政法的基础理论是以结构形式出现的,应当说,是一个应然命题,或者说是一个客观命题。即是说,在行政法学科中人们是否必然地构建起了行政法基础理论的结构,是否使行政法基础理论依我们的认识而排列,则是不能做出确定的。事实上,纵观各国行政法学体系的状况,真正使行政法基础理论成为结构的并不多。绝大多数的行政法教科书并没有以结构化的形式讲解行政法基础理论,或者用结构化

---

① 〔英〕威廉·韦德:《行政法》,徐炳等译,中国大百科全书出版社1997年版,第9页。

的行政法基础理论解决行政法的其他问题。①

其三,行政法基础理论是分层次的。行政法基础理论的结构化特征使其能够在系统内部进行有效整合,也使行政法基础理论这一大系统保持它的相对稳定性。同时,其分层次性也十分明显,即行政法基础理论是按其在行政法学科中的地位分成不同的层次。从大的方面讲,能够支持整个行政法学科体系的那些基础理论是第一层次的,当然第一层次重点以何处作为起点,不同的学者有不同的认识和理解。如依绝大多数行政法学者的看法,行政法渊源、行政关系、行政法效力、行政主体等基础理论是行政法基础理论中最大的,也是行政法基础理论的起点。而依沃尔夫的论点,我国学者视为第一层次的基础理论则成了第二个层次,在它之上的有行政权、行政、宪法与行政法等基础理论,关于将第一层次框定在什么位置上,在笔者看来是永远也不可以形成共识的。而提供行政法中制度性解释的则是第二层次。行政法中包含了诸多的制度要素,例如有关行政组织体的制度、有关行政行为的制度、有关行政救济的制度等,这些制度需要从理论上进行论证,需要有相应的理论基础予以支撑。事实上,在行政法学理论中有相当一部分就是这个层次的。例如,应松年主编的《行政法学新论》中有这样一个次目,即"行政执法的效力",其认为行政执法的成立必须有四大效力,就是公定力、确定力、约束力、执行力。② 这是关于行政执法制度的一个基础理论。显然,其将行政行为的效力理论运

---

① 笔者认为,汉斯·沃尔夫的《行政法》在行政法基础理论的结构化方面作了很好的尝试,他没有像传统行政法教科书那样,一开始就讲授行政法渊源、行政法关系这样的基础理论,而是最为基本的基础理论:国家有关行政权问题、有关行政学问题、有关行政法与宪法的关系问题。在这些基础理论之后又设定了诸多具体的,即能够直接解释行政法具体问题的基础理论。沃尔夫关于基础理论,就是有关能够独立出来单独存在的基础理论用了全书的几乎一半篇幅,对他的这种研究方法,这种将行政法基础理论视为学科之基础的认知进路我们应当给予关注。
② 应松年主编:《行政法学新论》,中国方正出版社1999年版,第239—240页。

用于行政执法的效力之中,这种转化具有非常大的合理性,通过这一转换便为行政执法制度创设了一个基础理论。第三个层次的理论是能够支持行政法观点的那些基础理论。行政法是一个部门法,是由无数行政法规范构成的,每一个规范都应当能够从基础理论上得到支持,例如,《中华人民共和国行政处罚法》第24条规定:"对当事人的同一个违法行为,不得给予两次以上罚款的行政处罚。"这是一个行政实在法,且是一个具体的行为规则,但这个行为规则同样有相应的基础理论作为支撑,能够支撑这个条款的基础理论就是"一事不再罚"这个行政法中的基础理论。第四个层次是有关具体行政事实的基础理论。行政法一是处于运作层面就必然会出现各种各样的行政法事实,行政机关对事件的决定、处罚,行政机关与行政相对人在某一问题上的权利义务争执等等都是行政法事实。任何一个行政法事实在其进行中都应当有一个或者若干个基础理论作为基础。当然,这个层次的行政法基础理论是否能够与行政法事项结合是一个需要由行政法适用者或者行政法学界予以选择的。①

---

① 毛雷尔在《行政法学总论》中举了这样一个例子:"儿童甲的父母与乡镇签订了一个幼儿园抚养甲的合同,约定:抚养费的支付根据收入状况而定。关于标准纯收入的计算,该合同约定——不同于法律规定——为简单起见,从毛收入中扣除固定的数额。父母首先应当支付按照这种方法计算出来的抚养费。后来发现:按照法律规定的计算方法,可能得出更少的纯收入和更少的抚养费。认为该合同全部无效,要求返还所有的抚养费。孰是孰非?解决办法:如果合同约定的计算方法与——在已经确定的范围之内——法律规定的计算方法相比较,确实得出了更高的抚养费,该部分就无效,因为行政机关要求了不适当的对价给付(社会法典第10卷第58条第2款第4项和联邦行政程序法第59条第2款第4项)。至于其他部分,该合同有效,因为合同当事人的这种意志是可以接受的。该父母只能得到抚养费的一(小)部分。"参见哈特穆特·毛雷尔:《行政法学总论》,高家伟译,法律出版社2000年版,第376页。表明一旦进入行政法事实以后,基础理论存在一个选择问题,在这个案件中行政机关要求了不适当的对价给付,因此其要承担部分无效的责任。此种案件事实中的基础理论也可能借助于一些上位理论,但就这个案件事实来讲,合同关系的原理才是确定权利义务的重要基础理论。

其四，行政法基础理论具有类型上的划分。行政法基础理论的范畴是非常庞大的，不同的基础理论在行政法学科中、在行政实在法中所处的地位亦必然有所不同。因此，同类型划分的方法观察行政法基础理论也是把握其范畴的一个很好的方法。张家洋先生在界定行政法的概念时，为了很好地把握行政法概念的外延，采用了十一个标准对行政法进行了分类，其中一些分类是纯粹对规范的分类。但在笔者看来，普遍分类中的绝大部分是对行政法基础理论的分类，如其以行政权主体为标准将行政法分为中央行政法与地方行政法，实质上中央行政法与地方行政法及其区分都是行政法基础理论，最为典型的是："以法规适用范围及效力为标准：在此种标准下，可区分为普通行政法与特别行政法。所谓适用范围，系就人、时、地、事四方面加以观察，凡就此四方面的事项作一般性基本规定的法规为普通行政法；反之，就此四方面的事项作特殊规定的法规为特别行政法。例如土地法为有关土地行政事项的普通行政法，而实施耕者有其田条例及三七五减租条例系专就农地改革事项加以规定的特别法；又如税捐稽征有关税务行政的普通法，而所得税法、营业税法、关税法等均为专就特定租税事项加以规定的特别法。特别法不仅系就普通法的内容，作特殊变通的规定；且在效力方面，特别法应优先于普通法适用，亦即具有较高的效力。"①

（二）行政法基础理论范畴的内容

行政法基础理论的具体范畴是一个很难做出合理设计的问题，因为一定意义上讲，行政法基础理论是以人的意志为转移的。人对行政法基础理论可以进行设计，这种设计中的主观色彩较大，在行政法学

---

① 张家洋：《行政法》，三民书局1986年版，第85页。

科建设的历史中就出现过错误地设计行政法基础理论并对行政法学科发展起到负面作用的例子。最为普遍的是英国学者戴西所提出的英国没有行政法的主张,从行政法学的角度而言,戴西不是在为行政法设定基础理论,而是从行政法的角度出发对英国公法基础理论的一个判断。然而,这个有关公法基础理论的设定严重地阻滞了英国行政法学科的发展。在行政法学研究中,错误确定行政法基础理论的情形并不少见。在笔者看来,个别苏联学者以国家管理理论设定行政法基础理论的研究方法就是违背行政法学科之特征的。正因为如此,行政法基础理论的范畴是不可以随意设计的。为了使问题清楚起见,笔者将采用分类的方法对行政法基础理论的基本范畴予以探讨。

第一,作为学科的基础理论与作为实在法解释的基础理论。行政法基础理论中的一部分功能主要在于使行政法学这个学科建立起来,对行政实在法的作用是间接的。我们将这样的基础理论称之为行为学科的基础理论。如张家洋先生在行政法治演进中提出了"福利国家"行政法的概念,指进入20世纪以后西方社会进入了福利国家时代,在这个时代背景下,国家为了为社会提供公共服务,其可能不断扩张,使国家由消极转为积极,"现代国家既已放弃消极的机械法治原则,则在行政法规的内容方面,不仅注重保障人民的自由权利;而且,更进一步强调促进公共利益与社会均衡发展。故在民主法治的基础上,一方面基于政策的目的采取适度的干涉主义管制措施,另一方面也重视发挥服务的功能。"[①] 这个基础理论的作用在于给行政法学科起到支持作用。在行政法基础理论中,此一典型的理论并不少见,学者们在著述中将其反映在行政法教科书之总论、导论及结论部分。与此一部分相对应的是作为实在法解释的基础理论,其作用在于对行政实在法

---

① 张家洋:《行政法》,三民书局1986年版,第32页。

进行解释,有关行政法制度的基础理论,有关行政法规范的基础理论都属此范畴,例如,《行政法学新论》对行政即时强制的程序给了评介:"即时强制多数是在情况紧急的状态下采取的,因而很难遵循一般的程序,但为了尽量保证即时强制的合法性,保护公共利益和公民权益,在可能情况下,应实行事先报批。有些法律对报批程序作了明确规定,如《水污染防治法》第17条规定:'在生活饮用水源受到严重污染,威胁供水安全等紧急情况下,环境保护部门应当报请同级人民政府批准,采取强制性应急措施,包括责令有关企业事业单位减少或者停止排放污染物。'"①

第二,作为法理的基础理论与作为公权理论的基础理论。行政法这个概念之中包括了两个关键词,一个是行政,一个是法。两个关键词分开以后都有完整的意义和独立内涵。当结合在一起,用行政法来称谓时就有一个完全用"法"来作为理论设计还是用"行政"作为理论设计这样一个问题。事实上,在各国的行政法制度和研究传统中,对于二者的处理方法是不尽相同的。笔者注意到,我国台湾地区行政法学科体系虽然比较发达,但是,台湾社会科学研究中没有将行政法归入到法的系统之中,笔者查阅了20世纪70年代以王云五为首编撰的《云五社会科学大辞典》,其中的法学卷没有包括行政法,而是将行政法包括到行政学卷之中。这实质上不是一个或者归入法的范畴,或者归入行政的范畴都无所谓的问题,而是一个关系到学科的定位问题。在行政法基础理论中亦有由法构建基础理论与由公权力构建基础理论的情形。我们如果将二者都作为行政法学科中的合理存在物,那么,便能够从理论上将行政法基础理论分为作为法理的基础理论与作为公权理论的基础理论。前者是以法的一般原理出发的,如行政优

---

① 应松年主编:《行政法学新论》,中国方正出版社1999年版,第441页。

先基础理论等。

第三，作为通用的基础理论与作为个别的基础理论。行政法基础理论在行政法学科中是最为基础的东西，这是对其所作的一个判断，但我们不能因为它是最为基础的东西就认为每一个称得上是基础理论的东西都放之四海而皆准，放之四海皆能用。其实行政法中的一些基础理论只是用于解释行政法中的一个单一现象，例如，我们上面讲到的"一事不再罚"，它是一个基础理论，但其仅仅适用于行政处罚中。正因为如此，我们可以将行政法基础理论分成作为通用的基础理论与作为个别的基础理论。前者指在行政法学科中是普遍适用的，几乎任何一个行政法现象和行政法问题都需要通过这些通用的基础理论说明。例如，《公法与政治理论》的作者洛克林借用韦德的认识提出了这样一个行政法原理："当其实际上受制于已经形成的行政权的庞大帝国之时，公众必须能够依靠法律来确保所有这些权力都会以一种符合它的公正处理和良好行政理念的方式来得到行使。当自由被减少的时候，正义必须得到增加。"[①] 这是一个在行政法中放在任何位置都有巨大价值的基础理论。后者指解释行政法个别现象或者解决行政的个别问题的基础理论。"如果诉愿在实体上被认为是没有依据的并因此而被驳回的话，这意味着上级机关将被请求的决定作为是其本身的决定作出。行政机关不再有权力因为这个决定违法或实际上不合适而将之当作是有缺陷的并予废止。"[②] 这实质上是一个关于行政复议的原理，即一个基础理论，就是上级行政机关对行政相对人不当的请求一旦作出认定，就取代了行政机关对原行政行为负责的权利或义务。当然，作为通用的基础理论与作为个别的基础理论还可以从另

[①] 〔英〕马丁·洛克林：《公法与政治理论》，郑戈译，商务印书馆2002年版，第265页。
[②] 〔德〕奥托·迈耶：《德国行政法》，刘飞译，商务印书馆2002年版，第133页。

一个角度观察,即有些行政法基础理论在每一个或者在绝大多数国家都是适用的,有些基础理论则只能在某一个国家适用。

第四,作为相对稳定的基础理论与作为可变的基础理论。行政法基础理论在行政法教科书中的反映在不同的历史阶段会有所不同,例如,2004年出版的行政法教科书与1987年出版的行政法教科书在基础理论的设置上反差极大,如笔者2004年主编了一部规范教材,其中设有一节为"失态的具体行政行为",认为行政越权、行政误用职权、行政滥用职权等等都不是行政行为理论能够完全提供解释方法的,必需建立一种失态行政行为的原理和机制。不论这个论点如何,它都标志着行政法学科体系的构建以及行政法基础理论的设立是与时俱进的。[①] 以此进路,我们认为行政法基础理论中有一些是相对稳定的,有些则是可以变化的。前者在行政法学科体系中占有很大比重,行政法关系研究、行政法渊源研究等都是相对稳定的基础理论。除英美法系的行政法学者外,绝大多数国家的学者都在其学科中讲到这两个基础理论。而且在19世纪出版的行政法著作中就已经设定了行政关系这样的基础理论。我国1983年出版的第一部统编教材中设定的行政法关系这一基础理论,至今学者们在撰写行政法教科书时还要引用。后者对于行政法的发展是有积极意义的,一个新的行政法基础理论一旦成为人们普遍接受的理论,就必然促进这一学科的发展。有些行政法基础理论包括形式要件和实质要件两个方面,一般情况下,实质要件的可变性要大一些,而形式要件的可变性则相对较小。以行政关系为例,其中的形式要件主体、客体、主体的权利义务等是相对稳定的,而存在于这些内容中的实质要件则会发生变化。例如,同是行政法关系的主体,在我国20世纪出版的教科书中一般都只讲到组织和个人

---

① 关保英主编:《行政法与行政诉讼法》,中国政法大学出版社2010年版,第402页。

两个主体,笔者指作为行政相对人一方的主体。而笔者在 2005 年版的《行政法教科书之总论行政法》中将行政相对人的主体概括为自然人、企业、经济联合体、事业单位、社会组织、社会利益集团、外国国家机构、国际组织等。①

(三)行政法基础理论范畴在诸国家的表现

不同的国家在行政法治传统上有着差异,这个差异也反映到行政法学研究中来。行政法基础理论的范畴在不同的国家有不同表现。笔者认为,英美等国的行政法基础理论范畴,若从相对较大的范围看,其更接近于公权理论范畴,而他们对行政法问题的分析立足点放在行政权和国家政权体系之间,常常以权力分立与制衡解决行政法问题,并以这个理论基础设定行政法的基础理论。美国学者即使对司法审查这一纯粹关于法的范畴的问题进行分析时,亦不忘用公权或者有关公共权力的理论分析,例如斯图尔特在《美国行政法的重构》中有这样一段关于司法审查的分析:"诉诸正式程序和司法审查以使受行政决定影响之利益获得更为平等的代表,很可能会付出巨大的资源成本,也可能严重损害这些行政决定的质量。参与正式程序的权利,只有在行政政策必须通过正式程序来执行的范围内才具有直接的意义。由于行政政策中的偏见通常是由非正式行政决定造成的,法院因此提出了一些要求,迫使行政机关对已经做出的非正式决定采用正式程序。在行政机关被要求采用审判式程序的范围内,参与者有权提出证据和相互质证,而这将导致相当程度的拖延,增加资源消耗。随着有资格参与行政程序的当事人数量增加,这些特性将会更加严重。寻

---

① 关保英:《行政法教科书之总论行政法》,中国政法大学出版社 2009 年版,第 100—102 页。

求司法审查的起诉资格的广泛赋予,将使拖延更进一步拉长,而且需要投入更多的资源。"① 其从利益与成本的角度分析行政权与公民个体权利在诉讼过程中的博弈。在英国的行政法学科中同样是这样的情形,有英国学者就曾对英国的授权立法提出过这样的批评:"由于英国政治随意性的习惯特点,当对议会有所需要时,宪法惯例是逐步形成的,没有任何逻辑体系。权力因为各种不同的理由而被议会授出,比如因为该问题包括大多细节,或者因为过于技术性,或者因为其他问题需要议会花时间关注而不允许下院在某个特定法案上抽出必要的时间等。这样,对授出权力的限制、行政程序的方法、对公众利益保护的保障措施,以及保持议会的控制等,都让位于对一些特殊情形的机会主义考虑。"② 学者们在设定行政法问题和对行政法问题进行分析时,都乐于从公共权力的理论以及宪政理论出发,并由此得出行政法问题的结论;欧陆国家由于受大陆法系传统的影响,在行政法基础理论范畴的设定上则更倾向于从法的一般原理出发。例如,沃尔夫在对特殊行政机关资格进行确定时用"公法人"的概念代替了行政机关的概念:"公法人是由自然人或者法人组织组成的具有法律能力的联合体(团体),对外管理特定财产的组织(基金会)或者管理特定设施的组织(设施)。公法人产生的动因可能是先于法律存在的社会基础(人民、乡镇),也可能是私人的主观能动性。公法人作为具有法律能力的法律主体的资格并非源自私人意思自治,而是来自专门的法律或者根据特定的模型示范法作出的国家行为。它们不仅是公法人法律能力和法律必要性的生效要件,而且是其源泉。公法人是相对独立的

---

① 〔美〕理查德·B.斯图尔特:《美国行政法的重构》,沈岿译,商务印书馆2002年版,第142页。
② 〔英〕卡罗尔·哈洛、理查德·罗林斯:《法律与行政》(上卷),杨伟东等译,商务印书馆2004年版,第314页。

行政单位，因此是间接国家行政的组织形式。"[①] 毛雷尔也用法律理论确定行政主体资格："行政主体概念的关键在于权利能力。要使行政接受法律的调整和约束，不仅需要为'行政'设定权利义务的法律规范，而且需要进一步明确承担这些权利义务的主体。这一点在法理上是通过赋予特定行政组织以权利能力从而使其成为行政法权利义务的归属主体来实现的。'国家'和公民之间的法律关系是通过由各种行政主体作为一方法律主体、公民作为另一方法律主体建立起来的。这一点在实践中很少被明确地表达出来，因为代表行政主体进行活动的行政机关有权对外——特别是在与公民的关系中——采取自己的名义。但这一事实并未改变：与公民相对应的行政法律主体是相应的行政主体。"[②] 社会主义法系几乎成为西方学者公认的一个客观存在，如《牛津法律大辞典》这样解释该法系："社会主义法系，包括那些原先采用罗马—日耳曼法并且仍保留了一些罗马—日耳曼法的概念，但自1917年俄国革命以来已经在马克思—列宁主义基础上形成了新原则的国家。这一法系包括苏俄法以及东欧和亚洲的人民共和国的法律。"[③] 社会主义法系的说法虽然比较笼统，但是，至少说明社会主义国家在法律制度的建立和法律理念的形成上有着一些共性。笔者认为，凡关注社会主义法系的国家，在其行政法基础理论的确立上介于大陆法系和英美法系国家之间。一方面，社会主义国家的学者在设定行政基础理论时，大多从法的一般理论出发，使法的一般理论能够成为行政法的基础理论，例如，马诺辛在《苏维埃行政法》中运用了行

---

① 〔德〕汉斯·J.沃尔夫等：《行政法》（第一卷），高家伟译，商务印书馆2002年版，第432页。

② 〔德〕哈特穆特·毛雷尔：《行政法学总论》，高家伟译，法律出版社2000年版，第498页。

③ 〔英〕戴维·M.沃克主编：《牛津法律大辞典》，邓正来等译，光明日报出版社1988年版，第328页。

政法关系等法的一般原理。我国学者也都乐于运用行政法关系、行政法渊源这种一般的行政基础理论解释行政法现象。另一方面,社会主义国家由于强调国家和法的统治工具属性,在对行政法问题分析时,从国家权力,尤其行政权力的角度出发的较多,有时甚至认为国家管理权是行政法存在的基础。但从总体上来看,社会主义国家的行政法学研究,在基础理论范畴的确定上相对比较折中。

(四)行政法基础理论范畴的走势

行政法基础理论与行政法发展的主体趋势是一致的,笔者曾经撰文认为现代行政法已经终结或者趋于终结,而后现代行政法的时代已经来临,作者对后现代行政法的特征和控制技术等都作了探讨。④当行政法进入后现代以后,后现代行政法中有关基础理论的格局必然会发生变化。笔者认为,在今后一段时期内行政法基础理论将有下列走势。

其一,行政法基础理论在行政法学科体系中的地位将予以回升。20世纪中期以后,社会发展的进程突然加快,使行政法在诸多方面都表现出了极大不适,在这种情况下,人们对行政法问题的探讨就有强烈的迷茫感,卡洛尔的《法律与行政》可以说是这种迷茫性的集中表现,其在书中设定了诸多令人困惑的行政法问题。而这样的困惑几乎是全球范围的。伴随着这种困惑的是人们对传统行政法基础理论的怀疑和失望,行政法学研究中的多元性、随意性、唯我独尊性几乎充斥了全球行政法学领域。然而,对于一个能够在社会科学中占有一席之地的学科而论,是不允许这种迷茫长期存在下去的。因此,一些学

---

④ 参见关保英:《现代行政法的终结与后现代行政法的来临》,载《河南政法管理干部学院学报》2005年第4期。

者开始寻求行政法基础理论在行政法学科构建中的地位,行政法问题的设定也尽可能合乎基础理论的一般要求,①这可以说是行政法基础理论的最大走势。

其二,行政法基础理论的学科属性将会日趋明显。人类社会法律学科中相对成熟的民法学和刑法学之所以能够取得巨大成就,之所以能够在社会科学中占有一席之地,与其概念系统的完整性、学科构成的严谨性、基础理论的规范性等是分不开的。与这些学科相比,行政法学则显得较为落后,而这个落后现象并不是某一个国家的情形,而是全世界的一个普遍情形。行政法学科的相对落后性有其历史原因、政治原因等,但其中不可忽视的一个原因就是行政法学科太过于强调它的实用性和应用性。学者们对行政法事实比较关注,但对行政法学科体系的科学性都不十分关注。一些行政法教科书实质上是解决具体行政法问题的工作手册。学科体系的单薄对于行政法学而言是致命的。因此,在笔者看来,随着社会的发展行政法学科的哲学基础必须被强化,行政法学基础理论必须重构,行政法基础理论甚至应当强调它的纯学科属性。因为,一些发达学科中的概念系统和原理并不一定要解决实际问题,有些甚至仅仅是美学上的。

其三,行政法基础理论中的元素将会有所变化。就目前来讲,行政法基础理论的元素来自于法理学的、来自于政治学的、来自于行政学的为多。而来自于其他新兴学科的相对较少。然而,一些新兴学科在法学的其他部门中已经被广泛重视,如法经济学分析就是法理学的一个强劲走势。笔者认为,行政法基础理论的元素,一要从经济学中

---

① 杨海坤教授曾提出行政法的理论基础是人民政府论,即政府由人民决定产生、政府为人民服务、政府行为以人民利益作为检验后果。其在后来的行政法学科体系的构建中,尽可能使其体系与所提出的人民政府论相统一。参见杨海坤主编:《行政法学基本论》,北京大学出版社2002年版,第46—47页。

获取，这一点已经在英美法系的行政法学研究中得到重视，如博弈理论在美国行政法学研究中被运用，一些学者甚至将其作为行政法的基础理论，进而解释一些行政法问题。二要从社会学中获取。即将社会学中的基本原理运用或者通过改造用于行政法基础理论的设定。三是从心理学中获取。20世纪马斯洛的心理学理论以及由此而发展起来的行为科学理论，在政治学和其他学科中被广泛推广和应用。但作为最容易予以接受的行政法学则没有近水楼台先得月。这对行政法学科而言是一个遗憾。现代心理学是以人为中心、以人为本位进行心理研究的，行政法学科说到底是有关人的问题，因为行政法中的最小元素和最后元素都是人。这样便可以非常方便地将心理学原理运用于行政法基础理论的构设中。四要从自然技术理论中获取。自然技术有些只是一种控制技术，还达不到理论层面，有些则有严格的理论体系。笔者认为，成体系的这些技术亦能在一定程度上转化为行政法的基础理论。

第六章 行政法学关键词设定的比较

一、行政法学中关键词概说

在一个论题的研究中设定关键词是近年来社会科学研究中相对摩登的作法，一篇论文常常要有三至五个关键词，甚至在论文的引言中不设定关键词被认为是不符合学术规范的。在一些专著中也常常设定一些关键词，不过从目前情况来看，专著中设定关键词还没有形成共识，还没有将不设定关键词的行为视为不符合学术规范。只有极少部分作者在其著作中设定了关键词。笔者认为，关键词设定虽然在我国学术界还没有统一的规范和标准，但它对于作者以外的人们了解作者的研究主题以及了解该研究的进路都有不可取代的意义。正因为如此，笔者在比较行政法学研究中引入了关键词这个时下作为时尚的研究方式或者对研究论题进行技术处理的方式。然而，到目前为止，笔者所见到的关键词设定的领域基本上都是在相对微观的领域为之的，即在一个具有专门主题的研究中为之的，正如上述，或者在一篇论文之中，或者在一部专著之中。在一个学科中设定关键词的行为笔者还没有看到过，从这个意义上讲，笔者在比较行政法学中为行政法这一学科设定关键词的做法其实是一种尝试，如果能够通过这样的尝试让读者们更快地理解行政法这个学科以及各国行政法学研究的状况，目的也就达到了。

（一）行政法学中关键词的概念

所谓关键词是指存在于一定的研究范围、研究主题以及学科中并统摄这个学科基本状况的概念以及概念系统。一方面，关键词的分布范围在一定的研究范围、一定的研究主题、一定的研究学科之中，上列三个方面是关键词存在的技术性空间，笔者所指的技术性空间是针对于区域性空间而言的，因为一谈到空间，人们就将其与相关的地理区域联系在一起，技术空间的基础是研究者涉及的研究范围和主题。另一方面，关键词是一些概念或者概念系统。所谓概念是指仅仅包括一些单一内涵的对实在的抽象名词，如行政权就是一个对某种实在的抽象名词。与概念不同，概念系统则是指一个概念中所涉及的相关体系性因素，它虽然是一个概念，但它不是一个单一的抽象名词，而是一个能够表达一定范畴的抽象名词，例如责任政府就是一个概念系统，因为它所反映的是一个相对较大范畴的实在。当然，在社会科学研究中，概念和概念系统有时并不一定容易区分，某些名词从一个角度看是一个概念，换一个角度则是一个概念系统，例如正当程序就是这样一个具有多面性的概念。若在行政法典中出现了正当程序它就是一个单一的概念，若在行政法治中正当程序就是一个概念系统。无论概念还是概念系统，在研究领域的分析中作为关键词之地位都不可以忽视。但是，二者由于涉及问题的大小不同，概念作为关键词对学科问题的统领，就不一定有概念系统对学科问题的统领来得更加重要。笔者在对行政法问题进行比较时设定的关键词基本上都是归属于后者的，即每一个关键词都是一个概念系统。行政法学中关键词应当具有下列属性。

一则，行政法学中的关键词与行政法主题的关系最为密切。任何一个学科都有该学科的主题，任何一个部门法也都有该部门法的主题。当然，某一学科的主题究竟是什么，在通常情况下并不一定有绝对的共识，以行政法这一学科为例，其主题究竟是什么，似乎就有不同的认识和论点。如限权论的行政法定义认为行政法的主题是限制或者控制行政权。而扩权论则主张通过行政法扩展行政机关在行政管理过程中的权能。但是，笔者认为，行政法主题认识上的不一致，甚至截然相反的认识并不是说这个学科或者这个部门法没有主题。造成认识上不统一的原因并不是由主题本身所导致的，而是人们对主题认识上的误差所导致的。行政法主要是现代社会中的一个法律现象，只要存在于现代民主和法治国家之中，不论我们怎样认识和理解，其主题总是一个定在，不能因为认识上的误差而否定这样的定在。由于行政法学科或者行政法现象是有主题的，那么，在行政法问题的研究和解释中，有一些概念或者概念系统与主题的关系相对疏远一些，而另一些主题则与主题的关系相对密切一些。我们认为，行政法学中的关键词是与行政法主题最为密切的那些概念和概念系统。

二则，行政法学中的关键词是在行政法学科中普遍存在的。行政法基础理论的确立以及行政法范围的确定不像刑法、民法那样，在绝大多数国家都是高度一致的，而且在不同的国家行政法学科的状况常常有所不同。一些国家行政法中的概念和概念系统在另一些国家中没有存在的空间，例如行政法院体制这一概念系统在英美法系国家，还有诸多大陆法系国家的行政法学科中都没有存在的基础，这些国家的学者除了在比较法的研究中讲到这一问题外，在其构建的本国行政法学科中根本就没有这一概念系统。但是，这并不是说在行政法学科中诸国之间没有共性的东西、诸国之间没有在某一问题上进行交流和讨论的可能。情况恰好相反，一些行政法问题是各国普遍关注的，在各国的行政法学科体系中都有一定的地位。我们认为，行政法学中的关键词就是那些在各国行政法中普遍存在的那些概念系统。各国学者都在积极地解读这样的概念,或者都在用这些概念解读该国行政法的状况。例如,正当程序或者行政程序几乎在每一个国家的行政法学科体系中都存在。美国学者史蒂文·J.卡恩在《行政法原理与案例》中引用了"马修斯诉埃尔德里森"案中的一则判决,其中关于正当程序有这样的论断:"正当的法律程序根据第十五条修正案中关于正当法律程序规定对政府剥夺个人的'财产'和'自由'权利的行为进行限制。部长不认为正当的法律程序不适用于社会保障伤残补助的终结。他认识到,正如在前面的决议中已经暗示的那样,个人接受那些福利的权益是为第五项修正法案所保护的法律意义上的'财产利益'。而且,部长认为下面将详细叙述的现有的行政程序,提供了受益人在被剥夺权益之前宪法上是正当完整的过程。"① 作者引用此段话的目的在于说明正当程序在美国行政法中的重要地位。于安教授的《德国行政法》关于行政程序在德国行政法的地位作了评述,指出:"行政程序的法律意义表现于它与行政当局的实体行政活动的关系上。相对于实体活动,程序是辅助性的;没有实体活动,也就不需要程序活动的存在。但这并不能成为低估行政程序的理由,把行政程序法作为累赘轻蔑地搁置。法律要求将行政程序作为行政实体活动合法实现的必要条件,将程序因素纳入实体权力的实现过程。行政程序在宪法上服务于个人基本权利的实现。对德国宪法所保护的个人基本权利,应当有公正程序的安排。在行政活动涉及到个人基本权利时,当事人有权提出他的主张和观点,国家机关有义务去保证这一程序权利的实现。在行政程序中,个人不是客体,而是法律主体当事人。任何违反程序保障的行政活动,都可以构成对公民基本权利的侵犯,从而构成对宪

---

① 〔美〕史蒂文·J.卡恩:《行政法原理与案例》,张梦中等译,中山大学出版社2004年版,第531页。

法的违反。"①《日本现代行政法》则分析了行政程序在日本行政法中的地位和范围:"行政程序从广义上讲,是指行政机关各种活动的成立过程,调整它的法律称为行政程序法。行政机关的活动或多或少是通过一系列程序而成立的,如果着眼于行政机关的活动形式,那么行政程序除行政处分程序外,还有行政立法程序、行政调查程序、行政即时强制程序、行政契约程序、行政指导程序、行政强制执行程序、行政处罚程序、行政苦情处理程序和行政不服审查程序等种类。"②上列三个例子足够说明行政程序在各国行政法中作为一个概念系统的普遍性。应当指出的是,行政程序在美国宪法修正案中是以正当程序的条款予以规定的。后来在各国行政法中虽然有些国家没有像美国那样使用"正当程序"的概念,但其程序概念系统中的涵义与正当程序并没有太大出入。我们认为,各国行政法学研究中和行政法学体系的构造中普遍关注的问题是衡量关键词的又一标准。笔者所讲的普遍性并不指全部,一些国家的行政法与世界各国的主流行政法学科的差异很可能使这些国家的行政法学科中都是一些在其他国家看来是生僻词,这些另类的行政法学科当然不应当成为我们关注的热点。

三则,行政法学中的关键词是学界和行政法实务界关注的焦点。行政法作为社会科学的一个分支,作为法律学科的一个分支,其在学科构成中要比其他部门法学复杂一些,"行政法学在其演进过程中,与一般社会科学大体上具有共同的渊源,且目前行政法学内容的范围极为广泛,从事此种学科的研究必须注重科际整合,故与其相互关联的学科种类甚多。"③这是我国台湾学者张家洋先生对行政法学科复

---

① 于安编:《德国行政法》,清华大学出版社1999年版,第154页。
② 〔日〕室井力主编:《日本现代行政法》,吴微译,中国政法大学出版社1995年版,第175页。
③ 张家洋:《行政法》,三民书局1986年版,第48页。

杂性之描述，在他看来与行政法关系密切的学科至少有五个，一是法理学，二是宪法学，三是民法学与刑法学，四是政治学，五是行政学。其在分析行政法与政治学的关系时指出："政治科学的范围甚广，其演进亦具有久远的历史。行政法学既以政府行政权或行政机关为其研究的主体，则追溯其缘起，自然与政治学具有共同的源流。即就当代政治学的内容而言，其中与行政法学有关的部分颇多，例如关于国家目的、统治权作用、民主法治理论、政治体制、人民权利义务、技术统治，乃至政治发展与政治现代化等，莫不与行政法学的内容相关，可知行政法学本身即具有政治性质，其与政治学的关系自可谓根深蒂固。"[①] 行政法学科研究范畴上的复杂性使人们常常认为行政法研究中的元素是多元的，而且各个元素之间的重要程度也无法用一个标准来衡量。但是，笔者认为，在行政法学研究中有些问题是学者们关注的焦点。对于这些关注焦点我们大体上可以这样认识：有些关注的问题是行政法学科自诞生以来一直关注的，如行政法中的权力制约问题自行政法产生至今几乎都受到学者们的关注；有些关注的问题是某一历史时期的焦点，例如，在行政法学科产生初期人们关注较多的是行政法中的自然正义以及其他原则性问题；有些关注的问题是较大区域范围内的问题，行政法是以一个国家为单位，虽是一个国家的国内法，但常常会出现这样的情形，某个范围内的特定人群特别关注一定的行政法问题，例如，加入了世贸组织的国家在20世纪末21世纪初就特别关注行政法与世贸组织关系以及由这些关系引起的热点问题。上列范畴中关注的行政法问题都具有一定的普遍性。洛克林对20世纪下半叶英国行政法学的研究状况有这样一个认识："在整个20世纪，否认存在一个独特的公法体系的观点为这一领域罩上了一个漫长而

---

① 张家洋：《行政法》，三民书局1986年版，第49页。

又黑暗的阴影。当我们进入20世纪的最后一个十年的时候,作为这一传统之基础的那些观念越来越显得站不住脚了。现在,法院在公法事务和私法事务之间从概念上做出了明确的区分,而一种特殊的程序(即司法审查程序)则被用来处理涉及公法问题的纠纷。而且,对我们的政府系统产生着越来越大的影响的许多欧盟法律都建立在承认公法与私法之分的基础之上。据我猜测,在研究和教授这一课题的学者之中,恐怕只有极少数人才会支持传统的主张。但是,就我所知道的情况而言,还没有人试图准确地解释公法在何种意义上可以被视为一个独特的学科。我们在这一传统信念的阴影中待的时间太长了。除非那些在这一领域中从事研究和教学工作的人们能够解释公法研究的独特性质,否则便没有希望吸引和维持学生的兴趣。但是,这一问题并不是一个只应当引起学术界重视的深奥问题。公法涉及到确立国家机构设置和规制政治权力之行使的法律安排。它关系到一些最为基础和最为根本的法律。公法这一课题的严格性和生命力与它所关注的实践安排的妥当性之间是否可能存在某种关联?虽然我反对不加反思地推定学术因素的生命力与专心于政府事务的实践关注的有效性之间存在某种必然的或重要的联系,我们还是应当承认公众舆论中对英国传统公法信念的逐渐加深的不满与人们对英国宪法模式状态的不断加速的失望是同步发展的。"[1]这个论断表明在行政法学研究中确实存在关注的焦点问题与非焦点问题之分,我们认为,那些算得上是焦点的问题才是行政法学中的关键词。当然,不是所有关注的焦点问题都是关键词,关注与否只是关键词成立的条件之一。

四则,行政法学中的关键词在行政法学科中出现频率较高且有确定内涵。行政法学科中有些概念使用的频率相对较低,而有些概念的

---

[1] 〔英〕马丁·洛克林:《公法与政治理论》,郑戈译,商务印书馆2002年版,第5—6页。

使用频率则相对较高。我们对出现效率高低的确定，一是以这个概念在行政法学科中的各个环节的存在为依据的，那行政法学科的总论部分和分论部分都会有一些通用的概念，而一些概念只在学科的某一个环节上有意义。我们将分布环节较多的概念视为出现频率较高的概念。反之，则不是。二是以这个概念在不同国家行政法学科中出现的情况为依据的，即有些概念出现在某一个或者某几个国家的行政法学科之中，而在其他绝大多数国家的行政法学科中不曾有这样的概念。反之，一些概念则在绝大多数国家的行政法学研究中出现。显然，那些出现于个别国家的行政法概念，即便其比较重要，也不能成为行政法学中的关键词。只有那些在诸多国家行政法学科体系中广泛存在的概念才可能成为关键词。有些出现频率极高的关键词在行政法学科中并没有确定的内涵，如行政处分一词在诸国行政法的教科书中都常常提到，但行政处分在不同国家或者不同地区学者的眼里其涵义是不完全相同的，差别甚至非常大。我国大陆行政法学中的行政处分是一种内部行政行为，指的是行政纪律处分问题。而我国台湾地区行政法学中行政处分的概念则与行政行为的概念是相同的。其他一些国家的行政法学教科书中也有行政处分的概念，其涵义与上列涵义又有所不同。[1] 行政法学科中没有确定内涵的概念不能成为行政法学中的关键词，内涵的确定性是行政法学关键词衡量标准的重要之点，这其间的道理是毋庸展开讨论的。

---

[1] 美浓部达吉在《行政裁判法》一书中有这样一段话："以毁损权利为理由之行政诉讼，已如前述，其意义为抗告诉讼之一种，其前提则以既行之行政厅处分为必要，而主张权利者，则不外对其处分而抗告之也。对于行政厅之处分而为抗告诉讼之前提者，尤宜有注意下列四点之必要。此四点云者，第一，不可不为'行政厅'之行为。第二，不可不为公法上的行为。第三，处分必须存在。第四，行政厅事实上之作用，其'处分'得为行政诉讼之目的乎？抑否乎？"其使用的处分概念既不能与行政行为等同，又不能与我国所使用的行政处分等同，而是一种特殊的行政处理。参见〔日〕美浓部达吉：《行政裁判法》，邓定人译，中国政法大学出版社2005年版，第85页。

(二)行政法学中关键词的意义

行政法学科中关键词的意义有两个认识进路,一是在行政法学科中确立关键词的意义。我们知道,行政法学科就目前情况来看并没有关键词的专门章节,即没有哪一个行政法教科书专门设立一章讨论关键词问题,甚至行政法学科中关键词的概念能否存在、能否成立都是一个没有解决的问题。因此,我们认为行政法学科中设立关键词的意义就是值得探讨的。关键词是我们对行政法学科中那些重要的、核心的词语的命名,是通过主观设定才能够确定下来的。一国行政实在法中也不可能规定有关的关键词。二是关键词本身在行政法学科中的意义。人们一旦将一定范畴的概念作为行政法学科的关键词来看待,那么,被人们设定为关键词的这些概念究竟对行政法学科会起到什么样的作用,这是关键词意义的第二个方面的认识。笔者所讲的行政法学中关键词的意义是从第二个层次上理解的。

第一,行政法学中的关键词能够帮助确定行政法学科的主题。如前所述,行政法学科的主题并没有完全形成共识,连行政法学研究对象这样非常一般的问题在行政法学界都存在认识上的极大反差,如有学者认为行政法学:"研究行政法的基本原则、行政法的本质、内容与形式,研究行政法的制定、执行和遵守,研究行政法的产生与发展以及人们对行政法的观点、学说和理论。总之,行政法学是研究行政法规范的科学。"[①] 汉斯·沃尔夫则将行政关系的研究对象概括为下列方面:"行政法的研究对象是:1.行政在国家体制和法律制度中的地位;2.行政的法律根据、任务和权限;3.个人相对于国家和行政机关的地位;4.行政的方法和活动方式;5.行政程序;6.行政责任;7.行政

[①] 罗豪才主编:《行政法学》,中国政法大学出版社1996年版,第43页。

组织;8.公务员的地位;9.行政的物质手段;10.行政的形象;11.对行政的监督。"[1] 我国台湾学者管欧先生认为:"行政法学乃以研究行政法为对象的科学,凡关于行政法之原理原则,行政法发生之作用,适用之范围,以及其他有关行政法所规律之事项,均为行政法学所研究之对象。"[2] 笔者对行政法学的研究对象有着不同于其他学者的认识:"行政法学研究对象是行政法学发生作用的客体而不是行政法学的行为结果,即知识体系。具体而言,行政法规范赖以存在的国家管理关系是行政法学的研究对象,它由两个相互关联的构成部分组成:一是国家管理关系与行政规范相关的背景材料;二是与这些背景材料相关的具体关系形式。"[3] 依常理,行政法学的研究对象应当有统一的认识和论点,但我们注意到学者们关于行政法学研究对象各有各的看法,有些从规范的角度定位行政法学的研究对象,有的则从规范背景的角度界定。有的从行政法事实的角度确定行政法的研究对象,有的则从社会关系的角度进行确定。这些都说明要确定行政法的主题并不是一件轻而易举的事情。行政法学中的关键词则有利于确定行政法学科的主题,这是由关键词的抽象性、普遍性等特点决定的,我们如果能够在行政法学科中确定那么三五个关键词,那么这些关键词则基本上将行政法学科的主题限定好了。也就是说,行政法学科的主题与该学科中的关键词有必然联系。某国行政法学科若通过了相关的学术权威确定了关键词,他们确定的这些关键词很可能就成了该国行政法学的主题。苏联行政法学中的一些词汇实质上处于关键词的地位,如"国家管理"、"民主集中制"、"行政计划"、"政府监督"等,这些关

---

[1] 〔德〕汉斯·J. 沃尔夫等:《行政法》(第一卷),高家伟译,商务印书馆2002年版,第19页。
[2] 管欧:《中国行政法总论》,蓝星打字排版有限公司1981年版,第35页。
[3] 关保英:《行政法教科书之总论行政法》,中国政法大学出版社2009年版,第2—3页。

键词便决定了前苏联行政法学科的主题是通过政府行政系统的诸功能扩张行政权力的行使，行政法学科以支持这个主题而展开讨论、展开对学科体系进行构建。

第二，行政法学中的关键词能够帮助决定行政法学科的走向。行政法学科作为一种社会现象，存在于社会的历史发展之中，它本身也将随着社会历史的发展而发展，过去的行政法和现在的行政法相比，有它自己所处时代的时代特征，从过去发展到现在是顺着一定的历史轨迹延续下来的。然而，其在发展的每一个轨迹上都有一些相应的关键词，即一个时代的行政法有一个时代行政法的关键词。关键词的动态性决定了关键词的变化，也决定了行政法的发展与变化。过去的行政法之所以会向现代行政法发展与新的关键词的出现是分不开的，例如，"责任政府"作为行政法中的关键词是晚近才出现的，正是这个关键词的出现使人们对现代行政法中政府对社会负责，政府必须服务于社会的行政法格局有深刻认识。我们说，行政法是一个动态的事物，也是鉴于现代行政法亦有向未来发展、向更高层次发展的趋向而言的。同样道理，其发展的趋势与关键词的性质是紧密地联系在一起的，例如，行政法中近年来关注的私权基础问题，关注的政府必须对私人权益高度重视问题等等就与行政法社会化这一词语以及其他词语有关，这些词语虽然现在还达不到关键词的地位，但它的发展势头的强劲性使人们有理由相信其成为行政法中的关键词，进而决定行政法发展的走势。[①]

[①] 20世纪初期，关于行政法法典化的问题引起人们的普遍关注，在行政法学研究中行政法的法典化几乎成了行政法学科中的关键词："没有统一的行政法法则经常出现法规之间互相重复和矛盾之处，为此，各国学者们开始探讨编纂统一法典的工作。从各国行政法规以及法律体系的内容看，50%以上是调整行政关系的内容，但因没有类似行政法总则的法典，其功能的发挥自然遇到障碍。从行政法的历史看，行政法的法典化一

第三,行政法学中的关键词能够帮助整合行政法学科体系。行政法学科体系的构建一直是困扰行政法学界的一个问题。行政法学科的不成熟性能够从行政法学科体系的散乱性看出。笔者曾在《法学研究》撰文,认为我们如果把各个行政法教科书放在一起、将各国学者编纂的行政法典放在一起进行比较分析的话,我们几乎不知道行政法究竟讲的是什么。一些行政法学科体系与另一些行政法学科体系相比,其差异是我们无法想象的。王名扬教授有三部外国行政法的著作,分别是《英国行政法》《法国行政法》和《美国行政法》,这三部著作被认为是王先生关于外国行政法的三部曲。其以中国人习惯的方式介绍了三个国家行政法的概况。然而,有关英国行政法学科的介绍和体系构建仅有20余万字,而美国行政法学科的介绍和讲解则有80余万字。这并不是王先生没有将英美两国行政法学科的体系作出合理排列,而是对英美两国行政法学科体系的真实介绍,正是英国和美国在行政法学科体系上的巨大反差,导致其著述上的反差。但作为行政法这个同一的事物,无论在何处都应当有相似的学科格局,其中关键词就可以将不同的行政法学科体系予以与其他同类体系同化,使它们有着学科上的共性。

第四,行政法学中的关键词能够帮助提炼行政法的精神。行政法学中的关键词是统领行政法学科的那些概念或者概念系统,其对行政法学科的统领作用表现在诸多方面,其中非常重要的一方面就是通过这些关键词提炼行政法的精神。我们在行政法概念的比较分析中,提到了人们到目前为止关于行政法定义的理解有三种不同的主张,一种

直是学者们追求的目标。"(参见张正钊、韩大元主编:《比较行政法》,中国人民大学出版社1998年版,第37页。)正是法典化作为行政法学关键词这一事实,使20世纪中期一些国家相继制定了一系列行政法规范,有些行政法典的体系非常完整和全面。

是限权法的主张,另一种是扩权法的主张,还有一种是二元结构的主张。可以说,三种主张的行政法定义是对人们关于行政法理念的三种概括,也是对三种不同的行政法实在的概括。在笔者看来,每一种类型的行政法概念、并以这样的定义构建的行政法学科体系中都有相通的关键词,每一个学科中的关键词都非常清晰地体现了其行政法的精神。苏联行政法的管理主义就有诸关键词使其行政法的职能是进行社会管理,并在管理中突出政府的权威和权力。从这个意义上讲,行政法精神与行政法存在的国度有关,行政法的本土化特征也由此得到了体现。但是,随着人类社会在诸多方面的全球趋同,行政法治必然存在一个最低的底线,凡符合这个底线的行政法就是进步的、合乎理性的。反之,凡是没有达到这个底线的,就是不发达的、非理性的行政法。进一步讲,行政法本身存在一个合法性问题,存在一个正义与非正义的问题。就好像政治体制之间有优与劣之分一样,行政法亦必然有优劣之分。正是基于这样的分析路径,我们认为,人类才能够在行政法问题上进行对话和交流,才能够向某种较高层次的行政法方向发展。行政法学中的关键词能够提炼行政法精神,并不是说其非常简单地反映了一个国家行政法的实质,而是其将进步性(就目前人类社会的标准来看),将相对发达的行政法予以统一和集中,通过人们公认和向往的关键词提炼出人类社会最优化的行政法精神。法治发达的国家在行政法理想进路的追求上,向来就反对用权宜之计代替行政法的理性进路:"问题并不在于要寻找办法来解决仍然出现的行政动乱,而是要找到一种办法来发展一套适当的法律体系,以应对现代国家的行政机器。……在目前这种交通阻碍式的政府状态下,采纳一种权宜之计比留在原地更具危险性,哪怕这种权宜之计所迈向的是正确的方向。因为对这种权宜之计的优点的认识所导致的自我满足感可能会妨碍人们发现它的局限性,而且,它还会为继续保持的惰性提供一个很好的借口。"①

（三）行政法学中关键词与非关键词的关系

行政法学科的概念是一个非常复杂的范畴，在整个行政法学科中，从开始到最后都有一个相对确定的概念序列，而整个概念序列中有无数个大大小小的概念。显然，关键词只是从无数概念中提取出来的概念，至于哪一个概念可以被提出来成为关键词要看其在学科体系中的地位，正如我们在前面讲到只有符合四个属性的才能成为关键词。即便如此关键词的具体确定和选择仍然是一个较为困惑的问题。因为关键词是在与非关键词相比较的情况下而论之的。我们揭示了关键词的概念之后，非关键词即使不下定义也是非常容易理解的。那么，在行政法学科中，关键词与非关键词究竟存在什么关系形式呢？笔者认为可以从下列方面予以分析。

其一，行政法学中的关键词对非关键词具有统领作用。关键词和非关键词都存在于行政法学科之中，而关键词由于是打开行政法问题的钥匙，因此，关键词能够统领非关键词。一些非关键词必须通过关键词说明其内涵、确定其意义。例如，我们可以以机构紧缩作为行政法中的一个关键词，这个词的着眼点在行政组织法方面，那么，构成行政组织法系统的那些非关键词都要受这一关键词的统领。当我们谈到行政机关的体系构成、公职人员的权利义务、行政编制的基本规则等非关键性的有关行政法问题的概念时，必须由行政机构紧缩这一关键词统领，并为非关键词内涵的确定提供方向和进路。"在内务部有一个安全管理处，负责总安全管理事务，其目的是维持公共环境安宁和个人人身安全。这样，总安全管理处在机构上只是内务部里的一

---

① 〔英〕马丁·洛克林：《公法与政治理论》，郑戈译，商务印书馆2002年版，第274页。

个部门,其领导虽为安全管理处的处长,却又是部长的一个下属,只是在部长授权之下工作。总的安全行动实施,有时通过国家管理部门的特别人员,有时通过市镇管理处的工作人员。"① 行政机构体系的设置必须依法律为之,行政机构职位必须有限等等,都反映了"机构紧缩"这一关键词对行政法中有关组织规则中非关键词内涵的决定作用。

其二,行政法中关键词必须有非关键词的支持。行政法学科体系中非关键词的数量必然要多于关键词的数量,这是毫无疑问的。此点决定了非关键词是关键词存在的基础,没有大量的非关键词的存在关键词的存在就得不到支持。正当程序是行政法中的一个关键词,而在正当程序这一关键词的背后存在着诸多支持它的非关键词,例如,行政听证、行政公开化、期限制度、工作交接制度、阳光下的政府、公众参与等等。一个关键词背后究竟有多少非关键词起支持作用,我们几乎无法统计。由于作为一个关键词来讲需要有别的概念即非关键词支持,那么,由此我们还可以作进一步的思考。行政法中的概念系统作为一个序列,存在结构化的问题,存在辈分之间的差异问题。一个关键词背后有一个非关键词,而直接支持关键词的非关键词可能对于其他含义狭窄的词又是一个关键词。然而,行政法学科中非关键词即使有层次的分配,也不是我们目前研究的重点问题。我们仅仅研究在行政法学中关注度最高的处于第一层次的关键词。

其三,行政法学科中关键词和非关键词具有互相转换的可能。在行政法中一些概念在初期并没有引起人们的重视,只是一部分学者所主张的。但是,其在行政法发展中以及在学者们对行政法问题的研究

---

① 〔法〕莫里斯·奥里乌:《行政法与公法精要》(下册),龚觅等译,辽海出版社、春风文艺出版社 1999 年版,第 655 页。

中,越来越重要、越来越引起人们的关注,这样的关注最终使其由非关键词变成了关键词。例如,司法审查在我国行政法学科中,起初并不是一个关键词,甚至在中国整个行政法制度中既没有支撑这个概念的制度,也没有实在法提到这样的名词,或者类似于这样的名词。后来随着学者们对这个问题的普遍关注,加之1989年我国制定了《中华人民共和国行政诉讼法》,使司法审查问题由非关键词变成了我们行政法学科中的关键词。[1] 行政法学科中非关键词能够转化为关键词,那么,关键词是否亦能够成为非关键词呢?笔者认为,此种情况同样是存在的。应当注意,我们的意思并不是说关键词比非关键词重要,而是说关键词关注度极高等。某个成为关键词的概念由于得到太多的关注,使其实体上的内容和形式上的要求都以一定的形式转为行政法学和行政法治中的实在要素。在这种情况下,原来是关键词的概念就失去了作为关键词存在的条件。例如在20世纪30年代左右,行政法中就有一个在当时为关键词的概念,叫"政府管制",学者们关注这一问题、关注这一问题引发出来的法律问题、关注这一问题在行政法治中的进路,这种关注等到西方一些国家在20世纪50年代以后制定了诸多放松管制的行政法文件,随着这些法律规范的出台,随着政府管制被越来越多的规则所限制,进而使学者们几乎将其遗忘,其就不再是关键词了,而降低到非关键词的地位上。此种由关键词降格为非关键词的概念在行政法学科中比重并不少,因为,行政法中关键词的数量少之又少,而非关键词则没有任何的规格予以要求。笔者认为,行政法学科中一个概念由关键词转化为或者消沉为非关键词意味着此一领域的行政法问题得到了解决、此一范畴的概念系统已经成熟。

---

[1] 1993年罗豪才主编的《中国的司法审查制度》一书,此后全国诸多教科书和论文都大量使用这一概念,成为我国行政法学科构造中不可缺少的一个概念,而且这个概念统摄了一系列具体的行政法概念。

言下之意,行政法学科中关键词并不具有绝对性。

二、宪法背景作为关键词的比较

(一)宪法对行政法制约程度的比较

宪法背景或者其他被转换了的词语[①]在行政法学科体系中是不可缺少的,主要因为行政法作为宪法的下位法,在其实在法中一般都要反映它与宪法的关系,例如我国的诸多行政法典在第 1 条都要写明该法根据《中华人民共和国宪法》制定。我国由于在法治方面的一些基本概念上比较粗疏,没有在下位法中指出这一部门法究竟依据宪法的哪个条文制定,笔者注意到一些国家的下位法常常要写明其条款是根据宪法的哪个条文制定的,例如日本文官法就明确规定其根据宪法第 73 条而制定。[②] 显然,行政实在法与宪法的关系必然使行政法学研究者在其著述中要谈到宪法背景问题。宪法所涉及的内容在所有部门法中是最为宽泛的,"宪法所涉及的领域非常广泛——政府机构——立法机关、行政机关、司法机关及它们之间的权力分配;以及为保证个人或团体在种族、宗教、语言分配;以及为保证个人或团体在种族、宗教、语言或人种方面的权利而对政府权力所施加的必要限制。在国家按联邦制方法组成的地方,地区分权一般就成了宪法的一部分。即

---

① 宪法以及宪法背景问题在现代法律学研究中是非常重要的,但当人们使用这一词语时常常将其放置于法与法治的研究中,实质上,宪法背景在政治学上主要以民主政治为称谓。

② 2000 年 3 月 24 日制定的《瑞士联邦政府人事法》一开始就提到"瑞士联邦议会:根据国家宪法第 173 条第 2 段,根据 1998 年 12 月 14 日联邦委员会的使命,兹决定……"其明确规定了瑞士联邦公务员法根据宪法而制定。参见人事部政策法规司编:《外国公务员法规选编》,中国政法大学出版社 2003 年版,第 338 页。

使这样,一个国家的政府形式的性质也很难单从考察宪法来理解。因为几乎在每个国家,宪法法律都以宪法性约章为依据,这些宪法性约章是用来补充法律制度、赋予其生命力的非法律性规则。"①

一个国家在建立其行政法制度时必须从宪法的规定出发。佩泽尔的《法国行政法》分析了从第三共和国初期到两次世界大战法国行政法在三个大的方面的变化,一是国家独裁特征的淡化:"议会制度削弱了国家的独裁性;政府权力分散到各部之中;地方行政部门的自主性;技术部门的增多扩充了公务员的数量,公务员越来越多地从事管理性工作,而不是指挥性的工作;公务员数量的增加使他们失去了特权等级的特征;由于等级权力受到限制,上级与公务员之间行政机构得以发展,公务员可以通过诉诸行政法院得到救助;由个人选举人民代表,人民政府,即行政首脑由此而产生;由个人选举大部分地方行政长官;省市议会的议员、市长;司法监督的发展,尤其是对越权的追究使行政法官能够撤销非法的行政决定。"② 这些分析实质上都是从宪制民主的角度出发得出的结论,同时它将这些变化的原因归结在宪法方面和技术方面:"政治的和宪法的原因:自由和民主体制的发展,政府对议会负责。技术原因:由于法国经济、社会和行政生活的变化,行政法适用领域有所扩展:技术性公共服务的发展(铁路、水、天然气、电)。"③ 即是说,行政法的发展变化亦不可以离开宪法问题而论之。

沃尔夫的行政法教科书在一开始就用了一定的篇幅(仅仅一篇,

---

① 〔英〕戴维·米勒、韦农·波格丹诺编:《布莱克维尔政治学百科全书》,邓正来等译,中国政法大学出版社1992年版,第169页。
② 〔法〕古斯塔夫·佩泽尔:《法国行政法》,廖坤明等译,国家行政学院出版社2002年版,第12—13页。
③ 同上书,第12页。

包括三章内容)讨论行政法与宪法的关系,尤其指出了宪法所确立的基本原则是行政法内容确定和发展的基本决定因素,他列举了宪法确立的下列对于行政法而言至关重要的原则:一是联邦制原则;二是民主原则;三是共和制原则;四是社会法治国家原则;五是环境保护原则;六是自治原则;七是辅助原则;八是经济原则。在法治国家原则中,沃尔夫提出了一个在我国学者看来并不十分普遍的原则(因为我国行政法所确立的是行政优先),即法治优先:"社会法治国家首先是——在公民法治国家时代就已经确定的——形式法治国家。国家活动应当受宪法的约束,行政和司法应当遵循按照专门程序制定的、公开和普遍抽象的实质法律的约束。所有的义务都由法律事先规定,国家权力只能由主管的国家机关按照法律规定的形式行使。对柏拉图探讨的关于实行人治还是实行法治的问题,从绝对的专制统治的后果来看,应当选择后者(法治优先)。这就要求建设具有法律安定性的国家,从对象和目的、内容和形式等方面明确限定执行权,无论是侵害还是给付都是如此。在警察国即绝对国家时代,行政(的任务和活动)按照国家目的设计;在法治国家,行政主要由法律规范作特定条件的设计和规制。"[①] 即便在行政法中的一些微观问题上亦必须从宪法设计的原则出发:"基本法第83条以下规定提出了如下问题:联邦行政是否以及在何种范围之内可以采取私法组织形式(第87d条第1e款和第1f款)?在何种范围之内可以将特定的行政任务授权给独立的团体或者设施(第87条第2款、第3款)?基本法第60条第1款只对公务员的任免作了规定,第33条第4款规定针对公务员的职能保留,第34条规定的赔偿责任原则上由任命公务员的行政主体承担。

[①] 〔德〕汉斯·J.沃尔夫等:《行政法》(第一卷),高家伟译,商务印书馆2002年版,第139—140页。

如果州不履行其职务,根据行为方式应当有利于联邦的制度以及必要时根据第 37 条规定,联邦可以直接实施符合宪法的作为或者不作为。在州执行欧共体法的范围之内,同样如此。"①

日本行政法学者室井力在《日本现代行政法》一书的"原版前言"中指出:"'宪法消亡、行政法存续',这是研究近代德国行政法体系的奥托·迈耶的名言。这句话着眼于宪法与行政法各自的特性,强调后者对前者的独立性。的确,宪法作为国家最高基本法,是政治价值的体系法,而行政法虽以宪法为前提,却是行政技术的体系法。若对它进行一般分析,不可否定两者之间在法的特性中存在差异。"②

由上列列举的几部教科书可以看出,行政法问题的探究一刻也不能离开宪法,而一国行政法的进程更是与宪法有着密切的关系。那么,宪政对行政法制约的程度究竟应当作出怎样的评介呢?

其一,宪法对行政法的制约与宪法形式有关。宪法从其立法技术的角度看,有成文与不成文之分,这个分类对于宪法本身而言是一个技术问题,对于宪法体制而言亦几乎没有根本性的影响,但对于行政法而言则是至关重要的。在成文宪法之下,例如受罗马法影响的国家,或者依罗马法的法律进路而构建法律体系的国家,当然主要是大陆法系国家,其法律制度中的法典化特征十分明显,而这种法律的典则化特征不仅仅反映在一般的部门法中,也反映在宪法中,反映在宪法与其他部门法的关系之中,它们一般都有一个成文的宪法典,而这个宪法典将宪法和处于宪法之下的下位法予以严格的区分。其宪法体制中的特色之一便是归于宪法的就必须归于宪法,而归于行政法的

---

① 〔德〕汉斯·J. 沃尔夫等:《行政法》(第一卷),高家伟译,商务印书馆 2002 年版,第 153—154 页。
② 〔日〕室井力主编:《日本现代行政法》,吴微译,中国政法大学出版社 1995 年版,第 1 页。

就应当归于行政法。在此种宪法背景下，行政法只受宪法所确立的原则的制约，就像上面笔者提到的沃尔夫对德国状况的分析，正是宪法所确立的法治原则决定了德国行政法治中的法律优先，而不是行政优先。显然，实行成文宪法的国家由于宪法地位与行政法地位的合理区分，宪法制度的权威地位容易得到体现，从宪法对行政法的制约程度来讲，要强烈一些，一些重要的行政法原则和行政法规则必须根据宪法的精神确定。另一些国家的宪法则是不成文的，通常情况下，不成文宪法发生在普通法系国家，最典型如英国和其英联邦国家。[①]之所以不制定成文宪法，与这些国家的历史传统是联系在一起的。其理论基础是"法律制度在传统上被认为是统一而又不可分割的，因而很难清楚地划出一条界线来。"[②]正如宪法历史学家F.W.梅特兰普所言的，在英国"几乎没有什么法律部门不曾在此时或彼时变得具有宪法的重要性"[③]。在不成文宪法的格局下，由于其他部门法在一定情况下具有与宪法同等重要的意义和地位，宪法只是法律形式之一种，只不过与其他部门法的区分主要反映在各自所规定的内容上。这就使我们可以得出这样一个结论，不成文宪法的国家其宪法对行政法的约束要比成文宪法国家弱一些。

其二，宪法对行政法的制约与宪法体制的特性有关。宪法体制在各国并不是同一个模式。我们知道宪法一般包括这样一些内容：一是政府与人民关系的模式，即一国的社会公众与其政权体系之间关系的规则和具体的关系形式，包括公众参与政府决策的程度、方式、效果

[①] 在英联邦中不是所有的国家都是不成文宪法，如澳大利亚就有一部非常完整的成文宪法，而且这部宪法对后来其他国家的宪法都产生过重要影响。
[②] 〔英〕戴维·米勒、韦农·波格丹诺主编：《布莱克维尔政治学百科全书》，邓正来等译，中国政法大学出版社1992年版，第169页。
[③] 同上。

等。二是政府不同部门之间的权力分配范式。在现代宪法制定之前，政府部门之间的权力分配几乎是不存在的，正是宪法使不同部门之间的权力有一个分配机制。三是一国立法的体制范式。即该国法律制定的方式和方法，更重要的是授权立法、委托立法的状况。四是对政府系统所能为之的行为进行约束和限制的范式，最有代表性的是程序规则。五是社会公众权利保障的范式。即在这个国家中公众的权益是通过何种机制予以保障的，社会保障制度、社会救助制度是否建立起来，以及这些制度在运作过程的有效程度。六是中央政治机构与地方政治机构之间的关系范式。这就是我们通常讲到的单一制和联邦制的国家结构形式。上列要素都是宪法制度的内容，它们都是宪法制度中的变量，每一个变量的变化都会影响宪法对行政法的规制程度。还应指出，国家权力的行使以及宪法还有诸多外在的制约因素，如有些国家的政党实质上是国家权力的行使者和掌握者，在一定条件下也是宪法制度的决定者和控制者。这个因素也是分析行政法受宪法制约的重要因素。限于本著作的篇幅，宪法对行政法制约的程度，作者仅仅提出一个基本思路，要将这个问题厘清楚恐怕还需要另辟研究领域。

（二）宪法对行政法制约方式的比较

行政法对宪法的依赖是关于行政法必须受宪法制约的理论基础，所谓行政法对宪法的依赖是指行政法不能离开宪法而孤立发展，其必须与宪法的发展和变化保持同步。正因为如此，在行政法学理论中就有一个宪法对行政法进行制约的理论，该理论除了像戴西等较少数的公法学家不十分关注外，绝大多数公法学家在这个问题上都是形成共识的。但是，宪法制约行政法的方式则有不同的论点，乃至于有不同的制度形态。

一种主张认为，宪法对行政法的制约主要是价值上的制约，即行政法在其规范体系以及学科构成中应当体现宪法的价值，将宪法价值中最为基本的东西体现在行政法之中，将宪法学研究中归纳出来的重大原则具体于行政法之中。和田英夫对日本的这种状况作过分析，日本二次世界大战失败后，在昭和二十三年五月（1946年）制定了日本国宪法。该宪法在诸多方面体现了现代民主精神，其中有这样一些原则直接与行政法有关，并对行政法的价值起到决定作用。一是民主行政的原则，在日本宪法中包括一个被称之为普遍民主的原则，这个原则若具体到国家行政权力的行使上就是民主行政的原则。这一民主行政的原则主要表现为："（一）国家行政已彻底与天皇主权主义决裂，根据主权者——国民的总意志而实行以国民代表制为基础的议院内阁制。另外在法律形式方面表现为国会唯一立法主义。旧宪法规定天皇具有官制大权，国家各行政机关是以天皇的法令为依据而行事的，以这种方式发展起来的内阁官制、各省官制通则等诸法令必须通过作为法律的内阁法、国家行政组织法才能被确立。现在那种'根据法令的行政'在形式和实质上都已转变为符合未来趋势的'根据法律的行政'了。但是，事实上奉行民主行政这一原则并没有能够避免政党内阁下的议院内阁制，因此有必要设置像人事院和公正交易委员会那样的能够不受内阁控制、保障责权独立的独立行政机关。（二）民主行政的原则在地方行政上表现为地方自治分权主义。宪法规定：关于地方公共团体运用行政方面的立法应该与'地方自治的本旨'相符合（宪法第92条）。根据这一条，首先废除了以前的官选知事的府县制，强化了地方议会的自主权，通过直接公选制（宪法第93条第二项）选举出府县、市、町、村的长官，特别是采用了包括各种请求权在内的直接民主制，这使得民主的地方自治行政的实行得到飞快地发展和充实。（三）负责和处理日常行政的公务员不论是属于中央还是地方行政部门，全部都是在国民的信托的基础上被选定和罢免的，即被作为'国民的公仆'来看待的(宪法第 15 条)这一措施可以说是'信托行政'的根本保障。这同过去根据与国民总意志毫无关系的天皇大权来任免的'天皇的官吏'相比，真是一百八十度的大转变。(四)当行政厅作出损害国民利益的行政处理时，必须公开地听取意见并征求利害关系者的意见。这一措施是为了保障宪法中合法程序条文中(宪法第 31 条)所规定的行政作用的事前程序，这也可以说是新的行政处理方式中的民主化表现。"[1] 二是法治行政和司法国家行政的原则。依该原则，全部行政活动都必须以法律为基准，行政法不能对抗宪法，行政权不能抵触法律。其基本的行政法理念要与现代法治国家的理念统一起来。一方面，行政过程必须强调国民的人权保障，尤其要保护社会个体的权力。另一方面，行政过程必须受到司法权的制约，使国家司法机关能够审查行政机关的行政行为。三是法治的进程必须与社会的福利保障结合起来。西方一些学者认为民主的重要前提是物质基础，当社会公众在缺少物质基础的情况下，即使给他再充分的民主，他实质上只享有了形式上的民主，而没有享受实质上的民主，正因为如此，福利国家就成为现代民主制度中不可缺少的组成部分。要求行政机关在权力行使中，"结合我国宪法的条文来看，以保障公民的生存权为主要目标而设置了负责社会保障和公共政策的各行政部门，福利国家的原则要求在这些行政部门中进一步完善有关法制并加强行政的运用。"[2] 宪法的上述新原则，实质上也体现了日本新宪法的价值，那么，行政法必须将自身的价值与宪法确认的价值一致起来。

---

[1] 〔日〕和田英夫：《现代行政法》，倪健民等译，中国广播电视出版社 1993 年版，第 20—21 页。
[2] 同上书，第 22 页。

关于宪法价值对行政法价值的制约，有两种认识，其中之一为"用旧瓶装新酒"的理论，该理论认为行政法的法律形式不一定发生多大变化，只要能够在其内容中将宪法价值体现出来就保持了与宪法价值的一致。此种论点在学者中有相当一部分予以坚持，其根本原因在于行政法的法律形式是一个固定不变的事物，即使有变化也相对缓慢，因此，行政法以旧的形式体现新的宪法价值并不妨碍其与宪法价值的一致性。另一为"新瓶装新酒"的理论，此论主张宪法价值的变化与行政法价值的变化保持同步虽是一个法律实质问题，但这个法律实质必须与一定的法律形式予以统一，在旧的行政法形式之下，难以容纳新的行政法精神，即新的宪法价值和宪法原理之下的行政法形式只有通过吸收新的行政法结构、新的行政法主体、新的行政法方式和方法，具有新宪法精神的行政法制度才能建立起来。上列两个论点之中，第二个论点在一些方面显得比较苛刻，但是它却反映了行政法与宪法价值保持一致的全方位思索。这是关于宪法对行政法价值进行制约的理解。

另一种主张则认为宪法对行政法的制约方式应当是对行政法技术的制约。持此论者大多是一些英美国家的公法学者，欧内斯特·盖尔霍恩在分析美国行政法治中如何保障行政相对人自由的理论和实践问题时，从宪法规定的正当程序条款出发，"最高法院试图甄别那些符合宪法保障要求的囚犯的案件，其方法之一是极度依赖'罗斯'案的权利概念。例如，在裁定一次取消某一犯人的'良好表现'记分（因此要延长该犯人的实际服刑时间）的纪律处分时，法院认为此种惩戒应符合宪法关于正当程序的要求。最高法院强调，法规已使自然形成的良好表现成为一项权利，只有因严重不端行为才可予以剥夺〔参见'沃尔夫诉麦克唐内尔'案，载于《美国最高法院判例汇编》第418卷，第539页（1974）〕。最高法院从未解释过为什么权利概念——最初被设计用来阐述'财产'一词的含义——是界定'自由'的恰当工具。无论如何，没有人曾留意过法院用的是哪一种托词，因为甄别'罗斯'案阐述的权利的标准在新的环境下始终得到忠实的遵循。因此，犯人必须证明他的期望的合法基础，如某一法规或条例；只是从统计数字上表明大多数处境相同的犯人得到了有利的待遇不足以形成宪法保障的自由利益［参见'康涅狄格州赦免委员会诉达姆斯查特'案，载于《美国最高法院判例汇编》第452卷，第458页(1981)］。此外，和财产利益的案件一样，州创立的程序既不限制正当程序保障的范围［参见'维特克诉琼斯'案，《美国最高法院判例汇编》第445卷，第480页(1980)］，也不产生别处没有的权利［参见'奥利姆诉韦凯科纳'案，《美国最高法院判例汇编》第461卷，第238页(1983)］。"[①] 在这个分析过程中，作者将行政法在其适用过程中的个案用相关的行政法原理进行解读，而在行政法原理不能为一个案件提供具体答案时，宪法中的相关原则就成了行政法适用过程中的一个技术问题了。之所以说它是技术问题，是因为宪法中的一些条款作为一个对行政法中具体的实在的规则起指导作用的东西，能够在行政个案的处理中不至于发生行政法上的疏漏。

总之，宪法对行政法的制约中每个主张都是一定行政法文化和宪法文化的产物。对于两种论点我们无法断定何者更加优越一些。不能否认的是，这两个理论在我国行政法学界都没有引起太多关注。在我国，宪法学和行政法学基本上是两个学科，在一些学者看来甚至是两个反差和区别极大的学科。此点决定了，我国宪法学理论中，宪法对行政法的制约是一种理论模式，而行政法学中则是另一种模式。如

---

① 〔美〕欧内斯特·盖尔霍恩、罗纳德·M.利文:《行政法与行政程序概要》，黄列译，中国社会科学出版社1996年版，第127—128页。

何将宪法学眼光中的宪法对行政法的制约，与行政法学眼光中的宪法对行政法的制约一致起来是我国学者面临的一个任务，用较为统一的公法学眼光分析二者的关系是比较好的出路。

（三）宪法与行政法关系认知的进路

宪法与行政法关系认识是一个更为高深的问题，而我们上一节讲的宪法对行政法制约的方式则是相对下位的问题，即后者的着眼点主要在法律规范关系的认识上，前者则是对二者在法律理论和理念上的解读。毫无疑问，宪法与行政法关系的认识是公法学理论中的宏观问题，在一些公法学经典著作中已经有学者分析过二者的关系，如戴西的英国没有行政法的理论，就基本上否定了宪法与行政法之间还存在什么样的关系。而奥托·迈耶的行政法复活、宪法死亡则是与戴西相反的一种关于宪法与行政法关系的认识。在笔者看来，宪法与行政法关系的认识可以概括为下列论点。

第一，行政法合宪性的主张。美国总统哈里逊在其非常著名的就职演说中有这样一段关于美国政体的精辟论述："宪法的坚实基础是人民——人民制定、改变或修改宪法——宪法不受任何政府部门所支配，而是在整个民主下发挥作用。因此，执行者必须了解它的主要原则，在制定政策时，必须为最大多数人的最大利益着想。基于此，我把我们的政体与其称作纯民主的政体做一比较，就可发现一个最大的不同点：他们的权力完全掌握在个人手中，而我们的权力则都分布于政府各部门。我不承认神权政府，就权利而言，人是生而平等的，统治权来自被统治者。美国宪法就是政府各部门权力的来源。宪法中包含有授予的权力，也有保留的权力。保留的权力是经多数认可决定授权与否，但认为不适于委托代表行使的权力，换句话说，有种权利是不能以定契约的方式加以放弃的，即是不可转让的权利。罗马公民所夸耀的特权,也只不过是免受地方官员骚扰;而雅典人引以为荣的民主,也只是因莫名其妙的不忠而受到死刑宣判或不明原因被放逐时,由人民大会宣判而不是由暴君或贵族来决定的。我们的则与此大不相同,人们有信仰及举行宗教仪式的自由,在未确定有罪前不受刑,宪法对人身自由有明确规定。这些宝贵的特权,以及言论出版自由、参政权、财产权及不受侵害权,都因我们生而为人、有天赋的人权。国家是人民所有的政府,其权限是有限的,但已足够完成目标。"①既讲到政府部门制定规则时必须符合宪法,也谈到美国各州在制定规则时必须符合宪法,这实质上也包括行政法的合宪性问题。行政法的合宪性是指行政法的制定必须符合宪法的规定。任何行政法上的行为,包括行政立法行为、行政执法行为以及其他行政法上的行为都应当有宪法上的依据。这个论点用合宪性的概念表述实质就成了关于宪法与行政法关系的一种理论、一种主张、一种学说。行政法合宪性作为一个较大的概念范畴包括诸种分析进路。正如上面我们在分析行政法被宪法制约时,包括实质上的制约和形式上的制约两个进路一样,行政法合宪性也包括行政法实质上的合宪性和形式上的合宪性两种分析进路。行政法形式的合宪性要求必须严格依据宪法和行政法在条文上的关系确定合宪性问题。而实质上的合宪性则是依行政法与宪法在价值取向上的关系确定合宪性。行政法合宪性的主张仅仅是关于宪法与行政法关系的认识论之一种,而不是所有的公法学家都主张或者同等程度地主张合宪性问题。奥托·迈耶行政法复活、宪法死亡的理论就非常极端地提出了与行政法合宪性相反的理论主张。

第二,行政法良性违宪的主张。此一论点虽然没有成为一个与合

---

① 〔美〕华盛顿等:《美国总统就职演说》,岳西宽等译,北方文艺出版社1990年版,第110页。

宪性理论一样具有宪法理论体系的关于宪法与行政法关系的主张，但作为一个相对隐性的论点在行政法学教科书中却一直存在着。早在19世纪，刑事古典学派的创始人意大利的龙勃罗梭就指出："一国政体之所以能久存者。由于宪章与法律。易于改变。以适用于新情状。瑞士之事。最可援引。以明此原理。该国自1870年至1899年以来。各郡宪法之有更改者150处。联邦宪法之有更改者三处。故虽国中种族不同。风俗互异。而仍于统一无碍。唯更改不可太骤。康士丹特曰。制度之属于人民者。宜适合于人民观念。方可稍垂久远。罗马之條废奴隶制。与德法之條废田产制。因其不公平。不得不如此也。中世纪财产归僧侣把持。偷漏租税。阻碍经济与政治之进步。不能不改变。民有亦同此理。然改革之时。已不能无困难。以与守旧之律违背也。守旧之习尚。不容有速变。虽适当之改革亦然。覆议权即博访人民意见之法。观于采用此制之国家。其政府与人民代议士之观念。往往相去甚远。可见覆议权实为教育人民之唯一要具。盖人民因此不得不研究情彼决断之法律。觉悟自身责任之重大。了解彼应尽之政治上职务也。"① 实质上阐明了这样一个问题，那就是社会的发展总是快于法律。换而言之，则是法律总是落后于时代的。而法律落后于时代的状况中最为突出的就是宪法。宪法之所以较容易滞后于时代可能有诸多原因，一方面，宪法规定的事项带有强烈的政治色彩，因为任何一个国家的制宪过程都是各种政治力量在博弈过程中所作的妥协。经典作家曾经多次提到宪法是阶级力量对比关系的反映。如果这个判断成立的话，那么，宪法落后于时代的状况就无须进一步证明，因为任何政治上的对比关系都处于不断的变化之中，力

---

① 〔意〕朗伯罗梭：《朗伯罗梭氏犯罪学》，刘麟生译，商务印书馆1928年版，第312—313页。

量对比关系一旦发生变化就意味着原来宪法条文中的内容已经不再能够适应政治过程进而社会过程了。这是宪法之所以滞后于社会的根本原因。另一方面，从立法技术上讲，人们对宪法的制定和修改程序都十分苛刻，乃至于运用一般的立法程序已无法制定和修改宪法。即是说，技术上的障碍亦将成为导致宪法不能适应社会的一个原因。行政法是宪法的下位法，一部分行政法在诸多国家本身就是行政权的产物，是行政权发生作用的结果。① 行政机关制定行政法规范的行为一定程度上讲是对行政管理过程进行的行政处置。当一个宪法条款对某一方面的社会事态有所阻滞、有所不适时，行政法便有进行适当处置的功能。而行政机关或者立法机关通过行政法规范进行的处置便可能遇到一个两难境况。一个境况是行政法对社会事项的处置是合乎社会过程规律性之要求的，而且从利益格局上讲也符合广大社会成员的利益。另一个境况则是这种处置行为已经违反了宪法规则，或者宪法中的具体条款，或者宪法先前确立的原则。不论宪法与行政法在其实际运作中的关系状况如何，行政法一旦出现与宪法的紧张关系就必然成为公法学上的一个理论问题，而我们必须用一个恰当理论解释宪法与行政法之间出现的张力。行政法良性违宪的理论就是在这样的逻辑关系中产生的。该理论主张应当允许行政法在其发展变化过程中对一些社会事项率先作出规定，对一些社会事项作出超越宪法条文的规定。这样的规定肯定是违反实在宪法的，但这样的违宪行为

---

① 行政系统制定行政法规范的行为在现代国家基本上都是存在的，但是，行政系统制定行政法的具体状况却有所不同，一方面，行政系统取得立法权的方式在不同的国家有所不同，有的国家通过严格的法律授权使行政系统取得行政立法权，有的国家则是一种相对宽泛的授权方式，甚至可以由行政系统依职权而演绎。另一方面，行政系统制定的行政法规范的总量不同，一些国家行政系统制定的行政法规范数量是极少的，而有些国家的行政法体系中主要是行政系统制定的行政法。我国行政系统制定的行政法规范占到行政法总量的97%以上。

则会带来良好的社会效果。良性违宪的主张就是允许行政法在能够对社会利益作出有效保护、对社会过程作出有效调控的情况下，超越宪法的规定。这个论点的主张者人数要比行政法合宪性论点的主张人数要少。但是，也许由于其考虑到了宪法与行政法在运作过程中最为敏感的问题，因而，引起的讨论和争论要比上一论点为多。

三、法治行政作为关键词的比较

（一）法与行政关系论点的比较

诸多行政法教科书在其一开始并没有展开对行政法进行定义或者对行政法学进行定义，而是对行政以及行政权进行定义。[①] 在给行政下定义时，基本意图是要阐明行政与法的一般关系。日本行政法学家盐野宏就在其行政法教科书中开辟了"法与行政的一般关系"这样一章。笔者认为，学者们将法与行政分开，或者将行政与法分开讨论行政法问题的思路是非常有道理的，即在正式解读行政法之前先要将行政与法在法哲学和法理学层面的关系予以澄清。笔者亦曾在一位法理学家的著作中看到了关于行政与法一般关系的研究，那么，为什么公法学家和法理学家都乐于讨论法与行政的一般关系呢？我想两个范畴的法学研究者在问题的立足点上是不大一致的，公法学家讨论法与行政的一般关系目的主要在于寻找到行政法定义的本质和出路，即主要在于解决行政法问题。相反，法理学家探讨法与行政的一般关

[①] 在笔者看来，研究行政法问题应当从行政权展开，因此，在给行政法下定义之前先揭示行政以及行政权的定义似乎更加合理一些，正因为如此，西方绝大多数行政法教科书一般都从行政以及行政权开始分析。

系则主要为了解决法理学中法与权力的一般关系问题。由于两者所站的立场不同,视角亦必然不同。但是,行政与法关系中最为本质的东西却是共同的,笔者从此点出发将法与行政的一般关系的论点概括为下列诸种。

第一,法律不等于行政,行政也不等于法律,二者是两个性质不同的事物,在二者的运作过程中应当做到井水不犯河水。持此论点的学者并不少见,包括美国的社会法学家庞德。庞德指出:"法律使行政陷于瘫痪的情况,在当时是屡见不鲜的。几乎每一项有关治安或行政的重要措施都被法律所禁止。……别的国家在行动前提交行政、检查和监督的事情,我们却交给了法院,宁可用一般法来告知个人所应负担的义务,让他依自己的判断自由行动,并当他的自由行动违反了法律时对他进行起诉和施以预定的刑罚。将行政限于无以复加的最小限度,在当时被认为是我们这个政体的基本原则。换言之,当一些人走向一个极端并接受官僚支配时,我们却走向了另一个极端并接受着法律的支配。"[①] 法律与行政的性质不同,各自有各自的功能,在通常情况下二者虽然相背,但并不相害。例如有学者就认为如果一个国家通过行政功能组织一个南极考察团,整个的考察活动究竟会和法发生什么关系谁也无法说清楚。还如,一个立法机关开展的立法活动就活动本身来讲与行政有何种关系,也无法讲清楚,由于二者在本质上的互不相干,接下来便可以得出一个很不错的结论,即行政不要介入到立法领域中去,而立法也不要介入到行政领域中去。概而论之,此论点是要淡化现代社会中行政与法在一些方面相互交织的关系形式。

第二,行政等于法律。行政等于法律的论点据说是由苏联学者

[①] 转引自〔美〕E.博登海默:《法理学——法哲学及其方法》,邓正来等译,华夏出版社1987年版,第354—355页。

在20世纪30年代提出来的,[①]这个年代的苏联可以说处在我们称之为红色恐怖的社会境况之中,斯大林的高度个人崇拜以及对政党中其他意见持有者的不信任达到了历史最高点,以致出现了一系列通过行政权而为之的极端国家行为。一些学者便从这种极端行为中寻找到了斯大林可以进行相关活动的理论依据,只要行政是能够与法律相等同的,那么,国家权力主体通过行政所为之的所有行为、所从事的所有事情,不仅仅是行政的体现,更为重要的是这样的行为与法律是画等号的。在笔者看来,行政等于法律的理论实质上在西方或者其他发达国家的行政法教科书中亦常常看到,当这些学者表达与苏联人相同的思想时,所运用的推理方法和推理技术是有较大区别的。盐野宏在其行政法教科书中对行政的积极理念作了初步探讨,他指出:"之所以不能依据这样的消极说来定义行政,也许是因为承认行政包含各种各样复杂的作用,因而不能承认其具有整体的内在统一性的缘故。如果是这样的话,以这样的行政为基础,怎么能够构筑起称为行政法的统一的法学科呢?对此,我认为,对于行政,不仅进行积极的概念规定是必须的,并且也应该是可能的。基于这一前提,可以做出如下结论:'近代行政,是依据法律、在法律约束之下,现实中为积极实现国家目的而进行的、整体上具有统一性的、连续的形成性国家活动。'"[②]即是说,行政是一种积极的国家活动,所谓积极的国家活动是指行政是为了实现国家目的而采用的一种政府行为,而它与国家目的的关系使人们赋予行政较大的权力,当行政发现某种行为是国家目的所必须

[①] 苏联学者帕苏卡尼斯认为集体化经济中的生产计划、战争时期的动员令以及耶稣会领袖对其会员所下达的指示,这种性质的安排并不涉及对相互冲突的私人要求的调整或裁判,而是以实现某个集体目标为其目的的。权力调整原则的发展愈系统,法律范畴的适用之地就愈小。转引自〔美〕博登海默:《法理学——法哲学及其方法》,邓正来等译,华夏出版社1987年版,第351页。

[②] 〔日〕盐野宏:《行政法》,杨建顺译,法律出版社1999年版,第3—4页。

时，它就可以大胆地为这样的行为，当行政主体发现社会上存在某些事项需要予以处置时，便可以根据自己的判断进行处置。行政积极性的理念认为，法律规范的规定并不一定在任何情况下都与国家目的有关联，对于那些与国家目的没有关联、对于那些阻滞国家目的实现的法律，行政有能力在一定范围内予以超越。同时，有人还从行政是国家机关所为之行为的角度进行分析。如我国有学者就认为，哪怕是县政府只要其行为是其职权的反映，它制定的规则就具有国法的地位。[①]

第三，行政与法具有统一性。对于行政与法的统一性盐野宏是这样概括的："在表述行政应该具有的属性这层意义上说，这种观点是正确的。但是，这并不是描述行政的现实形态，或者揭示行政的本质。纵观日本的行政现实，正如人们通常所说的那样，可以发现存在着有科而无局、有局而无省的状态。所谓行政的统一，如果不限于中央行政而且包括地方行政的话，那么，在《日本国宪法》下，即使在同一个行政领域，每个地方莫如保持多样性更好。另外，'形成性'这一概念的内容并不明确，而为防止建筑业主和附近居民的纷争激化而采取的斡旋行为等，不可以划归于'形成性'行政之中。如果说那不是此定义范畴的行政的话，那么，就没有什么好说的了，然而，也无法将其划归于司法之中。"[②] 盐野宏虽然将行政与法关系的统一性作了肯定，但同时也指出关于行政与法统一性的论点是一个相对的解释。一方面，此论点要求行政与法是一个国家政治过程中两个共同起作用的东西，行政的作用在于处置法律规定的事项以及这种事项在行政个案中的情形，而法则是一个为行政提供行为规则的国家行为。还应当注

---

① 张尚鷟教授认为县政府发布的行政规范性文件也应当是国家法律的组成部分，因为县政府行使的职权是宪法和法律赋予的。
② 〔日〕盐野宏：《行政法》，杨建顺译，法律出版社1999年版，第5页。

意，在行政与法的统一中还有行政与司法关系的性状。通常在给行政下定义时，一些学者将行政与法、行政与司法等放在一起。认为法律是为行政提供规则的国家行为，而司法则是排解行政权行使过程中纠纷处置的行为。但行政是何种行为，人们无法确切地予以界定，便提出行政是除立法、司法等以外的所有国家行为。此种定义方式无形中扩大了行政的绝对范围，但从下定义的角度讲，该论是不很科学的。①

第四，行政渗入法律之中。在传统政治学理论中，立法是表达国家意志的行为，行政仅仅是执行国家意志的行为，这两个行为的严格区分是判定一个国家政治制度是否成熟的标志，即是说，在一个政治体制的建制科学的国家，立法职能是专由立法机关履行的，行政系统在通常情况下不能有履行立法职能的资格。"立法者在一切方面都是国家中的一个非凡人物。如果说由于他的天才而应该如此的话，那么由于他的职务他也同样应该如此。这一职务决不是行政，也决不是主权。这一职务缔造了共和国，但又决不在共和国的组织之内；它是一种独特的、超然的职能，与人间世界毫无共同之处；因为号令人的人如果不应该号令法律的话，那么号令法律的人也就更不应该号令人；否则，他的法律受到他的感情所支配，便只能经常地贯彻他自己的不公正，而他个人的意见之损害他自己的事业的神圣性，也就只能是永远不可避免的。"②反之，在政体不健全的国家，立法职能和行政职能则交织在一起。这个传统的政治学理论，在现代公法理论中已经失去了其绝对合理的地位。换言之，一些学者认为，行政和立法的界

---

① 有人将这一理论概括为扣除说，即你若想揭示行政的定义，你先不要看行政究竟是什么，而是先将立法、司法等国家行为界定清楚，并将其在权力行使过程中的客观范围找出来，没有被这些行为囊括的行为就是行政。行政与法的统一是一个相对中立的论点，在无法揭示行政的确切内涵、阐述行政的确切范围的情况下，将行政与法作为一个统一的事物来分析是合乎逻辑的。
② 〔法〕卢梭：《社会契约论》，何兆武译，商务印书馆1982年版，第54—55页。

限并不一定分得那么清楚,这个论点如果回归到行政法中进行表达的话,就是行政能够有机会对法进行渗入。所谓行政对法的渗入是指行政在其运作过程中将其意志拓展到法律制定行为中来,使法律所体现的意志具有一定程度上的行政系统意志的性质。行政对立法的渗入在有些情况下是行政主动为之的,例如,行政系统本不能够制定行为规则,或者不能制定某一管理领域的行为规则,但其为了扩展行政权而在一些本该由立法规定的事项中制定了行政性规则。我们说,某些规则具有行政性是说这样的规则不是严格意义上的立法者的意志,也不具有严格意义的法的形式,其产出过程的简捷性更像普通的行政权力的行使。行政对立法的渗入还有一种情况是由于立法本身的无奈性决定的。在西方国家的委托立法、我国的授权立法等都是立法机关主动让出立法权的情形,当立法机关将这样的权力转让给行政系统以后,行政系统也就完成了对立法的部分渗入。不论行政对立法渗入在行政法制度中,或者在宪法制度中是怎样表现的,其作为一种行政法理论,作为一种法与行政关系的理论,具有相当的影响力。

第五,行政应当受到法律的有效控制。行政应当受到法律的控制是行政与法关系的第五个论点,该论点在公法学著作中出现的频率极高。在限权的行政法定义中充满了法律对行政进行控制的理念和理论,"现代公法击溃了政府使其行为超越于法律控制之外的企图:政治理性再也无法提供一种阻止司法制约的借口。但是,公法演进所带来的变化却远远不止于此。现代公法理论已经认识到:如果要考虑呈现在行政行为中的真正动机,每一种行政行为很可能都会被归于无效。正像我们已经不再承认存在一种所谓的国家行为一样,我们也不承认存在一种自由裁量的公务行为。"[1] 近年来出现的二元行政法定

---

[1] 〔法〕莱昂·狄骥:《公法的变迁》,郑戈等译,辽海出版社、春风文艺出版社1999年版,第165页。

义亦没有否认法律对行政的控制。法律对行政进行控制的论点有自己分析的理论基础,我们前面所讲到的有关行政法的若干的理论基础中,权力分立与制衡最接近法对行政进行控制的论点,即是说一定意义上讲,法对行政进行控制是以权力分立为理论基础的。同时,笔者认为政治合法性的理论同样是这一学说的理论基础,"政治合法性可以有许多不同的基础。在一个传统的社会中,合法性可能取决于统治者的世袭地位,取决于在制订和执行法律时遵守某些宗教习俗,以及取决于这些决策的范围和内容。在一个现代的民主政治体系中,当权者的合法性将取决于他们在竞争性的选举中是否获胜,取决于他们在制订法律时是否遵守规定的宪法程序。选举和立法这两个程序被看作是政府对公民要求作出反应的保证。在其他政治文化中,领导人可能依靠他们特有的魅力、智慧或意识形态向公民许诺要改善他们的生活,而对公民的具体要求则不作出反应。"[①] 政治合法性及其基础是非常重要的,因为它为行政的法律约束提供了强大的理论前提。

上列关于行政与法的论点是公法研究中若干主要的思维进路,其中每一个都与行政法有一定的关联性。法律对行政进行控制的论点是近现代以来公法研究的主流,法治行政作为行政法的关键词便是由此演绎出来的。

(二)法治行政内容评说的比较

在法治行政的探讨中,首先应当澄清法治一词的基本涵义。法治一词的历史是非常悠久的,早在古希腊亚里士多德著作中就提到了法治的概念。亚氏是在人治与法治相互对立的基础上确定法治之内涵的。而且认为法治必然优于人治,他指出:"在我们今日,谁都承认法

---

① 〔美〕加布里埃尔·A.阿尔蒙德等:《比较政治学——体系、过程和政策》,曹沛霖等译,上海译文出版社1987年版,第36页。

律是最优良的统治者,法律能尽其本旨作出最适当的判决,可是,这里也得设置若干职官——例如法官——,他们在法律所没有周详的事例上,可以作出他们的判决,就因为法律必难完备无遗,于是,从这些缺漏的地方着想,引起了这个严重争执的问题:'应该力求一个(完备的)最好的法律,还是让那最好的一个人来统治?'法律确实不能完备无遗,不能写定一切细节,这些原可留待人们去审议。主张法治的人并不想抹杀人们的智虑,他们就认为这种审议与其寄托一人,毋宁交给众人。参与公务的全体人们既然都受过法律的训练,都能具有优良的判断,要是说仅仅有两眼、两耳、两手、两足的一人,其视听、其行动一定胜过众人的多眼、多耳、多手足者,这未免荒谬。实际上,君王都用心罗致自己的朋友和拥护王政的人们担任职官,把他们作为自己的耳目和手足,同他共治邦国。参与君主统治的职官们都是君主的朋友;如果不是朋友,他们的作为就一定不能符合君主的心意,如果是朋友,则应该(跟君主)是同样而平等的人;君主们既认为朋友们应该同他们共治邦国,则一邦之内所有同样而平等的人们也就应该一样地参与公务。"[①]这是距今为止对法治所作的最早的理论探讨。显然,亚里士多德的法治其本质上与法制是同一意义的概念,即一个国家在对社会进行控制、对臣民进行统治时选择用法律制度的手段,要比选择用优秀的统治者的手段来得更加可靠一些。之所以说,亚氏的法治与法制没有本质区别,其原因在于他所讲的治理对象是社会、治理过程是治者对臣民、治理的范围仅仅是一片领土或者一群人。现代法治的概念则远远超越了亚里士多德的法治概念。《牛津法律大辞典》对法治的定义是比较经典的,"法治一个无比重要的,但未被确定定义,也不是随便的就能定义的概念,它意指所有的权威机构、立

[①] 〔古希腊〕亚里士多德:《政治学》,吴寿彭译,商务印书馆1983年版,第162—171页。

法、行政、司法及其他机构都要服从于某些原则。这些原则一般被看做是表达了法律的各种特性，如：正义的基本原则、道德原则、公平和合理诉讼程序的观念，它含有对个人的至高无上的价值观念和尊严的尊重。在任何法律制度中，法治的内容是：对立法权的限制；反对滥用行政权力的保护措施；获得法律的忠告、帮助和保护的大量的和平等的机会；对个人和团体各种权利和自由的正当保护；以及在法律面前人人平等。在超国家的和国际的社会中，法治指对不同社会的不同传统、愿望和要求的承认，以及发展协调权利要求，解决争端和冲突，消除暴力的方法。它不是强调政府要维护和执行法律及秩序；而是说政府本身要服从法律制度，而不能不顾法律或重新制定适应本身利益的法律。"[1] 这个定义基本上科学地揭示了法治的涵义。

在笔者看来，法治应当是这样一个概念。

其一，法治建立在宪政体制之下。法治在现代意义的概念与其在历史上的概念之区别便在于，现代意义的法治是在宪政民主的基础上而论之的，古代的法治虽然也有法和运用法律的机构，但这些因素都不曾与宪政民主有关。一个国家若没有一部宪法和宪法确立的宪政制度，那么，我们就不能以现代法治的理念对应这个国家的法律制度。宪政制度作为现代法治的基础和前提使法治存在于一定的机制之下，而这个机制使法治的内容确定化，使法治成了一个结构化的社会因素。

其二，法治应当体现一定社会阶段的主流价值。依历史法学派的理论，法治应当是一种历史现象，在不同的社会阶段其有不同的内涵。现代社会的法治与现代社会的各种主客观条件有关，存在于现代社会

---

[1] 〔英〕戴维·M.沃克主编：《牛津法律大辞典》，邓正来等译，光明日报出版社1988年版，第790—791页。

中的各种主流价值是法治必须予以体现的。对于这个理论罗尔斯已经隐约看到了,他从正义的角度对法治进行定性,认为法治的精神应当体现社会正义,"如果法律秩序是一个对理性人提出来的公开规则体系,我们就能解释与法治相联系的正义准则。它们是这样一些准则:任何充分体现了一种法律体系观念的规范体系都要遵循它们。当然,这不是说现存的法规在所有情况下都必须满足这些准则。倒不如说,这些准则来自这样一种理想观念,即人们指望各种法规至少在大部分情况下接近于这一理想观念。如果对作为规则的正义的偏离十分普遍,那么就可能产生一个严重问题:即一个法律体系是否还是作为一系列旨在推进独裁者利益或仁慈君主的理想的特殊法则的对立面而存在的。"[①] 罗尔斯这一论点的重要性在于它为我们分析法治与一个时代的主流社会价值的关系提供了思路。

其三,法治模式是社会公众的一种选择过程。法治必然与一定的社会主体联系在一起,即没有无主体的法治。法治主体是一个变量,即是说针对于法治概念的其他内容而言,法治主体是一个变量,而不是一个常数。当我们在亚里士多德的法治概念中考察法治主体时,就会发现,其法治主体是社会的治理系统,即手上握有权力的人是法治的真正主体。而其他社会成员要么是法治的对象,要么是法治的参与者。而现代意义的法治概念中,社会公众是法治的主体,法治本身不是由手上握有权力的国家机构所选择的,而是由社会公众作的选择。法治模式并不是一成不变的,不同的国家有不同的法治模式,而这些法治模式虽然以政府立法的形式出现,但其选择过程是在社会公众的作用下实现的。法治在实现过程中有着实际的执行者,国家政权机构

---

① 〔美〕约翰·罗尔斯:《正义论》,何怀宏等译,中国社会科学出版社1988年版,第225—229页。

体系都是法治的执行者。然而，我们不能将执行者与法治主体同日而语。执行者取得执行资格是法治主体授权的结果，他只能以授权者的身份执行法律，其所为之的行为以国家名义进行就证明了这一点。

其四，法治的实质是公平之治。对现代法治进行阐释的系统化著作是英国公法学家戴西的《英宪精义》，他认为法治应当包括这样几层意思：一是任何人不应因作了法律未禁止的事情而受惩罚。一方面，法治所面对的是任何人，而不是特定社会地位和具有特殊身份的人。另一方面，人们承担责任的前提是作了法律禁止的事情，而不是做法律尚未禁止的事情。请注意，戴西说得十分清楚，法律禁止的事情社会公众不可以为之，仅此而已。对于法律未许可的事情公众是可以为之的。就是说应当从问题的反面确定社会公众的为与不为，而不应从正面确定为与不为。二是任何人的法律权利和法律义务都只能由普通法院来裁决。应当指出，戴西所讲的任何人包括作为社会个体的自然人，也包括作为社会群体的法人，法人中亦包括类似于政府机关这样的机构。即是说，一旦在社会过程发生了权利义务的争执，不论权利义务争执双方是什么样的社会主体，都应当平等地接受普通法院的裁断。当然，戴西这个理论使英国的行政裁判存在于普通法程序之中，将行政裁判归于普通法程序之中究竟有利有弊还是一个值得商榷的问题。但戴西的这个关于法治的含义其理论意义是非常重大的，将社会公众与政府机构等在社会过程中的纠纷都作为纠纷来看待，并不赋予某种纠纷以特殊意义进而进入到特殊的法律程序之中。三是任何个人的权利不是来源于形式性的宪法，而是来源于宪法赖以建立的依据。"这首先意味着自由权是受固定的法律制度制约的，这就排斥了政府的任意干涉。"[①] 戴西关于法治中公平的理解显然具有时代的

---

① 〔英〕戴维·M. 沃克主编：《牛津法律大辞典》，邓正来等译，光明日报出版社1988年版，第790页。

局限性。然而，它同样为我们理解现代法治的内涵提供了理论依据。

法治的概念是我们分析法治行政概念所必须使用的一把钥匙。法治行政究竟有什么样的涵义，与行政法学中的其他问题一样，也是一个仁者见仁，智者见智的问题。笔者将行政法学界关于法治行政内容评说的论点概括为下列方面。

第一种论点为约束论。所谓约束论是指法治行政的精神实质在于法律能够有效地约束行政，使行政处在法律的视野之中。有学者提出的"遗传密码"理论可以适当地被用到这一理论中来。即是说，在行政权的行使过程中，法治行政作为一个"遗传密码"使人们能够判断行政的走向，能够把握行政在其发展过程中的逻辑轨迹。有行政法学家指出："将行政视做一个单一的、有支配力的主体可能过于简单。正如我们在讨论中看到的，文职机构中存在着许多不同的利益与关系，这能够导致竞争与破裂，从而不可避免地削弱它的权力。另外，第五共和国通过政府力量加强了对行政的控制。不用总是担心明天是否还在职，部长们能够相对稳定地进行领导，处理其部门的事务。同样，国会仍然通过有效的部长责任与专家委员会来实现控制。"[①] 这个论点是很清楚的，在现代法治行政的概念中，其主要的涵义是法律对行政的约束，这样的约束一定意义上讲是对行政权的控制。在笔者看来法律对行政的约束更能体现此派学者的主张，其前提是允许行政权在现代社会中发掘其积极性和主动性。法律对它的治理是给其一种无形的或者有形的力量，此种力量的核心是能够将行政置于法律之下。其与行政控权的理论是有区别的，我们知道，现代控权理论在主观上将行政权视为一种本质上为恶的东西，因为在传统和现代控权理论中，控制行政权的前提是行政权与其他权力一样都具有侵犯的性

---

① 〔英〕L.赖维乐·布朗、约翰·S.贝尔：《法国行政法》，高秦伟等译，中国人民大学出版社2006年版，第24页。

质,这种侵犯性证明此权力本身在运作中必然有为恶的成分,正如英国政治思想家阿克顿所指出的:"权力导致腐败,绝对权力导致绝对腐败。"① 法律约束行政的理论在行政法学中的进一步发展则是法律优先原则的派生。法律优先原则在一些教科书中称谓为法律优越原则,指行政行为或其他一切行政活动,均不得与法律相抵触。"法律优越原则旨在防止行政行为违背法律,为达此目的须具备两项前提:一系确认规范之位阶性,法律固然得授权行政机关发布命令,即所谓委任命令或授权命令。此类命令亦有补充法律之效力,但终究系行政部门之行为,仍应受法律优越之限制,不能认为有法律之授权,即不生抵触上位规范之问题。一系法律须有具体而明确之内容,一旦违反并有制裁之效应出现;若法律之规定空洞而不具实质含义,亦无制裁之效应,则所谓法律优越将无意义可言,因为不可能发生与此种法律相抵触之情事。"②

第二种论点为规范论。该理论认为法律对行政的治理主要是为行政活动提供规范。对于约束论而言,法律的功能之一是将行政约束于其范围之下,法律规范的针对性在行政组织和行政主体之间。规范论则不主张法律一定要约束行政主体或者行政组织,主要是能够为行政机关的行政活动过程提供规则:"行政法所规定者,乃以关于行政之组织及其职权与作用为其内容,换言之,规定有关行政之事项,始得谓为行政法,故若:(一)规定立法之组织及其职权与作用之法,是为'立法法',如立法院组织法、立法院各委员会组织法及中央法规标准法等属之;(二)规定司法之组织及其职权与作用之法,是为'司法法',如司法院组织法、司法院大法官会议法、行政法院组织法、公务

---

① 〔英〕阿克顿:《自由与权利》,侯健、范亚峰译,商务印书馆 2001 年版,第 342 页。
② 吴庚:《行政法之理论与实用》,中国人民大学出版社 2005 年版,第 53 页。

员惩戒委员会组织法、法院组织法及民法、刑法、民事诉讼法、刑事诉讼法、行政诉讼法、公务员惩戒法等属之;(三)规定考试之组织及其职权与作用之法,是为'考试法',如考试院组织法、考选部组织法、铨叙部组织法及考试法、典试法等属之;(四)规定监察之组织及其职权与作用之法,是为'监察法',如监察院组织法、审计部组织法及监察法、审计法等属之。"[1] 这是关于行政法定义的揭示,这个揭示中包含了法治行政的一般理论,认为法治行政的中心在于通过法律为行政过程提供规范。这个论点既不同于控权论针对行政主体的情形,也不同于管理论针对行政相对人的情形。而是一种相对折衷的论点。法律规范行政过程,一方面,要通过法律将行政过程中的权利义务关系表述出来,不论哪一方面的管理都应当做到有章可循。另一方面,为行政机关过程所提供的规则并不以控制和约束行政权为目的,而是让行政权和行政过程理性运转。我国关于法治行政中曾经亦在一定程度上接受了规范论,1987 年在《中国共产党第十三次全国代表大会报告》中就有制定有关的行政法律规范,为行政机关的行政活动提供规范和程序的论断。

第三种论点为裁量权控制论。法治行政的概念可以放在国家政权体系的大框架下进行分析,也可以放在行政系统内部进行分析。如果我们将法治行政放在国家政权体系的大背景下进行分析,整个宪政体制中就包含有法治行政的内容,如在权力分立的国家政权体制之下,立法机关通过立法行为对行政的作用、司法机关通过司法审查对行政的作用,都是法治行政的内涵。但是,在国家政权体制结构下分析法治行政的话,法治立法、法治司法的概念同样是存在的,因为宪政制度的根本点并不是约束行政权这种单一权力,其他任何形式的权

---

[1] 管欧:《中国行政法总论》,蓝星打字排版有限公司 1981 年版,第 24—25 页。

力都应当在法律的治理之下。因此,当我们讨论法治行政时,另一种选择便是在行政系统内部确定法治行政的涵义,即法律对行政系统来讲主要进行何种性质的治理。由此出发便产生了一个裁量权控制论的论点,即法治行政的中心在于用法律控制行政系统的行政自由裁量权。这个论点的主张者并不少见,美国行政法学家施瓦茨就认为:"行政法如果不是用来控制行政自由裁量权,它又是在干什么呢?"[①] 即是说行政法的精神实质是对行政机关的行政自由裁量权进行控制。这个论点是将宪政制度与法治理念有机结合以后所得出的结论。从宪政体制的角度看,一国国家政权体制之间的分工通过宪法已经完成,在宪法对国家政权体制分立的制度设计中,法律不但规范了行政权,同时也规范了立法权和司法权,在各种国家权力平分秋色的情况下,法治对三者都是有意义的。因此,再在这个层面分析法治行政已经没有太大意义。进入行政系统的法治不仅仅是一个提供规则的问题,也不仅仅是一个规范问题,而是要从行政权的实质上体现法治的精神,这个实质性的东西便是对行政自由裁量权的控制。这个关于法治行政的论题已经触及到了行政的一些深层次的内容,一些技术性法治问题。

(三)法治行政方式选择的比较

法治行政内容的评说更是一个哲理上的问题,而法治行政的方式则是一个技术问题。在这个问题上行政法学家亦存在不同的论点和主张。法治行政的核心是对行政的治理,而在这个治理过程中已经不是一个抽象的治理理念问题,而是必须通过相关社会主体的法律行为对行政系统发生作用。这样便有下列关于法治行政方式的理论主张。

---

① 〔美〕伯纳德·施瓦茨:《行政法》,徐炳译,群众出版社1986年版,第566页。

其一，强化立法权的法治行政。此论认为，法治行政中核心力量是立法机关而不是其他机关或者其他的社会主体。"议会关于行政事项的本来职责，不是要用它自己的表决来作出决定，而是要注意使那些必须做出决定的人是能胜任的人。甚至这一点它也不能通过个人的提名而方便地做到。没有任何行为比任命的提名更迫切需要具有强烈的个人责任感的。所有精通公共事务的人的经验都证明，几乎没有一种行为普通人的良心对之是这样不敏感的；几乎没有一种场合对条件考虑得是这样少的，部分地是由于人们对被提名的人的情况一无所知，部分地是由于他们不关心这一个人和另一个人之间条件的不同。当一个部长要做一项正直的任命时，也就是说当他实际上不是为他个人的亲友或他的政党营私舞弊时，一个不知底细的人可能以为他会任命最有资格的人。没有这么回事。通常的部长如果任用一个有长处的人，或是任用在公众中有不论什么样的声誉的人，他就认为自己是好得不得了，尽管这种声誉或长处也许和所要具备的正好相反。一位舞蹈家需要的是一台计拍器，这只不过是费加罗时代的讽刺话；至于部长，只要他所任命的人要得还可以，他就一定会认为自己不仅无可指摘，而且是知人善任。此外，适合于专门业务的专门人员的条件只能得到了解这些人的人的承认，或者只能得到其职务就是从他们的行动，或从处于作判断的地位的人提供的证据，对他们进行考察和判断的人的承认。当这些出发于良心的责任极少得到应对任命负责的大官们重视的时候，不能负责的议会又应该怎样呢？甚至目前，最坏的任命就是为了在议会中得到支持或消除反对而做出的。如果这种任命是议会本身作出的，我们又能指望什么呢？包含许多人的团体根本不重视专门资格。除非一个人该上绞架，否则他就被认为和别人一样适于作一切他能申请为候选人的事情。当公共团体做出的任命不是像几乎经常情况那样由党派关系或个人的假公济私行为所决定的时候，一个人的被任用或者是因为他享有一般能力方面的声誉（这往往是很不相称的），或者常常只是因为他个人有名气。"① 这只是立法控制行政的一个方面的理由，即没有宪法对行政系统中人事的控制，行政就很可能是一种无序状态。立法控制行政，或者以立法作为治理行政的核心力量在近年来的一些行政法学教科书中引起了广泛关注，其中的原因在于，行政权在近现代的发展中有超越甚至取代立法权的趋势。以立法机关制定法律的行为与行政机关制定法律的行为在发展进路上相比，行政机关的立法行为已经呈现出一种强劲势头。正是对这种倾向的担忧，人们才主张应当在强化立法权中实现法治行政。我国在 2000 年制定《立法法》，这个事件本身就说明了人们对立法机关在与行政机关关系中的相对疲软的担忧。《立法法》的诸多内容就充分体现了通过立法治理行政的思路，虽然不是一个新思路，但它在最近引起广泛重视的事实都不是偶然的。通过立法治理行政是一个较大的命题，也是一个范围较广的制度设计，即不能将通过立法治理行政仅仅理解为扩大立法权的范围，紧缩行政立法权的范围。它的实质在于使立法权能够全方位地治理行政，《中华人民共和国全国人民代表大会常务委员会监督法》对立法治理行政的路径作了较为具体的规定。② 由此可见，强化立法权的法治行政已在一定程度上由理论形态转化为法治实践。

其二，强化司法权的法治行政。"1947 年的《政府诉讼程序法》规定，政府应对一切侵权行为负责，'如果政府被看作与一个达到法

---

① 〔英〕密尔：《代议制政府》，汪瑄译，商务印书馆 1982 年版，第 74—76 页。
② 《中华人民共和国各级人民代表大会常务委员会监督法》规定各级人民代表大会有权听取和审议人民政府工作报告；审查和批准决算，听取和审议国民经济和社会发展计划、预算的执行情况报告；检查行政机关执行和实施法律、法规的状况；对行政法规范性文件进行备案审查；对行政机关及其工作部门进行讯问和质询；对行政执法中的特定问题进行调查。

定年龄、具有法律行为能力的个人一样时'应当负责的话。这种行为包括政府的雇员、代理人的行为，也包括政府行使其自身权力时的行为。当然也存在一些例外情况。但这些例外情况对上述基本原则并不构成严重的威胁。作为普通法的一个组成部分，主权豁免的原则被美国所继承。1946年的《联邦侵权申诉法》规定，政府当'在类似的情况下与私人个人相似、以类似的方法、在同样的程度上'负赔偿责任。然而，相对于这个原则，例外的情况相当引人注目。例如，例外情况包括政府官员履行其职责时行使自行决定的权力，不论是否滥用，都不负赔偿责任。法国、英国、美国行政法方面的一个共同点，就是这些国家都认为，如果滥用了自行决定权，那么行政机构行使这种权力时的行为就是违法的。即使上述自行决定权并没有专门的术语进行过明确的规定，也是如此。然而，哪一个国家都没有对什么构成'滥用'作出确切的解释。对这一点，英国的衡量尺度是'不合理性'。认为政府机关拥有不受限制的自行决定权的观念与法律原则是相违背的。'任何一个法定权力机关都必须受到法律的限制，否则就会导致独裁。特别需要指出的是，在使行政自决权的行使必须与法令的基本原则相适应并为正当的目的而行使而且不能以不合理的方式行使等方面，法庭具有很大的作用。换句话说，每一种行政自决权都可能被滥用，而法庭的基本作用，正在于防止这种情况的发生。'"[①] 依此理论，法治行政必须回归到法治的最后一道防线中去，即司法权中去。用强化司法权的方式治理行政既有深刻的理论基础，又是比较容易操作的。立法机关的立法行为具有一次性和反复适用性等特点，所面对的事态是抽象的，表明通过立法治理行政会在诸多方面表现出它的不适，如在行政权行使中一个个案的发生，立法机关的功能就不能

[①] 〔英〕彼得·斯坦、约翰·香德：《西方社会的法律价值》，王献平译，中国人民公安大学出版社1990年版，第43—47页。

够立刻得到体现，只有当问题具有普遍意义时立法的重要性和不可取代性才能体现出来。而司法则对于当下的、个案中的行政不当和行政违法的控制来得更加直接。现代司法审查制度，尤其对行政权行使的司法审查制度的迅猛发展就是例证。①

其三，强化公众参与的法治行政。行政与法关系的讨论以及法治行政内涵的确定在20世纪下半叶之前，在政治体制即国家政权体系范围之内讨论是公法学研究中的主流。通过在政治体制之中的探讨，人们在不同国家机构之间寻求平衡，尤其对日益膨胀的行政权的巨大担忧使人们才想起通过强化立法而实现法治行政、通过强化司法而实现法治行政等。然而，20世纪中期以后，随着现代民主思想的激荡，一些学者便将法治行政与现代民主思想结合起来。直接探讨行政权与社会公众之间的关系，直接设计通过社会公众的参与实现法治行政的模式。美国著名政治学家科尔早在20世纪初就对人们一直认同的代议制政府进行了批评："因此，就像真正的联合组织一样，真正的代议制总是特定的、功能性的，从来不会是普遍的、囊括一切的。被代表的从来不是人、个人，而是一群个人共同的目标。代议制政府建立的思想基础是个人可以被全部代表，这是一种错误的理论，损害了个人权利和社会福利。作为个人，人不能被代表，这个事实清清楚楚，很难理解那么多政府理论和民主理论就建立在个人可以被代表这

---

① 强化司法审查的法治行政已是20世纪中期以后法治行政理念的主流，这个主流一是可以通过有关行政诉讼制度理论的成熟性得到说明。行政诉讼理论在20世纪中期基本上已经成熟，笔者是以全球为视野的，如行政诉讼受案范围本是一个难度很大的理论，但各个国家和地区却形成了一套理论体系，如我国台湾学者吴庚就将台湾的行政诉讼受案范围的理论概括为"概括主义的行政裁判权"和"列举主义的行政裁判权"两种情形。其他方面的理论，如行政诉讼中究竟采取公断主义还是和解主义的原则，举证责任的分配究竟采取原告举证还是被告举证等都有一整套理论。这些理论为各国建立行政诉讼制度提供了强大的理论支撑，我国1989年行政诉讼法的颁布实质上也印证了强化司法权的法治行政在我国也已经被接受。

种思想之上。每个人都是意识和理性的一个中心、自决能力的一种愿望、一个基本的本体。一个这样的愿望怎么能代表许多呢？一个人作为自身的同时是怎么能成为许多其他人呢？如果他能，这将是一个奇迹，但是把我们的社会制度建立在一个假想的奇迹上，这是一个危险的试验。"[1] 由于个人是不可能真正被代表的，那么，通过立法和司法等代议形式进行的对行政的控制就不一定真正能够使权利受损的个人的权利得到维护。进一步讲，最为有意义的权利保护方式便是由社会公众，尤其社会中的个体能够通过一定形式直接渗入到行政之中。个人的渗入至少有三个方面的好处，一是公正性，即"确保个人在法院做出会严重影响其利益的裁决之前，能够收到适当的通知并有得到审理的机会"[2]。二是效率性，即"通过扩大参与的机会来增加行政裁决的公正性，或通过收集和评估额外的信息来促进准确性，这些努力都会耗费很多时间和资金，还会付出错过机会的代价。鉴于机关的财力总是有限，且通常不足以完成所有的法定职责，考虑决策程序的效率必不可免。其典型的作法是调查那些额外的程序保护措施是否可能增加决策的公正性或准确性，以使因这些决策而会产生的费用和延误有据可依"[3]。三是可接受性。"由于合法的行使法定权力最终取决于被管理者的同意，这便有必要考虑选民集团和广大公众对管理程序的态度。也就是说，对于行政程序的评估，不仅应该根据它们的实际作用，还应该根据受到影响的利益集团所理解的方式来进行。在影响人们对管理性决定或方案的基本合法性的看法上，公众对机关程序的

---

[1] 〔英〕彼得·斯特克、大卫·韦戈尔：《政治思想导读》，舒小昀等译，江苏人民出版社2005年版，第387页。
[2] 〔美〕欧内斯特·盖尔霍恩、罗纳德·M.利文：《行政法与行政程序概要》，黄列译，中国社会科学出版社1996年版，第3页。
[3] 同上书，第4页。

态度能够起决定性作用的情况大概还是寥寥无几的。但若人们普遍感觉政府的某一机关武断地或有失公正地做出决定，那么这种感觉就可以破坏公众对该部门的信任以及工业界遵守其决定的自愿性，这一点似乎是清楚的。"[①] 公众对行政的直接参与在一些发达国家已经达到了非常高的水平，例如瑞士等国就实行重大问题的全民公决制，通过这样的参与使行政决策的权力不集中在行政机构体系之中，而是分散于社会公众之中。

其四，强化舆论监督的法治行政。对行政进行法治监督是法治行政的基本内涵之一。然而，关于监督行政的形式却有着若干可供选择的方案。政党的监督就是一些国家监督行政的基本形式，其他非政府机构的监督也在一些国家普遍实行。进入20世纪中期以后，一种新的监督政府的形式成了人们关注的焦点，这便是公众媒介的监督。公众媒介指从事新闻以及其他社会性活动的社会组织或者社会个体。哈里逊总统在就职演说时指出："没有比控制新闻更能达到行政目的了。古人云：新闻自由是个人自由与宗教自由的保障。这是祖先留给我们最珍贵的遗产之一，而政府如果想以新闻来文过饰非，就像镀了金的手铐一般，而人们对政府的作为不只是宽容，也必须给予鼓励。"[②] 此论为后来美国新闻媒体对行政的制约起到了积极作用，在美国人们习惯于将新闻媒体称之为第四政府，即独立于立法、司法、行政的独立实体，权力范畴不受来自上列三者中任何一者的约束。恰恰相反，它可以作为一种权力实体对上列三者中的任何一者进行约束。新闻媒体实现法治行政虽然不一定是正式的、法律之内的制度形态，但它

---

① 〔美〕欧内斯特·盖尔霍恩、罗纳德·M.利文：《行政法与行政程序概要》，黄列译，中国社会科学出版社1996年版，第4页。
② 〔美〕华盛顿等：《美国总统就职演说》，岳西宽等译，北方文艺出版社1990年版，第312—316页。

的确是现代社会进程中实行法治行政的有效机制。

四、机构紧缩作为关键词的比较

（一）机构紧缩理论基础的比较

行政法体系中有一个基本部分叫"体"，其与"用"相对应而言。"体"指的是行政法中的静态部分，行政机关及其机构体系都是体的组成部分，"用"是这些机构及其体系的行为方式。二者共同构成了行政法中的基本元素，整个行政法就是针对"体"和"用"而展开的。逻辑关系上，"体"是问题的起点，是行政法中最为基础的东西，没有"体"就无从分析"用"。因此，人们对行政法中"用"的分析在通常情况下都从"体"展开。自马克斯·韦伯发明了现代官僚制理论以后，行政法中的"体"就引起了人们的重视。在马克斯·韦伯看来，行政机构的组织体系是现代行政权行使的基本范式，行政过程的展开和运行都与机构体系有关。而在传统国家权力行使中，政府权威是通过传统和个人魅力等这样的非人格化东西进行的。现代官僚机构的理论则认为，政府行政系统是通过一套严密的组织体系构建起来的，这些组织体系的存在具有宪法和宪政制度上的基础，政府的任何权力和权威都具有它存在的合法性，即马克斯·韦伯所概括的合法权威。马克斯·韦伯的这个理论是对现代行政机构体系状况的描述，核心在于现代行政机构体系是国家行政权力的承载者，是它决定了行政权行使的基本范式。同时，行政机构体系是通过机制化的因素通过硬件和软件构成的。硬件包括行政机构中的机构实体、职位构成、人员等，当然也包括一些物质性的设施。软件则指行政机构中存在的联结规则以及其他一些人文因素。硬件和软件规制了现代行政机构体系的模式。行政机构相对于行政大系统而言只是一个零件或者一个部件,而行政机构中的人相对于行政机构体系而言是一个庞大机器齿轮上的一个轮牙。行政系统中人已经失去了自然属性,被整个行政机构体系中的软件和硬件人格化了。这个理论问世以后,一定程度上影响了人们对行政机构体系的设计和改造,更为重要的是影响了人们分析行政机构体系的逻辑进路。例如,在马克斯·韦伯理论之前人们更多地关注权力行使者个人的情况,而后来更多地关注行政机构的状况,以前人们给予行政机构中的行为方式更多的注意,而现在人们则关注产生这些行为方式的职位和职务等等。由此进一步推演,人们发现现代官僚机构体系使行政权的行使较前规范化了、制度化了。然而,同时它却带来了另外一些问题,即官僚机构在行为过程中的古板、刻薄、低效率等。正如法国政治学家和社会学家迪韦尔热分析的,官僚是指坐办公室的人组成的政府,即由正式任命和等级森严的文官所组成的国家机关,它们依附于大权在握的中央政府。在现代工业社会中,由于受到技术方面的制约,这种机制趋向于超出政治和行政领域之外。官僚又指一种适用于一切组织的结构,它们的特点是等级化、权力非人格化和把任务及程序公式化。官僚还带有一定的贬义,使人联想到办事拖拉、墨守成规、繁文缛节、缺乏人情、脱离实际需要等,"人们发现刻板的官僚模式使它难以适应新情况,这种模式还造成领导人与执行者、执行者与公众之间的冲突,而这些冲突又造成能量的巨大消耗;组织无法去实现其目标,把精力尽花费在调整这些冲突上。有些人宣称,这些缺陷不可能真正克服,因为克服缺陷的手段最终只能进一步加深组织的官僚主义性质。内部冲突及与公众的冲突导致加强控制和建立新的调整规则,这就使体制本身更加臃赘。"[①]

[①] 〔法〕莫里斯·迪韦尔热:《政治社会学》,杨祖功译,华夏出版社1987年版,第173页。

官僚机构理论使人们重视对其行为过程，尤其对官僚机构本身的研究。在行政法中人们重视行政机构体系状况的法律规制，主要针对现代国家政府行政系统日益膨胀的格局，提出了以法紧缩行政机构的理论。我们可以用简单枚举法看一看行政法教科书中关于行政机构紧缩的论点："1982年立法的主要目标在于民主化和使地方政府'分散化'。大量的权力，特别是在经济计划与地区建设领域，都下放给了经选举产生的地区议会和新型的地方省长，后者仍然负责公共秩序。行政权赋予了地区议会主席，使之成为一个重要的政治角色。新的地区政府的重要性为前任共和国总统德斯坦先生的行为所表明，当他被选入欧洲议会时，宁愿保留自己在地区议会的席位而不愿保留在国民议会中的席位。尽管他们的资源有限，但地区政府却在地方经济发展与公立学校建设方面起着重要的作用。自1994年来，法国的大区在布鲁塞尔有了自己的代表，这主要是为了通过大区委员会实现更加有效的参与。在省一级，行政权现在并没有赋予省长，而给了省议会主席，议会本身在社会与经济事务方面保留了剩余的权力。"[①] 盖尔霍恩的《行政法和行政程序概要》本是一部以行政程序为研究重点的行政法教科书，但即便在这样的行政法教科书中，这些学者的分析也没有忘记从行政体制这个最为基础的东西出发："大量的行政监督工作发生于构成总统行政办公室的诸机构内，人们通常称其为'白宫'。总统行政办公室不仅包括总统的私人顾问——这些人构成白宫办公室，也包括永久性的组织，如国家安全委员会和经济顾问理事会等（参见《美国注释法典》第三章，第101条）。对管理机关而言，这些单位中最重要的要数管理和预算办公室。正如其名称所表示的，管理和预算办公

---

① 〔英〕L.赖维乐·布朗、约翰·S.贝尔：《法国行政法》，高秦伟等译，中国人民大学出版社2006年版，第32—33页。

室主要负责制定年度行政预算,该预算由总统转送国会。在履行其职责过程中,管理和预算办公室收到来自各机关的预算申请,并根据行政管理的重点修改有关的申请(参见《美国注释法典》第三十一章,第16条)。同样的,为便于实体立法,管理和预算办公室审议机关的申请,包括机关官员将在国会各委员会做出的证言,目的在于和行政机关的地位保持一致。上述两种'清除'程序典型地引发了在管理和预算办公室工作人员与机关官员之间广泛的协商谈判,通常都可达成某种妥协办法。但有时主要的分歧由总统出面解决。此外,《减少日常文书工作法》(载于《美国注释法典》第四十四章,第3501条及以下条)规定,管理和预算办公室必须批准某机关希望强加于私人部门的任何新的信息要求。该法仅适用于政府为自己的目的而寻找的信息,并未授权管理和预算办公室去审查那些要求公司向公众披露信息的规则,如消费者产品标签条例等。如'多尔诉美洲联合钢铁工人'案[载于《美国最高法院判例汇编》第110卷,第929页(1990)]。"[1] 这个分析并不是美国学者关于机构紧缩理论的全部,只是在分析行政程序过程中顺便提到的,而从这个分析中我们发现美国的机构紧缩理论在行政系统内部就已经展开了,而且控制的方式已经到了行政系统行政运作的层面。盐野宏在日本行政法教科书中关于行政组织法有这样一段论述:"在立宪君主制之下,组织规范的制定权被保留给君主,这种理解是普遍性的。在当时的日本法之下,组织规范的制定属于天皇大权。《明治宪法》第10条规定:'天皇规定行政各部门的官制及文武官员的薪金,并任免文武官员。'其中关于文武官的任官大权和关于官制的大权,被称为官制大权。一方面,实施具体行为则是具体的行政机关。并且,该行政机关的行为属于公权力行使的情况下,即人民

---

[1] 〔美〕欧内斯特·盖尔霍恩、罗纳德·M.利文:《行政法与行政程序概要》,黄列译,中国社会科学出版社1996年版,第37—38页。

受其拘束或者被要求服从的情况下，有关该机关的规定，不仅是行政主体内部的事务分配的问题，而且，从基于侵害保留原则的法治主义的原则来看，也存在将其视为法规的余地。另一方面，行政组织的敕令主义被认为是官制大权和法治主义这两种相反要求相妥协的产物。即'关于担任和人民之间具有法律上的交涉的职务的国家机关，由于使人民承担将该机关的行为视为国家行为并服从其权威的义务，故有关该机关的规定具有法规的性质，所以，在法律上需要以敕令向一般人民公布。如果与人民之间没有直接的法律上的关系，仅限于内部从事庶务、进行调查、回答咨询等职务的话，则并不一定要以敕令向一般人民公布；既可以首先发布敕令，然后予以处置；也可以不必等待敕令而直接予以设置，采取其中哪种方法也是自由的，并不是必须依据其中某种方法进行。'"[1]机构紧缩在不同行政法学家的著作中有不同的主张，主张上的不同决定于其对机构紧缩理论基础的不同认识。因此，笔者认为在我们分析机构紧缩这一行政法学关键词时必须先澄清机构紧缩的理论基础。

第一个理论基础的认识是效率论。现代行政机构体系在行政效率方面的表现是以迟滞、刻板等为形态的低效率。其对社会过程中行政事态的感应度极低，即一个行政决定的作用所依据的背景材料常常不是时下发生的事情，而是先前甚至于数年以前发生的事情。而当一个作出的行政决定被用来调整社会事态时，其与社会事态亦存在较大反差。因为这个行政决策所依据的社会事态状况已经消失，而行政机构体系将消失的事态视为正在发生的事态，这样便使一些重大的行政决定常常难以与社会事态相吻合。而造成行政过程中无效或者低效率的根本原因在于行政系统内部的官僚化结构。马克斯·韦伯早

---

[1] 〔日〕盐野宏：《行政法》，杨建顺译，法律出版社1999年版，第530—531页。

在17世纪就对资本主义官僚机构运转中的无效率状况作过批判,他认为现代官僚机构一方面是一个巨大的权力系统,这个权力系统已经不单单是一种行政现象,而是一种政治现象和社会现象,还带有文化现象的色彩。另一方面,官僚机构的组成模式是机构化和体系化,支持这个机构化的主要是其内部的等级制。一个官僚机构就是一个以金字塔形式出现的权力系统,一旦这种等级制的机构存在,就必然出现这样的运作方式,即上级在细小问题上对下级的依赖,而下级则在一些原则性的问题上对上级的依赖,其结果便是双方都使对方陷入迷途。对于官僚机构本身而言,这是行使权力、体现权威所必须的。但对于其他社会主体而言则是巨大的无效率。因此,为了解决行政系统在作出决策和行政处置方面的有效性就必须取消或减少行政系统内部的等级制结构。显然,行政系统等级制结构的取消与行政机构紧缩是紧密相连的,行政系统中的等级制结构越小,其规模也就越小。这便是效率理论作为行政机构紧缩的理论基础。

第二个理论基础的认识是成本论。社会契约论问世以来就在社会科学的诸多问题的解释中起着重要作用。其中一些学者也用来分析行政机构体系以及行政组织法的性质。行政机构是一个不提供任何物质财富和精神财富的机构。在一个社会中能够提供物质财富的称之为生产阶层,而不能够提供物质财富的则称之为非生产阶层。生产阶层由于与直接的物质生产发生联系,因此,这个阶层在社会中都是有用层,而非生产阶层究竟是否为有用阶层要根据其所提供的非生产物的性质及其数量来确定。即是说,非生产阶层在其非生产行为中必须以某种特殊的形式进行补偿。例如,艺术家通过为生产阶层提供有价值的艺术作品而调动生产阶层的积极性,这样从事艺术的非生产阶层便使其行为得到了补偿。能够使自己的行为得到补偿的非生产阶层就是有用阶层。反之,若非生产阶层不能使自己的行为在社会过程中补偿生产阶层就是无用层。依这个原理,行政机构体系及其人员是非生产阶层,他们不能直接成为社会中的有用阶层。换言之,他们是否为有用阶层要看他的行为是否能够补偿于生产阶层。能够补偿的方式是为生产阶层提供有意义的劳动组织,提供有意义的社会管理。进而分析,社会管理是由社会中的生产阶层投下的一个成本,即他们为了获得更大的利益而设置了一个官僚机构及其体系。设置它的目的在于使其提供更多的来自于社会管理的服务,这样就有了一个成本理论,即行政机构体系为社会提供的各种利益要大于自己的消耗,如果其提供的利益小于他的消耗,就沦为无用阶层。当行政机构体系及其组成人员成为无用阶层时,行政成本就自然而然地增大了。那么,机构紧缩便可以由此得到论证,即一个行政机构体系中如果发现大量无用阶层,这个无用阶层就应当通过机构紧缩的方式予以处置。约翰·弥尔顿在17世纪就论证过这一理论:"国王和行政官员的权力显然只是衍生性的,让渡性的,约束性的,由人民为了所有人的共同利益托管给他们的;权力根本上仍然保留在人民中间,要从他们手中夺取权力,除非侵害他们天生的自然权利,……由此得出结论,由于国王或行政首脑掌握的权威来自人民,自然一开始首先是为了人民而非他们自己的利益,人民也常常出于好意评判它,尽管不是暴君,人们还是可以选择他或拒绝他,保留他或者废黜他,这仅仅是让自由出生的人的自由和权利。"[①]

第三个理论基础是社会压力论。托克维尔在对美国的政治体制与政府机制研究的基础上认为集权有两种形式:一曰政府集权。在政府集权的情况下,一些重大的权力如国防、外交等方面的权力必须集中在中央政府机构手中,中央政府机构是此类权力的中心,地方任

---

① 〔英〕彼得·斯特克、大卫·韦戈尔:《政治思想导读》,舒小昀等译,江苏人民出版社2005年版,第93页。

何机构不能有这样的权力。二曰行政集权，所谓行政集权是指一些事情地方和部门均可以为之，某一机构将此类权力集中起来，使这个权力的行政性质十分明显。两种集权是一国政治制度中通常出现的情况。如果这两种集权统一在一个机构手中就会出现集权机构对社会的压力："显而易见，如果政府集权与行政集权结合起来，那它就要获得无限的权力。这样，它便会使人习惯于长期和完全不敢表示自己的意志，习惯于不是在一个问题上或只是暂时地表示服从，而是在所有问题上和天天表示服从。因此，它不仅能用自己的权力制服人民，而且能利用人民的习惯驾驭人民。它先把人民彼此孤立起来，然后再各个击破，使他们成为顺民。"[1] 我们认为托克维尔的这个论断揭示了一个非常深刻的哲学原理，那就是政府行政系统中的不适当集权就会使权力最终成为异化了社会力量的因素。之所以用异化一词是因为行政权的产生是出自于社会的，社会是权力产出体，这个权力产生出来以后如果能够与社会过程保持和谐就不是异化的东西。而当从社会产出的权力已经与社会分离并作为一种力量对社会产生压力时，它就异化了。异化了的权力、异化了的权力承载体制就必然对社会造成压力。这是关于压力理论的哲学思考。在行政法治实践中，现代行政机构体系的基本发展趋势是体系越来越庞大，组织结构越来越严密，专门化程度越来越高，人力和物力的消耗越来越大。在一些不发达国家行政机构体系虽然不算太大，但已经存在的机构的社会消耗却非常巨大。[2] 而在一些发达国家行政机构中的个体机构和个体的公职人员虽然消耗不大，但整个行政系统都吞噬着大量的物质财富。物质上的压力只是现代行政机构对社会压力的一个方面。更为重要的是政治上

---

[1] 〔英〕托克维尔：《论美国的民主》（上卷），董果良译，商务印书馆1988年版，第96—97页。
[2] 参见关保英：《行政法的价值定位》，中国政法大学出版社2003年版，第32页。

的压力,即行政机构体系将行政系统自身的价值和利益注入到社会利益中去。有人甚至认为现代官僚机构存在的目的只有两个,一是完成社会控制,另一是对自身进行扩张和充实。总之,现代行政机构体系对社会的压力已经不是个别国家中的个别问题,而是一个具有普遍性的问题。那么,如何对付或者防止行政机构体系对社会的压力呢,其中紧缩行政机构就是一个必由选择。王名扬在《英国行政法》中指出:"一个原来不存在的部在设立的时候要由法律规定。因为新部的成立会加重公民的负担,或者妨碍公民的自由。但是,已经存在的部的合并、废除或变动不需要立法手续。1975年的英王大臣法规定政府可用枢密院令把一个部的职务移转到另外一个部,或者取消不再需要的部。前一命令要报议会备查,如果议会通过决议反对时不能生效;后一命令需要议会批准。政府也可用枢密院令把某些职权划分由两个或两个以上的部同时行使。在合并或废除部的命令中,可以同时规定财产移转的方式及其他法律效果。近年来政府在通过枢密院令合并或拆散原有的部改组成立新部时,往往同时规定新部具有法律人格。部可用自己的名义拥有财产,进行诉讼。例如环境事务部在创立时,运输部在分离时都规定是一个法人。"[1]

(二)机构紧缩与行政法控制方式的比较

机构紧缩作为行政法学的关键词有不同的理论阐释,但无论人们关于机构紧缩的理论基础和理论体系多么不同,机构紧缩都必须以一定的理念体现于行政法制度之中。进一步讲,在行政法制度中用什么样的方式控制行政机构的膨胀化,以什么手段紧缩行政机构就成了一个具体的行政法治理论和实践问题。笔者将机构紧缩方式的若干理

---

[1] 王名扬:《英国行政法》,中国政法大学出版社1987年版,第30—31页。

念概括为下列方面。

第一个关于行政机构紧缩方式的理念是行政机构从体系上实行平面结构。我们在上面的分析中已经指出，有人认为行政机构必须紧缩的理论基础在于行政机构内部构成上的等级制，即等级制结构使行政机构膨胀化、低效率化。因此，为了减缩行政机构就应当从根本上改变行政机构的体系构成，使其由原来的等级制结构变为平面结构。在一个行政系统中尽可能不作层次上的划分。也许一个大的行政机构体系是有层次划分的，但在一个专门完成某种行政职能的部门管理中最好不要有等级制的机构设置。其实马克思在法兰西内战中就曾论证过平面行政机构的优越性，"官僚机构是和实在的国家并列的虚假的国家，它是国家的唯灵论。因此任何事物都具有两重意义，即实在的意义和官僚式的意义，正如同知识（以及意志）也是两重性的——实在的和官僚式的一样。但官僚机构是根据自己的本质、根据彼岸的唯灵论本质来看待实在的本质的。官僚机构掌握了国家，掌握了社会的唯灵论实质：这是它的私有财产。官僚机构的普遍精神是秘密，是奥秘。保守这种秘密在官僚界内部是靠等级制组织，对于外界则靠它那种闭关自守的工会性质。因此，公开的国家精神及国家的意图，对官僚机构来说就等于出卖它的秘密。因此，权威是它的知识原则，而崇拜权威则是它的思想方式。但在官僚界内部，唯灵论变成了粗劣的唯物主义，变成了盲目服从的唯物主义，变成了对权威的信赖的唯物主义，变成了例行公事、成规、成见和传统的机械论的唯物主义。就单个的官僚来说，国家的目的变成了他的个人目的，变成了他升官发财、飞黄腾达的手段。"[①] 平面结构的设想是一个非常美妙的关于行政

[①] 〔德〕卡尔·马克思、弗里德里希·恩格斯：《马克思恩格斯全集》（第一卷），中共中央马克思恩格斯列宁斯大林著作编译局译，人民出版社1965年版，第302页。

机构体系构成的设想。但在笔者看来,绝对意义的平面行政机构体系是不存在的,因为在现代国家的行政机构体系构成中,大规模性是行政机构的基本特点,而对于一个大规模的行政机构体系而言,实行平面结构是几乎不可能的。但是,依据行政管理学中管理幅度的原理,我们可以通过缩小管理幅度的方式使行政机构体系的层次尽可能减少,如原来行政机构体系的管理层次为四层,在四层管理机构的情况下,行政机构体系中的职位数则相对较多,行政的消耗亦将必然以某种方式增大。那么,我们可以将原来的四个管理层次缩减为两个层次,这样便使行政机构体系接近平面管理。

第二个关于行政机构紧缩方式的理论是职权的轮流行使。这一理论虽然在现代行政法思想中不太多见,但其作为行政机构紧缩方式的理论思考却是值得一提的。笔者发现这个论点在社会主义理论早期的著作中比较多见,尤其一些空想社会主义者在设计未来社会的行政机构时,基本上都认为行政机构应当是一种社会化的机构。任何行政职位都不能被特定的社会成员长期占有,更不能被家族式的权力行使系统世袭化和垄断化。马克思在总结巴黎公社革命的时候,对巴黎公社在当时实现的轮流执政的制度就作了肯定,并有高度评价。轮流行使职权为什么能够紧缩机构,其基本原因在于职权如果不是专有的,通过职权所获得的利益也就没有可靠保障,而在利益没有保障的职位中供职,任何供职者都不会扩大自己的利益群体,也会相对公正地行使权力。笔者认为,这一主张实质上在一些国家的行政法制度中已经有所反映,"与英格兰一样,法国区分了中央政府的公务员、地方政府的公务员,以及那些从事医务工作的人。这三者被视为是公共服务的重要组成部分,因而也属于职能机构。但正如我们在讨论地方政府时所看到的,在英格兰,公务员占据了许多应由地方政府职员担任的职位;法国地方政府的官员仅关心市长的职能,在他的职能范围内还包括行使市议会主席的职权。教育系统是中央政府一个全国性的体系,小村庄的学校校长也是公务员。公务员在法国到处可见,文官生涯给任何阶层的人提供了大量的机会,智力而非出身是任命和晋级的关键。进入公务员系统的所有人都将承担巨大的压力,这种压力也体现在竞争性的考试对所有符合教育背景的人都开放(CE 1954年5月28日,Barel,将在第九章、第255页讨论)。但现实是,只有很少的穷苦背景的人能够进入高等商校获取较高的教育资历,进而才能成为高级公务员。公务员与国家之间不是合同关系,但享有文官的身份。这是由最高行政法院的大量的、重要的判例法所补充的,在其管辖权范围内(在初审法院或最高法院)涉及招聘、工资、晋升、义务和纪律的公共事务争议。"[①] 公职人员与国家行政职务的联结方式是法律规则,而不是世袭制度。

第三个关于机构紧缩方式的理论思考是以目标原理设计行政机构。行政机构存在的客观基础是什么,似乎是现代行政学和政治学研究的问题。不知什么原因,在行政法的教科书中很少有学者探讨行政机构设立的客观基础。但是,行政机构的设立更是行政法范畴的问题,作为行政法学研究而言,不能不涉及行政机构设置的理论基础和现实基础。行政机构设立的基础实质上牵涉到一个在现代行政学中影响颇大的目标原理。目标原理本是企业管理的一种基本原理,由美国企业家泰罗首先阐述。泰罗在其经营纺纱厂期间为了提高生产效率对企业的经营方式、生产方式的管理体制作了深入研究。在研究过程中发现,他所经营的企业存在诸多不合理因素,如职工的诸多操作动作是多余的,厂里边设计的诸多工序、工程也都不一定合理。以

[①] 〔英〕L. 赖维乐·布朗、约翰·S. 贝尔:《法国行政法》,高秦伟等译,中国人民大学出版社2006年版,第36页。

此出发，泰罗认为应当通过生产目标和经营目标确立生产过程中的各个环节。这就是著名的目标分解理论，将一个工厂理性地分为若干工程，再将工程理性地分成若干工序，又将工序分成若干操作，再将操作分成若干动作。通过分解发现诸多的动作、操作、工序、工程都没有存在于一定的企业目标之下，对于不能够被目标包容的环节予以取消，进行重新整合，这样的整合被认为是对所分解之目标的整合。这个原理据说[①]后来在美国政府行政机构的改革中被运用。20世纪50—60年代美国在行政系统内部进行了一次改革，其基本思路就是先确定总目标，再确定次目标，再确定分目标，以此类推。通过确定目标将不能够存在于行政目标之下的机构予以精简或合并。有人认为泰罗的目标分解原理以及后来美国政府所进行的改革实践都证明了可以有效地制约行政机构的膨胀。首先，要确定一个国家行政机构体系的总体目标，再根据确定的行政目标决定行政机构的存在与否。我们认为，这个关于机构紧缩方式的理论思考是有道理的，回想起我国1998年对国务院行政机构的改革，第一次运用目标原理对国务院的行政机构进行总体上的目标划分，如总体上分为宏观调控部门、经济管理部门、社会化工作部门、政务部门等四大范畴，再根据每个范畴的需要设计另一个目标。正是运用了这样的原理1998年国务院破天荒地将原来60多个行政机构缩减为41个。笔者认为，目标分解与综合原理对于行政机构紧缩而言是一个相对科学的选择路径。同时应当注意，行政机构中的目标分解与综合是一个较为高深的技术问题，一些问题在行政法的范畴内似乎还不太容易解决，这也许是行政法学研究中回避这一问题的原因所在。

---

① 黄达强、许文惠主编：《中外行政管理案例选》，中国人民大学出版社1988年版，第227页。

第四个关于行政机构紧缩方式的理论思考是行政职权剥离、淡出相关管理领域。在国家政权发展过程中，社会主义与资本主义是有原则区别的。资本主义国家是在推翻封建制度的基础上建立起来的，在资本主义的国家制度建立之前，资本主义社会的经济结构等就已经形成了。这样便使资本主义的国家政权在建立初期没有非常深入地介入到社会生活和社会过程中去。当然，资本主义制度在后来的发展中也曾经广泛地介入到社会过程中。社会主义国家政权是在没有社会主义的经济制度、社会主义的文化制度形态等基础上建立起来的，包括行政权在内的国家政权体系建立以后所要作的首要事情便是为社会设定新的秩序，确立新的社会关系。这样便与资本主义国家政权在其发展初期形成巨大反差，其对社会秩序的设计意味着对诸多社会事务的管理和干预。在经济管理中实行计划经济，国家既是经济活动的组织者，又是直接的经济主体。此种格局使社会主义国家的行政机构体系膨胀化程度比资本主义国家更加明显。行政机构的紧缩与行政权膨胀的关系密不可分。因此，在紧缩过程中，减少行政机构体系对社会经济介入和干预的程度。具体而论，就是近一两年来提到的让国家行政机构体系淡出市场，实行一定范围的职权剥离。一旦行政机关从某一领域淡出，一旦其职权在某一方面被剥离，行政权就不再在此方面有强制力。而淡出市场的机构就应当成为另一种性质的社会实体，如由行政机构变为事业单位，由行政机构变为经济联合体等。

（三）机构紧缩立法模式选择的比较

机构紧缩是行政法学中的关键词，因此，当人们探讨行政机构紧缩时自然而然地就和行政法的制定与发展结合了起来，问题的根本在于面对机构紧缩这一行政法治和行政法学中的具体问题，一个国家的行政法治将如何应对。毫无疑问，人们都认同以行政法的手段制约行政机构,以行政法的方式使日益膨胀的行政机构有所缓和。那么,究竟选择怎样的法律治理模式呢?笔者认为有下列主要理论主张。

其一,通过强化行政组织法的功能实现机构紧缩。行政组织法在行政法学表述中有广义和狭义之分。广义的行政组织法包括所有对国家行政机构体系及其构成分子起作用的法律规范。如规范行政系统的行政机关组织法、规范国家行政机关构成分子的公务员法等都是行政组织法的内容。狭义的行政组织法是指专门规范行政机构体系的那些行政法规范。依狭义的行政组织法,公务员法不在行政组织法之内。笔者这里使用的行政组织法概念是在狭义上使用的。在西方一些国家的行政法教科书中关于行政组织法的完善提供了不少非常好的论点,美浓部达吉指出:"对于官吏关系,国家不单为经济生活的主体,且以统治主体的资格对付官吏,在那整个法律关系上,国家亦不站于准私人的地位,所以很明显官吏关系不是混合的法律关系。但国家往往一面为经济生活的主体而从事经济的活动,在原则上服从私法的规律;同时又为公益的保护者,不完全站在和私人同样的地位,而在某程度内遵守与私人相互关系不同的公法的规律。"[①] 这实质上提供了制定行政组织法的理论基础,即在行政组织法中必须明确行政组织与社会公众之间的关系,行政组织与社会经济生活之间的关系。这也成为行政组织法在现代发展中的一个主观进路。在这种理论指导下,行政组织的立法亦不断强化,几乎每个实现行政法治的国家都基本上有一套行政组织法律制度。

其二,通过强化公务员法的功能实现机构紧缩。日本公法学家清水澄对国家官制与法律之关系作过比较经典的分析:"官制云者。规定官厅之组织及权限之谓也。权限者。谓委托官厅事务之范围也。

---

① 〔日〕美浓部达吉:《公法与私法》,黄冯明译,商务印书馆1937年版,第114页。

定官厅之组织者。谓以官吏一人组织。或以官吏数人组织。又组织之官吏。为如何种类。官厅之辅助机关。为如何官吏。且需若干官吏。又其辅助机关。分若干部、局、课、系。总称定此等事项。曰定官厅之组织。然实例有官制之名而无其实者。如学校官制是也。官制者。法规也。法规不可不以法律定之。故官制亦必以法律定之。此法国公法学者所称道也。然官制之为法规与否。数一疑问。主张为法规之说者曰。官厅为国家组织之一。国家为法人。故定法人组织之官制为法规。主张官制非法规之说者曰。官制者非与以人格于官厅。又非对于人民制限其权利自由。或负担义务。不过因行政上之便宜。为事务之分配耳。虽然。二说皆未得其当。今且不论官制之为法规与否。先论官制之由如何部分而成立。盖官制者。由官厅之组织与权限而成立。官厅之组织虽不过官厅内部之规定。仅有事实之结果。然定官厅之权限者。有官厅与人民权利义务之关系。其为法规无疑也。是故官制者。关于权限之一部为法规。关于组织之一部非法规也。质言之。官职者。兼有法规非法规二者之性质也。法国宪法上之议论。法规必依法律。日本宪法上法规不必依法律。故官制之为法规与否。可不必探究也。"[1] 依该理论官制之中包括对官员人格的法律肯定。所谓对官员人格的法律肯定是指在国家政权体系中,法律必须面对官制之制度形态和人格形态,官制之制度形态类似于狭义的行政组织法,而官制之人格形态则类似于公务员法。有人认为行政组织法只提供行政机构体系的总体框架,它不能够约束公务员,而行政机构体系的膨胀最终表现为行政系统人员数量的增加。如果没有公务员法将公务员职务关系予以确认,那么,人们进入行政系统的可能性仍然是非常大的。基于此,紧缩行政机构的立法模式应重

---

[1] 〔日〕清水澄:《宪法》,卢弼等译,政治经济社光绪三十二年(1906年),第356—357页。

点放在公务员法律制度中。《法国行政法》一书提出了一个通过私法与公法结合的方式来紧缩公务员的设想,事实上这个设想在一些国家已经变成了制度现实。即一方面通过公立机构使有意者参加公务员的考试,通过正规的考试有资格进入公务员队伍,而在其任职中可以有适当的转变,即获得公务员资格的人到有关的私立机构任职,用这样的方式实现行政机构的紧缩。"这种在公务服务领域超越政治的生机勃勃的情景及传教士般的狂热是由高等学校所接受的高级梯队的训练所塑造的。这些学校是大量的职业培训学校,如工业技校、矿业技校、国立桥梁与道路学校、高等师范学校、国立行政学院。这些学校在各自的专门领域开设大学课程,有些专业还开设研究生的课程。入学考试的竞争激烈程度与牛津大学一样,且在社会上与教育界有着同等的威望。许多进入文官系列都要求具有这些机构的校友资格,作为进入后续的工业或商业领域的敲门砖。从公共部门进入私营部门,后来发生的就如同早期雄心勃勃的公务员生涯一样,是一个重要的因素,它为商业界的领袖与行政机关的高层创造了共同的背景和相互关系。最近的数据表明,ENA 的 4613 名毕业生,有 860 名在私营部门工作。一项对法国与德国的二百多个重要的企业的研究发现,45% 的法国母公司都是由前公务员来领导。"[①]

其三,通过强化行政编制法的功能而实现机构紧缩。行政编制法既可以是行政法的一个部类,又可以是行政法中的一个特殊范畴。通常情况下,如果一个国家的行政组织法和公务员法的内容比较严整,那么,在其关于行政机构体系的法律构成中就基本上没有行政编制法的专门规定。其行政编制法的内容被包括在行政组织法和公务员法之中。一些国家的行政组织法在规定行政机关组织体系基本原则和

---

① 〔英〕L. 赖维乐・布朗、约翰・S. 贝尔:《法国行政法》,高秦伟等译,中国人民大学出版社 2006 年版,第 38 页。

职位的构成上采取了刚性主义,即在行政组织法中尽可能对各种事项予以定量,使定量能够与定性统一起来。同时,在公务员法中也规定了严格的关于公务员职务关系的定量与定性规则。这种将定量与定性相统一的立法方式可以使人们不再关注行政机关组织体系中的一些控制细节问题。当然,此种将定量与定性结合得非常完好的立法技术并不是每个国家的行政法中都存在的。盐野宏在其《行政法》中就讨论了这样一个问题,即人事机关在公务员制度中的职能和地位问题:"在公务员法制中,与如何规定成为规范对象的公务员范围的问题同等重要的是人事行政机关的存在方式。当然,人事行政的范围也极其广泛,既有对个别职员进行服务监督等日常性人事管理,又有任用、惩戒、不服审查、规则制定等,应如何构筑人事行政机关的问题,并不一定能够单义性地得以确定。不过,一般地说,关于人事行政,为了在确保政治中立性的同时,努力推进科学的人事管理,就有必要适当地将权限分配给直接的服务监督者以外的机构,并且努力确保人事行政的专门性。"[①] 可见,在公务员法制中,人和管理机构实质上有一定的控制行政过程中有关量的问题的权力。若行政组织法和公务员法能够设立一定的机制,并通过这个机制很好地控制行政组织和公务员中的定量要素,那么,专门的行政编制法就是不必要的。然而,行政组织法和公务员法在不同的国家,其状态是不一样的,有些国家的行政组织法只有定性的规定,而很少有定量的规定。有些国家的公务员法也没有关于行政职数的具体规定。应当说,行政机构的膨胀与行政组织法和公务员法的不完善是密不可分的,正是由于这两个范畴的法律不完善才导致了机构的膨胀。基于此,一些学者提出了通过强化行政编制法的功能制约机构膨胀的法治思路。行政编制法是指对

[①] 〔日〕盐野宏:《行政法》,杨建顺译,法律出版社1999年版,第694页。

行政机关的组织体系以及人员构成作出定量规定的行政法规范，其与行政组织法和公务员法是一个事物的两个方面，前者关注的是量的问题，后者关注的则是质的问题。我国的行政组织法和公务员法既没有严格的定量，又不是刚性的法律规范。因此，我国学者在很早就提出来通过行政编制法缓减行政机构的膨胀。

五、责任政府作为关键词的比较

（一）责任政府的概念

责任政府是政治学关注的热点问题之一，也是公法学中的基本问题。近年来，其在宪法学和行政法学中已经成了一个关键词，之所以这样说是因为在宪法学和行政法学中一系列问题的展开都必须首先从责任政府的基本概念入手，并用责任政府的概念推演行政法中的其他相关概念。《布莱克维尔政治学百科全书》对责任政府作了界定："一种需要通过其赖以存在的立法机关而向全体选民解释其所作的决策并证明这些决策是正确合理的行政机构；同时，它还须符合责任政府的一般定义的要求。但是，这种令人信服的一般性解释却来自于一种与严格的政治概念和适当规模的国家机器共存并立的自由立宪主义。这一概念越来越多地被用来界定与政府责任有关的现代问题。就其一般意义而言，责任政府对于自由民主主义的概念来说是非常重要的。"[①] 由此可见，责任政府的分析最通常、最直接的含义是与某个特定的职位、职务、机构联系在一起的。当然，与这些微观要素的连结是责任政府最原始的含义。而在当代政治理论和公法理论中，责任

---

① 〔英〕戴维·米勒、韦农·波格丹诺编：《布莱克维尔政治学百科全书》，邓正来等译，中国政法大学出版社1992年版，第653页。

政府从大的方面讲包括所有政府机构体系对其他政治实体和社会公众负责的范畴，包括一个行政部门对其上司或公众负责的范畴，包括一个单一的行政机构对其所管理事态进行负责的范畴，还包括行政机关在个案处理中对行政相对人负责的范畴。在笔者看来，责任政府的概念应当具有下列涵义。

其一，政府行使的权力应当定性与定量。韦德指出政府必须服从法律，"现在有必要从总体上解释司法控制的某些因素。详细解释占了本书很大篇幅。当涉及政府和公共当局的争议诉诸法院时，在法院可以适用普通法的范围内，处理这些争议的规则就是把公共当局视为负有通常义务的个人，除非制定法另有修改。因此，地方当局和国有化企业应在法律上对其雇员负侵权责任，与其他雇主毫无两样。有个最大的障碍是国王的法律豁免，这一方面渊源于国王不受自己的法院管辖的封建思想残余，另一方面是因为国王无法对侵权负责的观念。但是，第一，事实上承担责任；第二，1947年国王诉讼程序法的制定，扫除了障碍。此外，因为有如上所说的向部长们授权的传统，这就避开了无法强迫国王作侵权赔偿的问题。部长们既然是国王的部长，并没有国王在法律上豁免的特权，他们同私人处于同等地位。因此，在绝大多数对公共当局的诉讼中，在审判上，个人身份与官方身份并无差别。如同我们在分析法治时所指出的，其目的是为了使政府受普通法的管辖。"[①] 这是关于政府权力定性与定量的一个精辟论述，依韦德的论点，政府行政系统在宪政过程中，在行政法治中与一般的私人身份是一样的，即其作为一个普通的法律人身份参与法律活动。显然，韦德是要借助私法原理中的当事人责任原则确定行政主体的资格。在私法关系中，通过当事人之间的权利义务关系使每个当事人既是一

---

① 〔英〕威廉·韦德：《行政法》，徐炳等译，中国大百科全书出版社1997年版，第35—36页。

个权利主体,又是一个义务主体,进一步讲就是一个能够承担责任的主体。依这个原理,行政系统在其职权行使中其权利和义务都应当有统一的定性与定量。因为,法律上的权利义务只要被具体到物质上或者精神上都是可以被量化的。如果能够定量的话,那么,定性就更是应当顺理成章地予以解决的问题。反过来说,政府的权利和义务不能定性和定量,就不可能建立起相应的职责关系,从而也不可能用责任政府的理论来分析。

其二,政府权力是政治过程和法律过程的一个环节。室井力认为行政组织法的核心内容之一是行政机关的权限,而行政机关的权限并不是一个简单的行为问题,而是一个机制化的东西:"行政机关的权限(或管辖、职责、职务),是指行政机关为了行政体,在法律上可以行使行政权的范围。行政机关的权限存在事项上的限度(实质的限度)、地域上的限度、对人的限度以及形式上的限度。(1)事项上的限度是指在相互对立的行政机关的横向关系上,不能处理属于其它行政机关权限的事项,在纵向关系上,处于上位的上级行政机关虽然可以指挥下级行政机关的权限,但只要无特别规定,前者不可代替后者行使权限。而且,具有处理行政体一揽子行政事务权限的机关称为普遍行政厅,具有部分权限的机关称为特别行政厅。(2)地域上的限度是指行政机关权限所涉及地域的范围。凡行政体的权限涉及全部行政区域的,称为中央行政厅,有关行政体的权限仅涉及部分行政区域的,称为地方行政厅。(3)对人的限度是指行政机关权限涉及人的范围。(4)形式上的限度是指对行政机关在行使权限要规定一定的行为形式。"[①] 行政权力与宪政制度有直接的关联性,其既是宪政制度的结果,又是宪政制度的重要组成部分。我们知道,宪政制度使一个国家

[①] 〔日〕室井力主编:《日本现代行政法》,吴微译,中国政法大学出版社1995年版,第279—280页。

的权力体系处在一种机制化的状态之下,而这个机制化的状态又处于与社会公众的能量交换之中。权力性质的政治性和法律性就是在这种机制下形成的,行政机构体系要对立法机构负责任。当然,在不同的政治制度之下,行政机构体系对立法机构负责任的程度和形式有所不同,例如,在议行合一的国家政权体制之下,行政对立法负责的程度是绝对的,因为行政只有服从立法的义务,而没有制约立法的权能。同时,行政是一国国家权力中最为敏感的部分,因此,行政在社会公众眼里的状况直接影响一个国家政权体系在社会公众心目中的地位。基于此,宪政体制健全的国家都要求行政不能仅仅对行政体系的其他部分负责,更为重要的是要对社会公众负责。政治上的责任毕竟只有政治上的属性,也只能在政治学的范畴中进行分析。但是,现代法治国家要求行政的政治性质必须具有法律上的属性,这便要求行政责任是以宪法和政府组织法以及其他行政法规范体现出来的。正如有学者在分析印度政府的责任时所指出的:"在英属印度,根据1919年的印度政府法令,责任政府使立宪发展计划所提出的问题成为引人注目的中心。完全而且立即过渡到代议制政府在那时是不可思议的。然而,一种虽被当作最终目标,但又不承认对新印度选民负有正式责任的权力再分配将会是毫无意义的。因此,该法令规定了一种过渡性的责任转移,即将某些政策范围的工作委托给各邦,在这些邦中,印度人部长对当选的立法机构负责。而印度中央政府保留了一些较为敏感的政策领域,像从前一样对这些政策领域负责,并且通过国务大臣而向下议院、又通过下议院而向全体英国选民负责。这种形式上的政治责任的重新安排反映了政治力量均势具有重要意义的转变,而这种重新安排的范围或程度则又是一个更为复杂的问题。"① 政府责任的法

---

① 〔英〕戴维·米勒、韦农·波格丹诺编:《布莱克维尔政治学百科全书》,邓正来等译,中国政法大学出版社1992年版,第653页。

律化和法治化是其政治属性的保障手段。

其三,责任政府以特定的法律制度为基础。责任政府就其涵义分解论之,有多个层面的意思:其中一个层面的涵义是政府行政系统在宪政制度和国家政权体系中必须对另外的主体负责,"议会政府本身有时被称之为责任政府。在议会政府中,不管是大臣整体,还是大臣个人,都要向议会负责。对于大臣们所负责任的主要要求是,他们应当向议会负责,他们必须向议会提供关于他们自己或受他们掌握的各政府部门和机构所采取的一切行动的准确信息。"[①] 这个层面的责任政府实质上指政府行政系统从总体上要受另一个机构的统领,其行为过程是另一机构行为过程的延伸,其意志是另一机构意志的具体化。另一个层面则是比较具体的责任范畴,如果说,上一层面责任的法律来源在宪法领域的话,那么,这个层面含义的法律来源则主要是行政法,指一个行政机构在其行政过程中如果有过错而导致某种不良行为的发生,行政机关及其行政机构体系应当对由这种过错引起的行为负责。行政法上的一系列制度都是以上列两种责任形式为理论根据的,如前一个内涵的政府责任,使行政组织法、行政程序法等重要的行政法律规范制定出来,这些法律规范设计的制度是对责任政府的具体化。第二个层面的涵义则使行政救济制度建立起来,并通过诸如行政诉讼法、行政赔偿法等法律规范予以确认。

(二)责任政府在行政法学中地位的比较

责任政府在公法学领域中的地位是毋须证明的。然而,责任政府作为行政法学的关键词只是一个抽象出来的概念,除了在个别情况下

[①] 〔日〕室井力主编:《日本现代行政法》,吴微译,中国政法大学出版社1995年版,第279页。

是以法律形式出现的以外，基本上是行政法学研究中的工具。那么，这个关键词在行政法学中的认识进路究竟如何呢？笔者认为下列若干论点是人们关于责任政府解读的进路。

第一，责任政府作为行政法学的分析工具。责任政府是一个非常重要的行政法理念，当一些学者使用这一理念考察行政法学问题时是将其作为分析工具来看待的。德国的两位行政法学家汉斯·沃尔夫和毛雷尔实质上都将责任政府作为一个分析工具在行政法学研究中予以运用。沃尔夫将行政分成若干历史形态，即古代行政、中世纪行政、警察国家的行政、紧急的行政、绝对领袖国家的行政以及公民法治国家的行政。他认为责任政府的概念只有在公民法治国家的行政中才存在，而在前面诸种类型的行政中无法确定责任政府的概念。沃尔夫指出："为了反对专制国家的遍布漏洞的法制和随意性的人治，觉醒的市民阶层掀起了宪政运动。为了保证个人自由、防止专横统治，他们要求建立宪政法治国家。产生于自然法思想的自由民主潮流成为整个国家的运动。以公民为本位的国家和行政改革思想受到法国革命和美国自由斗争的影响。19世纪中叶德国开始推行国家和行政改革。改革的基本路线是建立以限制君主绝对权力为目标的宪政体制，即宪政制度和法治。"[①] 沃尔夫进一步对公民法治国家行政中责任政府的由来进行了具体的阐释，一则，在公民法治国家的行政中，国家权力的行使只能根据按照宪法制定的、明确的、因而不能随意变更的法律而为之。二则，划分国家权力，不同的国家活动由不同的、独立的、相互制衡和监督的国家机关实施。三则，所有的公民在法律面前一律平等。四则，确认公民个人自由空间以及由此产生的基本权

[①] 〔德〕汉斯·J.沃尔夫等：《行政法》（第一卷），高家伟译，商务印书馆2002年版，第74页。

利。五则，人民参与国家权力的行使。六则，国家活动具有规则性和可预测性，以确保公民自由和财产的安全。七则，以法治取代人治，君主不是主权者，而是国家机关。这样的分析进路为人们提供了当代行政法治的核心是政府在法律规制下的责任心。与沃尔夫相同，毛雷尔同样将责任政府作为分析工具使用，并由此出发提出了现代行政法的两大基本原则，即法律优先原则和法律保留原则。[1]

第二，责任政府作为当代行政法的主流。行政法与一定的时代变奏联系在一起，或者是某一特定时代之精神的体现，或者能够促成某一时代实现新的精神。即是说，时代的不同行政法的格局亦必然有所不同，一定时代的行政法有一定时代行政法的主流。例如，在19世纪行政法的主流是自然正义等合理精神的充分张扬，而20世纪初行政法则以程序正义作为主流。20世纪中期以后，随着福利国家的出现，行政权的扩张使人们感到某种来自行政系统的权力恐慌，因此，如何用法律限制政府管制、限制政府行政系统的行政自由裁量权则是行政法的主流。进入21世纪后，政府与公众的关系变成了人们对政治问题和社会问题关注的焦点。以法律形式为政府行政系统确立责任便是当代行政法的主流，这是此一分析路径的基本涵义，洛克林将责任政府成为行政法主流归结为行政与公众利益的关系："对于福利国家主义者来说，存在某种我们称之为'公共利益'的东西，它超越于管理福利国家的政治家和公务员而存在；'促进公共利益'就意味着采纳那些可以直接或间接促进全体公民之福祉的政策。为了确保这种公共利益得到促进，我们建构起了一套规模庞大的行政上层建

---

[1] 毛雷尔认为法律优先原则是指行政应当受现行法律的约束，不得采取任何违反法律的措施。优先原则无限制和无条件地适用于一切行政领域，源自有效法律的约束力。根据法律保留原则，行政机关只有在取得法律授权的情况下才能实施相应行为。参见〔德〕毛雷尔：《行政法学总论》，高家伟译，法律出版社2000年版，第103—104页。

筑,法律人在其中扮演着一个重要的角色:我们主张公共参与并且在规划和住房建设领域建构了公共参与制度;我们通过司法审查机制而极大地扩展了自然正义……通过发展出决策过程中的相关考虑因素和不相关考虑因素的观念,我们默认决策者乃是受到自利以外的其他因素的驱动……大量的资源已经被投入到这样一些努力之中;创造和支持一个反应更加迅速的地方政府体系、一个更加负责任的地方政府、一个处于适当制约之下的公共官僚机构……所有这些都立基于这样一项基本原则:'公共利益'的确存在,它可以通过更好的政治和行政管理机制而得到促进。"[①] 我们认为,将责任政府作为行政法的主流其立足点主要在法律哲学方面,更确切地说在行政法哲学方面。即行政法的发展就行政法的规范形式而论是相对外在的,而其内在精神主要在行政与社会公众的关系之中,在行政与其政治体制的关系之中。我们说,公共利益和公益精神是政治分析的基础,从而也是法律分析的基础,通过这样的分析使政府与公众之间的关系,政府对公众负责的精神得到一种内在化的解释。

第三,责任政府作为被遗忘的制度。行政法对政府权力的规范是其基本功能。当然,这个功能在不同理念的行政法制度中含义不同。如在限权法的行政法制定中,认为规范行政实质上是对行政进行法律约束和规制。在扩权的行政法制定中,则认为规范行政的实质使行政权能够依一定的规范而运作,至于这种规范的性质和规制对象则是无关紧要的。长期以来,无论何种类型的行政法中都有相关的制度设计,如行政组织制度、行政程序制度、行政救济制度等等。然而,有关政府如何具体地向公众负责的制度都一直是相对空缺和不完善的。

---

① 〔英〕马丁·洛克林:《公法与政治理论》,郑戈译,商务印书馆2002年版,第309—310页。

例如，我国宪法规定了行政首长负责制，但行政首长在行政权行使中并不是严格意义的负责制，而是权力行使中的个人决定制。即行政首长有决定问题的权力，却很少有当其权力行使出现误差时的责任追究制度。正是由于行政责任的缺失和不完善才引起人们对行政法中政府责任的呼唤。近一两年来我国公众和政府有关部门关注的行政问责就是这一论点的生动体现。行政问责虽无法律规定，但它所包含的科学内容与责任政府的理念是相辅相成的，2006年制定的《中华人民共和国义务教育法》第9条规定："任何社会组织或者个人有权对违反本法的行为向有关国家机关提出检举或者控告。发生违反本法的重大事件，妨碍义务教育实施，造成重大社会影响的，负有领导责任的人民政府或者人民政府教育行政部门负责人应当引咎辞职。"从这个实在法的制度也可以看出，责任政府实质上是人们对行政法中相关制度缺失的呼唤。

（三）责任政府与行政法治进路主张的比较

责任政府作为行政法的关键词已经在行政法制度中产生了较大的积极意义，"行政机关或公务人员如有违法不当行政行为，侵害人民自由权利者，自应就其行为负担各方面的法律责任。借以显示国家与人民共同守法，同时更有助于贯彻法治行政原则的实施。"[①] 这个理念已成为各发达国家行政法的主流，也是其行政法治精神中最为重要的部分。责任政府这个关键词至少在行政法治中有下列一些具体的主张。

第一，行政法应当根据责任政府理论将行政法主体的法律人格厘清楚。行政法中包括诸多主体，在行政法的初始阶段各主体之间的联

---

① 张家洋：《行政法》，三民书局1986年版，第222—223页。

结方式只是一些外在于法律规范的东西。如行政主体与行政相对人只有行政过程中的关系形式,而没有法律过程中的关系形式。责任政府则要求行政主体是行政法最大的责任主体,"直至 1905 年,警察的活动没有导致任何行政机关承担责任。从 Tomaso-Grecco 案的判决(1905 年 2 月 10 日,第 139 页)以来,这种责任只在严重过错情况下被涉及。接着,由一般规范性措施引起的简单过错责任也被认可,但不包括在行动中开枪的责任。最近,最高行政法院放弃了对有关市长冒失地同意开放滑雪道的过错是(最高行政法院:1967 年 4 月 28 日,Lafont 判例,第 182 页)严重过错的要求;相反,它认为鉴于交通警在巴黎遇到的困难,行政机关仅承担严重过错的责任。这既适用于规范性措施,也适用于执行措施(最高行政法院:1972 年 10 月 20 日,Ville Paris/Marabout 判例,第 664 页)。市镇的责任有时在不作为的情况下发生(如,泳池缺乏安全措施,最高行政法院:1983 年 5 月 13 日,Lefebvre 判例,第 194 页)。当存在严重骚乱危险时,国家的不作为会导致它承担责任(如警察局没有采取行动以避免在一个港口形成堵塞,最高行政法院:1988 年 6 月 15 日,Chargerus Delmas-Vieljeux 判例,R.F.D.A.,1988 年,第 511 页)。在某些情况下,行政机关将为治安部门的活动承担'风险'责任。"①

第二,行政法应当确定行政机关的权责。"行政法规应对行政机关的权责作明确规定,使行政机关就职权的行使受到法定的限制,同时配合其职权课予其就违法不当行为所应负担的责任。法规如能对此等事项做明确规定,则足以使行政机关及人员在执行业务时能够审慎警惕,避免不法行为的发生;且一旦发生此种情事时,易于确定责

---

① 〔法〕古斯塔夫·佩泽尔:《法国行政法》,廖坤明等译,国家行政学院出版社 2002 年版,第 218 页。

任的归属及其种类与程度,使机关及人员能够受到适当的制裁,获致事后追究惩处的效果。"① 这里的权责关系是行政法中的辩证法问题。但是,在责任政府的理念尚未成为行政法的关键词之前,行政法所赋予行政机关的只有权力而没有与权力相对应的责任。在行政法的运作中,越是权力大的行政机构实体,承担的社会责任反而越小,而权力相对较小的行政机构实体,承担的法律责任都相应较大。行政职位和行政领导者的责任承担同样是这样的逻辑。行政法学家最近一段时间讨论颇多的权责对等问题实质上是由责任政府理念所驱使的。②

第三,行政法应当设立公平的行政赔偿制度。行政赔偿制度向来就是行政法中争议最大的问题之一。在法治行政国家,行政系统对其过错负责,并以此为依据对造成侵害的行政相对人进行赔偿。这个原则性的问题没有争议,当然,行政法治不发达的国家例外。争议的焦点在于行政系统除了过错责任外,应不应当承担无过错责任,行政主体应不应当进行全面的赔偿,而非片面的赔偿。我们将行政系统既承担物质赔偿,又承担精神赔偿的称之为全面赔偿,而将仅承担二者之一的为片面赔偿。在各国的行政赔偿制度设计中上列问题的处理各采取了不同的方式。一些国家仅仅设立了行政赔偿制度而没有建立补偿制度,一些国家仅赔偿物质和人身损害而不对精神赔偿负责。责任政府的理念对于建立理性的赔偿制度有巨大的理论价值。依这个理论,国家行政系统一旦处在行政权力的实际运作阶段就与其他社会主体没有本质区别,只是行政法关系中的一方当事人,行政相对人的权利就是他的义务。进一步讲,行政机关应当与其他民事主体一样,对其行为负有与民事责任相同的责任。③

---

① 张家洋:《行政法》,三民书局1986年版,第225页。
② 参见关保英:《权责对等的行政法控制研究》,载《政治与法律》2002年第1期。
③ 使行政赔偿民事化以后,赔偿之间的关系就是公平的、对等的关系形式,从这种对

第四,行政法应当对行政过程中的若干事项设立问责制。行政问责制是近年来行政法治实践和理论界关注的问题之一。所谓问责是指由有关的权力主体对行政系统中的作为与不作为引起的违法或者不当行政行为以正式的法律程序质询并追究责任的行为。行政问责的对象是行政机关及其公职人员,通常情况下主要是行政公职人员,包括行政首长、主管领导、直接责任人等;问责的前提是援用或者实施了违法或者不当的行政行为。其实施行为的方式既可以是积极的作为,又可以是消极的不作为;问责的主体是有权的国家机关。2006年通过的《中华人民共和国全国人民代表大会常务委员会监督法》就在我国确立了由人大常务委员在行政决策、行政执法和行政个案中的问责制;行政问责是一种法律行为,必须依法律程序而为之。责任政府必须是能够让政府承担责任的一种法治理念,因此,行政问责理念的出现以及行政问责制度的构建都是责任政府所使然。

上列四个方面的行政法治进路都能够从责任政府的理论中得到解释,也都是学者们从责任政府这一行政法学关键词中所作的逻辑推

等性中获益的既是行政相对人,又是行政机关,佩泽尔就指出:"损害仅在其表现出某些特点时才能得到赔偿:它应当是确定的、直接的;它如果不是损害了某项权利的话,至少损害了受法律保护的某项合法利益(最高行政法院:Berenger 判例,1951 年 7 月 28 日,第 473 页)。"但最高行政法院放松了它的司法判例,认可了例如赔偿同居者的法律(最高行政法院:1978 年 3 月 3 日,Dame Miesser 判例,第 116 页)。相反的,法官没有认可当受害者在非法的情况下因自身的过错而受到损害时可得到赔偿。某个舞厅的经营者也没有得到赔偿的权利,因为他们没有遵守公共安全规则,在该舞厅的一场火灾中造成约 150 人丧生(最高行政法院:1980 年 3 月 7 日,Sarl Cinq-Sept 判例,第 129 页)。这就是"不听忠告,自作自受"规则的应用。已接受风险也得不到赔偿:购房者不该不知道该房毗邻喧闹的交通大道(巴黎行政上诉法院,1991 年 7 月 9 日,Synd. Des Coproprietaires 判例,R.D.P.1991,第 1433 页)。在医疗方面,三色性染色体的婴儿不能以在其接受羊膜刺穿术的父母缺乏必要信息后而"生"下他作为受到损害的理由,但其父母确实受到了损害(最高行政法院:1997 年 2 月 14 日,Centre hospitalier de Nice 判例,同前文所引)。参见〔法〕古斯塔夫·佩泽尔:《法国行政法》,廖坤明等译,国家行政学院出版社 2002 年版,第 227—228 页。

演。我们不能认为上列四个关于行政法治进路之间存在何种逻辑联系,同时也不能将它们对立起来。责任政府这一关键词本身就是一个仁者见仁、智者见智的行政法治理念,通过它对行政法治所作出的设想只要能够在逻辑上顺理成章,都是可以作为一种理论或一种行政法主张而存在的。

第七章 行政法学科体系构造的比较

一、行政法学科体系概说

行政法学科体系是行政法学的基本问题之一，人们在行政法著述中不论是以行政法学的姿态对行政法问题进行研究，还是以行政法实在的姿态对行政法问题进行研究，都需要通过一个范本介绍相关内容。我们以介绍行政法和行政法学问题的若干范本为基础，对行政法学体系的构造作一比较研究。可以说，国内外行政法学界都有诸多的行政法或行政法学范本，然而，很少有人研究行政法学科体系构造的问题，而对行政法学科体系进行比较研究的就更少了。国内出版的一些比较行政法教科书，基本上都没有提到行政法学科，因而也没有对行政法学科进行比较。因此，笔者的这一部分研究是在比较行政法学研究中所作的尝试。

（一）行政法学科体系的界定

行政法学科体系是指人们在行政法学研究和行政法实在问题的探讨中构设的有关行政法问题的概念系统、解释方法、理论要素以及行政实在法内容的学科体系。行政法学科体系的定义是不容易用一个简短的概念来揭示的。也许正是由于这个原因，笔者所见到的国内外行政法教科书还没有一个关于行政法学科体系，甚至于行政法学体系的定义。《云五社会科学大辞典（行政学）卷》算是一部比较全面地包容了行政和行政法问题的著作，其中也没有行政法学科体系的词条。笔者认为，行政法学科体系与行政法学体系还不能完全等同起来。前面我们讲到，行政法有两种研究的进路，一是将行政法作为纯粹的科学问题来看，以此为目标可以构建一个超越于行政实在法的行政法学科体系，这个体系与行政实在法保持非常远的距离亦不影响其学科的特性，一定意义上讲还能够保持这个学科的纯正性。二是将行政法作为实在法来构建学科。就是在学科体系的构建中以一个国家的行政法规范体系为基础，规范体系决定行政法的学科体系。上列两个进路中，纯粹的行政法学体系是相对较少的，而绝大多数对行政法问题研究的著作以及学者们撰写的绝大多数行政法教科书都在于介绍规范和制度。由于其著述的内容与行政实在法紧密相关，因此我们不能简单地用行政法学体系的概念来表达，而用行政法学科体系来表达就比较合理一些。因为，通过这样的表达我们可以给撰写教科书的人一种宽容的解释，只要其撰写一部行政法教科书，只要这个教科书已经形成了规模，只要这个教科书与其他同类教科书没有雷同，我们就认为这个学者构建了一个行政法学科体系。当然，这个学科体系的质量以及它被社会认同的程度则是另一个范畴的问题。由于学者们对行政法学科体系的研究相对比较薄弱，因此，笔者认为有必要通过分析行政法学科体系的属性来认识行政法学科体系的内涵。在笔者看来，行政法学科体系应当具有下列属性。

其一，行政法学科体系属于行政法学的范畴。行政法学科体系的构建过程在正常意义上讲，是对一国行政法制度的介绍和评说过程。这给人一种错觉，行政法学科体系是行政实在法的内容，尤其在英美法系的行政法教科书中，很少进行经院式的行政法学科体系的设计，教科书一开始就是一个行政法规定或者一个行政法案例，史蒂文·J.卡恩的《行政法原理与案例》一书就非常典型。其在第一部分探讨了"政治·民主和官僚机构",其中第一章为"民主与官僚机构"。他在这一章的论证中没有讲任何原理和理论,而是抛出了一个"机动车制造商协会诉国家农场保险公司"的案例。[①] 在后续的案例分析中其紧密结合这个案件的行政过程与政治过程等行政法治实践,其中成为理论的东西基本上没有。行政法教科书关于行政法问题的著述方式,使人们误认为行政法学科体系是行政法制度或者行政法教育制度的内容,而不是行政法学研究中对学科的构造。其实,行政法学科体系并不是行政法实在和行政法制度,之所以这样说,是因为人们对行政实在法问题的介绍通常下意识地要进行理论上的概括,进行行政法规范的抽象等。当然,如果一个行政法学科体系是实在法规定的,并通过实在法给这个体系以法律效力,那么,这个学科体系就不能归到行政法学的范畴。例如,我国在每一次的五年普法规划中,都有一个关于法律普及的法典构设体系,如将法典的名称予以排列、将部门法在普法过程中的体系予以编排。如果做了这样的编排我们就不能够将这个学科体系放置于行政法学之中,因为它已经是一个能够发生法律效力,产生实际法律后果的法律行为,行政法学科体系无论如何是不会产生法律效力的。当然,其作为行政法学的范畴还可以通过其他方式来说明。

其二,行政法学科体系的决定基因是行政法。行政法学科体系是行政法学的范畴,作为行政法学其可以由行政法学研究人员进行构造。我们注意到,人们在对行政法学科体系的构造中,各学者有各学者的认识路径。同是一个国家的行政法学家,但所构建起来的行政法学科体系却有天壤之别。一些行政法学家的行政法学科体系的构

[①] 〔美〕史蒂文·J.卡恩:《行政法原理与案例》,张梦中等译,中山大学出版社2004年版,第3页。

造具有非常强烈的理想化色彩,比较典型的是斯图尔特的《美国行政法的重构》一书,这部著作基于对美国行政法实在的担忧,人为地设计了一个关于行政法问题的学科体系,著述的最后有这样一段论述:"由于行政法是如此直接地关切于协调政府权力和私人利益,而受到磨损的理想与当今的现实之并存已经导致来自知识界和社会的压力,所以,在这些压力之下行政法特别敏感和脆弱。这些压力源自政府对个人幸福的影响的扩展,源自当代的一种感受与领悟,即行政机关享有自由裁量权,而且行政机关滥用了自由裁量权以偏爱有组织的利益和受管制的利益。在回应这些压力时,法官们已经扩展了正式参与权利,并多多少少地指向行政法利益代表理论的发展,以取代传统的模式。一种得到完全阐发的利益代表模式是否会从这些努力中应运而生,或者,利益代表是否仅仅是在行政机构、法律控制、私人团体、社会价值、个人价值之间关系的某种全新概念诞生过程中的过渡阶段,目前尚不明确。传统结构比赋予它们权威的理论认识存活更久,而唯名论课题所建议的运用区别对待分析来清除传统结构残余的方法,也许是上述两种发展都必须迈出的第一步。而在另一方面,任何新的、包括一切的行政法理论都不可能产生。本能上希冀获得令人满意的整合,只会在已经难以维持的行政合法性观念和紧迫的现时困难之间形成徒劳无益的拉锯。迄今为止,紧迫的现时困难始终避开连贯一致的一般理论。考虑到'某种未知事物的不确定预示',我们只知道我们必须摒弃肤浅的表面分析和过于简单化的补救,准备在不确定的未来一段时间里肩负起高度复杂的智识和社会重任。"[①] 与其说是对美国行政实在法前景的展望,还不如说是对美国行政法学科体系重构的全新设计,其中作者使用"唯名论"的概念就说明了一切。与斯图尔特

---

① 〔美〕理查德·B. 斯图尔特:《美国行政法的重构》,沈岿译,商务印书馆2002年版,第199—200页。

不同,另一些学者的行政法学科体系构设却是非常实在和朴实的,中国的行政法学研究人员没有不知道另一个美国学者即施瓦茨所构建的行政法学科体系的。其在《行政法》这个具有较大规模的行政法教科书中,学科体系基本上以行政法案和行政法的实在法规定为基础。从全书的内容设计看,基本上注解了美国的一些法律规定,而且这种注释的方式非常生动、具体:"正如此法的提案人在关于行政程序法案的辩论中所说,关于传票的一条重述为:'现行宪法保障在某些案件(如涉及政府合同的案件,参见恩迪科特案)中……已被认为不适用了。'行政程序法起草人只是力图重述他们认为存在于非政府性合同中的现行法律。他们规定执行行政传票的法院应当'就传票中合法的内容'确认传票的有效性。很显然,这些负责起草的人不知道奥克拉霍曼出版公司诉沃林案。"[①] 以一个案件阐释了一个行政法条文。无论行政法学科体系的构建是基于相对具体的事实,还是基于相对抽象的理念。无论其从行政法的角度构建行政法学科体系,还是从行政法学的高度构建行政法学科体系,有一点都是肯定的,即以行政实在法以及行政法运作中的实在精神为其基础的。行政实在法对于行政法学科体系构建而言所起的是基因的作用,即是说学者们构建的行政法学科体系的差异虽然是存在的,但行政实在法作为一个基本的基因决定了行政法学科体系在任何情况下都具有相似性。

其三,行政法学科体系是对行政法现象的系统化认知。行政法学科体系是人们对行政法现象的认知,即学者通过对行政法这一社会现象的观察所得出的结论性判断。行政法学科认知行政法现象理论上可以分为三种情况。第一种情况是人们对行政法的认知落后于行政法现象。此种情况并非不存在,德国行政法学家平纳特就指出:"与

---

① 〔美〕伯纳德·施瓦茨:《行政法》,徐炳译,群众出版社1986年版,第111—112页。

行政法早已存在并从18世纪中期开始发展到今天的状况这一事实相比较,行政法学的研究(在其今天的意义上)还十分年轻,尤其同其他古老的法学领域比较更为明显。这一事实只能由构成法治国家的行政状况以及过去缺乏广泛的行政司法来说明。现代行政学产生的最初仅仅是18世纪的国家学和行政学(警察学、财政管理学)的附属部分。"①虽然,在平纳特看来,行政法实在的历史要比行政法学科的历史长得多,由此就可以得出一个结论,即行政法学科认知落后于行政法现象,其不能与行政法实在保持同步。第二种情况是人们对行政法的认知同步于行政法现象。注释行政法学的学科体系构建就可以说是能够与行政法实在相同步的。因为,在其构建的行政法学科体系中就行政实在法的问题进行解释,这样的解释是针对正在生效的行政法规范的,它既不具有明显的滞后性,也难以超前性地构建一个新的学科体系。胡芬所著《行政诉讼法》对德国行政诉讼法中的"规范审查"做了解释:"在规范审查中,一个低于法律的规范的违法性及其相应的自始无效性,总是可能通过某一较高阶位的法律颁布或变更产生。从而此处的实质性时点,也就总是行政法院法第47条第5款第二句第二种情形里的最后的言词审理时刻,或者决定作出的那个时间。"②这是非常具体和实在地对行政法中一个问题的注解,而其所构建的整个行政诉讼法学科体系也是与时代保持同步的,如其在教科书一开始先将目前实在法中的相关概念予以索引,将德国存在的各种行政机构的名称予以公布,给人一种该行政法教科书就好似一部有关德国行政法制度的工作手册。第三种情况是人们对行政法的认知具有时代的超前性。一些行政法教科书本来是若干年以前出版的,有些甚至有一

---

① 〔德〕平特纳:《德国普通行政法》,朱林译,中国政法大学出版社1999年版,第5页。
② 〔德〕弗里德赫尔穆·胡芬:《行政诉讼法》,莫光华译,法律出版社2003年版,第404页。

两个世纪，但在今天仍然具有非常重要的理论价值。现时代出版的一些行政法教科书亦有这样的状况，其基本理念已经超过了当今人们关于行政法的接受能力。上列三种情况都说明了行政法学科体系的构建是人们对行政法现象的认知，与一般行政法问题的认知不同。行政法学科体系设计是对行政法现象的系统化认知，其中也会涉及到一些具体的行政法问题，而这些问题只是组成行政法学科总系统的基本元素。应当指出的是，行政法学科体系化认知与行政法学科体系的篇幅和规模并无必然的联系，只要能够将行政法基本问题和重大问题包容进去的都可以视为是对行政法学科体系的认知和设计。例如，佩泽尔的《法国行政法》译成汉语仅有23万字，而史蒂文·卡恩的《行政法原理与案例》竟有近80万字。但二者都设计了一个系统化的学科体系，都是对行政法现象的一个系统化的认知。

其四，行政法学科体系是对行政法问题的简化。行政法现象存在于社会过程之中，由诸多复杂的内在元素和外在元素构成。内在元素包括行政法的规范体系、行政立法体制、行政执法体制、行政法律的救济制度等等。外在元素则包括行政法所赖以存在的社会环境、行政法在运作过程中的技术要素、行政法以外的经济与道德等相关因素。这些内在和外在因素都对行政法现象起制约作用，甚至在一定条件下能够成为行政法中具有决定意义的东西。上列元素中的每一个都是一个复杂的系统问题，以行政法规范本身为例，无论我们将行政法的范畴限制在政府系统内部的管理规则中，还是放大到内部管理和外部管理的统一中，行政法的典则如果汇编成册都足以构成一个巨大的规模，而这样的规模对于想了解行政法现象的人而言如同大海捞针，胡芬所著《行政诉讼法》将行政诉讼法中若干词条进行了索引，所引之词条竟多达2000多个，而这些词条在行政诉讼法和行政诉讼过程中都是实实在在存在的。由此可见，对于一般的社会公众而言掌握一部行政法典都不是一件容易的事情,何况要掌握整个行政法体系和行政法现象。行政法学科体系的属性之一便是将纷繁复杂的行政法实在、难以捉摸的行政法现象予以简化,使学习行政法的人以及其他的社会公众能够以最为快捷的方式掌握行政法现象的本质。行政法学科体系简化行政法现象的属性对于行政法学者构建行政法学科体系具有重要意义,即是说当我们在设计行政法体系和撰写行政法教科书时,应当从高度抽象的角度出发,运用现代系统原理将众多的行政法问题通过一种机制统一起来,而且要使学科诸元素间保持一种逻辑联系。[①]

其五,行政法学科体系具有相对独立的价值。行政法学科体系的相对独立性是指行政法学科体系并不仅仅具有一切行政实在法所具有的价值,就学科体系本身而论有着专属于自己的价值体系。行政法学科的价值体系在于它是人们进行行政法交流的有效形式。我们通过一国的行政实在法无法完成不同国家之间的行政法交流,因为任何一个国家的行政法规范都最终归于该国的法律体系和法律制度之中,与另一套法律和行政法制度几乎无法完成能量交换。行政法学科体系则可以成为人们交流的工具,此国学者在撰写本国的行政法学教科书时,完全可以依据彼国学者对彼国行政法学科体系的构建。这样的交流在行政法学研究中非常多见,前面我们讲到,我国台湾学者的行

[①] 我国一些行政法教科书的体系构建似乎违背了这样的规律,一些行政法教科书将每一种哪怕是非常小的行政行为都作为该教科书的一章来设计,如有教科书将"行政行为"作为章名,而在行政行为作为这一章名之后又将"行政执法"、"行政司法"、"行政合同"、"行政指导"等作为章名。这种排列方式对于已经掌握了一定行政法学科基本知识的人倒无大碍,但对于初学行政法的人而言则是一个极大的误导,因为在初学者的眼里"行政行为与行政指导"、"行政行为与行政合同"、"行政行为与行政执法"是并列关系而不是包含关系。我国行政法教科书中诸如这样错误而杂乱的体系设计是大量存在的,并在一定程度上严重制约了行政法学科在法律学科中占得一席之地的主观希求。

政法教科书在体制上与德国、日本等国家的教科书体系非常相似，学科体系上的相似性并不必然要求其实在法亦有相似性。行政法学科是对行政法规范的提炼，这是没有错的，但当一个行政法学科在提炼行政法规范时，它自身已经完成了由制度形态向文化形态的转化。具体地讲，行政法学科体系是一定的行政法文化的体现。同时，行政法学科的相对独立性还可以从行政法学科体系对一国行政法实践的反作用中看出。一个非常好的行政法学科体系既有利于社会公众在很短时间内简捷地理解行政法内容，达到普及行政法之目的。又能够在一定时期内形成某一特定国家、特定时代的行政法文化，而这个文化对社会公众的整合作用可能已经超越了行政实在法的整合作用。还应指出，行政法学科体系对于一个国家行政法制度的形成与变迁有促进作用。行政法学的产生早于或者晚于行政法制度是针对行政法与行政法学总体上的辩证关系而言的，就某一个国家而论则不一定是这样，一些国家在行政法制度还不甚健全的情况下，学者们通过研究已经构建起了一些相对超前的行政法学科体系。这些超前的理想和具体设想必然会在不同程度上促进一国行政实在法的发展。例如，苏联学者在20世纪30—40年代就形成了苏联的行政法学科，教科书中的一些内容只是学者们的行政法理想，但这些设想在后来苏联的行政法制度中都得到了体现。以我国为例，我国行政法实在中并没有一个行政程序法典，然而，我国自20世纪80年代出版的行政法教科书中就已经设计了行政程序法的内容，正是这样的设计使我国学者和实务界关于行政程序法典的制定基本上达成了共识。

（二）行政法学科体系的构成

行政法学科体系的构成与行政法学科体系的概念一样，在行政法学界亦没有引起太多的注意。学者们在行政法学著述中，通常都依自己的理解构建一个行政法学科体系，但学科体系中的构成要素究竟是什么并没有人进行专门研究。正由于此，行政法学科体系中的一些元素在此一学者所构建的行政法学科体系中是核心要素的东西，在另一个学者构建的学科体系中则不复存在。一些学者用四个基本元素构建行政法学科体系，另一些学者则用六个以上的元素构建行政法学科体系。行政法学科体系构成上此种不确定的格局对一国行政法学科体系的发展可能具有一定的制约作用。当然，行政法学科体系是一个学理上的问题，观点上的分歧也许是合乎规律的。但是，作为一个以同一社会现象为基础的学科还是应当保持其相对的一致性、相对的共性。因为不论什么样的学科构建都必须围绕行政法这一社会现象和行政法学这一社会科学的学科展开。在笔者看来，行政法学科体系是一个具有相对规模的范畴，这个范畴也就为行政法学科体系的系统化提供了相对确定的质的规定性。一个行政法学科体系如果是相对科学的话，就必须是一个相对周延的系统。在这个系统中既有构成系统的主观和客观要素，又有一些结构化的分层。在一个行政法学科体系中若没有分层，就不符合构成一个体系的基本条件。同时，行政法学科体系的各个分支系统之间，一个分系统的不同结构之间都应当有相应的联结手段，这一点也是应当予以强调的，我们注意到行政法学科体系构造中，一些学者将行政法中的基本元素予以排列，各元素之间在逻辑上的关系没有得到逻辑上的说明。这样致使其构建的行政法学科其实只是对一些行政法现象和行政法问题的堆积。基于系统的严整性、结构的严密性、分层的合理性等本质要件，我们认为行政法学科体系的构成元素应当包括下列方面。

第一，行政法学科的概念系统。行政法学科的概念系统是指在行政法学科中起着对问题的分析具有工具作用的解释元素，而这些解释元素已经构成了一个相对规模的概念。行政法学研究一开始就面临定义行政法、定义行政法学、定义行政法原则等问题，在不同的行政法教科书中定义上列问题以及其他一些问题的模式有所不同。如大陆法系学者在开始就设定一些概念，并用这些概念作为行政法学科后续问题的起点。而美国行政法学者则常常用一些案例的分析，结论来评价一个概念。只要行政法学科体系是一种客观存在，其中的概念系统也必然是一种客观存在。在行政法学科中，概念系统是极其复杂的，一方面，概念的分层性在行政法学科体系中比较明显。整个学科体系一开始先必须有一些作为学科体系基础的概念，而这些作为基础的概念将行政法学科的质的规定性通过一些关键词反映出来，如行政法、行政法学、行政、行政法关系等，这些概念可以被认为是行政法学科体系的种概念。而在这个种概念之下，包括诸多属概念，行政主体、行政相对人、行政行为、行政执法等都属于属概念的范畴。它们被种概念予以统摄，与种概念一起使行政法学科的脉络清晰。而在每一个属概念之下又有一些附着性概念。例如，权利能力、行政不作为、行政违法、原告、行政给付等等。在每一个被属概念包容的概念中可能还有更加具体的概念。行政法概念系统的分层性是行政法学科的客观存在，是不可否认的事实。然而，行政法学界尚没有学者对概念系统进行专门研究。从全球范围看，行政法学科中的概念系统远远不能与民事法律学科和刑事法律学科的概念系统相比。另一方面，概念类型的多样化在行政法学体系中比较明显。行政法学科中的概念类型要比其他任何一个法律学科都更加多样和多元一些。行政法学科与政治学、行政学保持着非常密切的关系，诸多概念在行政法学中出现，同时也在政治学和行政学中出现。例如，行政机关、公务员、行政、行政活动等等既是政治学研究中的核心词，也是行政学研究中的核心词。那么，行政法学中的概念，是否能够与政治学和行政学中同样的概念同日而语却很少有人作出科学回答。还如，权利义务、法律事实、法律关系在其他部门法中也是基本概念，行政法教科书中这些概念同样不可缺少，而这些普通概念在行政法学科中又具有什么样的地位呢？等等。这些都说明行政法学科中的概念系统较其他法律学科复杂。概念系统是一个学科的基础，一定意义上讲，一个学科中概念系统整合的程度是衡量这个学科规范与否的尺度之一。大凡对概念整合比较好的学科其成熟性的程度也相对高些。反之，学科中的概念没有得到很好整合的，其学科成熟性的程度也相对低一些。

第二，行政法学科方法论。行政法学科的方法论在行政法学科中的地位向来就是争论较大的问题。笔者在本书第二章曾经指出关于方法论的运用在行政法学研究中有三种态度，即回避方法论的态度、刻意强调方法论的态度和选择运用方法论的态度等。这只是对学者们关于方法论的态度问题，而不是对行政法学方法论在行政法学科中状况的研究。当然，笔者还指出行政法学方法论在行政法学科中可以作为一种分析手段，可以作为一种整合手段，可以作为一种定性手段等。这些揭示只是对行政法学方法论在行政法学研究中定义的表述，同样不是对行政法学方法论在行政法学科构建中地位的探讨。由于行政法学方法论系统与行政法学概念系统在行政法学科中出现的概率有巨大区别，即行政法学科概念系统是任何一个行政法教科书或者行政法著述都必须运用的，至今还没有出现一部没有概念系统的行政法教科书。而行政法学方法论则在行政法教科书中或者作为重要部分出现，或者根本就没有提到方法论，这就决定了行政法学科中的方法论研究对行政法学科构建有什么样的意义显得非常模糊。笔者认为，任何一个由人构造的行政法学科体系都必然有一定的方法论系统。至于是否以专章或者专题研究方法论则是另一个范畴的问题。换句话说，一些行政法教科书尽管没有开辟专章讨论方法论，但其整个的研究过程都贯彻着一个方法论。我们认为，只要一个行政法学科体系能够被人们承认，其必然有一套方法论系统。如果某一行政法教科书没有任何方法论，或者将两种相反的方法论系统予以合并运用，那么，这个教科书就没有能够建立起一个成熟的行政法学科体系。行政法学的方法论系统在行政法学科中有时是比较抽象的，即我们并没有在意作者是如何运用方法论对行政法问题进行具体分析的，但在整个学科体系中却贯穿了一条主线。以戴雪的公法学名著《英宪精义》为例，他在全书中构设了三个部分，第一部分为"巴力门的主权"，第二部分为"法律主治"，第三部分为"宪法与宪典的联络"，这实质上是一个公法学研究中的体系构建。仅从表面观察，这三个部分之间并没有一种方法论上的支撑，然而，若仔细思考其逻辑关系，戴雪实质上提出了一个相对中观的方法论，即"法律主治"，这是一个相对抽象的分析行政法问题的概念，但却是一个运用于分析宪法和行政法问题的方法论。这个方法论不仅从戴雪著作的三大结构中可以看出，更为重要的是他在全书的论证过程中都以此方法论作为主线。

第三，行政法学科的阐释技术系统。行政法学科中的阐释系统在行政法学科体系中的比重是最大的。所谓行政法学科的阐释系统是指用于表达和解释行政法现象的那些基本原理和基本理论。行政实在法在诸多法典的支持下是一个庞大的规范体系，法典数量的不确定性、法典发展变化的不确定性、法典因不同国家的行政法状况而表现出来的不确定性，都使行政法规范和行政法现象必须通过学科体系而来确定其质的规定性。与行政法现象相比，行政法学科体系必须相对稳定，必须是能够将行政法中纷繁复杂的规范予以概括。正是这个基本事实使行政法学科中必须有一个阐释系统，通过它对行政法现象作出规律的、一般性的概括。在行政法学科中原理和理论是以系统的形式表现出来的。有些原理是从法的一般原理中进行推演的，通过推演使其能够很好地用来解释行政法现象，例如，学者们在行政法学教科书中都要提到行政法的特征或者特点,如普遍认为行政法尚没有统一的法典:"通常情况下,每个部门法均有一部相对统一完整的法典,如《民法通则》、《刑法》等。然而,虽然曾有国家作过制定统一实体法法典的尝试,但至少目前还没有标以行政实体法的法典。行政法则是没有统一法典的部门法。这是因为行政法涉及的社会生活领域十分广泛,内容纷繁复杂,技术性专业性又比较强,且规范的变动性也很强,制定一部全面又完整的统一法典相当困难。由于没有统一行政法法典,以至认为中国不存在行政法的观点是对行政法的误解。行政法不是以统一完整的法典形式存在,而是散见于层次不同、名目繁多、种类不一、数量可观的各类规范性文件中。凡是涉及行政权力的规范性文件,均存在行政法规范。其数量之多,居各部门法之首。"① 行政法学科中的阐释系统在行政法学科中是最为重要的,诸多阐释将行政法学科支撑起来并使其能够与其他法律学科并存。应当指出,行政法学科中的阐释系统与行政法规范的解释不同。就解释而论主要是要表明某一个法律条文或法律规范的涵义,而且这种解释是针对行政法实务的,通常情况下行政法规范的解释是针对一个具体的个案和一个具体的法律适用行为的。阐释系统则是一些具有普遍意义的原理或理论,例如,行政法教科书中关于行政行为的生效就有一个生效要件的阐释:"行政行为的生效要件就是行政行为能否产生法律效力的必要条件。符合生效条件的行为才是能产生法律效力的行政行为。可以把行政行为的生效要件分成两大类,一类是各种不同形式的行政行为的不同的生效要件;另一类是各种行政行为都必须具有的生效要件。"② 这个阐释对于行政行为而言具有普遍意义,而且生效要件本身

---

① 应松年主编:《行政法学新论》,中国方正出版社1999年版,第15页。
② 同上书,第194页。

就成了行政行为的理论之一。行政法学科中的阐释系统的原理性其意义是非常重大的。它与概念系统不同,概念系统中的概念通常都是一些简单的解释工具,而阐释系统是理论化的东西,每一个阐释系统都有一个相应的体系。还以行政行为的生效要件为例,人们将行政行为的生效要件通常概括为四个方面,即主体要件、职权要件、内容要件、程序要件等。四大要素如果能够成立,就是一个成体系的东西,在行政法学科体系中具有独立的价值。

第四,行政法学科的规范系统。任何一个部门法都由规范构成,只不过在不同的部门法中规范的实质要件和形式要件有所不同而已。这些规范我们可以称之为实在法,正如前面所讲的行政法学科是以行政实在法为客观基础的,因此,行政法学科的构建中不能没有作为实在法的法律规范。不论哪一个行政法学科体系都或多或少包括了相应的行政法典则。有些行政法学科是对典则的系统介绍,例如,室井力在《日本现代行政法》中关于行政诉讼受案范围中的"民众诉讼"有这样一段论述"行政案件诉讼法中的'民众诉讼',是指请求纠正国家或公共团体机关不符合法规的行为的诉讼,并以选举人的资格或与自己在法律上的利益无关的其他资格提起的诉讼(行政案件诉讼法第5条)。例如,有关依公职选举法的选举或当选效力的诉讼(第203、204、207条)和地方自治法规定的居民诉讼(第242条之二)即是其典型事例(作为其他例子,有农业委员会法第11条、第14条第6款;地方自治法第85条第3款;渔业法第94条、第99条第5款;最高法院法官国民审查法第36条等)。民众诉讼与主观诉讼的抗告诉讼及当事人诉讼不同,承认原告以不涉及自己法律上的利益的资格而提起的诉讼,所以属于客观诉讼,其目的不是直接保护、救济国民的权益,而是确认行政法规的客观且正当的适用。民众诉讼不属于'法律上的争讼'(法院法第3条第1款),所以通过立法政策,'在法律规定的情形下,限于法律所规定者才可以提起'(行政案件诉讼法第42条)。因此,若无法律规定,不得提起(最高法院1957年3月19日判决,民事集第11卷第3号第527页)。还有,民众诉讼的具体形态由各自的法律规定,根据其形态,援用有关撤销诉讼、无效确认诉讼或当事人诉讼的规定(同法第43条)。"① 这个介绍是对日本行政诉讼法中关于民众诉讼的一个系统介绍。有些则是在论述一定问题时结合一定的行政法典展开,如史蒂文·卡恩在讲解美国公民的自由权时,评介了美国的《信息自由法案》,指出"第六免除条款保护市民免于释放机构拥有的信息,该信息的释放将构成一个清楚地非授权的个人隐私权的侵犯。为了决定一个隐私权的侵犯是否会成为'清楚地非授权',人们必须执行一个平衡测试。个人的私人利益与公共利益之间进行权衡。公共利益意指市民知道政府正在做什么的权利。通常地,如果信息帮助我们评估机构职责绩效的话,信息就属于公共利益。"② 还有一些行政法学科体系对某些条文的内容进行解释,以使人们能够领会这个条文的具体涵义,例如毛雷尔在"在负担行政行为的撤销"中有下列一段话:"根据联邦行政程序法第48条第1款第1句规定的一般撤销规则,负担行政行为的撤销由行政机关裁量,没有再作其他规定和限制。但是,从第51条可以得出如下推断:一旦行政程序在特定条件下重新进行,在该程序中查明的行政行为的违法性一般必须导致撤销。另外,行政机关在行使裁量权时应当以合法性原则和法的安全性原则为出发点,以确定以何者重要。如果撤销理由占上风(如瑕疵的严重性,给关系人造成的负担,对公众和影响),裁量空间就会压缩为

---

① 〔日〕室井力主编:《日本现代行政法》,吴微译,中国政法大学出版社1995年版,第235页。
② 〔美〕史蒂文·J.卡恩:《行政法原理与案例》,张梦中等译,中山大学出版社2004年版,第301页。

撤销义务。"[1]其结合一个原理解释了联邦行政程序法第48条第1款的基本涵义。实在法在行政法学科体系中的地位及其与学科的关系是一个值得探讨的问题。理论上讲,行政法学科应当以行政实在法为基础。然而,从各国学者构建行政法学科体系的情况看,对行政实在法采取了不同的处理方式。一些学科体系的构建给予了行政实在法较大程度的尊重,而另一些学科体系的构建仅仅将行政法规则作为其原理的支撑点,作为其说明某一个行政法原理时举的一个例子。

第五,行政法学科的制度系统。每一个部门法包含一定的法律制度。部门法中的制度设计对于一个国家的国家制度以及相关制度都是十分重要的。正是部门法中的制度设计使一个国家形成了政治、文化、经济、社会等方面的运作体系。当然,在通常情况下,一国宪法扮演主要的制度设计角色,国家政治、社会、文化等方面的主要制度都能够在宪法典中寻到。但是,宪法除了对政治制度的设计比较完整外,其他类型的制度设计一般都只涵盖了一个轮廓。与之相适应的具体制度必须通过宪法的下位法进行设计。行政法中就设计了包括经济和文化制度在内的诸多制度。不可否认的是行政法中还包含了一些属于政治制度的制度形态。例如,行政法关于行政组织制度的设计,行政法关于公务员制度的设计,行政法关于司法审查制度的设计、行政法关于国家赔偿制度的设计等等都是典型的政治制度。一国行政法中有关政治制度设计与其他制度设计的比例要根据各国对于行政法的定义和行政法的范畴的认识来决定。在限权行政法的行政法理念下,行政法主要设计的是政治制度,或者说其所设计的制度主要是政治制度范畴的。而在管理法的行政法理念之下,行政法主要设计

---

[1] 〔德〕哈特穆特·毛雷尔:《行政法学总论》,高家伟译,法律出版社2000年版,第296页。

的是经济制度、文化制度、社会制度等。一国行政法对制度如何设计并不影响一国行政法学科体系中制度系统的存在。即是说，不论以何种行政法理念构造一国的行政法学科体系，都不能没有制度系统。我们之所以还将这些行政法制度称之为制度系统，是因为行政法学科体系中的制度也是一个机制化的构成元素。制度本身是成系统和结构的，例如，在行政法学科中我们认为并列地排列着一些制度形态，如行政组织制度、公务员制度、行政程序制度等。同时，每一个制度之下又都存在诸多分支性的制度系统。公务员制度中的考试录用制度、奖惩制度、培训制度等都隶属于公务员制度之下。行政法学科构建中，对制度系统的处理有各种各样的方式，有些行政法教科书对学科体系的编排就是以制度形态为基准的，笔者认为佩泽尔的《法国行政法》就是以制度为基准编排体系的，第一部分是"行政行为"，第二部分是"行政组织"，第三部分是"行政活动"，第四部分是"行政司法和行政诉讼"。显然，这个四个部分的体系构设是以行政法中四大制度板块为基础的。有些行政法教科书则是在理论阐释中结合一些制度范畴的东西，例如，古德诺的《比较行政法》在地方理论中就介绍了"新英格兰之地方制度"，分别介绍了"郡"和"邑"两个地方制度的内容，"新英格兰诸州，郡无重要之位置，而邑则代之。其施行地方政务，以邑为中心。凡邑皆有邑会，与纽约州同，而权力尤伟，不惟使其通过规则也，且得处理一切邑之政务，如征课租税、编制预算、缔结契约，而其行为无受郡官府之监督者。至邑吏之组织，则州各异法，主要之官吏，亦名誉员也，其在罗德岛，邑官府有邑会所选之评议会，人数自三人乃至七人，与行于西部诸州中之邑评议会相类。而彼之评议会，凡邑之事务，大抵皆所施行，不可不知也。新英格兰之名誉员，往往如罗德岛之邑评议会，为邑会所选，有任命各种邑吏之权。然他之吏员，似皆以邑会所为选通则。凡邑之名誉员，皆有补充邑吏悬缺之权,又得施行多数事务,如纽约制之掌于特别官吏者,如马萨诸塞名誉员,皆掌贫民监督员之事务;警察吏皆掌收税员之事务是也。新英格兰诸州,皆以邑为学区,惟鞅掌学务,则设特别之官。"[1]

第六,行政法学科的法案系统。行政法学科体系中的法案是指在行政法实践中发生的行政法案件。学者们在行政法学科体系中对案例的处理方式各不相同。一些学者仅将案例作为阐释一个法律规范时的例证,一些学者则将案例作为其学科体系构建的基础。当然,案例在学科体系的处理上与学者们对法系的接受有关。英美国家的行政法学家接受判例法的理念,因此,其教科书和学科体系中案例所占据的比重是非常大的,而且一些学者将案例作为其学科体系的基础。一些学者在没有案件的情况下不去探讨行政法中的具体问题,认为没有案例支撑某个理论或规范都属于纸上谈兵。大陆法系的行政法学家在构建的学科体系中对案例采取了另一种处理方式,即法律规范和法学原理是先立的,案例只是这些规范和原理的附属性。奥里乌在《行政法与公法精要》中探讨了法国国家赔偿中的"国家现任假设"问题:"事实上,在治安问题中,除了规章权力的行使还有其他内容,还有秩序服务的实施,也就是还存在着管理,而决议已承认了国家在这些假设情况中的责任,于是,应当避免绝对地说:'国家作为公共权力不承担责任。'这要取决于治安措施,有些与秩序服务的实施有关,应该导致责任。"[2]当奥里乌探讨国家在治安问题中的赔偿责任时是从相关原理和规范出发的,但并不是根据案例来产生立法制度的,因此,称之为赔偿假设。其在后面用一些案例说明这些假设已被现实化的状况:"从1872年起,假设情况便增多了:国家的经济责任已在违法

---

[1] 〔美〕古德诺:《比较行政法》,白作霖译,中国政法大学出版社2006年版,第119页。
[2] 〔法〕莫里斯·奥里乌:《行政法与公法精要》,龚觅等译,辽海出版社、春风文艺出版社1999年版,第587页。

火柴厂的案件中被接受了(行政法院,1877年5月5日,'洛莫尼埃—卡里奥尔判例');国家的经济责任被更广泛地接受于海港服务中港员的过错(行政法院,1881年5月6日,'提萨克判例';1882年7月24日,'特恩布尔判例';1890年6月27日,'谢德吕和克拉克兰判例';1901年11月15日,'勒伯尔涅判例'等)"[①] 其用这些案例支持国家赔偿法假设的法律原理。案例的处理方式既是一个研究习惯和研究传统问题,又是能够决定行政法学科性状的问题,还可以作为行政法学研究中的一个独特现象展开专题研究。但无论如何,在行政法学科体系中,法案系统是不可缺少的。法案系统中,案件本身有类型上的差异。例如,在我国行政法案例就有三大类,一类是行政案例,即行政实在法执法中发生的案例,这些案例因行政处罚、行政强制、行政许可等行政行为引起,但未进入复议和诉讼程序。第二类是行政复议案例,即行政机关的行政案例转入了另一环节之中,由行政复议机关进行裁决的那一部分案例,这些案例没有进入行政诉讼程序。第三类是行政诉讼案例。就是进入人民法院,由人民法院对行政行为进行司法审查的案件。法案在行政法学科体系中不可缺少。[②]

[①] 〔法〕莫里斯·奥里乌:《行政法与公法精要》,龚觅等译,辽海出版社、春风文艺出版社1999年版,第588页。

[②] 令人遗憾的是我国绝大多数行政法教科书中都没有专门的案例,一些教科书从头到尾甚至一个案例也没有。另一些教科书在书中引证了若干案例,但其引证的案例都是虚构的,诸如甲打了乙,公安机关对甲做了处罚,甲乙二人均不服提起行政诉讼,人民法院将他们列为共同原告之类。严格来讲,行政法上的法案必须是在行政法治实践中发生的真实案件,而且这些案例在没有任何隐私的情况下都是可以对社会公开的。但我国似乎有一个默认的惯例,学者们不能轻易在教科书和构设的学科体系中使用行政机关处理的案例和人民法院判决的案例。这与西方一些国家形成巨大反差,在西方国家的教科书中,一方面,案件本身是真实的,另一方面,案件都是具有出处的。卡恩的《行政法原理与案例》一书就非常典型。而且在一些国家行政法案例都是行政机关做出的。笔者认为,行政法学科体系的构建究竟应当如何处理与法案的关系是值得深入研究的。

第七,行政法学科的问题系统。行政法学科中的问题系统在行政法学科构设中很少引起人们的注意。其实,问题系统在行政法学科中的地位是非常重要的,在笔者看来,一个学科所设定的问题系统越多,其发展的空间也就越大,没有问题系统的学科是相对停滞和呆板的。行政法学科中的问题系统是指在行政法学科中成为问题并一时难以形成共识的那些概念或原理,以及在行政法学科中设计的一些实在法制度或实在法典尚未制定出来,还将在一段时间内成为学者和行政法治实践关注的那些东西。从这个定义可以看出,行政法学科中的问题系统有两种情形:一是理论性问题系统,指构成行政法学科概念和行政法学科原理和理论,但还未形成共识。这些原理和概念是学者们在一定的历史时期内关注的焦点。二是制度和规范问题系统。指一个国家的行政法制度中缺少某种法律典则,缺少一定的行政实在法制度,这些缺少的东西引起了广泛的关注,行政法学科在构建中对于这些制度和规范无法回避,进而便成了行政法学科中的问题系统。行政法学科的发展就是在不断的解决问题、发现问题的逻辑过程中完成的。①

(三)行政法学科体系与行政法体系

行政法学科体系与行政法体系是两个范畴的东西。我们上面已经指出,行政法学科体系是人们在研究行政法现象时构设的一个属于主观范畴的体系。而行政法体系则是指一个国家形成的行政实在法的客观体系。行政法体系的概念是成立的。我国在党和政府的文件

---

① 在行政法学研究中,问题本身可以成为一个单独的研究范畴,例如刘莘教授就著有《行政法热点问题》一书,将行政法学界在一定时期内关注的焦点问题进行专题研究。当然,学者们也可以将行政法学科中的某一个问题作为专题进行研究。在一国行政法学科体系中,问题的设定并不可怕,可怕的是回避问题或者漠视问题。

中已经宣告2010年我国形成了与市场经济相适合的法律体系,在这个法律体系中也必然包括行政法体系。我们给行政法学科体系下一个定义和行政法体系下一个定义一样都不是非常棘手的问题。但是,行政法学科体系与行政法体系究竟具有什么样的关系则不一定容易回答。当然,我们首先可以将这两个体系从理论上予以区分。如可以说行政法学科体系是主观的,行政法体系是客观的。之所以说行政法学科体系是主观的是因为这个体系是设计的,之所以说行政法体系是客观的是因为它是对一国实在法的体现,而作为实在的法律制度我们是不可以将其归于主观之中的。还如,行政法学科体系具有学科性,即其所处的范畴是社会科学的范畴,是一门学科。而行政法体系则是一国的行政法制度。当然,行政法体系是制度的结果,还是人们对制度概括的结果,这要看一个国家的实在法律制度是如何规定行政法体系的,如果通过宪法和一个较大的行政法典将一些下位的行政法规范统一起来,那么,这个国家的行政法体系就是制度范畴的,否则就是人们通过认知对行政实在法的整合。但从较大的方面看,行政法学科体系不可以归入制度范畴,而行政法体系不能归入学科范畴。还如行政法学科体系在一个国家中可能有无数个,即可以有多样的行政法学科体系。而行政法体系只能有一个,即行政法体系具有单一性。还如,行政法学科体系是可变的,即一个学者今天构设的行政法学科体系完全可以与昨天的有所不同。我们发现我国诸多学者编撰的行政法教科书有数本以上,有的甚至有数十本,而这数本或数十本行政法教科书并没有保持体系上的同一性。在笔者看来这应当是合理的,因为对行政法学科构建也有一个认识过程,其完全可以在研究的初期构建一个层次相对较低的学科体系,随着研究的发展其可以将以往的认识提高一步,进而构建一个层次相对较高的学科体系。但是,有些学者则没有遵循认识论上的这一基本法则,即由低级到高级的法则,一方面，其学科体系前后之间存在矛盾，另一方面，其后来构建的学科体系常常比先前更落后。因此，我们说行政法学科体系的可变性不应当是无原则的可变性，更不应当是不可捉摸性。行政法体系则是相对稳定的，一国行政法体系一经形成就具有相对稳定的特点。探讨行政法学科体系与行政法体系的区别相对容易一些，而要探讨行政法学科体系与行政法体系之间的关系则要复杂得多。因为，二者关系的探讨既可以从哲学层面展开，又可以从法学层面展开。笔者认为，行政法学科体系与行政法体系的关系可以表述为：

其一，行政法学科体系应当包容行政法体系。当然，我们的前提是将行政法学科体系的构建放置于一个主权国家之中的。所谓行政法学科体系应当包容行政法体系是指行政法学科体系的内容应当涵盖行政法体系的内容，行政法学科体系的元素和范畴较行政法体系为多。在其相对较多的包容中当然应当包容行政法体系。上面我们已经指出，行政法学科体系中有制度系统、法典系统、法案系统等，这些系统实质上是对实在法体系的放映。一些学者的行政法学科体系的核心在于评介一国行政实在法，例如，张正钊主编的《行政法与行政诉讼法》共有四编，除第一编"行政法概述"外，其余三编都是有关行政实在法的体系，如第二编为"行政行为与行政程序"，第三编为"行政责任、行政监督与行政救济"，第四编为"行政诉讼"。[①] 这些内容都是对我国行政法体系的反映。行政法学科体系包容行政法体系的具体模式是值得探讨的。在笔者看来，一个科学的行政法学科体系仅仅能够包容行政法体系就行了，而不能刻意地被行政法体系替代。如果一个行政法学科体系完全被一国行政法体系替代，即行政法学科体系除了具有行政法体系的内容外，不会有其他的理论见解，那么，这

---

① 张正钊主编：《行政法与行政诉讼法》，中国人民大学出版社 2003 年版，目录。

个行政法学科体系的价值就是值得怀疑的。

其二,行政法学科体系应当预判行政法体系。行政法体系有实然和应然之分,实然的行政法体系是指在一个国家的法律制度中已经建立起来的行政法体系。例如,一定意义上讲,我国的行政法体系已经具有了初步规模,如果不追求完美的话,就可以说我国的行政法体系已经建立起来了。事实上,行政法体系的建成与否也是一个相对意义的概念,苏联在20世纪50—60年代制定了一些行政法典,但能够和西方国家同日而语的行政程序等法典并没有制定出来,但我们目前看到的苏联行政法教科书一般都认为其在那个时候已经建成了社会主义的行政法体系,例如马诺辛认为:"根据这一原则,所有的行政法规范通常分为两类:一、在整个国家管理范围内,即在国家管理的一切方面、一切部门中起作用的,甚至往往超越国家管理范围的规范(例如有关国家公务的规范)。这些规范构成行政法的总则;二、其适用的范围不超过国家管理的一个方面、一个部门或某个范围的规范(例如,《社会主义国营生产企业条例》《各部组织条例》等)。它们构成行政法的分则。"[1] 由于这种相对性使我们很容易对一国已经形成的行政制度以体系的名称来称谓。与实然的行政法体系相比,还有应然的行政法体系,所谓应然的行政法体系是指一国应当建立的行政法体系。即一国目前的行政法体系还只是行政法体系的初级形态,还应向更高形态发展。行政法学科体系就应当包括对行政法应然体系进行预期的判断。例如,我国行政法学界早在20世纪80年代就指出我国应当制定行政程序法、行政强制执行法等重大的行政法典,以使行政法体系更加科学和完整。行政法学科体系与行政法体系关系就应当有这样一种关系,即通过行政法学科体系描绘行政法体系的蓝图。行

---

[1] 〔苏〕B.M.马诺辛:《苏维埃行政法》,黄道秀译,群众出版社1983年版,第36页。

政法学科体系的超前性亦应当由此得到体现。

二、行政法学科体系的客观构建

行政法学科体系的客观构建是对行政法学科体系进行构造时的一种方法或者方法论，其与主观构造是相互对应的。在客观构造的情况下，构造过程和基本思维方式是从实在法入手，使行政法学科体系建立在行政实在法的基础之上，建立在一国行政法律制度的基础之上。应当指出的是行政法学科体系的客观构造并不是对行政法治体系的复印，即其仍然属于行政法学科体系的范畴，并不是行政法体系的范畴。只不过在行政法学科体系的客观构造中，行政法学科体系更接近于行政实在法。行政法学科体系的客观构造可以归结为下列类型。

第一，以行政法典则构造行政法学科体系。行政法典则是指构成一国行政法体系的行政法典以及类似于行政法典的规则体系。行政法典则的概念在行政法学界并没有学者从理论上对其予以界定，以致长期以来便成了行政法学研究中一个空缺的问题。在其他部门法中，典则是不必要予以界定的，因为支撑这个部门法的就一部基本的典则。但是，行政法体系不同，其没有一个统一的典则，是由若干分散的典则构成的。那么，在分散的典则中究竟哪些能够称得上是行政法的典则是一个绝对需要回答的问题。因为如果没有这样的回答，行政法体系的构成就变得无法确定。行政法的法律渊源仅就形式而言就有五种以上，如宪法、法律、行政法规、地方性法规、规章等。这些复杂的渊源是否都能够归入行政法典则的范畴，等等。这些都是行政法学研究中需要解决的问题。笔者认为，行政法的典则应当有一个层次上的确立。根据立法权只能够由立法机关行使的理念，行政法的典则应当确立在立法机关制定的法律规范的层面之上,即我们不应当将行政法规以下的行政法作为行政法规范的典则并以此来构造行政法的学科体系。进一步讲,行政法的典则应当是由最高立法机关制定的行政基本法。由于典则是一个客观的东西,是一国的行政法实在,因此,有什么样的典则就构建什么样的行政法学科体系。对典则制定进行预测的构造方式不属于此一范畴。依典则构造行政法学科体系有两个选择,一是将行政法的若干典则予以排列,分别介绍若干典则的内容,如我国台湾行政法学家林纪东在其行政法学科体系中分别介绍了行政组织法、行政作用法、行政争讼法等内容。其中每一个内容的介绍都以行政实在法的典则为核心。行政法没有统一法典的特征在这种分别介绍典则的研究方法中体现无余。二是以一个主要的行政法典则为背景,并依这个典则所确立的具体内容进行学科构造。美国行政法学家盖尔霍恩的《行政法和行政程序概要》就以美国联邦行政程序法这一中心典则为背景,构造了这样一个行政法学科体系,第一章"对行政机关的授权",第二章"对机关行为的政治控制",第三章"司法审查的范围",第四章"取得和披露信息",第五章"非正式的行政手法",第六章"程序性正当程序",第七章"正式裁决",第八章"程序上的捷径",第九章"规则和规则制定",第十章"获得司法审查"。在行政法学科体系的构造中一般都不能没有法典,然而,不同的构造方法对法典的处理是不同的,以法典构造行政法学科体系的过程中,完全以行政法典为核心,围绕整个行政法典展开,而且整个学科除了一些具体问题的分析涉及相关理论外,在学科中基本上不设立基本理论的专门章节,上面列举的两个行政法学科体系的构造都是此种方式的典范。

第二,以行政法规范分类构造行政法学科体系。行政法规范的分类本是行政法学研究中的一个学理问题,也是学者们为了全面地评介行政法规范而所作的理论上的努力。在笔者看来，行政法规范的分类与行政法这个部门法的特性有关，即在没有统一法典而排列着诸多法典的情况下对其规范进行分类无疑是观察行政法的有效方法。理论层面上讲，我们可以用无数标准对行政法规范进行分类，因为在哲学范畴上，分类是一个无法穷尽的问题。但在行政法学研究中，这样一些关于行政法规范的分类是常见的。一是依行政法规范的制定机关，可以将行政法分为立法机关制定的行政法和行政机关制定的行政法。这个分类的基础在行政法的立法主体方面。在现代国家的政权体系中，立法机关制定的行政法只是行政法的一部分，尤其在管理法理念的国家，行政机关制定的行政法规范的量远远大于立法机关制定的。从这个意义上讲，这样的分类是对行政立法状况的真实反映。二是依行政法的地域范围为标准，可以将行政法分为中央行政法与地方行政法。中央行政法是指在全国范围内发生法律效力的行政法规范，而地方行政法则是在特定区域内发生法律效力的规范。西方一些国家实行联邦制，在联邦制之下，行政法的这种分类是十分重要的，因为这样的国家往往在全国范围内生效的行政法规范的量并不十分多，绝大多数都是由构成联邦的区域性立法机关制定的，或者区域性行政机关制定的。《中华人民共和国立法法》实质上也将行政立法分成了中央立法和地方立法。由于民事法律和刑事法律实行法律保留，因此，地方立法基本上都是有关行政法的法律规范。当然，中央立法和地方立法的区分不仅仅是地域上的。其他方面的因素也是二者最为主要的区分属性。如中央行政法有区别于地方行政法的效力，中央行政法有区别于地方行政法的内容，中央行政法有区别于地方行政法的规制手段等等。三是依行政权作用主体为标准，可以将行政法分为国家行政法与自治行政法。这一分类是我国台湾地区学者张载宇先生提出的，他指出："国家行政法，以国家行政机关为适用之主体，国家行政为规律之对象。国家机关之行政职权，为国家本身所固有，渊源于国家统治权之当然作用，规律此种行政作用之法规，皆由国家制定，故又称官治行政法。"[1] "自治行政法，以地方自治团体为适用之主体，地方自治行政为规律之对象。地方自治之行政职权，系由国家所授予，渊源于国家统治之授权作用。地方自治团体，在国家授权范围内，本其自主立法权所制定的行政法规，通常称为自治行政法，可适用于该自治区域。……宪法第十一章地方制度中，有关省县自治之条款，均为自治行政法制定之依据。详于第二篇第五章地方自治行政部分论述之。"[2] 四是依行政法发生作用的性质为标准，可以将行政法分为积极行政法和消极行政法。积极行政法是指能够促进社会经济发展的行政法。"凡行政法规范之性质，着重于促进社会经济之繁荣，人民生活与文化水准之提高，以及为达到国家富强康乐者。"[3] 为积极行政法，如行政奖励方面的法律规范，行政环境保护方面的行政法规范等。消极行政法以维护社会秩序和社会公共安全为性质，如治安处罚法、海关法等。五是依行政法的作用对象为标准，可以将行政法分为内部行政法和外部行政法。所谓内部行政法是指以调整行政管理活动过程中行政系统内部的关系为对象，构成行政系统内部的行政法组织规则，行政行为规则就属于这个范畴。外部行政法则以调整行政机关与行政相对人在行政活动过程中的关系为对象，户籍法、兵役法等都属于外部行政法。在行政法体系中内部行政法与外部行政法的分类是值得引起重视的，因为这个分类常常牵涉到行政法的性质和概念问题。调整行政机关与行政相对人在管理活动过程中的行政法规范究竟在多大的范围内限制在行政法之中是值得探讨的，如我们是否将

---

[1] 张载宇：《行政法要论》，台湾汉林出版社1970年版，第45—46页。
[2] 同上书，第46页。
[3] 同上。

行政机关在管理活动过程中所有对外行使权力的法律都视为行政法，如土地法、草原法、矿产资源法等。如果我们将这些法律规范都视为行政法，那么，我们所接受的行政法定义就是管理主义的定义，而不是控权主义的定义。六是依行政法规范适用的管理范畴为标准，可以将行政法分为一般行政法与部门行政法。一般行政法是能够适用于所有行政管理领域，如行政处罚法、行政许可法、行政诉讼法等，对任何一个行政机关都起作用，任何一个行政机关都有可能受这些行政法规范的调整。而部门行政法只适用于某一个管理领域。当然，部门行政法中具体部门的划分是一个没有标准答案的问题，这要根据一个国家设立行政机构的状况和对社会关系调整的程度来确定。① 七是依行政法规范中的权利义务性质为标准，可以将行政法分为实体行政法和程序行政法。实体行政法中涉及有关实体上的权利与义务，而程序行政法则围绕实体权利义务展开，其中如果有权利义务的话，也只有程序上的性质。张载宇先生对这一分类是这样评价的："此系就行政法之实质及其施行手续所为之分类。在行政法系统中，实体与程序有分别规定者，如兵役法、土地法等，属于实体法之系统，兵役法施行法、土地法施行法等，属于程序法之系统。各种行政法律之施行细则或实施办法，均属于程序法，其所依据之母法，则属于实体法。一般言之，行政法多系实体与程序混合规定之法规，如违警罚法、专利法、商标法、所得税法等，均为实体与程序混合之规定。由行政法中，有一种法律，为多数实体法之程序法者，或一种法规为多数程序法之实体法者，前者如诉愿法、行政执行法等，为一切行政上实体法之程序

---

① 张载宇先生将部门行政法分为内务行政法，保育行政法，财务行政法，司法行政法，外交行政法，军事行政法等。我国大陆有学者将部门行政法分为公安行政法，工商行政法，税务行政法，环境行政法，物价行政法，科技行政法，文化行政法，教育行政法，土地行政法，矿产资源行政法，城市建设规划行政法等。

法。后者如国家总动员法,为一切动员实体法规之实体法,土地法为土地法施行法、土地登记规则、地价调查估计规则等法规之实体法。"①八是依行政法规范的效力特点为标准可以将行政法分为普通行政法和特别行政法。行政权对行政过程的作用是一个非常复杂的问题,即行政权既有相互交织的属性,又有相互重合的特点,在一个行政规范中有时包容不同的职权行使现象,而同一的职权行使现象亦常常表现于不同的行政法规范之中。那么,行政机关在执行时究竟如何选择就是一个具体的行政法问题。为了给行政机关的选择提供原则上的依据,相关的宪法性法规和立法行为的规则将行政法分为普通行政法与特别行政法。《中华人民共和国立法法》也确定了这样的分类。普通法具有普通的效力,而特别法则具有特别效力,当普通法的内容与特别法的内容不一致时,以特别法的内容为标准。行政法中的绝大多数应当属于普通法的范畴,但也有不少特别法的行政法规范,如铁路法,电信法,邮政法就属于此类。九是依行政法的静态性为标准,可以分为行政组织法和行政行为法。管欧认为整个行政法体系应当这样构造:第一,一般行政法系统与类别行政法系统;第二,普通法系统与特别行政法系统;第三,实体法系统与程序法系统。②这实质上是以行政法规范的静态性为标准的,对行政组织进行规制的行政法是静态的,而对行政行为起作用的是动态的。行政组织法和行政行为法的分类标准就由此引申出来。上列关于行政法规范的分类只是我们为了认识行政法规范而从若干复杂的行政法规范分类中选取的几个,远远没有穷尽行政法规范的分类形态。在行政法学界诸多学者就是以行政法规范的分类来构建行政法学科体系的。在分类构建中,下列构建最为多见。第一,实体行政法与程序行政法的构建方式。指学者们

---

① 张载宇:《行政法要论》,台湾汉林出版社1970年版,第49页。
② 管欧:《中国行政法总论》,蓝星打字排版有限公司1981年版,第61—62页。

从行政法规范的实体性和程序性出发构建一个行政法学科体系。法国行政法学者布朗的《法国行政法》就设计了这样一个行政法学科体系，第一章为"导论"，第二章为"宪法与行政背景"，第三章为"行政法院"，第四章为"法院的结构与人员"，第五章为"法院程序"，第六章为"法院的管辖权"，第七章为"司法审查的前置条件"，第八章为"实体法：行政责任原则"，第九章为"实体法：行政合法性原则"，第十章为"法国行政法的对外影响"，第十一章为"结论"。其中的第一、二章是有关行政法学科的理论，最后一章是对全书的总括。从第三章到第七章的内容是有关程序行政法的内容，而第八章和第九章是有关行政实体法的内容。应当指出，行政实体法与行政程序法学科体系的构建方式在近年来有一些新的趋势，即学者们将行政实体法与行政程序法分别于两个教科书或两个学科体系之下。一些学术著作或者教科书专门以行政程序法为研究对象，并使行政程序法成为一个独立的学科。笔者认为，这只是学者们的主观意愿，从学科的科学性来看，行政程序法仍然是行政法学科体系的东西。第二，一般行政法与部门行政法的构建方式。以一般行政法与部门行政法构建行政法学科体系从理论上讲是完全可以成立的，而且是非常好的关于行政法学科体系的构建方式。然而，行政法学界在对行政法学科体系进行探讨时认同此种构建，而在行政法教科书撰写中这样的构建方法并不多见。学者们之所以不愿将这样的构建方式运用于行政法学科体系中，主要因为部门行政原理的法律规范从体系上讲非常庞大，与行政法一般法的联系并不十分密切。同时，在一些国家将这类行政法规范甚至不归入到行政法之中。法国行政法学家奥里乌的《行政法与公法精要》一方面对一般法的内容进行了评介，如讲到了行政组织法，讲到了公务员法，讲到了行政诉讼法等。但也同样用相当一部分篇幅介绍了行政管理法，专门开设了一个部分叫"行政部门的管理方法"，其中讲到"行政治安管理"、"宗教管理机构与制度"、"对非航运不可放排河流的管理及对水源的方法"、"对碍于安全、卫生、环境安宁的工业企业的管理"、"对矿泉水资源的管理"、"对山区土地的修复"、"社会经济和保险"等等。笔者发现绝大多数在教科书中涉及部门行政管理的都没有将部门行政管理范围予以穷尽，有些仅提到一些主要的行政管理部门法。

（一）以行政法诸元素构造行政法学科体系

行政法元素是行政法运作过程中的基本单位，当人们讨论行政法问题时，都以一定的行政法元素为单位展开。行政法元素究竟包括什么内容是一个不大有争论的问题。依法制原则，一国法律制度的基本元素包括下列内容：一是必须有行政实在法规范，这是我们常说的有法可依。行政实在法规范包括行政法典和行政法的条文，是一定主体行为方式所产生的结果。二是必须执行这些行政法规范，即制定出来的法律规范必须被执行。法律规范的执行是指将法律规范的规定运用到社会过程中去，使这些法律规范能够变成调整人们具体行为的规则，行政法的执行是在行政法主体的相互作用中进行的，没有行政法执行的主体，没有行政法规范的介入主体，行政法规范的执行就是纸上谈兵。三是法律的实施必须不折不扣，我们一般称之为执法必严。执法必严是可以作出多种解释的。通常情况下，执法必严是指在执法中对于敢于触犯法律的行为严加处理。但是，在笔者看来执法必严在当代法治社会中应当有新的内涵，这种新的内涵在于法律规范涉及的事态必须归入到法律规范中来，法律规范独有的调整对象只能由法律规范本身调整，而不能由法律规范以外的行为规则调整，也不能由法律规范和其他行为规范共同调整。总之，执法必严理念包含着法律规范对其他行为规则的排除。四是违反法律的行为必须受到追究，不论何种主体,在法律运作中若有违反法律规范的行为就必须得到法律规范的追究。这个论题的意味是非常深刻的,它牵涉到法律的价值问题。法律可以在一国的社会生活和政治生活中当成一个摆设,仅仅作为一个花瓶来观赏,而不一定产生实实在在的调整社会关系之价值;法律还可以被作为一个有效的治理工具、作为一国调整社会关系的基本价值选择。我们认为,违法必究就是对第二种态度的认同。上列四个方面是法律元素分析的基础,即是说当我们在分析法律元素时若遵从上列关于法的哲学的认识,就不会疏漏法律元素中的一些具体的内容。

遵从上列方面出发,我们认为行政法的元素应当包括:一是行政法的制定,即立法机关和其他有权的机关制定行政法的行为;二是行政法的规范形式,就是行政法典和行政法规范;三是行政法的介入主体,包括行政法的制定机关、执行机关以及其他一些参与到行政法运作中来的人或者组织;四是行政法主体之间的关系形式,即各主体之间在行政法中的权利与义务,构成权利主体的客体要素;五是行政法关系主体所为之的法律行为,每一个主体在行政法中都有着自己的行为,不同的主体在行政法中的行为性质有所不同,同一主体也常常有不同性质的行为。如行政机关既可以有行政执法行为,又同时具有履行行政义务的其他行为;六是行政法主体权利义务的保障。当行政法中权利主体的权利行使出现阻滞时,有权利要求将这个阻碍予以排除。这个法律要素通常称为权利救济。行政法学科体系构造中有一种方式就是根据行政法所涉及的元素而进行。依行政法元素构造的行政法学科体系有诸多具体的构建方法。有学者从行政法在运作中需要的过程出发进行构造。使行政法学科体系有一个纵向上的逻辑联系。王名扬教授的《法国行政法》在这方面就很有特点,其设计的行政法学科体系共有下列诸章:第一章为"绪论",第二章为"行政组织",第三章为"行政行为",第四章为"公务员",第五章为"行政主体的财产",第六章为"公用征收与公用征调",第七章为"公共工程",第八章为"行政活动的主要方式",第九章为"行政活动的监督、行政诉讼以外的救济手段",第十章为"行政活动的监督——行政诉讼",第十一章为"行政主体和公务员的赔偿责任"。紧密结合行政法在运作过程中的关键环节构造行政法学科体系。此一类型的构造方式在行政法学研究中所占的比重很多;有学者从行政法所包括的法治板块构造行政法学科体系。行政法治是法治的一个部类,每一个部类的法治都有一些构成这一个类的板块。学者们依这些板块构造行政法学科体系的方式便由此而来。盐野宏在其行政法教科书中,除却基础理论这一行政法的基本学理,其将行政法分为若干板块,然后再根据这些板块设计行政法学科体系。如其设计了一个"行政过程论"、"行政救济论"、"行政手段论",这三个板块的行政法学科体系之间并没有十分密切的逻辑联系,我们前面列举的王名扬教授的《法国行政法》由于是依行政法的环节,尤其是纵向上的发展环节为依据构造的。因此,他们设计的学科体系后一章节与前一章节之间保持了非常好的逻辑联系。而盐野宏的体系则没有在三个板块之间建立逻辑联系,将"行政手段"放在"行政救济"之后就是这种不以逻辑联系为顺序设计体系的具体表现。

(二)以行政权的作用背景构造行政法学科体系

行政法是以行政权为条件的,即是说没有行政权这一社会现象就没有行政法。进一步讲,行政权是制约行政法的一个条件。由于行政法与行政权有如此密切的关系,这就使学者们在对行政法学科体系进行构造时常常从行政权出发,以行政权发生作用的背景构设行政法学科体系。日本学者和田英夫在对日本行政法学科体系构造时指出:

"目前我们正在探求和展望战后日本行政法的现代课题。为此,我们应该对各国特别是英、美、德、法等国的母法的理论、课题加以研究吸收,因为这些国家的母法或多或少提供了行政法的原型,当然不是机械照搬,而是从为我所用的立场出发加以批判性的吸收,这是十分必要的。这也正好反映出日本宪法具有普遍的比较宪法的性质。为了完全改变明治宪法体制下的行政法理论,解决当前日本行政法所面临的现代课题,以下三个关于比较法问题的提出具有重要意义。第一,西德提出了作为西德行政法新理论的给付行政论,第二,英美、特别是美国提出了要重视行政法中的行政程序(事前规定)的想法。第三,由于法国民主地实施国家补偿的理论(因国家的行为而造成的损失补偿和因国家的不法行为而造成的损失补偿)而产生出国家责任论和无过失损害赔偿理论。"[①] 表明行政法在行政权的大背景之下,因此,在构建行政法学科体系时必须给这个大背景以充分的关注。在笔者看来,一些学者对行政法历史的研究其实就是以行政权的背景作为学科体系构造依据的,如我们常说的古代行政法与现代行政法实质上是行政权背景上的差异,我们常说的资本主义行政法与社会主义行政法也是行政权背景上的差异。比较行政法问题的研究亦以行政权之不同背景为学科的基础。《德国公法学基础理论》对英德两国的法治背景做了比较,并有这样的一个结论性论断:"综上所言,现代的法治国应强调如何达到良法之治的方法。英、德两国学界似乎都由制定法律的来源着手,民主立法显然是其唯一的答案。易言之,由独裁者与专制政权所制定的法,不论其品质如何,已当然地排除在法治国概念之外。当然,为了解决各国对于民主的认知与制度可能产生的差距,学界当然采取相当的相对主义,此又以人民是否拥有充分的政治

[①] 〔日〕和田英夫:《现代行政法》,倪健民等译,中国广播电视出版社1993年版,第13页。

性基本人权,如参政权、结社权以及国会的组成与政党自由等一并考虑,当不难导出评判一国是否达到民主的程度。对于民主与法治国相互拥有的唇齿关系,本文所援引的德国赖特布鲁赫在1946年的斯文,值得咀嚼再三。民主既然融入法治国的概念之中,一个国家如是此种法治国,其统治权力之基础方完全具备正当性及合法性,也才是达到人类法政文明最高阶段的国家属性也。"[①] 在行政法历史研究和比较研究中,行政权之背景对确定行政法学科之体系以及学科之特性有实质意义。在行政法学科体系构造中,行政权的作用背景同样重要。以行政权的作用背景构造行政法学科体系是归于客观构造范畴的,因为它实质上是从一国行政权与行政实在法的关系特征出发,指出行政法中每一个概念和制度存在的客观背景。和田英夫的《现代行政法》体系是这样的:第一编为"行政法的基础理论问题——关于行政法的内容与结构的总则的问题",第二编为"行政组织法——行政机关的体系、法制、构造及活动手段",第三编为"行政作用法——行政作用的法的形式与体系内容",第四编为"行政救济法——法制国家中的国家责任与权利保护"。这个行政法学科体系就很有特点,其体系中的每一个分支就有一个行政权作用背景问题。虽然,其提出的一些行政法板块或学科中的具体构造与其他一些学者构造的行政法学科体系没有多大区别,但当这个学科体系出现一个行政法元素时,都具有行政权作用上的相关背景。

三、行政法学科体系的主观构造

约翰·斯图亚特·穆勒在《功利主义》一书一开始就有这样一个

[①] 陈新民:《德国公法学基础理论》(上册),山东人民出版社2001年版,第100页。

论断:"人类知识发展至今,像'是非'标准这样令人争论不休、始终无法给出满意定论的话题可谓寥寥可数。换言之,在'是非'之争上,人们对于那些至关重要问题的探求一直处于踌躇徘徊之中,而且这种现象再明显不过。自哲学问世以来,何为'至善'这一根本的道德问题,便成了推论思想的主题,困扰着诸多天才的哲学家;并因此造就了五花八门的学术流派,相互之间不断发生口诛笔伐。当年轻的苏格拉底聆听年长的普罗塔格拉教诲时,他并不苟同这位诡辩学者所宣扬的那种风行一时的道义,而坚持自己的功利主义思想(倘若柏拉图的《会话篇》真实可信的话)。两千多年过去了,'是非'争论依旧,哲学家们仍在各自为营进行着唇枪舌剑;无论是智者抑或是芸芸众生,似乎都无法达成共识。不可否认,在人类所有知识学科的基本原理中,均存在着类似的混乱、不确定性以及某种程度上的冲突,即使是一向在世人眼里最确信无疑的数学领域也不例外。然而,这并不有损于(从根本上而言完全无损于)这些学科中各种结论的可靠性。对于这种的表面上的无序,合理的解释是:一门学科中的具体原理通常并非从该学科的基本原理推断而来,也不依赖基本原理加以证明。如若不然,所有的学科就都会像代数学那样相对稳定、推理充分了,就不会存在如英国法律般虚无缥缈或如神学般神秘莫测的学科了,也不会出现即便由学科泰斗布道讲座亦无法解开听者满腹疑团的现象了。"①这是一个不折不扣的哲学概念,即人们认识问题本身是一个主观的东西,而这个主观的东西必然带来认识本身的不确定性和多样性。但无论如何主观性的认识并不必然影响到形成客观的甚至于一致化的结论。行政学科体系构造中,我们分析了客观构造,正如上述,我们所见的客观构造是以行政实在法的状况为中心对行政法学科体系构造

---

① 〔美〕约翰·斯图亚特·穆勒:《功利主义》,叶建新译,九州出版社2007年版,第3—5页。

的情形。广义上讲,行政法学科体系的客观构造是不存在的。概而言之,行政法学科体系的构造都是主观的,都是人为设计的,都是人们的主观映像对客观的行政法的反映。但是,行政法学科体系构造中还有一种模式是与客观构造相对应的主观构造。所以主观构造是指以主观认知为重点的构造行政法学科体系的情形。客观构造中所依据的素材主要是行政实在法和相关实在的行政法制度,主观构造中行政实在法只是构造过程中的一个参考,主要依据学者们对行政法学科的认知基础,其中有关行政法的方法论、有关行政法的理论基础、有关行政法的其他主观范畴的东西对构造过程起决定作用。客观构造能够充分地反映行政法实在,尤其对一个国家的现实行政法制度而言,客观构造就是一个行政法模板,将行政实在法浓缩于一个学科体系,甚至于一部行政法教科书之中。主观构造则为一国行政法的发展提供了一个相对理想的模式,对行政法问题有预测的作用。

(一)以方法论构造行政法学科体系

行政法学方法论我们在本书第二章已经有过专题研究。方法论在行政法学科中是主观范畴的东西这是没有争议的。而这个主观范畴的东西却在行政法学科中扮演着多种角色,通常情况下,行政法学方法论是认识行政法体系和解释行政法概念的钥匙,也是解决行政法中一些具体问题的指导原则。然而,在行政法学科体系的构造中,方法却是学者们经常运用的,一方面,学者们在从主观的角度分析行政法体系时常用方法论进行观察,例如,陈新民在《德国公法学基础理论》一书指出:"如果实行法治之目的,不仅仅依赖法为工具,且进一步要对此工具——即法——的目的,或称为法律目的,以及国家实施整套法治主义的目的为何?加以探讨,并用一个价值体系来统托之,此时,作为国家统治依据的法律,固然依旧保有其主要是作为工具的角色，但是其正当性的诉求就时常可被挑战，这已经是偏向实质主义的法治观了。讨论一个法治国如由形式意义法治国为基础，再加以价值判断，即构成实质意义法治国的概念，或称广义的法治国。例如德国基本法第二十条三项规定，所有国家权力都受到法律及法之拘束。这条被德国著名法哲学教授考夫曼称为'天才之作'的条款，便是将法治国原则、法律、法——特别是法，密切连接在一起。以德国法治国理念的发展而言，形式意义法治国无疑是发展的第一步，实质意义法治国则为第二步。由于现代社会结构复杂，法律变动甚速，法律数量亦多，所以由宪法理念机器正义观等浓缩而成的较少量但高层次（位阶）的法价值，就变成追求实质法治国理念所不可或缺的判断标准了。易言之，法治国观就如同名学者佛斯多夫所称的已成一种反求诸己的'内向型法治国'，将法治国的重心朝向人民内在权利的保障及正义的实现。"[①] 其基本上设定了一个构造德国公法学体系的方法论，即"内向型法治国"。在后续的研究中其从法治的这一方法论出发将这个学科体系构造为：第一章"德国19世纪法治国概念的起源"，第二章为"国家的法治主义"，第三章为"德国行政法学的先驱者"，第四章为"宪法委托之理论"，第五章为"公共利益的概念"，第六章为"公务员的忠诚义务"，第七章为"政党的内部民主制度"，第八章为"宪法基本权利及对第三者效力之理论"，第九章为"宪法人民基本权利的限制"，第十章为"宪法财产权保障之体系与公益征收之概念"，第十一章为"公益征收的目的"，第十二章为"公益征收的补偿原则"，第十三章为"法律溯及既往的概念、界限与过渡条款的问题"，第十四章为"国民抵抗权的制度与概念"，第十五章为"戒严法制的检讨"，第十六章为"平等权的宪法意义"，第十七章为"社会基本权利"。这

---

① 陈新民：《德国公法学基础理论》（上册），山东人民出版社2001年版，第4页。

不是一个典型的行政法学科体系，但这个关于公法学科体系的构造方式是以已经设定好的一个方法论展开的，正是由于有"内向型法治"这样的方法论概念使宪法与行政法对于公民权利的保护体现于学科体系之中。以方法论构造行政法学科体系的还有一大批学者，我国台湾行政法学家左潞生先生从哲学上"体""用"的关系原理出发，并以此为解释问题的基本方法，认为"体"和"用"这两种法则，用以构成行政法的两大体系。至于"行政救济法"，或称"行政争讼法"，乃是行政法的补充法则，其内容除部分采用司法外，其余仍属于行政组织法及行政作用法范围，不能另立体系。[①] 其从"体""用"原理出发将行政救济法等只作为行政组织法和行政作用法的附属法，其中方法论对这个学科体系的构造起到了决定作用。由此出发，左潞生认为行政法学科体系应有这样的一些内容：第一章为"行政法的基本概念"，第二章为"行政组织法"，第三章为"行政作用法"，第四章为"行政救济法"。笔者认为，左潞生这个体系构造由于有厚实的方法论作为基础，因此，其将一个非常复杂的行政法现象作了最大限度的简化，这与没有方法论指导而杂乱无章地将行政法所有问题排列起来的学科构造要来得实惠得多。[②]

---

① 左潞生：《行政法概要》，三民书局1977年版，第8页。
② 笔者对行政法学科体系的理解深深地受到了左潞生先生的影响，笔者2005年出版的个人教科书《行政法教科书之总论行政法》基本上沿着"体"与"用"的模式展开体系构造，笔者将120万字的行政法学科体系简化为"行政法基本理论"、"体制行政法"、"行政作用法"和"行政救济法"四大板块，使学习行政法的人不至于被120万字的内容搞得无所适从。行政法学科中的章节设计是一个很有讲究的问题，一类问题只能集中在一个章节之下，不能在章节排列中有相互包容的情形，例如，如果将行政行为作为教科书中的一章，那么，"行政处罚"、"行政许可"、"行政裁决"、"行政合同"只能作为一节。这个学科本身所要求的隶属关系是必须的，否则，则是一个杂乱无章的体系，时下一些行政法教科书就犯了这样的错误，如在对行政处罚进行讲解时，将"行政处罚法"作为一章，又将"行政处罚管辖"、"行政处罚法律适用"、"行政处罚设定"等设置成与行政处罚法并列的一章。由此可见，我国行政法学科体系的设计是亟待整合的，望行政法学界同仁能够加倍努力。

（二）以价值取向构造行政法学科体系

行政法学研究中的价值取向是指学者们在研究行政法问题时主观上所追求的行政法状态。行政法学研究是社会科学研究的范畴，而社会科学研究与自然科学研究的一个较大区别在于自然科学研究基本上不受外在因素的影响，追求的是事物本身的真，而在事物本身的真之上不设立任何限制条件。社会科学研究则是另一种情形，学者们在对问题的真或假进行判断时就已经有了一个真与假的是非标准，这个标准应当说在行政法学研究展开之前就已经形成了，就已经存在于学者们的意识之中。若将这种意识贯彻于研究过程中，就是他进行研究的一个价值判断。正如王名扬教授对行政法学研究中学者们的主观认识所作的概括："英国法学家A.V.戴西在1885年的《宪法研究导论》一书中声称，行政法是法国的东西，是保护管理特权的法律。……随着行政机关权力的扩张，英国学者对支配行政机关活动的法律的认识逐步加深，同时对法国行政法也有了正确的认识。年轻一代的学者开始摆脱戴西的影响，批判戴西的行政法概念。其中影响最大的批评家是20世纪30年代英国宪法学家W.I.詹宁斯。詹宁斯认为行政法是关于公共行政的全部法律，是公法的一个部门。内容不以行政诉讼为限，包括行政机关的组织、权力、义务、权利和责任在内。这个观念现在已为大部分英国行政法学者所接受。但是戴西的影响在英国并未完全消失，当代英国仍然有些法学家认为英国没有行政法。例如英国上议院的常设上诉议员里德1964年在里奇诉鲍德温（Ridge V. Baldwin）案中声称：我们没有一个发展的行政法体系，可能是因为直到现在我们不需要它。又如英国上诉法院法官萨蒙1965年在英国伦敦格罗夫纳旅馆案（Re Grosvenor Hotel, London）中也声称英国没有行政法。他们所理解的行政法实际上就是行政法院和行政诉讼。"①显然，英国行政法学研究中学者们由于受戴西理论的影响都有一个关于行政法的基本价值判断，即行政法在英国是不存在甚至不需要的，而这个价值判断也必然会影响到学者构造行政法学科体系的行为。之所以在一个特定国家行政法学科体系都具有极大的相似性，其中主要原因在于受一国文化传统、意识形态等的影响，学者们在一些问题上具有大体上相同的价值取向。价值取向对行政法学科的影响只是问题的一个方面，问题的关键是在于一些学者纯粹从价值取向出发构造行政法的学科体系，这样便使摆在我们面前的行政法学科体系有诸多不同的形态，而一些形态的差异都是价值取向所使然。笔者将以价值取向构造行政法学科体系的方式和类型概括为下列诸点。

第一，以控权的价值取向构造行政法学科体系。英美法系的行政法学研究受制于英美国家的宪政体制和相关的宪政理念，因此，控权行政法便是学者们构建行政法学科体系时的基本价值取向。权力分立和制衡是英美国家宪政制度的实质，其行政法的理论基础也受到这些国家的影响。因此，学者们便从如何控制行政权的角度构造行政法学科体系。比较典型的是卡罗尔·哈洛、理查德·罗林斯的《法律与行政》一书的体系结构：第一章"国家、政府与法律"，第二章"红灯理论"，第三章"绿灯理论"，第四章"黄灯永远闪亮"，第五章"保守党的改革"，第六章"把事情弄个水落石出"，第七章"在吃水线以下"，第八章"方兴未艾的革命"，第九章"政府、契约与竞争：两个范例"，第十章"规制、规制机构与自我规制"，第十一章"规制、竞争、法律化：以电信办公室为个案"，第十二章"申诉：路在何方"，第十三章"从消防员到防火员、议会监察专员个案研究"，第十四章"裁判所：司法

---

① 王名扬：《英国行政法》，中国政法大学出版社1987年版，第2—3页。

化的起伏",第十五章"灵活之友:程序公正",第十六章"司法审查程序",第十七章"为司法审查而辩护",第十八章"金色礼金:赔偿与补偿"。这个体系结构的基本点在于控权。应当说明的是学者们构造的学科体系中体现的控权的理念要比英国实在法的控权理念还要突出,而且这个控权理念的价值判断会影响到其行政法体系的进程。

第二,以管理的价值取向构建行政法学科体系。我们在比较行政法概念时,曾经谈到行政法概念的扩权形态。这个形态如果予以转化的话,就是行政管理法形态。一些学者认同行政机关在进行社会管理时的职能。因此,常常从管理的价值判断出发,构建行政法学科体系。其中诸多关于行政法必须体现管理的价值思路超过了行政实在法体现的管理精神。我们举两个以管理价值取向构建的行政法学科体系的例子,《苏维埃行政法》构建了这样一个行政法学科体系:第一编为"苏维埃国家管理绪论";第二编为"行政法——苏维埃社会主义法的一个部门";第三编为"苏维埃行政法的主体";第四编为"苏维埃国家管理的形式与方法";第五编为"国家管理中法制与国家纪律的保障";第六编为"国民经济管理";第七编为"社会文化建设的管理";第八编为"行政政治活动方面的管理";第九编为"对外关系方面的管理";第十编为"跨部门协调方面的管理"。其中关于行政机关在管理过程主动立法的设想已经超越了苏联行政法制度。我国也有学者构建了这样一个行政法学科体系:第一编"行政法概述"、第二编"行政组织法"、第三编"行政行为法"、第四编"行政争讼法"、第五编"行政监督法"。[①] 其关于行政法管理性质的设想已经超过行政法实在的行政管理法理想。

第三,以司法审查为价值取向构建行政法学科体系。司法审查本

---

① 张尚鷟编著:《行政法教程》,中央广播电视大学出版社1990年版,目录。

是一项法律制度,指司法机关对相关行为的合法性依特定法律程序作出的合法性与否的判断。广义的司法审查包括司法机关对立法行为的司法审查和对行政行为的司法审查两个方面。对立法行为的司法审查是一个非常重要的理论和实践问题,正是由于这一制度的确立才在国家政权体制中正式形成了三权分立的体制。① 人们在行政法学研究中将司法审查一般仅限定在对行政行为进行审查的范围之内。即我们在行政法上所说的司法审查是指由普通法院系统或者行政法院系统对行政机关行政行为所进行的合法性或合理性的判断并得出结论的法律行为。司法审查的机制有两套,其中之一是归属于普通法院系统的司法审查机制,就是司法审查权放在普通法院,对行政机关行为的审查与对社会公众行为审查不作性质上的区别,都依统一的法律程序进行。另一种则是设立一个专门的行政法院系统,由这个专门的行政法院对行政机关的行政行为进行审查。两套制度孰优孰劣难以寻找到一个答案,但从人们关于行政法发展的趋势看,受技术原因的影响,人们还是赞成通过专门的行政法院进行政行为的司法审查更科学一些。司法审查作为一个行政法制度或者更加广泛的作为宪政制度显然是制度范畴的东西。然而,其在理论上的价值已经远远超过了其作为一种法律制度的价值。学者们对司法审查的理解并不仅仅从它的实在法制度层面上,而是更多地将它作为行政法中的一个基本价值理念,其可以作为衡量一国行政法是否发达的标志。正因为如此,一些学者便从这个价值判断出发构建行政法学科体系。王名扬教授

---

① 《美利坚合众国宪法》第1章第1节规定:"在此前授予的全部立法权力,应被赋予合众国的国会。"第2章第1节规定:"执法权力应被赋予美利坚合众国之总统。"第3章第1节规定:"合众国的司法权力应被赋予一个最高法院,以及随时由国会建立的下级法院。"〔美〕保罗·布莱斯特等编著:《宪法决策的过程》(上册),张千帆等译,中国政法大学出版社2001年版,第1—7页。

对英国行政法的讲授是对行政法体系的客观构造,但就是这样的客观构造,其中也包括一些主观成分,如英国的司法审查制度,足见其对司法审查在英国行政法中地位的重视。美国行政法学家施瓦茨的行政法学科体系可以说是一个实实在在的以司法审查为价值的行政法体系构造。《行政法》是施瓦茨最有代表性的行政法学教科书,该书的基本体系是这样排列的,第一章为"行政法与行政机关",第二章为"委任立法权",第三章为"调查、情报和禁止翻供",第四章为"规章与制定规章",第五章为"受审讯的权利",第六章为"公证审讯的要件",第七章为"证明程序和裁决程序",第八章为"司法复审的可得性之一——法律、当事人和时间",第九章为"司法复审的可得性之二——复审的成熟时机、复审的形式及政府侵权责任",第十章为"司法复审的范围"。施瓦茨构造的这个行政法学科体系是以美国行政实在法为基础的,但在笔者看来,这个体系中所体现的主观价值应当大于它的客观价值,在诸多方面反映了作者强调对行政权进行司法审查的法治理想:"要判断行政行为是否是最终的行为,就要看行政裁决的程序是否达到了司法复审不会打断行政裁决的正当程序的阶段,也就是说,要看行政救济是否已经终结了,还要看权利与义务是否确定了,或者说从行政行为中是否会产生法律效果。"[1]

(三)以学科属性建构行政法学科体系

行政法学的学科属性在行政法学界很少有学者进行探讨,学者们在构建行政法学科体系时,基本上都回避了这一问题。在笔者看来,行政法作为一个学科,其学科属性并非无关痛痒的问题,而是一个十分关键的问题,因为,学科属性不同,其学科体系的状况就必然有所

---

[1] 〔美〕伯纳德·施瓦茨:《行政法》,徐炳译,群众出版社1986年版,第479页。

不同。例如，某一学科若被归入自然科学中，它就必须依自然科学的学术规范建构体系，而且，要符合自然科学的相关思维方式。反之，一个学科若被归到社会科学的领域，就必须以社会科学的学术规范建构体系，而不能依自然科学的学术规范建构体系。当然，自进入20世纪80年代以后，人们提出了边缘科学的概念，即一些学科既非社会科学，又非自然科学，同时又具有两个学科的属性，处于边缘化的境地，人们便将这样的学科称之为边缘科学。如果某门科学被归入到边缘学科中，就是另一种相当复杂的状态。行政法学科究竟具有什么样的属性呢？笔者认为，我们可以作出这样的初步概括。

一则行政法学是边缘学科。传统理论毫无疑问会将行政法学归入社会科学的范畴，这样归类的根本原因在于行政法学研究的是人与人之间的关系，在传统的学科划分理论中，将研究自然界之间关系的学科归入到自然科学的范畴，而将研究人与人之间关系的学科归入到社会科学之中。行政法学涉及的尽管有些软件和硬件方面的非人格化的关系，但其关系的基础还是人与人之间的关系，而人与人之间的关系就自然而然地被归入社会科学。学者们由于作出这样的判断，因此，在行政法学科的构建中，尽可能以社会科学的学术规范和方法论进行建构，例如卡罗尔·哈洛认为："每一种行政法理论背后，皆蕴藏着一种国家理论。拉斯基曾言，除非把宪法视为其作为堡垒捍卫的经济制度的一种宣示，否则无法把握。他这句话的意思是，政府系统本质是它运作其中的社会的一种宣示，除在此背景下，不可能对其作出正确的理解。"[①] 指出行政法学科与其所在社会之内的关系，并以此构造行政法学科体系。将行政法作为社会科学而构建学科体系的典型

---

① 〔英〕卡罗尔·哈洛、理查德·罗林斯：《法律与行政》（上卷），杨伟东等译，商务印书馆2004年版，第29页。

著作是奥托·迈耶的《德国行政法》，该书有下列章目：第一章为"行政的概念"，第二章为"行政法与行政法学"，第三章为"邦君权国"，第四章为"警察国"，第五章为"法治国"，第六章为"法治"，第七章为"行政法规的拘束力"，第八章为"行政法之渊源"，第九章为"具体行政行为"，第十章为"公法上之权利"，第十一章为"行政法制度及其与民法之分立"，第十二章为"诉愿权"，第十三章为"行政审判的概念"，第十四章为"当事人"，第十五章为"行政争议的种类"，第十六章为"行政事务中法律效力"，第十七章为"民事法院对行政的管辖"，第十八章为"违法职权行为的责任"。全书的体系构造充满了社会科学的一般学术规范，这从各章的逻辑关联就可以看出。然而，行政法学随着社会的发展，其边缘化的特性也越来越明显，一些自然科学的理念已经充斥到行政法学研究中，能够对行政法学的问题作出较为合理的回答。我们知道，现代自然科学的发展，诸多自然因素进入了法律领域，从而也使诸多自然科学的研究进入到行政法学科之中，如生命法科学中的一些元素已经进入到行政法的控制之内，这便使行政法向另一个方面转化，其不单单是人与人之间的规则，更为重要的，其也是人与自然关系的规则，人们不能侵占外层空间就是一个人与自然关系的规则。行政法的边缘化必然使行政法学也具有边缘化之趋向，行政法学科体系构造中，这种边缘化的情形也已呈现出来。

二则行政法学是应用学科。基础学科与应用学科是人们对学科所进行的另一种分类，基础学科是指包含纯粹理论问题的那些学科，如自然科学中的数学就被认为是基础学科。社会科学中的伦理学就被认为是社会科学中的基础学科，它主要是阐释人与人之间的关系原理，这些原理的理论价值大于其社会价值，更大于其实用价值。行政法在国家教委划定的学科类型中是应用学科，法理学等是它的基础学科。作为应用学科的范畴，行政法学能够解决行政法在实践中的问题,即使一些学者从相对高深的理论层面阐释行政法问题,其落脚点还是要落到应用上去。基于这一点,学者们构建行政法学科体系亦常常从实用的角度出发,正如我在本书前面所列的我国一些学者所构建的行政法学科体系就是一部行政法的工作手册。行政执法机关能够从这个手册中寻找到解决行政法具体问题的答案,例如姜明安教授主编的《行政法与行政诉讼法》就有这样一些章节,如"行政处理(一)——依申请的行政行为","行政处理(二)——依职权的行政行为","行政主体实施的其他行政行为","行政复议的范围","行政复议的程序"等。类似于指导行政执法和行政复议的具体的行政法内容。

(四)以法律文化背景构造行政法学科体系

法律文化背景对于任何部门法的制定和实施都有不同程度的渗入,例如,欧洲大陆国家的民事法律规范就承袭了罗马法的文化及传统。法律文化背景对部门法制定和实施的渗入只是其影响力的一个方面,即是说部门法研究中其渗入的程度还要大一些。学者们在研究某一部门法时,常常都已经将一定的法律文化背景下意识地运用到研究中去,庞德在《法律史解释》中有这样一个论点:"自然法学派的宪法理论认为,只要通过理性的努力,法学家们便能塑造出一部作为最高立法智慧而由法官机械地运用的完美无缺的法典。在这种思想的影响下,人们往往蔑视历史和传统的法律材料。在他们看来,所有的要求都可由理性独立完成,似乎过去从未有过立法。唯一需要做的就是调动起国内最有力的理性,通过运用这一理性获取以不完美的法典,并使那些具有较弱理性的人臣服于法典的内容。"[①] 可见,对于立

---

① 〔美〕罗斯科·庞德:《法律史解释》,邓正来译,华夏出版社1989年版,第13页。

法的论点与学者们所处的法律流派有关，不同的流派关于法律的制定会有不同的主张，而每一个法律流派实质上都是一定法律文化背景的产物，同时也是一定法律文化背景的推广者。法律文化的巨大惯性对于行政法学科的构建而言同样是十分关键的。在行政法学研究中，影响学科体系构建的法律文化背景是多方面的。但是，在笔者看来下列一些因素是最为主要的。

一是公法与私法划分的法律文化背景对行政法学科体系的构建产生直接影响。美浓部达吉认为："区别公法与私法的基本标准在于法主体之不同，……但从现实的国法上看来，那基本的标准在两个方向有修正的必要；公法和私法的区别，在若干场合亦因此不甚明晰而成为问题。第一，当国家站在与私人同样的法律地位时，国家被视为准私人，亦为私人相互关系的法所规律。所以在该场合，即规律国家的法亦不属于公法而属于私法；第二，在国家之下的公共团体及其他取得国家的公权的团体的都被视为准于国家，因而当此等团体为法主体时，便与国家为法主体时同样属于公法。"[①] 显然，其关于公法与私法区分的理论阐释表明，这样的区分并不是一个简单的理论问题，更重要的是它在实在法中的客观反映。在笔者来看，公法和私法的区分是法律文化的一个范畴，本身并不直接具有实在法的价值，只是人们从法文化方面对法律现象的区分和认识。这一法律文化对于行政法研究而言影响是深远的。人们常将行政法归入公法之中，张载宇所揭示的行政法之四大特征中就有一者为"行政法为公法"，其进一步指出：公法与私法的区分"由来已久，影响更深，在法律之认识与运用上，法学理论之说明上，仍有其必要。此一问题，虽系整个法律学的基本问题，于行政法尤为重要。因为行政法理论，向系建立与公私法区分

---

① 〔日〕美浓部达吉：《公法与私法》，黄冯明译，商务印书馆1937年版，第40页。

的基础之上，学者多认为行政法为典型的公法，最具公法之特性。故对行政法之研究，尤应重视此种区分。唯行政法虽属典型之公法，其规定内容，亦常涉及私法关系的问题"①。将行政法作为公法不仅仅是对行政法性质的判断，更为重要的它已经成为构建行政法学科体系的一个基本方法，《美国行政法的重构》在体系设计上就是以公法的法律文化而展开的，该书的基本结构是，第一部分为"传统模式和行政自由裁量权问题"，第二部分为"解决行政自由裁量权问题的可替代方案"，第三部分为"传统模式的扩展"，第四部分为"行政法的利益代表模式"，第五部分为"利益代表的政治模式"，第六部分为"评估和展望"。当然，绝大多数行政法教科书都以传统的公法学体系构建行政法学科。

二是法系区分的法律文化对行政法学科体系的构建产生直接影响。我们上面已经谈到，法系的区分在大的范畴上是有定论的，如大陆法系与英美法系的区分就是公认的，这个区分实质上是对不同法律文化传统的概括。而在一些相对细小的环节上法系的区分仍然存在巨大争议，这个争论不是本论研究的重点，然而，法系区分作为法律文化的体现对行政法学科体系的构建所起的影响作用非常巨大。大陆法系由于以成文法为主要的法律理念和特征，因此，大陆法系的行政法学研究中其学科体系的构造一是多以行政实在法为基础，二是大多讲究学科体系在解释方法上的规范性。例如，盐野宏在《行政法》这一规范的教科书中用四分之一的篇幅评介行政法的基础理论，而且是对基础理论的专题研究，其探讨了这样一些理论问题，而且都作为专章设置："行政与法的一般关系"，"日本行政法的基本构造"，②

---

① 张载宇：《行政法要论》，台湾汉林出版社1970年版，第13—14页。
② 盐野宏设置的"日本行政法的基本构造"与其说是对日本行政法体系的构造还不如说是对日本行政法学科体系的构造，在这个构造中探讨了三个范畴上的问题，一是学科

"行政法的法源"，"日本行政法的基本原理"等。这种将基本理论予以集中研究的方法在英美法系是很少见的。英美法系的特征是更加注重法律的实证过程，案例在其法律学科中具有较高的地位和价值，对行政法学科体系的构建也循着案例的路径而展开。一些教科书的论证过程就以法案开始到法案的最终定性而结束，另一些教科书则在具体章节中突出法案的价值。韦德的《行政法》一书专有一章是"自由裁量权的滥用"，其中一节为"法官的自由裁量权"，他对法官的自由裁量权并没有作概念上的界定，从头至尾都以法案为中心："警察在实施刑事法律时所拥有的权限在一个诉案中由上诉法院作了探讨。在该案中，上诉人以一个公民的名义起诉警察对伦敦赌博俱乐部的非法赌博所采取的不予起诉的政策。法院的调查结果是，警察委员会的秘密指示表明该公民控告的事实存在，警察当局这样做的原因是法律规定不明确，对这些俱乐部进行监视的人力和财力也不够。在案件审理过程中，法律澄清了此问题，警察当局发出了新指示，并保证撤回过去的指示。法院以为没有时机干预此事。但法院明确表示，警察委员会并非像它的律师所声称的是完全自由的机构。对公众而言，它有执法的义务。比如说，如果警察委员会制定一项规则，不对私人民宅者起诉，法院则可以用强制令的方式予以干预。另一方面，当他合理行使他的权力时，比如说，根据法律对惩罚的规定，私人民宅者因某种特别原因而不应受责，因而不应对他起诉，那么法院就不能干预警察委员会的自由裁量权。法院批评了警察局不对赌博俱乐部进行监视的政策，因为这很明显与议会的意图相违背。如果警察当局未改变其政策，法院是可以干预的。但是警察在他们的工作决策中和方法选

构造问题的提出，二是公法和私法二元论及其有用性，三是行政法学的存在方式等，这三个范畴实质上都以探讨行政法学科体系构建为特征，而不是对日本行政实在法体系的揭示。

择中有很大的自由裁量权,例如,为了他们官员的安全,在某一受害地区停止追捕抢劫犯。1972年,具有同样精神的一位公民提起了一个类似诉讼,要求法院命令警察采取更有效的行动执行禁止黄色书籍出版和发行的法律。都市警察受命在没有检察官的同意之前不得提起公诉,不得下达销毁出版物。很多黄色书刊是在没有警察干预的情况下出售的。上诉法院发现,警察基本无能,但真正的问题是1959年禁止黄色书刊出版法软弱无力。因此不能说警察没有尽职,因此上诉法院拒发强制令。它再次表明,如果警察行使他们的执法职能,法院不能对他们的自由裁量权加以干涉。但是,如果他们渎职,法院则可干预。该案的原告则因他的起诉而得到了为公众服务的嘉奖。上述这件案例说明了法院控制非法定自由裁量权的权力,因为关于警察的起诉问题从未有立法规定。它们表明,行政当局的自由裁量权应受限制的原则并不是不可变动的。法律的真正基础是与行政法的恰当制度相兼容的。"① 以法律文化背景构造行政法学科体系的方式显然不像以上列举国家构造行政法体系那样具体。但是,每个行政法学科体系的构造都充斥着一定的法律文化背景,行政法学科体系的主观构造的主观性在此得到了印证。

四、行政法学科体系的混合构造

行政法学科体系的主观构造和客观构造是我们从哲学上对两种不同类型行政法学科体系构造的概括,这两种构造在行政法学研究中是存在的,而且作出这样的区分也是有理论根据和实践依据的。笔者

---

① 〔英〕威廉·韦德:《行政法》,徐炳等译,中国大百科全书出版社1997年版,第73—75页。

上列的区分实质上也反映了行政法学研究中的两种哲学态度，即主观的对待行政法问题和客观对待行政法问题。这两种方法论并没有褒贬之分，实而言之，我们不能说行政法学科体系的主观构造是唯心主义，我们也不能说行政法学科体系的客观构造在科学研究中具有庸俗化。尤其在社会科学的门类划分日趋具体的情况下，任何一种研究方法都有其内在的价值和优势。行政法学科体系的主观构造的理论价值在于促使人们不断追求新的行政法模式乃至于行政法制度，而行政法学科体系的客观构造却体现了行政研究中的务实精神。然而，笔者在对行政法学科体系的比较研究中也发现了将行政法学科体系的主观构造与客观构造相结合的构造方式。当然，也有人说任何一个行政法学科体系客观的构造都是主观与客观的统一，行政法学科体系的主观构造与客观构造只是笔者对相关研究所贴上的一个标签，而且这个标签的粘贴是人为的。但是，笔者并不这样认为，一些行政法学科体系的构造既难以归入到主观构造中，又难以归入到客观构造中，其在主观构造和客观构造中选择了一个相对中间的道路。笔者将此类构造分为下列具体的类型。

（一）总论与分论的行政法学科体系

总论与分论的行政法学科体系构造是比较多见的。这种构造方式通常情况下先用相当一部分篇幅讨论行政法和行政法学中的问题。总论的内容由学者们自行设置，并没有一个统一的模式。笔者认为学者们开辟的总论有这样一些情形：一是在总论中介绍行政法学科的外围背景，如介绍行政权，介绍法与行政的关系，介绍宪政对行政法的影响等等。例如，佩泽尔的总论就有这样一些内容：第一章"行政机关"、第二章"行政法"、第三章"行政法的演变"。二是在总论中介绍行政法学科的基本理论，如张载宇《行政法概要》的总论就包括"行政之概念"、"行政法之基本理念"、"行政法之法原则"、"行政法之分类"、"行政法之创立"、"行政法之效力"、"行政法之法律关系"、"行政法之适用"等,这些主题都是总论中的单独一章。三是在总论中介绍适合于一般行政机关的行政法制度和行政法规范,例如张尚鷟的《行政法学》就在总论中讲了这样一些内容,第一编为"行政法概述",第二编为"行政组织法",第三编为"行政行为法",第四编为"行政争讼法",第五编为"行政监督法"。分论与总论相对应,分论究竟涉及哪些行政法内容,往往依学者们在总论中设置的内容而定,如果总论中包容了行政法典和行政法制度,那么,分论实质上就是部门行政管理法的内容,例如,张尚鷟的《行政法学》,其中分论包括:第一章为"概述",第二章为"中华人民共和国商标法",第三章为"中华人民共和国全民所有制工业企业法",第四章为"中华人民共和国森林法",第五章为"中华人民共和国海关法",第六章为"中华人民共和国治安管理处罚法",第七章为"中华人民共和国集会游行示威法",第八章为"中华人民共和国兵役法",第九章为"中华人民共和国文物保护法",第十章为"中华人民共和国义务教育法",第十一章为"中华人民共和国食品卫生法",第十二章为"我国的科技行政法"。总论如果讨论的是行政法学科的理论,那么,分论就包括了基本的行政法制度,例如,张载宇的分论部分有"行政组织"、"行政行为"、"行政救济"。总论与分论在行政法学科构造中亦大不相同,有的就直接称之为"总论",有的则称之为"绪论"、"概论"等,例如张载宇就以"绪论"的名称代替"总论"。分论的名称在有的行政法学教科书中使用,有些则不使用分论的名称。总论与分论行政法的学科体系构造,可以说很好地将行政法学科的主观构造与客观构造予以结合,使行政法学科的总论部分多些主观的东西,如张载宇先生在其总论部分就预测了行政法发展的趋势为法典化、详密化和通俗化:"就法典化而言,由于行政法理论之发展,各国学者多主张行政法应有统一之法典,希望能将行政法规共同适用之一般原则或基本事项,归纳汇列,提纲挈领,厘定为完整统一之法典,以为多数行政法规之共同准则。详密化系指各个行政法规制订之详细与精密而言。机关业务日趋专业化、技术化,分工日趋精密,处理日趋科学化。一方面法规数量日益增加;一方面法规内容不得不日趋精密。就通俗化而言,行政上一切措施,均与人民有密切关系。必须人人知法,而后始能希望人人守法。人民之知识水准不同,不能强求每个人对于法令有深刻的了解。欲使人民易于了解法规,必先求其通俗化。"① 在分论部分则多些客观的东西,还以张载宇的《行政法概要》为例,其在行政强制中关于物的强制扣留曾有这样一个评介:"行政机关对于足以危害治安之物,或物之足以防获天灾事变及其他危害者,视当时情况需要,得本行政权,而予以扣留、使用、处分或限制其使用。行政执行法第八条第一项:'军器、凶器及其他危险物,非扣留不能预防危害时,得扣留之。'第九条:'遇有天灾事变,及其他交通上、卫生上或公安上有危害情形,非使用或处分其土地、家屋、物品,或限制其使用,不能达防获之目的时,得使用或处分,或将其使用限制之。'以上两条所称之危害,包括危险与实害两种情形而言。所谓危险,其意义应从严格解释,须由客观观察,依据学理与经验,足认其有发生危害之可能性者始属之;所谓实害,亦须斟酌当时情况而为客观之判定,均不可仅由主观之臆测而据为认定。对于危险物之扣留,以预防危害为主要目的,故多适用于危险情形,如已发生实害,为预防实害之扩大,自亦得加以扣留。对于物之使用或处分,或限制其使用,以防获必要者为限,如使用其他方法足以防止其危险或实害之扩大,应无该条之适用。"② 这是对行政实在法

---

① 张载宇:《行政法要论》,台湾汉林出版社1970年版,第19页。
② 同上书,第402—403页。

非常具体的非常客观的解读。

（二）基本原理与操作规程的行政法学科体系

行政法学科体系构造中还有一种将主观与客观予以结合的构造方式，就是将行政法和行政法学的基本原理评介与行政法的具体操作规程予以有机结合。一方面，在其学科体系中包括了行政法的一些基本原理和基本理论，对这些基本原理的评介既从通常的行政法需要出发，又站在一个相对较高的起点上分析每一个重要的理论问题。另一方面，行政法中的制度评介和法典评介都紧密结合行政法治实践。当然，在行政法学理论与制度关系的处理上可以有两种模式，一是将基本理论与具体的行政法制度予以紧密结合，二是将行政法学基本理论与行政实在法予以相对分开。我们认为，行政法理论中一些是纯粹的理论形态，而另一些则与行政法治实践相对密切，因此，处理二者的关系对于行政法学科体系而言是必须引起注意的。在基本理论与操作规程相结合的行政法学理论构造中，毛雷尔的《行政法学总论》具有代表性，该书的基本体系如下：第一编为"行政和行政法"，第二编为"行政法的基本概念"，第三编为"行政活动：行政行为"，第四编为"行政活动：其他活动方式"，第五编为："行政程序和行政强制执行"，第六编为"行政组织"，第七编为"国家赔偿法"。其中有关行政法基本原理的评介非常合理，例如，"现代意义行政法的条件在19世纪立法约束行政时才得以成就，动因是需要权限规则的分权，以及要求按照法律规定干涉公民自由和财产的基本权利的确认。"[①] 而在行政法操作规程的评介中也有一些精辟论述，例如其在"金钱债权的强制

---

① 〔德〕哈特穆特·毛雷尔：《行政法学总论》，高家伟译，法律出版社2000年版，第18页。

执行"一节中讲道:"执行从强制执行立案开始。立案针对的是行政强制执行机关或者执行的法院,没有外部效果,不是行政行为。强制措施本身的根据是税法,而税法又援用了民事诉讼法的规定。具体的执行措施——因动产、不动产或者债权——差别很大,这里不能详细介绍了。"①

(三)基本理论与部门行政法相结合的行政法学科体系

行政法学基本理论在行政法学研究中具有非常重要的地位,它是人们认识和领会行政法问题的工具。但是,行政法学科体系构建中相关的基本理论如何处理却一直没有统一的方式。一些行政法教科书,尤其在行政法学科的客观构造中行政法学基本理论涉及到的很少,我国大陆的一些行政法教科书基本上回避了行政法的基本理论。对于有争议的行政法理论更是尽可能地予以回避。然而,有一些行政法教科书则给行政法基础理论以关注,而且将行政法基本理论作为行政法学科体系构建的基础。在理论基础的评介过程中,亦紧密结合行政部门法的状况。我们知道行政法在其操作中都要具体到部门行政管理之中,与每一个行政机关的职权行使有直接的关联性。基于此,一些行政法教科书将基本理论与行政法在部门执法中的操作统一起来。既侧重于行政法基本理论的评介,又以部门行政法管理的实际状况为基点。室井力的《日本现代行政法》就是此种行政法学科体系构建的代表。该书共分为下列诸编:第一编为"行政法的基本原理",第二编为"行政作用法",第三编为"行政救济法",第四编为"行政组织法",第五编为"主要行政领域——现代行政与国民生活"。其中关于部门

---

① 〔德〕哈特穆特·毛雷尔:《行政法学总论》,高家伟译,法律出版社2000年版,第482页。

行政管理的评介尤其具有特色，例如他在论述"围绕行政作用法的问题"时说道："传统行政法学为了尽可能把行政活动（行政作用）纳入特殊的自律的公法秩序，一直着眼于目的和手段的共同性质，使有关行政活动的各种法令体系化（称之为'行政作用法'、'行政作用法各则'、'行政作用法各论'等，通常作为'行政法各论'来论述）。但是，由于宪法原理的转换和行政的目的、手段、内容出现复杂多样化，毫无疑问是传统体系出现破绽。于是人们开始尝试依据传统手法的同时，通过设定'规制法'或'给付行政法'等新的类型概念重新确立作用法体系。然而，对这些类型概念，人们提出了质疑和批判。比如说，被认为'规制法'特征的东西很难论是'规制法'所固有的。'给付行政法'的内容也包含了各种不同性质的行政，其行为形式也是各式各样的，因此将其一概作为行政作用法的一种类型，其自身存在问题。再者，在各种行政领域里，现正形成经济法、社会保障法、教育法、环境法、土地法、医事法、住宅法等新的各种法学领域。因此，以至出现这种见解，即应将历来的按各种类型划分的行政各部法论从行政法学即行政法解释学的体系中分割出来。"[①]

[①] 〔日〕室井力主编：《日本现代行政法》，吴微译，中国政法大学出版社1995年版，第352—353页。

第八章 行政法学分部类诸元素进路的比较

一、行政法学分部类概说

(一) 行政法学分部类的概念

行政法学分部类是构成行政法学科体系的基本要素，我们既可以将其理解为行政法学科体系中的支系统，又可以将其作为行政法学科中的基本单元。与行政法学科体系本身没有定论一样，行政法学科体系中的分部类亦没有定论。鲜有学者定义行政法学科的分部类，揭示行政法学科中分部类的具体内容，但不可否认的是任何一部行政法教科书中都有一个由诸多要素组成的分部类。在和田英夫的行政法教科书中有这样一些分部类：一是有关行政法基础理论的分部类；二是有关行政组织的分部类；三是有关行政作用的分部类；四是有关行政救济的分部类。而日本另一位行政法学家盐野宏则开设了这样一些分部类：一为行政法的基础；二为行政过程；三为行政救济；四为行政手段。同以日本行政法的状况为研究基础，但他们所设立的行政法学科的分部类是不尽相同的。我国台湾两位学者开设的行政法学科的分部类亦存在一定差异，如张载宇先生的行政法学科分部类包括：

行政组织、行政作用、行政救济等,而管欧先生则在上列三者中再加进了行政职权。由此可见,行政法学科的分部类并没有统一的认识。那么,究竟应当如何理解行政法学科中的分部类呢?笔者认为下列方面是十分关键的。

其一,行政法学科中的分部类是行政法学科体系中的一个分支。行政法学科体系是一个由诸多分支系统构成的总系统,我们知道,依据现代系统原理任何一个系统之中都包含着一些能够支撑这个总系统的支系统。行政法学科体系中的分部类就是这个总系统的一个分支,对于行政法学科体系而言,作为支系统的分支是不可缺少的,缺少了这样的支系统,行政法学科体系就缺少了一个元素或者支柱。例如,在行政法学科体系中行政组织及其相关研究是一个支系统,如果没有这个支系统,那么行政法学科体系就失缺了一个基本的支撑点。从这个意义上讲,行政法学科体系的分部类是行政法学科中的客观存在,任何将分部类从学科体系中独立出去的做法都是不正确的。笔者之所以要提出这一点是因为在我国行政法学研究中,一些学者在设计行政法学科体系的分部类时随意性非常大。一种情况是将某个本应当是行政法学科体系的分部类的东西在其构建的学科体系中剔除出去,如近年来我国行政法学界出版的一些教科书就没有了行政组织、公务员这样一些分部类。另一种情况是将本来不属于行政法学科中分部类的东西设定为分部类。有些行政法学科中的元素仅仅是一个元素,有些甚至是相对较小的元素被学者们当成了行政法学科中的分部类,例如行政处罚法和行政许可法以及与之相关的行政处罚制度和行政许可制度无论如何只是隶属于行政程序法,或者隶属于行政行为法的一个元素,但被学者们视为行政法学科中的分部类。有些被视为分部类的东西其本身与行政法不一定有太大关联性,亦被一些学者按照分部类来处理。

其二，行政法学科中分部类的判定有很多模式。行政法学科中分部类究竟如何判定如同分部类本身的概念一样亦没有定论，学者们在研究过程中可以根据自己设计的行政法学科体系的特点对分部类进行确定。从总体上而论，行政法学科分部类的设计有这样一些模式，一是以行政法学科诸元素确定分部类。我们在上面探讨了行政法学科的一些基本构成元素，每一个元素构成行政法学科体系的一个分系统，如行政立法是行政法中的一个元素，便可以将行政立法作为行政法学科中的一个分部类，行政执法是行政法的一个元素，亦可将其作为一个分部类。由于行政法学科体系相对的可变性要大于其他部门法学，这便导致行政法学科分部类设计上的复杂性。分部类之间是否能够包容，分部类之间是否具有相同的学科分量，分部类之间是否要保持一种并列关系等等都是很难回答的问题。例如，布郎的《法国行政法》一书包括下列诸章，第一章为"导论"，第二章为"宪法与行政背景"，第三章为"行政法院"，第四章为"法院的结构与人员"，第五章为"法院程序"，第六章为"法院的管辖权"，第七章为"司法审查的前置条件"，第八章为"实体法：行政责任原则"，第九章为"实体法：行政合法性原则"，第十章为"法国行政法的对外影响"，第十一章为"结论"。从排列的十一章内容看，很难说其设计的行政法分部类究竟有哪些。[1]因此，通过行政法元素对行政法学科体系分部类进行确定

---

[1] 这也提出一个技术上的问题，即行政法学科的分部类在行政法学科体系中，尤其在一部行政法教科书对行政法学科体系的评介上究竟将分部类以什么样的形式进行处理，是将其作为行政法学科中的一编或一篇呢？还是作为一章呢？拟或作为学科体系中的一个部分？这些问题都是需要探讨的，对于行政法学科体系的规范化而论这些问题并不具有随意性，如果我们随意处理这些问题，那必然会使行政法学科的发展受到阻滞。我国行政法学之所以会在一些比较重要的问题上产生极大混乱，与我国学者在行政法学科体系构建中，分部类确定上的随意性是有关系的，正如上面我们讲到的诸多学者将行政处罚法作为一个分部类，还有一些学者将没有任何实在法基础的空泛东西作为一个分部类。

是一个比较好的选择,而在作出这个选择之前行政法学科元素的相对共识是非常重要的。因为没有行政法学科元素上的相对共识,此一进路就会遇到一些无法解决的问题。二是依行政法的规范对象确定分部类。行政法的规范对象是指行政法在对行政权进行规制过程中所涉及的规制对象,通常情况下,行政法要对行政组织进行规制,要对公务员进行规制,要对行政立法进行规制等,每一种规制对象都可以成为一个分部类。行政法的规制对象在不同的行政法理念下有着不同的内容。例如,在限权行政法的理念之下,行政法所规制的主要是行政系统的组织结构以及职权行使问题,进而规制行政相对人利益的保护问题。而在扩权行政法的理念之下,行政法则以规制行政相对人为主。由此可见,从规制对象的角度确定行政法学科体系的分部类亦必须有一定的前提,至少要在行政法理念上形成共识,或者选择一个理念对分部类的内容作出确定。我们认为,行政法分部类的内容是可变的,可以由学者们创立的,而且其中的一些变数对行政法分部类的确定有非常大的随意性。然而,行政法这一社会现象的总体格局具有一些基本的定在,这些定在也常常存在于一国行政实在法之中。这些共性的东西为我们选择一些行政法学科体系的分部类并进行比较提供了一个基础。

(二)行政法学分部类的外延

行政法学分部类的外延比行政法学分部类的内涵对行政法学科体系的构建更具意义。当我们在构建一个行政法学体系时总是要选择一些具体的分部类,并使其有序地存在于行政法的学科体系之中。每一个分部类实质上都是行政法学科体系分部类外延中的一个组成部分。例如,王名扬教授在《英国行政法》中设定了这样一些分部类,一是中央政府和地方政府,二是公法人,三是行政机关、权力的性质、根据和行使方式，四是委任立法，五是公开调查听证和调查法庭，六是行政裁判所，七是司法审查，八是行政上的赔偿责任，九是行政监察专员。该书共十五章，但分部类都不是体现于每个章节之中的，而是一些分部类集中于若干章节之中，如王先生用三章介绍英国的司法审查制度。由于其处理方式比较好，使我们能够非常清楚地看到三个章节是一个分部类。上列八个分部类实质上是王先生关于英国行政法学科体系中的外延。由于行政法学科体系构建是一个能够主观化的东西，由于行政法学科体系构建中分部类的选择是一个主观化的东西，因此，分部类确定选择路径就不是单一的，行政法学科体系中分部类外延的勾画对于行政法学科体系的构建就有极其重要的理论价值。正因为如此，笔者将行政法学科体系中分部类的外延通过下列方式予以揭示。

第一，作为理论的分部类与作为实务的分部类。行政法学科体系中有诸多的理论，这些理论都是行政法学科的组成部分，都是行政法学科体系中不可缺少的。归属于行政法学理论的分部类包括行政法关系、行政法渊源、行政法原则等。这些纯粹理论的分部类每一个都是一个分支，都从一个侧面支撑着行政法学科体系。作为实务的分部类是指有关行政实在法制度的东西。应当说，行政法作为应用学科的性质决定了行政法学科中实务性分部类应当有大于理论性分部类的绝对和相对数量。行政组织法、公务员法、部门行政管理法、行政诉讼法都是行政实在法典中最为重要的一个，是行政实在法在行政法学科中的体现。此一分部类比作为理论形态的分部类有更为实质的内容。实务性分部类在各国行政法学科中的地位有所不同，我们在探讨布郎的《法国行政法》时看到其中分部类的内容都基本上以行政要接受司法审查为思维方向，这便给人一种感觉似乎法国行政法就是一种关于行政行为司法审查的法。在一个主观的行政法学科体系中，上列两个分部类都是非常重要的。

第二，作为实体的分部类与作为程序的分部类。行政法学科体系中的分部类除却理论和原理以外，一般都与行政过程中的实体权利义务和程序规则有关，我们便可以此将行政法学科中的分部类分为作为实体的分部类与作为程序的分部类。作为实体的分部类旨在解决行政法学中的实体问题，如行政组织法、行政赔偿法、行政行为法等都是实体性规则，它们同时也是行政法学科中的一个分部类，其中每一个都有独立的价值，都能够从不同的角度支撑行政法学科体系。作为程序的分部类在行政法学科中亦不在少，巨大的行政程序范畴就是作为程序的分部类之总汇。另外，如果按广义程序原理理解，行政复议法、行政诉讼法、国家赔偿法等部类亦为程序性分部类。王名扬教授的《法国行政法》则设置了这样一些作为实体的分部类，包括"行政组织"、"行政行为"、"公务员制度"、"公共工程"等，也设置了这样一些作为程序的分部类，如"行政诉讼"、"行政诉愿"以外的救济手段等。

第三，作为行政一般制度的分部类与作为部门行政管理的分部类。行政一般制度是行政法学科中的基本制度，其既与行政法治有关，也是行政法学科的支柱。部门行政管理是指行政法在调整行政权的过程中涉及到的部门行政管理规则，它们存在于单一的行政管理部门或者行政管理的单一环节之中，盐野宏《行政法》中作为一般制度的分部类包括"行政立法"、"行政指导"、"即时强制"、"行政程序"等。[①] 而关于部门行政管理的分部类其虽然没有穷尽，但也提到了一些相对重要的分部类，如"地方自治"、"公物法"等。由于在本书的

---

① 盐野宏将这些问题是作为行政法中的分部类进行研究的，在行政法学科体系中这些东西作为分部类是否合理是值得探讨的问题，因为一些具体行政行为被作为分部类以后，其与行政行为这个较大分部类的关系如何处理就是一个难题。

前面一些章节对行政法学理论的若干基本问题都进行了比较研究，因此，有关分部类的比较笔者将作出一些重点选择，一方面，一些属于纯粹行政法理论的分部类不予选择，仅选择行政法制度思考的进路。另一方面，行政法实在制度中的分部类有诸多具体范畴，笔者没有将所有的分部类都囊括起来，只选择一些相对重要的分部类进行比较。本著作不是比较行政法，而是比较行政法学。因此，笔者对分部类若干实在法内容的比较以学者对这个问题的认识，即基本的理论思考为比较点，而不提到这个相关制度在各国行政法中的状况。如笔者将行政组织法作为一个分部类进行比较研究，不会对各国行政组织法的内容进行比较和评说，而主要比较学者们关于行政组织的理论。

（三）行政法学分部类的地位

行政法学分部类是行政法学科体系的基本构成，在行政法学科体系中具有下列重要地位。

其一，行政法学分部类支撑行政法学科体系。行政法学科体系是在相关分部类的支撑下才得以存在的，对于这个学科体系大厦而论，分部类是构成这个大厦的基本材料，所不同的是分部类作为行政法学科体系的材料不是简单的、最为原始的材料，而是已经成为基本模块的系统化素材，此点必须明确。因为行政法学分部类并不等同于行政法学科中的具体元素，如果将具体元素等同于分部类就降低了分部类的价值。那么，一个完整的行政法学科体系究竟有多少个分部类是不容易回答的问题。但必须强调的是某一行政法学中的问题本应当是行政法学科的分部类，而在学者们构设相关体系时被忘记了，这样的忘记将会使其构建的学科体系出现不周延等现象。从这个意义上讲，行政法学分部类是行政法学科体系的支柱。

其二，行政法学分部类具有独立的结构和价值系统。每一个能够成为行政法学分部类的构成元素都是一个相对独立的系统,其本身就是以结构化的形式表现出来的,例如,行政组织法是行政法学科中的一个分部类,而行政组织法本身又是一个规模不小的系统。盐野宏的《行政法》关于行政组织法是作为一个部分构设体系的,共有三章:第一章为"行政组织法的一般理论",第二章为"国家行政组织",第三章为"地方自治法"。其对行政组织法作了这样一个理论概括:"如上所述,组织规范的全体呈现出法律——政令——省令——训令——决定这样的阶层性构成。在该限度内,与通常的法令构造类似。不过,必须注意的是,组织规范的内容只不过是行政机关的设置及其事务的分工掌管而已,所以,不存在法规命令中委任命令和执行命令的区别。在这种情况下,虽然形式上也存在可以将上位规范和下位规范的关系看作委任的部分(《国家行政组织法》和各省组织令),但是,一般地说,下位规范对于上位规范,具有将组织细分化的作用,这也与通常的执行命令和上位法律的关系具有本质的不同。也就是说,将大的单位分割为更加小的单位,是组织规范的上下关系的内容,所以,将其关系称为细目规范是适当的。此外,省令和训令,在法规命令中是本质不同的,在那里不存在连结关系;与此相对,在组织规范中则当然地以其连结关系为前提,上述内容有时在规定上也得以明确。从这里看,也不存在行政立法的分类中法规命令和行政规则的区别。"[①]可见,行政组织法的结构和体系化的特征是非常明显的。行政法学科中的分部类基本上都是可以成为体系和系统的。应当说,一国行政法学科体系由三部分构成,一部分是学科体系的总体构成。这个总体构成就应当指各个分部类之间的关系,如果分部类之间的关系不协调,该国行政法学科体系就不会很完整。例如,苏联行政法学科体系中对

[①] 〔日〕盐野宏:《行政法》,杨建顺译,法律出版社1999年版,第534页。

于行政相对人规制的原则和具体的行为规范比较健全,但其有关部门行政管理的行政法规范强于有关规制行政主体的行政法规范。而且其中的比例关系的反差是很大的,这便决定了苏联行政法不是当时历史条件下最为发达的行政法学科,反倒是相对落后的行政法学科。另一部分是行政法分部类本身的完善性。行政法分部类的完善是指每一个分部类的结构化状态是否形成,是否符合法律学科的学术规范等。由于分部类之间关系只是行政法学科体系是否完善的指标之一,因此,各部类本身的完善化程度就是一个十分关键的问题,一国行政法学科体系若要建立起来,分部类的健全是一个基础性的要素,因此,将行政法学科体系中的分部类理出来,将分部类构设好是行政法学科完善过程中必须走的一条路。还有一部分是行政法学科体系中的基本元素的状况。在行政法学科体系中每一个分部类实质上都是一个支系统,而它本身又必须有诸多的元素予以支持。以行政组织法这一支系统为例,其中构成它的包括行政组织中的职位设置,包括组织的构成,包括组织之间的联结方式等等。这些具体要素常是最小单位,但其是分部类之基础,进而也是整个行政法学科体系的基础。总而言之,行政法学科体系的分部类及其状况是行政法学科体系的重要指标。

其三,行政法学科体系的分部类能够成为相对独立的学科。行政法学科体系在行政法研究的发展中,具有一个重要的发展趋势上的特点就是日益分化性,所谓日益分化性是指行政法学科在其发展的初期是一个统一的体系和结构,一个较大的行政法学科体系可以将所有行政法学理论包括进来。行政法学初始阶段的一体化是由诸多因素决定的,其中之一是行政法学科本身还只能集中在一元之下,集中在一个一体化的学科之中。后来随着行政法治进程的深化和人们对行政法学问题研究的深化,行政法学科就出现了向多学科发展的进路,如人们将行政诉讼法从行政法学科中独立出来①,将行政程序法从行政法学科中独立出来②,这些被独立出来的新的学科具有这样一些特性,一方面其是行政法学体系的构成部分,即是说它们虽然从行政法学科总体系中独立出来了,但它们仍然是行政法学科的组成部分,其学科归属上没有发生质的变化。另一方面,这些学科形成了一套适合自身的解释问题的方法,并有一套结构化的学科构成特点。此点决定了独立出来的行政法学科能够独立存在,有些情况下甚至可以不借助行政法学科体系的原理就能够对本学科出现的问题进行合乎逻辑的阐释,③而这些独立出来的行政法学科后来都是行政法学科体系中的一

---

① 行政诉讼法是行政法的重要组成部分,不论大陆法系国家,还是英美法系国家都是这样处理的,行政诉讼问题的研究也必然是行政法学研究的有机部分。但是,我国学者也有将行政诉讼法与行政法相提并论者,即将行政诉讼法与行政法作为两个部门法看待,教育部在1998年确定法学核心课程时就有一门为"行政法与行政诉讼法"。国家也有学者专门撰写行政诉讼法的教科书以与行政法有所区别。

② 行政程序法从行政法中的独立是行政法学研究的又一进路,一些学者甚至创设了专门的行政程序法学体系,近年来国内学者关于行政程序法的教科书和论著正也已成为规模。不过行政程序法从行政法中的分立之态势没有行政诉讼法分立之态势明显,学者们没有明确表示行政程序法应当与行政法相并列,但对行政程序法相对独立的研究都从不同侧面反映了这一情形。

③ 例如孟鸿志等学者所著的《中国行政组织法通论》在分析西方国家行政机构改革时运用了有关行政学和政治学的原理,并使这些原理成为解释行政组织法的系统理论,而这些理论与行政法学的一般理论并没有必然的联系:"西方国家的行政改革与其经济发展相适应。在资本主义发展的初期,政府对经济的干预很少,整个国家的经济运转主要依赖市场经济的内在规律,政府放任不管,唯一的作用只是维护社会公共秩序,作为立法机关的议会(或国会)主要负责制定市场经济所需要的法律规范,司法机关解决社会生活中出现的各种纠纷。到了资本主义的高级阶段——帝国主义的初期时,资本主义的内在矛盾不断暴露,经济的迅速发展、环境的破坏、失业人员的增加、周而复始的经济危机,以及两次对各国造成巨大影响的世界大战,使得政府无法再'袖手旁观'。以强调民主但效率低下的立法机关和消极中立的司法机关都无法应付如此局面,因而以效率和强权为特征的政府的作用突显。例如,美国30年代的'罗斯福新政',这一阶段,政府的权力不断扩张,管理范围日渐广泛,在三大机关中行政机关居于显著的地位。行政机关职权扩张所带来的一个负效应就是机构膨胀、人员超编。政府在职权扩张难免会管了不该管的事,因而各国又开始进行行政改革,这种改革并不

个分部类，例如，行政法学科体系中一般都有行政程序和行政诉讼等部类。目前基本上是这样的格局，即某一分部类是否从行政法学科体系中独立出来决定于学者的研究传统。强调行政法学科体系完整性的学者更愿意将这些已经成熟的分部类放置在行政法学科的总体系中，2005年应松年教授主编了巨著《当代中国行政法》一书，该书实质上所追求的是行政法学科的大一统性，几乎将人们认为是行政法总论部分的所有问题都集中起来并予以全面讲解，甚至对连行政监察这样被一般学者的行政法学科体系所回避的问题也作了数万字的研究。而强调学科细分的学者则将行政法学科体系中相对成熟的分部类独立出来，并对这些分部类建构新的学科体系和学术规范。我们认为，行政法学科体系中分部类的分化是行政法发展中不可逆转的趋势之一，因为一元结构的行政法已经不能容纳行政法学科体系在诸多方面呈现出的多元性。但同时我们还应指出，行政法学科体系中分部类的分化是一个自然发展过程，任何人为地将相关部类独立出去的作法都是不明智的。学科的发展到一定阶段后，它的不可逆转性是由它自己的内在因素决定的，人们最多只不过能够对这种状况作出一个相对公正的反映而已。

二、行政组织法进路的比较

（一）行政组织法概念界定的比较

行政组织法是行政法学科中的一个最为基本的分部类。如果以左潞生先生的"体"和"用"的理论构建行政法学科体系的话，行政组

是一次就可结束，而是需要反复进行的。"参见孟鸿志编著：《中国行政组织法通论》，中国政法大学出版社2001年版，第266—267页。

织法将占到行政法学科总体系中二分之一的内容。当然，依这样的构建方式在某些方面看是较为极端的，但无论如何行政组织都是任何行政法学科体系构建中不可缺少的。行政组织法在行政法教科书或者相关学科体系中的出现有三种基本的处理方式。一种处理方式是只列举或讲解有关行政机关、行政主体、授权的组织等作为行政组织法的基本内容，但不提到行政组织的概念，更不会给行政组织下定义，例如，应松年教授主编的《行政法学新论》中就谈到了行政机关、授权的组织等，没有提到行政组织法。另一种方式是在行政法学科体系中提到行政组织法，将行政组织法作为一章或一编的名称，在这个名称之下讲解有关行政组织法规制的具体对象，如佩泽尔的《法国行政法》就有"行政组织法概论"这么一个章节，但没有给行政组织法下定义。第三种情况是既设有行政组织法的专章和专节内容，又对行政组织法的概念进行剖析，例如盐野宏的《行政法》既给行政组织法下了定义，又讨论了行政组织法定义与宪法和相关法治精神的关系。显然，在前两种关于行政组织法的处理方式中，其将行政组织作为行政法中的一个范畴来看待，即在行政组织法这个范畴之下包括诸多的法律元素，如行政机关组织法、自治团体行为法、公务员法等。即是说，行政组织法在没有界定概念的学科构建中是一个相对较老的概念，是将一系列有关组织规则予以集合的概念。应当指出的是，在行政法教科书和学科体系中，前两种对于行政组织法的处理方式并不在少，在英国学者构建的行政法学科体系中尤其如此。毫无疑问，我们对行政组织法概念界定进行比较研究只能在第三种情况的行政法学科体系中去掌握，同时没有具体的概念界定就无法对概念进行进一步的比较。行政组织法的概念界定有下列相互对应的界定方式。

其一，广义的行政组织法与狭义的行政组织法。行政组织法有广义的概念界定和狭义的概念界定两种方式。狭义的行政组织法认为：

"现代行政的复杂多样化使现实担当行政的行政组织也复杂多样化。这里所说的所谓行政组织,是指为担当广泛行政而存在的国家以及地方公共团体及其他公共团体,即行政体的组织,有关它的法称之为行政组织法。"① 这是日本学者室井力关于狭义行政组织法的定义,依该定义行政组织法是针对行政主体的法律,即是说,在狭义行政组织法的情况下,其定义根据是行政主体,政府行政系统被视为是一种具有法律资格的行政体,而这个行政体具有法律上的能力和资格,对其进行规范的法律就是行政组织法。"上述范围的行政组织、行政组织法被称之为狭义的行政组织、行政组织法。针对行政作用法这一意义上的广义的行政组织法,除上述狭义的行政组织法外,还包括有关构成行政组织的人的要素即职员(主要是公务员)以及供行政目的使用的物的要素即公物的法。"② 这是室井力对行政狭义组织法内容的进一步解释,依其理解,行政组织法的狭义与广义的区分主要体现在动与静之中。广义的行政组织法包括了行政组织过程的那一部分法律规范。我们知道,行政组织一词具有动和静两个方面的解释进路。动的行政组织是指将行政组织当成一个动态的事物看待,组织本身是一种将分散的国家集中起来的行为过程,如在中国古代组织最原始的意义是将丝和麻织成布的这个行为。与动的行政组织相反,静的行政组织仅指一个事物,就是说行政组织只是一个客观存在物,而不是一种动态的作用或行为。在笔者看来,依动与静来确定行政组织之广义与狭义的内容是不科学的,室井力在其后面的分析中实质上已经不再接受从动与静的角度确定行政组织范围的理论。因此,他指出:"狭义的行政

---

① 〔日〕室井力主编:《日本现代行政法》,吴微译,中国政法大学出版社1995年版,第268页。
② 同上书,第268—269页。

组织法可区分为国家行政组织法、地方公共团体行政组织法及其他的公共团体组织法。作为其成文法源，有内阁法、会计检查院法、国家行政组织法、各种省厅等设置的法等。地方自治法以及有关各种公共组合特殊行政法人的法。"① 它没有将公务员法等法律规范列入行政组织法之中。进一步讲，行政组织法广义和狭义区分之前提是法的静态性而不是静与动的关系。静态法中关于行政机关及其组织原则的行为规则是行政组织法，而静态法中有关行政机关构成分子的行政法规范则不是行政组织法。广义的行政组织法除将行政作用过程中的动态规则也理解为行政组织法此种思维进路外，通常情况下还是以静态为基础确定广义与狭义的范围，即行政作用中的动态规则不是行政组织法，而不仅仅是广义和狭义区分的问题。我国台湾学者张载宇先生的行政组织法定义可以被认为是广义行政组织法定义的代表："行政组织法，乃规定行政机关之地位、权限、编制及其构成分子之法规。任何行政机关之组织法规，其内容须包括下列三部分：行政机关之地位，规定各该机关在整个国家行政体制上所属之地位；行政机关之权限，确定各该机关可能代表国家行使权力的范围；行政机关之构成，规定各该机关内部单位之区分与员额之配置。"② 张先生关于行政组织法是广义上的理解，与室井力的理解相反，其没有将公务员法和行政编制法从行政组织法的概念中切除出去。受此论的影响，我国大陆行政法学界诸教科书中对行政组织法亦多作广义上的理解，例如，应松年和朱维究主编的《行政法学总论》一书对行政组织法下了这样一个定义："行政组织法是规范行政组织的法，是规定行政机关的任务、地位、职责、组成、编制、活动原则和行政工作人员权利、义务、任用、

---

① 〔日〕室井力主编：《日本现代行政法》，吴微译，中国政法大学出版社1995年版，第269页。
② 张载宇：《行政法要论》，台湾汉林出版社1970年版，第107页。

调配、考核、培训、奖惩、晋升、监察等法律规范的总称。"① 笔者认为，在现代行政法学科体系的认识中，狭义的行政组织法定义更加合理一些。其原因在于，一方面行政组织法以行政主体为基础的解释逻辑是顺理成章的。行政组织理论不单单在行政法学科是一个完整的理论，在政治学和行政学中同样是比较重要和成熟的。而行政组织理论中并没有包括有关公务员法的内容。② 另一方面，公务员法的体系在行政法学科中本身就有一个巨大的板块，这个板块有自己一套完整的规范体系和解释方法，有关行政组织法的理论并不适合于解释公务员制度的相关问题。因此，行政组织法作为一个单独的东西不能与公务员法乃至于行政编制法混合在一起。③

其二，形式性的行政组织法定义与实质性的行政组织法定义。行政组织法定义有形式性定义和实质性定义之分。形式性的行政法定义是指从法律形式的角度揭示行政组织法的内涵，将定义的特点放在行政组织法规制事项和规制方式等法律形式方面。在行政法学界有关行政组织法的定义大多都属于此类，例如，我国台湾学者涂怀莹认为行政组织法具有这样一些本质属性，一是行政组织法的重心在行政机关的权限上，"亦即研究何种国家机关具有代表国家行使行政权之范围，谓之'权限'。故行政法上之论究行政组织，较之'宪法学'之言行政组织，重在国家之'行政权'、'法定权利'之归属，而'政治学'之研究行政组织，则重在国家之'行政权力'与其他政治权力之'分

---

① 应松年、朱维究编著：《行政法学总论》，工人出版社1985年版，第118页。
② 政治学和公共行政学中的行政组织都不将公务员制度作为基本内容，其主要指政治和行政过程中权力行使的一种结构。参见〔美〕R.J.斯蒂尔曼编著：《公共行政学》，李方等译，中国社会科学出版社1988年版，上册，第84页。
③ 在英美国家学者构建的行政法学科体系中，不一定有行政组织法的内容，但一般情况下都有公务员法的内容，其对公务员制度的重视程度甚至超过了对行政组织法重视的程度，这其中有一个重要原因就是行政组织法中的一些内容在西方国家被归入到宪法之中。不论怎么处理，行政组织法与公务员法的区分都是一种客观存在。

权'与'制衡'的运用,以及'行政学'之研究行政组织,重在发挥行政机关之'效率'者,均不相同。"① 二是行政组织法主要为内部行政法:"行政组织法的内容,有如上述,既以机关内部之'编制'、'员额'及其'权限'或'职权'为主,其法律关系,通常涉及机关相互间、国家与自治团体间,以及国家及自治团体与公务员之间的法律关系,而与人民之权利义务,不发生直接关系,故为'内部行政法'或'对内行政法'之性质。惟行政组织之性质之一,既重在'行政机关权限',有如上述,则其权限,常影响及于人民之权利义务,行政机关违反机关权限之行为,人民自可据以提起诉愿及行政诉讼,故兼具'对外行政法'的性质。"② 形式性的行政法定义以行政组织法规制的内容为主要的考察方式而展开,没有探讨行政组织法的精神实质,没有将行政组织法的制定过程及其包含的深层次的关系形式予以阐释。大多数行政法教科书之所以愿意接受行政组织法的形式性定义,主要原因认为行政组织法的制定中涉及的诸种重大关系是宪法规范解决的问题,是宪政的组成部分,这一部分内容由宪法学和政治学解决似乎更为妥当,正如和田英夫所言:"在宪法制度上,行政权专属内阁,内阁行使行政权,向国会负责,又通过国会,使内阁置于国民的控制和管理之下(宪法65、66条三款)。内阁由总理大臣(首长)和二十人以内的国务大臣组成,是合议体的最高中央行政官厅(宪法66条一项、内阁法2条)。第一,作为内阁首长,内阁总理大臣对其他大臣(除国务大臣一人之外)具有:①大臣的任免权(宪法68条);②临时代理主管大臣(内阁法10条);③行政各部门的指挥监督权(权限争议裁定权、中止权[宪法72条、内阁法6—8条]);④对大臣补充起诉的同意权(宪法75

---

① 涂怀莹:《行政法原理》,五南图书出版公司1980年版,第195页。
② 同上书,第196页。

条）；⑤代表内阁提出法案等权力（宪法72条），通过这些权力确保内阁的一体性（在总理发生事故或不在时，由其他国务大臣临时代理［指定代理］）。第二，在国务大臣中，有行政大臣（负责各省的大臣）和无任所大臣（内阁法3条）。第三，作为合议体行政机关，宪法规定了内阁的七项职责（①执行法律、总理国务；②处理外交关系；③缔结条约；④负责有关官吏的事务；⑤制定并提出预算；⑥制定政令；⑦决定大赦、特赦、减刑、免除服刑和恢复权利）；此外，宪法还规定了其他权限：决定召集临时国会（宪法53条）、要求参议院召开紧急会议（宪法54条二款）；提名最高法院院长人选、任命地方法院法官（宪法6条二款及79、80条）、支出预备费，向国会提出会计检查院制定的检查报告（国家收入支出决算）（宪法87、90条）、国家财政状况报告（宪法91条）。第二，内阁在履行上述职责时，必须通过内阁会议（阁僚会议）。内阁议会由总理大臣主持（内阁法4条），其决定要全体一致同意（东京地方法院昭和二十八年十月十九日判决），并且其结果要向国会负责。（内阁法2条二款）。"① 实质性的行政组织法定义将主要进路放置在行政组织规制的社会关系属性上，即行政组织法在现代社会中所体现的是一种关系形式，其从行政机关设定和权力行使的本质属性出发，认为行政组织法是国家权力中相关主体和行政系统形成的一种约定规则。例如卢梭在《社会契约论》中就认为行政体在国家政权体系中处在一个比例中项上，在这个比例等式的一边是主权者，另一边是臣民。行政体系起的作用就是将主权者与臣民予以联结，这样的话，行政体形成和存在的规则就是一种约定规则，正如卢梭所指出的："可是确切说来，主权的行为又是什么呢？它并不是上级与下级

---

① 〔日〕和田英夫：《现代行政法》，倪健民等译，中国广播电视出版社1993年版，第90—91页。

之间的一种约定，而是共同体和它的各个成员之间的一种约定。它是合法的约定，因为它是以社会契约为基础的；它是公平的约定，因为它对一切人都是共同的；它是有益的约定，因为它除了公共的幸福而外就不能再有任何别的目的；它是稳固的约定，因为它有着公共的力量和最高权力作为保障。只要臣民遵守的是这样的约定，他们就不是在服从任何别人，而只是在服从他们自己的意志。要问主权者与公民这两者相应的权利究竟到达什么限度，那就等于是问公民对于自己本身——每个人对于全体以及全体对于每个个人——能规定到什么地步。"① 这可以说是从政治哲学的理念上对行政组织法的解读，是对行政组织法实质性定义的深层揭示，这个揭示在行政法学界被诸多学者所认可，毛雷尔在其《行政法学总论》中指出："行政主体概念的关键在于权利能力。要使行政接受法律的调整和约束，不仅需要为'行政'设定权利义务的法律规范，而且需要进一步明确承担这些权利义务的主体。这一点在法理上是通过赋予特定行政组织以权利能力从而使其成为行政法权利义务的归属主体来实现的。'国家'和公民之间的法律关系是通过由各种行政主体作为一方法律主体、公民作为另一方法律主体建立起来的。这一点在实践中很少被明确地表达出来，因为代表行政主体进行活动的行政机关有权对外——特别是在与公民的关系中——采取自己的名义。但这一事实并未改变：与公民相对应的行政法律主体是相应的行政主体。"② 其将行政主体放置在公民与国家之权利与义务的关系上进行探讨，而不是仅仅探讨行政组织法规定哪些具体事项。行政组织法定义的此种区分以及对这两种定义的接受状况所反映的是不同的行政法理念，是对行政法治从不同角度的理解。

---

① 〔法〕卢梭：《社会契约论》，何兆武译，商务印书馆1982年版，第44页。
② 〔德〕哈特穆特·毛雷尔：《行政法学总论》，高家伟译，法律出版社2000年版，第498页。

在笔者看来，行政组织法形式性定义是不可缺少的，但纯粹从法律形式给行政组织法下定义很难领会行政组织法的精神，也很难为行政组织法中隐含的效率功能和低成本性质提供佐证。实质性的行政法定义当然是非常必要的，因为它有利于为约束行政权的规模等提供哲学上的方法论，但纯粹的实质定义过于抽象，而且在法律制定和执行的操作层面上容易导致形而上学。在我国行政法学研究中，行政组织法实质性定义的方式是应当予以推广和提倡的，因为我国学者关于行政组织法的定义过分强调了其形式性的方面，对行政组织法的理解在一些方面是比较肤浅的，一些行政组织法的定义只是简单地对行政组织法外延的描述，此种简单枚举外延的定义方式从逻辑学上讲存在巨大的问题。一定意义上讲，我国行政组织法在行政法学体系中越来越不太重视，教科书中行政组织法内容越来越少的现实与此种定义方式有关。质而言之，我们在法律形式上对现行行政组织法予以认同，进而将行政机关及其整个行政组织体系作为一个理所当然的存在物看待。即是说，我们不质疑和审视行政权行使主体的法律资格，进而从这个大前提出发演绎行政法治过程，最终结果必然是在行政法中更多地关注行政行为，而基本上不去关注行政组织及其规则。

（二）行政组织法规制对象的比较

行政组织法的规制对象并不必然从行政组织法定义中得到明确答案，因为在实质性的行政组织法定义中，行政组织法只是行政权力归属主体和行政权力行使主体的约定规则，这个约定规则所包含的具体事项还必须通过立法主体的行为作进一步的确定。当然，在形式性的行政组织法定义中，其规制对象常常被直截了当地提了出来。例如张载宇先生非常明确地提出了行政组织法的三大范畴的规制对象。那么，行政组织法规制对象在行政法学界究竟有哪些思考进路呢？笔者试作出下列考察。

第一，单一规制说与双重规制说。行政组织法规制对象的单一规制说认为行政组织法所规定的是行政机构的设置以及行政机构体系中的职位和职权等。认为行政组织法是有关行政机关构成的规则，必须以行政机关和行政机构体系中各种构成要件为规制对象，一方面，行政组织法规制行政机构中的机构设置，包括在一个行政系统中行政机关设置的状况，如行政机关的分层，各个行政机关的名称和相应的定位。还包括行政机关中内部行政机构设置的情况，"行政组织为行使职权和履行职责，需要设立各种机构分管各类事务。内设机构的多少，主要取决于所需管理的事务范围与为便于管理事务而作的分类。其中与其他内设机构联系较多的机构如财务、人事等机构有时称之为横向机构；而与其他机构联系较少，只全面负责某一专门事务的机构则称之为纵向机构。内部设置的机构还有法定机构与非法定机构的区别。"[1] 另一方面，行政组织法规制行政机构体系中的职位。行政机构体系中设置了诸多的职位，职位是行政组织体系的最小单位，每一个行政机关都由若干不同的职位组成，行政组织法必须对这些职位作出规定，例如，法国行政组织法就对总统这一职位作出了具体规定："在1875年宪法中，共和国总统曾是行政机构的首脑，但其权力逐步转给了议会议长。1946年的宪法将这种权力的移交制度化。1958年的宪法又退回到在共和国总统和总理之间分配行政权力。"[2] 另外，行政组织法还规定行政机关行使的职权，即是说单一规制理论中包含着对单个行政机关职权规定的内涵，"行政组织法规对行政机关授予法

---

[1] 张正钊、韩大元编：《比较行政法》，中国人民大学出版社1998年版，第137页。
[2] 〔法〕古斯塔夫·佩泽尔：《法国行政法》，廖坤明等译，国家行政学院出版社2002年版，第119页。

定的职权范围,使其得以合法行使职权,并有助于厘定机构内部各单位与职位间的权责分际关系,组织法规对行政机关赋予了合法地位,使其成为预算单位,获得法定的预算经费,并使其人员得以享有法定权益。"① 总而言之,单一规制说主要认为行政组织法以行政机构体系中的硬件构成为核心,其他相关内容则不是行政组织法的规制对象。

与单一规制说相并列的是双重规制说。此说认为行政组织法对行政系统内部构成的规定只是其一个方面的内容,大多数情况下,行政组织法主要是要为一个国家形成一个有机的行政机构体系。单一规制,即只对有关硬件作出规制,虽然设置了行政机构,但没有使行政机构成为一个有机的整体。因此,行政组织法除了进行上列方面的规制即单一规制说的规制内容外,还要规制有关行政系统中的联结规则,如行政系统中上级与下级之间的关系形式,行政系统中作为组织体系构建的指导原则。由此可见,单一规制说的侧重点只有一个方面,就是行政机构体系的各种客观存在形态。而双重规制说则有两个侧重点,一个侧重点是行政机构体系中的硬件,另一个侧重点则是行政机构体系中的软件。其认为通过行政组织法使一国的行政机构体系不单单有客观实在性,更重要的还要有主观上的合理性。通常情况下,学者们都会认为行政机构体系除了硬件以外,还包括一些软件要素。但是,问题的关键在于这些软件要素究竟是不是行政组织法规制的对象。单一规制说否认这些软件要素是行政组织法的内容,大多认为行政组织法的软件是宪法或者宪法性文件中应当解决的问题。例如和田英夫就指出在日本有关行政系统中联结规则的宪法处置:"关于国家与地方公共团体的关系,旧宪法下,国家对地方公共团体的一般的、监护式的监督方式,已为日本宪法的'地方自治宗旨'而废止,取而代

---

① 张家洋:《行政法》,三民书局1986年版,第296页。

之的是：①通过立法机关干预（依据法律的规制，依据政令、省令等行政立法的规制）；②通过司法机关的干预（抗告诉讼、当事者诉讼、民众诉讼、机关诉讼）其中，除了议会与首长之间的机关诉讼（地方自治法176条七款）以外，国家机关与首长（作为机关委任事务的管理执行者）之间的职务执行命令诉讼（同上法146条）特别引人注目［关于东京都知事与砂川町长间土地征用事件的判决（东京地方法院三十三年七月三十一日）］。但是，③通过行政机关的干预，只有特殊的个别的被承认，其中包括作为权力干预的检查、监查（地方自治法246条之四）、临时代理者的选任（同上法152条、247—249条）、发行债券的许可（同上法250条），市的废置分合的协议（同上法7条二款）、市町村分界线变更及划入地域等（同上法7条三款、7条之二）；属于非权力的干预（所谓知识的集权的一种方式——技术性干预），有：申报（同上法7条一款、259条），报告（同上法77、82、252条）、提供资料（同上法245条三款、296条之六）、调查（同上法246条之三）、建议和劝告（同上法245条）、要求采取纠正、改善的措施（同上法246条之二第一、四款），自治纠纷调停（同上法251条、9条）等。"[1] 行政组织法理论中的单一规制说与双重规制说的判分是相对的，一些行政组织法定义中所包含的内容就说明了学者们认为行政组织法中除了硬件规制外，还有一些软件的规制。但是，我们从理论上将行政组织规制对象的主张概括为单一规制和双重规制并不牵强，而且这个分类在一些国家的行政法制度中也能够体现出来。我们知道，有些国家的行政组织法体系并没有一个专门的行政机关关系法，而在有些国家的行政组织法体系中则有类似的法律。

---

[1] 〔日〕和田英夫：《现代行政法》，倪健民等译，中国广播电视出版社1993年版，第130—131页。

第二,内部规制说与混合规制说。内部规制说可以说是行政组织法规制对象理论认识的主流论点,认为行政组织法的规制对象以行政组织体系内部诸事项为准,行政组织体系的外部关系不是行政组织法的规制对象。例如,我国有学者就主张,行政组织法有三个方面的属性,这三个属性实质上也是对行政组织法规制对象的概括:一是"行政组织法是规范公共行政过程的法。公共行政是国家管理不可缺少的重要组成部分,如何来组织公共行政,是统一管理还是分散行政,将哪些事务纳入行政管理的范畴,设置哪种类型的行政机关进行管理等,建立什么样的公务员制度和公物制度,都是组织公共行政过程中不可回避的问题。另外,对公共行政的组织是由立法机关控制,还是交由行政机关负责,如何保证行政组织过程中的民主、理性和公正,如何进行行政改革,这些问题都需要从法律上解决,都属于行政组织法的范畴。"[1] 二是"行政组织法是控制行政组织的法。这是行政组织法最核心的内容之一,行政组织一旦为有权机关设定,就要受到法律的严格制约。如行政组织的规模不得随意增长,行政组织的结构不得随意改变,行政机关的职能不能随意增减。另外,公务员的管理也必须建立在平等、民主和理性的基础上,通过法律予以规范。公物制度也需要遵循公法精神,需要法律保障。规范行政组织和规范行政的组织过程同样重要,只不过对行政组织的规范具有静态意义,而对行政的组织过程的规范呈现出动态性。"[2] 三是行政组织法是与组织行政和行政组织有关的法律规范的总称。"我国对行政组织加以规定的有宪法、法律和法规等。如《国务院组织法》《地方各级人民代表大会和地方各级人民政府组织法》等。行政组织法不是指单一的法律,而是

---

[1] 应松年主编:《当代中国行政法》,中国方正出版社2003年版,第186—187页。
[2] 同上书,第187页。

有关行政组织的法律法规的集合。"①显然,其关于行政组织法本质属性的揭示,关于行政组织法规制对象的揭示以及理论主张都局限于行政系统内部。这便是内部规制说的理论主张。与内部规制说相反,混合规制说认为行政组织法规制对象中的一部分是内部规制说所提到的内容,即行政组织法要对行政系统内部各种事项作出规定。而这只是行政组织法一个方面的内容,除却这个内容外,行政组织法还必须对行政组织体系在国家政权体系中的地位作出规定,认为一个国家的政权体系是一个结构,而在这个结构中不同的机构实体扮演不同的角色,行政机构体系在国家政权体系中究竟处于什么样的地位,行政组织法必须有所反映。盖尔霍恩等在《行政法和行政程序概要》一书中对此作过分析:"在行政职能的日常运作中,总统的劝说权和其他较温和的行政监督手段通常较之罢免的威胁起着更为重要的作用。行使此类监督权常常采取的形式是行政命令或总统给予联邦机构或官员的正式指令。根据具体的情况,特定的行政命令可能基于总统固有的宪法权力,或基于国会的明示或暗示的授权[参见弗莱施曼和奥夫赛斯著:《法律与秩序:总统立法的问题》,载于《法律和当代问题》第40期,第11页(1976,夏季号)]。较之罢免权更常用的一种办法是总统有权修改官僚机构的组织结构。根据《改编法》(载于《美国注释法典》第五章,第901条和902条),总统可向国会提交'改编计划',将行政职能从一个部门转至另一部门。假如立法机关在90天之内批准该计划,职能转移即开始生效。例如,根据1970年第3号改编计划(载于《美国注释法典》第五章,附录一),设立了环境保护署,此举将原本分散于若干行政部门的各种各样的项目合并统一在一

---

① 应松年主编:《当代中国行政法》,中国方正出版社2003年版,第187页。

个新的机构里。"[①]此论说明行政机关的组织体系是一个非常复杂的过程,对于一个行政机构的组合等都要通过国会与立法共同的法律行为才能完成,因此,行政组织法必须反映一国行政机构的政治地位。行政组织法混合规制的主张在一些学者的著作里是予以否定的,其根本原因认为,行政机构体系在国家政权体系中的地位是宪政问题,应当由宪法规范解决。其实,在一些国家的行政组织法中包含了行政机构体系在国家政权体系中地位的内容,例如,《中华人民共和国国务院组织法》第1条规定:"根据中华人民共和国宪法有关国务院的规定,制定本组织法。"该条间接反映了我国国务院在国家政权体系中的地位。行政组织法对行政机构体系的混合规定及其理论主张是符合现代法治精神的,而内部规定的主张则是较为偏颇的,因为,行政法本身就是公法的范畴,行政法的一些渊源可以直接从宪法规范中来,这一点要求我们不能在行政法学的研究中将行政法的内容以及规制对象绝对化。

第三,静态规制说与动态规制说。所谓静态规制说是指行政组织法对行政组织的规制应放在行政组织的静态方面,就行政组织本身的状况进行规定,而不要涉及与行政组织有关的一些动态的东西。《云五社会科学大辞典》认为:"行政组织法,是规定行政机关的地位、权限、编制、和它构成分子的法规,如行政院组织法、内政部组织法、省政府组织法等皆是。"[②]显然,其所揭示的行政组织法规制内容的三个部分都是静态的,机构设置、制约中的职位,包括行政机关的权限等都是相对静止的东西。动态规制说认为行政组织法除了规定行政组

---

① 〔美〕欧内斯特·盖尔霍恩、罗纳德·M.利文:《行政法和行政程序概要》,黄列译,中国社会科学出版社1996年版,第37页。
② 王云五主编:《云五社会科学大辞典》(行政学卷),台湾商务印书馆1971年版,第269页。

织中相对静态的东西以外，还要对行政组织中相对动态的东西作出规定，如有学者认为："至于中国行政组织法的基本内容，因法而异，但总体上说，内容大致包括：(1)行政组织的性质与任务；(2)行政组织的职位组成；(3)行政组织的职权与职责；(4)行政组织的活动原则与方式；(5)行政组织建立、变更、撤销的程序。有学者认为，除了上述内容外，中国行政组织法的内容还应包括会议制度、工作程序、机构和编制等。"[1] 其中关于行政组织的活动原则与方式规定的内容，关于行政组织建立、变更、撤销的程序等就是动态的范畴。此一部分的内容中有一些与行政行为法的内容非常接近，是行政机关组织体系中具有动态化的东西。我们认为行政组织法与行政行为法的区分并不是绝对的，日本行政法学中，关于广义行政组织法的理论实质上是将行政组织法放在行政作用这个大范畴下考察的。如果将行政组织法中的静态东西视为行政组织法的唯一内容，必然不利于从法治大背景下分析行政组织法的涵义。事实上，人们对行政组织法的考察已经走向了全方位化，对此有学者这样分析："往者，'法治行政'为'机械性的法治'，行政机关附属于立法机关之下，始合严格意义的'法治行政'。20世纪以来，由于行政权的扩张，'机械性的法治'渐不能适应实际的需求。于是，'委任立法'逐渐发达，'紧急命令'之制，亦被广泛采用，（参阅绪论篇三章一款）乃有所谓'机动的法治'。在立法权方面，有所谓'骨骼立法'者，立法机关仅就立法的大纲加以规定，而将其余均委之于'行政立法'以补充之，'行政裁量权'亦相对的逐渐扩大。凡此皆为'行政机关独立性增强'的表现；而由过去'行政机关处处受立法之控制'所表现的'成文法至上'的精神，转变为'法理广泛'之运用（参阅绪论篇第三章二节二款及三节，及五章四节）的

---

[1] 张正钊、韩大元编：《比较行政法》，中国人民大学出版社1998年版，第138页。

'福利国家'之'服务的行政'。然此一发展趋势,仍固有其极限,即其'不能违背法治的原则',故在另一方面,相对的'专家立法制度'发达,国会力求为'独立性的立法',在美国产生国会专家的'第三势力',以求平衡行政权的扩张,并宜加以注意,而专家立法制度的发达,与下述第三点行政组织法发展的趋势——'行政委员会之设置',亦有关联,须参阅之。"①

(三)行政组织法立法主体的比较

行政组织法的制定主体问题在有关行政组织法的基本理论中不应当是一个无关紧要的问题。然而,在笔者所查阅的行政法教科书中,绝大多数回避了行政组织法的制定主体,就连行政组织法的法律形式也有一些教科书不予讨论,普遍认为凡是对行政组织进行规范的行政法都是行政组织法。依目前理论界的普遍处理方式,行政组织法的制定主体可能会变成行政法中一个十分混乱的问题。例如《比较行政法》一书在讲解行政组织法的法律渊源时,讲了两个范畴的内容,第一个范畴是依制定行政组织法律规范的机关不同,可以将行政组织法分为立法机关制定的行政组织法和行政机关依职权制定的行政组织法。显然,其肯定了行政组织法的两类制定主体,一类是立法机关,另一类则是行政机关。第二个范畴是依行政组织法的效力等级不同,可以将行政组织法分为下列七类。一是宪法关于行政组织法的规定。二是法律关于行政组织法的内容,如国务院组织法、地方政府组织法等。三是专门单行法中涉及的行政组织规则,其列举了英国1982年地方财政法中关于成立审计委员会的规定。四是关于行政组织的特别法律,其列举了1972年英国地方政府法关于地方政府请求

---

① 涂怀莹:《行政法原理》,五南图书出版公司1980年版,第202—203页。

议会按私法等程序制定特别法的规定。五是关于行政组织的行为法规，如我国1997年8月由国务院制定的国务院机构设置和编制管理条例等。六是关于行政组织的规章或命令。七是国际法中关于行政组织法的内容。[1]从这个关于行政组织法结构的评介我们可以看出，学者们至少在一定程度上默认了行政组织法制定的多元主体，即行政组织法既可以由立法机关制定，也可以由行政机关制定。既可以由中央机关制定，还可以由地方机关制定。既可以由地方一定层次的立法机关制定，又可以由地方一定层次的行政机关制定。即是说，关于行政组织法的制定主体，大多数学者要么默认多元立法主体，要么认同多元立法主体。但是，日本行政法学家室井力的论点却是值得引起注意的，室井力对日本行政组织法的制定状况作出这样一个具有历史性的分析："如果从狭义的行政组织及公务员制度来看，过去规定：'天皇规定行政各部的官制和文武官的俸禄及任免文武官，但宪法或其他法律有特例的，依照各法的条款'（旧宪法第10条）因此，管理行政组织，一般是天皇＝行政府的固有权限，大多数行政组织原则上是由敕令规定的，是作为天皇对行政组织的大权，就连对国会不可侵犯的行政府的固有组织权也不承认。宪法不过直接规定了内阁（宪法第66条以下）、会计检查院（同法第90条）、地方公共团体（同法第92条以下）以及官吏（同法第73条第4号）。国家行政组织法（1948年法律第120号）、地方自治法（1947年法律第67号）、国家公务员法（1947年法律第120号）以及地方公务员法（1947年法律第26号）等，制定了极其详细的规定。这种现行行政组织的内容，迫使人们对行政组织法的历来看法进行反省。"[2]通过这个分析，其得出这样一个结论："在

---

[1] 张正钊、韩大元编：《比较行政法》，中国人民大学出版社1998年版，第136页。
[2] 〔日〕室井力主编：《日本现代行政法》，吴微译，中国政法大学出版社1995年版，第270页。

现代法下，有关行政组织的基本原则在法律上应特别引人注目的，有行政组织法定主义（或行政机关法定主义）的原则。这一原则以要求行政组织服从立法议会实行的民主院制为主要目的，并依法律或条例来规定行政组织，从而带来了行政组织的客观公正与公开。"[①] 其非常鲜明地提出了行政组织法应通过议会立法形式体现出来的理论主张，依这个主张行政组织法的制定主体既应当集中在立法机关手中，又应当集中在中央手中，而不能够将一些重要的行政组织法留给行政机关去制定，更不能将一些重要的行政组织法留给地方去制定。一定意义上讲，我国学者对行政组织法制定主体回避的态度是落后于我国行政法治实践的。之所以这样说是因为 2000 年我国制定了《中华人民共和国立法法》，该法第 8 条规定了法律保留原则，依这个原则的精神"各级人民代表大会、人民政府、人民法院和人民检察院的产生、组织和职权"等事项只能由中央立法机关制定规则。行政组织法中的基本内容都包含在法律保留原则之中。因此，我们认为，行政组织法立法主体相对集中的理论主张是符合现代行政法治理念的。

（四）行政组织法与行政编制法关系的比较

行政组织法在其广义的内容构建上应当有定性的部分和定量的部分，应当有设置一般规则的部分和对规则违反的责任追究部分。对于一个健全的行政组织法而言，上面若干范畴的内容应当同时存在。然而，遗憾的是诸国法律文件中关于行政组织法的内容规定不一，一些国家的行政组织法中只有上列内容中的前一部分，而缺少后一部分。如缺少对行政组织的定量规定，缺少行政组织的制裁条款。以

[①] 〔日〕室井力主编：《日本现代行政法》，吴微译，中国政法大学出版社 1995 年版，第 270 页。

《英国警察法》为例,该法对英国警察的组织体系等作了详细规定,其在责任条款中仅规定了警察违法行为的责任,而没有规定警察机构员额超编等责任,即其在行政组织法中没有设置有关违反组织规则的制裁条款。[①] 又如《瑞士联邦委员会与联邦行政机构组织管理法、行政机构组织法》第58条对联邦行政职权的设置单位作出列举规定,其列举了上百个联邦政府机构,如联邦外交部、联邦内政部、联邦司法警察部、联邦军事部、联邦财政部、联邦国民经济部、联邦交通运输与能源部、联邦小麦局、联邦海关总署、联邦税务总署、瑞士国家图书馆、政务局、国际公法局、战争物资供给局、联邦外侨局、联邦森林局、联邦能源局、联邦水利经济局、联邦私人保险局等等。[②] 其在这个列举详细的政府组织法中并没有行政机构设置的构设机构和人员的定量,行政组织法中定质不定量在一些国家的行政组织法中是普遍存在的。由于行政组织法定量的缺失和制裁条款的缺失就使一些学者从另一个侧面探讨行政组织原则问题,即在一般行政组织规制之外应当有相应的编制规则,这样行政编制法也就被一些学者作为行政法体系中的一个独立的体制行政法而看待。毛雷尔的《行政法学总论》中设置了一章为"行政规则",对行政规则作出了这样的解释:"行政规则是指上级行政机关向下级行政机关、领导对下属行政工作人员发布的一般——抽象的命令。或者针对行政机关内部秩序,或者针对业务性的行政活动。行政规则的根据是上级行政机关的指令权,上级行政机关可以发布具体指令,也可以发布一般指令,即行政规则。大区政府主席以行政规则形式指令辖区内的县政府拆除所有在郊区非法建

---

① 萧榕主编:《世界著名法典选编》(行政法卷),中国民主法制出版社1997年版,第94页。
② 同上书,第267页。

设的周末别墅。财政局长通过行政规则解决本行政机关不同业务部门领导之间的分歧。用语极不统一,实践中的各种名称有:行政规则、纲领、布告、通告、内部工作指令等。行政规则这一术语更为常用。"[①]在分析行政规则的功能时,其指出:"调整行政机关的内部机构和业务活动,如行政机关内部机构设置、业务划分、案卷制作方式和上下班时间等。除此之外,行政规则还调整法律没有规定或者根据法律规定应当调整的管辖权和程序事项。只有在从职务角度而不是个人角度规范公务员时,业务规则才属于行政规则。这个方面与行政行为和工作指令的界分相通,文化部长发布的有关教师星期义务工作时间的'布告'涉及教师个人的权利范围,因此属于外部法律规定(法规命令)。"[②] 毛雷尔对行政规则的解释,我们认为,其所提到的行政规则的内容实质上已经包括了行政编制法,因为它涉及到行政机构系统中机构的比例关系等定量化的要素。

那么,行政编制法与行政组织法究竟是什么关系呢?笔者认为,我们可以作出两种理论上的概括,一为行政编制法是行政组织法的组成部分,因此,一国在制定行政组织法时就应当完善相关的编制条款,使行政组织法将定量与定性统一起来。二为行政编制法应当从行政组织法中独立出来,作为与行政组织法、公务员法等相平行的行政法分部类。从用行政组织法规制行政机构的设置和运行看,行政编制法应当予以独立,有学者对行政组织法的功能提出了这样的要求:"由于现代社会行政事务日增,而行政组织又缺乏内在的自我约束机制,因此,在整体规模上,行政组织有自我膨胀的趋势。行政组织整体规

---

① 〔德〕哈特穆特·毛雷尔:《行政法学总论》,高家伟译,法律出版社2000年版,第591页。
② 同上书,第593—594页。

模的失控将造成两大弊端：一是大量消耗国家财力，使国民不堪重负，因为维持庞大的行政组织的运转完全靠税收负担。机关、人员越多，公民的负担就越重；二是导致人浮于事，行政效率低下。过去我们虽常强调精简人员，但都没有达到预期目的，公务员的总数不但没有减少，反而不断增长，这足以说明对行政组织整体规模控制之必要。行政组织法可以从实体和程序两个方面对行政组织的规模进行控制。"① 这样的思维进路是不错的。但是，在我国目前行政机构体系日益膨胀的情况下，行政组织法欲达上述目的是勉为其难之事，将行政编制法独立出来至少更适合于我国行政法治的进路。

（五）行政组织法与公务员法进路的比较

行政组织法与公务员法的关系是行政法学研究中争论较大的问题，争论的焦点在于行政组织法是否应当包容公务员法。笔者认为，其实是一个关于行政组织法究竟以广义理解还是狭义理解的问题。若从广义上界定行政组织法，公务员法就不是一个能够与行政组织法并列的行政部门法，而只是行政组织法的一个分支。反之，若从狭义上界定行政组织法，公务员法就是与行政组织法并列的行政部门法。在行政法教科书中关于公务员法的处理有诸多情形，一些行政法教科书中没有公务员法的内容，却有行政组织法的内容，毛雷尔的行政法学科体系就是这样设计的，他有行政组织法的专章设置，而没有提到任何有关公务员法的概念和内容，即是说其将公务员法从行政法学科体系中拿了出去。至于为什么要将公务员法从行政法学科体系中拿出来我们无从知道，也许，在一些学者看来，公务员制度是政治制度和行政制度的组成部分，放在行政学和政治学科体系中讲授更加合理

---

① 应松年主编：《当代中国行政法》，中国方正出版社2003年版，第192页。

一些。我国一些行政法教科书也不使用公务员法的概念，甚至也不讲解公务员法以及相关的公务员制度。一些学者这样处理公务员法内容的原因在于，公务员法是一个相对静态的对国家行政机构体系构成分子的规范，而行政法是在行政主体与行政相对人之间的关系中以动态化的形式运行的，此种静态与动态的反差是学者们将其从行政法中拿出来的基本理由。胡建淼教授在其行政法教科书中提到了有关行政人的概念，实质上是将公务员的概念作了转换后而使用的，其转化以后的概念已经不能和原本定义的公务员概念相等同，因为原本定义的公务员是行政法中的静态部分，而被转换了的公务员概念已经成了动态的东西。行政法学科体系中究竟是否应当将公务员法作为分部类之一，我们认为从一国行政实在法的状况看，公务员法在行政法学科体系中是不可缺少的，而且当我们研究公务员法和公务员制度时相关的概念最好不要予以转换，因为公务员是一个法律概念，我们能够从行政实在法律找到根据。不过，绝大多数行政法教科书都设置了公务员法这个部类。在这个部类设置中，有些教科书使用的是公务员法的概念。和田英夫的《现代行政法》就以公务员法作为章名。有些教科书则使用的是公务员法制的概念，并以此作为章名，张家洋先生所著的《行政法》就使用了公务人员体制的概念。还有一些教科书则使用公务员制度的名称，室井力的《日本现代行政法》就使用了公务员制度的概念，还有的教科书以国家公务员制度作为章名，《比较行政法》一书就从国家公务员的概念展开了对公务员制度的探讨。还有一些教科书就直截了当地将公务员作为章节的名称，而没有涉及公务员法的概念。无论行政法学界对公务员法作什么样的技术处理，在笔者看来，公务员法已经成为行政法学科体系中不可缺少的部分，其在一国行政法学科体系的构设中已经超过了行政组织法的地位。

三、行政行为法进路的比较

(一)行政行为法概念的比较

在对行政行为法的概念进行比较以前,有必要先对行政行为的概念进行比较研究。行政行为的概念在行政法教科书以及行政法学科体系中的使用非常普遍,几乎百分之九十的行政法教科书都要提到行政行为,例如,张载宇先生的《行政法要论》一书共讲解了四篇,其中第三篇为"行政行为",以此而论行政行为几乎占到其学科体系四分之一的内容。汉斯·沃尔夫的行政法教科书同样有相当一部分内容是关于行政行为的。而且这些教科书都给行政行为下了定义。[①] 行政行为尽管是一个非常普遍的行政法概念,但如果我们对其进行仔细考察的话,会惊奇地发现,行政行为概念在行政法学科体系中认识的不统一性超过了行政法学科体系中的任何一个问题;而且一些认识上的反差之巨大,使我们已经无法理解真正的行政行为到底是什么。当然就行政行为概念而言是非常简单的,如认为行政行为是行政机关在行政管理活动过程中所为的能够发生法律效力的行为。这个定义本身

[①] 在笔者目前拥有的行政法教科书中只有极个别的没有提到行政行为的概念,例如施瓦茨的《行政法》没有下列章节,第一章为"行政法与行政机关",第二章为"委任立法权",第三章为"调查、情报和禁止翻供",第四章为"规章与制定规章",第五章为"受审讯的权利",第六章为"公正审讯的要件",第七章为"证明程序和裁决程序",第八章为"司法复审的可得性之一——法律、当事人和时间",第九章为"司法复审的可得性之二——复审的成熟时机、复审的形式及政府侵权责任",第十章为"司法复审的范围"等。与施瓦茨相同,盖尔霍恩的《行政法和行政程序概要》一书亦没有提到行政行为的概念。当其提到规章制定以及其他我们认为是行政行为的概念时,他们并没有赋予与我们认识相同的行政行为的定义,这是一个值得深思的问题,因为既然行政行为如此重要,却在这些学者的行政法学体系中没有出现,而我们也并没有因为这一点而否定其对学科体系设置的科学性和合理性。

可能没有太大争议，而将这个定义展开到行政法学科体系中相关的问题就来了，如行政行为的性质如何，法律上的地位如何，有无法律依据等等。笔者通过对行政行为概念的考察，认为行政法学界关于行政行为的理解大体分为下列诸种情况。

第一，法律概念的行政行为与学理概念的行政行为。在一些行政法教科书中行政行为是一个法律概念而不是一个学理概念。即是说，将行政行为视为行政法中的一个法律现象，视为具体行政实在法作为支撑的法律事实。例如，我国有学者在行政法教科书中专门将"行政行为法"作为该学科中的一个分部类，其章节的名称就是以"行政行为法"为称谓的。毋须进一步论证，在这样的学科体系构建中，行政行为显然属于行政实在法的范畴，因为行政行为法与行政组织法是相并列的，既然有行政组织的专门规定，也就必然有行政行为的同样规定。在行政法学界从实在法的角度认识行政行为的学者并不少，我国1990年由张尚鷟先生主编的《行政法教程》共有六编，第一编为"行政法概述"，第二编为"行政组织法"，第三编为"行政行为法"，第四编为"行政争讼法"，第五编为"行政监督法"，第六编为"一些重要的行政法文件"。若按比例来分的话，其教科书关于行政行为占了六分之一的篇幅，其将行政行为与行政组织相对应，行政行为的法律属性也就和行政组织的法律属性一样是必须予以承认的。学理概念的行政行为是指将行政行为作为行政法学体系中的一个理论，或者作为一个原理，即分析行政法学问题时所使用的工具，或者作为行政法学科中的一个命题元素。笔者认为作为一个基础理论的情形也是存在的。换言之，一些学者之所以要使用行政行为的概念，是因为其认为这个概念作为行政法中的分析工具，是一个能够与行政法中其他相关理论，如行政法关系理论、行政法原则理论一样支撑行政法学科体系的分析手段。还有一种是将行政行为作为一个具体的行政法元素，其范围比行政法基础理论小一些,作为行政法学科体系的构成来讲其是不可缺少的。正如和田英夫所说:"在行政法教科书式讲义中,经常出现行政行为这一用语。但在国家法令用语中,却从未见过这一说法。原来在使用中,都具体化为许可、决定、禁止等词语,或抽象为'行政处分'(行政不服审查法)及'处分'(行政事件诉讼法)之类。也就是说,行政行为的用语及其意义,并不是实定法上的用语和定义,而只是一种学术概念,它本在德国、法国等大陆系统国家(后有美国和英国)使用,而我国并不使用。"[①] 作为法律概念的行政行为与作为学理概念的行政行为在行政法学科构建中、在行政法学研究中必须进行有效区分,在实在法没有这个概念的情况下,当其作为行政实在法的内容来看必然会给人们产生一种误导,将理想化的行政行为理论与行政实在法强扭在一起,既进行学科体系的构造,又作行政法规范体系上的构造。这样在逻辑上就会陷入到极大的困难之中,在行政法治实践中陷入到不切实际之中。

第二,选择概念的行政行为与固定概念的行政行为。行政行为在一些学者看来,是一个甚至于比行政法概念还大的范畴概念。张载宇先生在其构建的行政法学科体系中对行政行为作了这样的分类,从一个相对较大的层次开始,层层延伸,再到最为具体的行为细节之中。第一层次的行政行为是一个范畴概念,其可以分为法律上的行政行为和事实上的行政行为。事实上的行政行为是指行政机关在其日常活动中所作的不发生任何法律效力的行为,这类行为与政治行为是何种关系,作者没有作进一步的分析,至少没有与宪法和政府组织法等相对高层次的公法发生联系。而与事实行为相对应的是法律上的行政行为,能够发生法律效力既包括行政法律效力,又包括民事、经济、

[①] 〔日〕和田英夫:《现代行政法》,倪健民等译,中国广播电视出版社1993年版,第182页。

刑事等法律上的效力。通过这样的分类，作者将事实行为首先从行政行为的概念中排除出去。第二个层次是将法律上的行政行为作进一步的分类，分为公法上的行为和私法上的行为。所谓私法上的行为是指行政机关在有关的市场活动中，或者非行政管理活动中所为的经济的、民事的等法律上的行为。公法上的行为则指以机关在宪法尤其行政法的范围内所为的行为。通过这个分类，其将私法上的行政行为排除出去。应当指出，行为主体同样是行政机关，但行为的法律属性与行政法没有关联性，因此其符合行政行为的范畴概念，但不符合行政法治的要件，因此，还不能算作行政法上的行为。第三层次是其将行政机关公法上的行为分为抽象行政行为和具体行政行为。这两个分类我国学者应当是非常熟悉的，因为这个分类在我国实质上是法律上的分类。1989年制定的《中华人民共和国行政诉讼法》实质上承认了抽象行政行为与具体行政行为分类的存在。因为，其将这一部分行政行为在行政诉讼受案范围中排除出去。第四个层次的分类是将具体行政行为再分为观念行为和表意行为。其观念行为是指由行政机关根据法律的授权所赋予的权利进而演绎的行为，这种行为的观念性在于行政机关在作出这样的行为时不受外界相关因素的制约。表意行为则是指行政机关在行政管理活动过程中与其他相关主体发生关系时所为的行为。第五个层次是其再将观念行为分为确认行为、说明行为、通知行为、受理行为等。而将表意行为分为单独行为、双方行为、合同行为等。[①]张先生作了上列五个层次的分类后，认为第一档为最广义的行政行为，法律上的行政行为为广义的行政行为，具体的行政行为以下为狭义的行政行为，而具体行政行为中之单独行为为最狭义的行政行为。公法上的行政行为则为扩充的行政行为。其认为行政

---

① 参见关保英：《行政法教科书之总论行政法》，中国政法大学出版社2009年版，第307页。

法上的行政行为就属于扩充性行政行为的范畴。由此可见，在张载宇先生看来行政行为是一个可以选择的概念，即是说，行政行为的概念范畴是巨大的，可以延伸至政治学[①]、可以延伸至私法的范围，小到可以将观念行为等包容进去。由于我们的行政行为概念和范围太大，因此，行政法学研究中就面临一个对行政行为概念进行选择的问题。事实上，受张载宇理论的影响我国大陆学者近年来也将一些行政行为排除在了行政行为概念之外，如一些学者就认为行政机关的事实行为不是行政行为，一些甚至认为行政机关因行政契约而为之的行为亦不是行政行为。与行政行为概念的可选择性相反，有些学者认为行政行为的概念是不可以选择的，它本身就应当在行政法学科中是一个相对固定的概念，例如我国有学者认为："行政行为是能产生法律效果的行为。这是行政行为在法律后果上的特征。从上述第二个特征可以看到，行政行为是一种行使行政权力或履行行政职责的法律行为，行政主体通过这种行为将设定或者产生、变更、消灭一定的行政法律关系，使行政主体与相对一方构成相互的行政法上的权利义务，这里所说的相对一方包括外部行政相对人一方（如公民、法人或其他组织）和内部相对人一方（如行政主体的内部机构及工作人员）。如行政主体行使职权并让相对一方履行义务，或行政主体履行职责而使相对一方行使权利等。这就是行政行为所具有的特定的行政法效果，它能够影响和制约相对人一方的权利义务，而且，由于行政行为通常是行政职权——即具有强制力的国家权力的运用，这种法律效果的形成往往就具有行政主体的单方强制性。一旦行政主体运用职权作出行政行为，相对一方就不得不被迫接受，从而使自己的权利义务受到制约。"[②] 依

---

① 参见〔美〕罗伯特·古丁、汉斯-迪特尔·克林格曼主编：《政治科学新手册》（上册），钟开斌等译，生活·读书·新知三联书店2006年版，第432页。
② 方世荣主编：《行政法与行政诉讼法》，中国政法大学出版社1999年版，第111页。

这个理论行政行为是不可以选择的,它固定于行政机关的职权与职位之中,固定于行政法规范所发生的法律效力之中。行政行为的可选择性与固定性的区分同样有非常大的理论价值。我们接受不同的理念,在行政法学科中就有不同的处置方式和不同的逻辑推演。

第三,前置概念与后置概念。行政行为是行政机关所实施的,这是没有争议的问题。但是,行政行为与行政机关在行政管理中的关系,以及对行政行为在行政管理活动过程中所处阶段的确定在行政法学界都是一个十分有趣的问题。一些学者认为,行政行为是行政机关所为的抽象性的行政决定,例如,佩泽尔认为:"如果在日常的语言中,'Acte'一词被用来说明简单的具体动作,在法律语言中,它是指其本身创造某种法律效力的决定。然而这两个概念的区别并不总是泾渭分明的。如果法律行为如狄骥所说是为了引起法律秩序的变化,人们不禁要问支付是一种具体行为还是一种法律行为?显然,它是一种具体行为,但它产生了消除债务的后果,具有法律效力,因而它是一种法律行为。"[①] 在给行政行为下了定义后,其揭示了行政行为的基本范畴,这些范畴包括"法令"、"政令"、"决定"、"欧共体的规则"、"行政契约"等。其将我们日常理解的行政行为包括在"行政活动"之中,而在佩泽尔的行政法体系中,行政行为与行政活动是两个范畴的东西。由于法规制定和政令颁布等抽象行政行为在行政机关的行政活动中处于起始阶段,在整个行政机关的行政活动中是一个相对前置的东西,正是基于此点我们认为将抽象行政行为视为行政行为的理论是行政行为的前置概念。与前置概念的行政行为相对应的是后置的行政行为概念,所谓后置的行政行为概念是指将行政行为限定在行政

---

① 〔法〕古斯塔夫·佩泽尔:《法国行政法》,廖坤明等译,国家行政学院出版社2002年版,第25页。

机关具体行为状态中的行政行为理论。在这个理论中,排除了行政行为中抽象行政行为的部分,即其认为抽象行政行为,如制定行政法规、规章,颁发有关行政命令的行为并不是行政行为。平特纳在《德国普通行政法》一书中指出:"人们将行政行为理解为行政对外具约束力的、单方、公法性质的具体决定。通用的定义是行政程序法第35条的规定:'行政行为是由行政机关为调整涉及公法领域一具体事宜作出的,对外有直接法律效力的任何处分、决定或其他公法上的措施。'"① 在行政法学界,绝大多数德国学者和日本学者对行政行为的理解基本上都是从行为的后置性出发的,而前置的行政行为的定义方式相对较少。当然,也有一些学者主张行政行为是前置和后置的统一,即行政行为理论中诸多论点认为行政行为既包括抽象行政行为,也包括具体行政行为,两类行为的统一才是行政行为概念的全部内容。我国学者对行政行为的理解和认识似乎是将二者统一起来。②

行政行为概念界定上的巨大差别也使行政行为法的概念界定难以统一。在行政法教科书和相关的专题研究中行政行为法的概念被普遍使用,如和田英夫的《现代行政法》、张尚鷟主编的《行政法教程》等。但是,使用行政行为概念的教科书通常情况下并没有给行政行为法下定义。此点决定了我们对行政行为法概念的认识和理解,对行政行为法概念的比较是非常困难的。笔者通过比较认为有关行政行为法的概念大体上有下列三种类型。

其一,将行政行为法理解为以行政行为为规制对象的法。行政

---

① 〔德〕平特纳:《德国普通行政法》,朱林译,中国政法大学1999年版,第105页。
② 例如应松年主编的《当代中国行政法》对行政行为下了这样一个定义:"行政行为是国家行政机关或法律法规授权的组织和个人具有行政职权因素的行为,包括行政法律行为,准行政法律行为和行政事实行为。"并且指出了行政行为的若干范畴,从这个理解可以看出我国学者对行政行为概念理解的折中性。

行为法在行政法学科体系中是与行政组织法相对应的，这是绝大多数行政法教科书的处理方式。将行政行为法与行政组织法对应以后，二者在法律性质上的相似性就有所体现，即行政组织法是以行政组织为规制对象的，那么，行政行为法也必然是以行政行为为规制对象的。1990年应松年教授主编了我国第一部《行政行为法》教科书，对我国行政行为的类型以及行政行为的规制方式作了具体评介，该书的基本内容是以行政行为的法律制约为基础的。通过国家的制定法对行政机关的行政行为作出规定，使行政行为能够依法为之，我们也注意到一些学者在行政行为概念及相关制度的讲解中，一般都从依法行政原则出发，毛雷尔在行政行为理论中一开始就讲："行政行为的合法要件"问题，指出："行政行为符合全部法定要求的，构成合法；不符合现行任何法律规定的，构成违法或者瑕疵（两个术语含义相同）。违法性是合法性的反光镜。需注意：违法性不仅表现为错误理解准据法，错误援引准据法，而且表现为没有查清或错误认定作为决定根据的案件事实。行政机关以与本案无关的事实为根据作出决定，当然会导致违法。'事实方面'在执法实践中具有重要意义，经常是案件的主要问题。考卷和家庭作业都表明学生往往因弄不清事实关系而出错。行政行为符合下述法律要求即为合法：(1)行政机关对本案有权通过行政行为作出处理（行政行为的适法性，参见下文二）；(2)符合有关管辖权、程序和形式的规定（行政行为的形式合法性，参见下文三）；(3)行政行为的内容合法性（行政行为的实体合法性，参见下文四）。这三个要求原则上适用于其他行政措施，因此下文有关违法理论的介绍基本上适用于所有行政管理活动。"[①] 行政行为法是限制行为，或者对行政行为进行法律约束的法的行政行为法定义在行政法学科体系中是

[①] 〔德〕哈特穆特·毛雷尔：《行政法学总论》，高家伟译，法律出版社2000年版，第229—230页。

主流定义。

其二,将行政行为法理解为以行政行为为规制对象与行政行为结果并行的法。此一关于行政行为法概念的理解认为,行政行为法的一个部分是以行政行为为规制对象的法律规范,和田英夫从现代法治国家的理念出发解读了行政行为法的此一内涵,他指出,自由法治国家的行政,以保障个人的权利和自由为第一任务,国家在干涉个人、规制其权利自由,或者侵害这一切时,必须在依法行政的原则下为之,在履行行政行为时要严格地寻找根据,并受其制约。行政行为所达到的最低限度是维护国家的存在和秩序,如果行政机关的行政行为超越了这些行政干涉则是无用或不适当的。这是行政行为法必须约束行政行为的理论根据。"以往的行政作用法及其'分论'的构成,基本上是同十九世纪的自由法治国家行政相对应的。但是,如前所述,现代国家所面临的行政作用法的体系内容,已与过去明显不同。一方面,二十世纪产生了社会福利国家,新的课题、新的原理,孕育产生了诸多新的复杂现象,并且进入到法的秩序中,从而起到十九世纪法治行政的作用;另一方面,还必须考虑战后出现的新的学术动向,即明显的分化和独立。从这种新的观点来看,可以说,传统的行政法分论的体系,正处于剧烈变化、分解以至重新结构的过程中。例如,在战前和战时,劳动法、经济法、农业法、社会保障法、教育法等,都被人们当作'行政法分论'中的一部分,而现在,这些法都相继从行政法的体系中'独立'出来,无论在学术研究中,还是教学中,都在形成着自己独立的完整性、统一性,都在形成着有关自身原理的理论体系。这样,今天的行政作用法的体系就出现了新的特点,既要根据新的形势和变化,从基础上(宪法原理)进行自我反省,重新探索自身现代化的问题,又要从传统的行政法分论中分解和独立出来,认识新的行政领域中所产生的课题,这使得重新架构新的行政作用法十分必要而又迫切。"[①]因此,行政行为法规制行政即侵害行政的行政领域。从行政行为的类型来看,19世纪自由法治国家的行政活动,其主要内容是限制或剥夺个人权利自由的规制行政及侵害行政。和田英夫列举了规范行政行为的一些行政行为法的范畴:"特别是警察法,作为维持社会公共秩序的作用,是典型的规制行政;而租税法,作为取得国家、地方公共团体存在所必需的财源的作用,算得上是侵害行政的典型;至于公用负担法,作为完成公共事业的强制赋课或强制筹措手段,则属于规制行政与侵害行政交叉混合的作用。但是,前述的财政法,作为以往行政作用法的一部分,在内容上,可大体分为财政管理作用——财务会计法、专卖法、公债法,以及财政权力作用——租税法。不过,在今天,租税法已经独立,而财务会计法、专卖法、公债法,作为行政厅组织内部的纪律管理和运营,也被人们看作是广义的行政组织法的管理运营问题,看作是对财政政策、经济政策进行法的限制的问题。因而,可以将这些问题,从现代行政作用法的体系内容中除去。"[②]行政行为法在现代社会中约束行政行为只是其功能之一,只是其属性中的一个组成部分。另一部分是行政行为的结果同时也构成了行政行为法,即是说,行政机关在行政管理过程中所为之的行为必然会发生一定的法律后果,发生法律后果的行为同时也就成了行政行为法的构成。有学者对行政行为法此一内涵作了分析,其从现代社会福利国家入手,认为行政机关在福利行政之下,必须经常地、积极主动地实施行政行为,而其所实施的行为自然会带来社会效果,由于这个社会效果对于大多数社会成员来讲是有益的东西,因此,这个国家引出的状

---

① 〔日〕和田英夫:《现代行政法》,倪健民等译,中国广播电视出版社1993年版,第235—236页。
② 同上书,第236—237页。

态就是一种法律状态:"这种行政,国家作为主体,积极参与国民的社会经济生活,增进、提供国民的利益和福利。当然,随着这种行政转移,也出现了不少新课题,这样,就需要修改乃至于重新构成'保育、助长'的公企业概念,而同时,也带来了一个难度很大的问题,即在新的给付行政法之下,充填什么样的行政内容。不过,也不能忽略今天仍在继续活动的行政各领域的问题——作为自由法治国家下的保育、助长行政(虽然在质和量上都发生了变化)。而且,在学术上不断变化分解,独立化倾向甚是显著的,正是给付行政这一领域。"① 行政行为法的二元素说的概念界定,或者对行政行为法作两个层面涵义的理解在行政法学界虽然不是较为普遍的认识,但都非常具有新意。

(二) 行政行为法构建的比较

行政行为法是如何构成的,其究竟有没有实在法上的具体规定,如果有这些具体规定包括哪些内容和范畴等问题,一直是行政法学界比较困惑的问题。在笔者看来,我们可以将行政行为法的构成分成两个论点。

第一个是广义的行政行为法。广义的行政行为法是将所有规范行政行为的法律规范都作为行政行为法来看待。在广义行政行为法之下,行政行为法有下列主要形态,一是部门行政管理法中的行政行为法。行政行为的具体名称和内容通常情况下规定于部门行政管理法之中,如室井力在《日本现代行政法》中关于部门法中的行政行为讲到了警察管理系统的行政行为:"警察的手段有权力的,也有非权力的。只要是维护公共安全和秩序的消极作用,不论是权力作用还是

---

① 〔日〕和田英夫:《现代行政法》,倪健民等译,中国广播电视出版社1993年版,第237—238页。

非权力作用，都应作为警察行政作用来把握。在现实的警察行政自身增大非权力作用的今天，如果只是将警察的概念限定在权力作用范围内，那么作为为实现警察行政民主统制这一目的的理论构成将是不充分的。"[1] 室井力在警察行政行为法中还谈到了警察行政强制的问题、警察行政处罚的问题、警察其他行政制裁的问题。即是说，警察法是部门行政法中的一种，这个法律规范规定了警察在行政管理活动中的行政行为，既确立了警察行政行为的类型，又对警察行政行为进行了适当的法律约束。室井力还列举了由医疗管理法规规定的医疗管理行政行为及其法律规制，公共设施行政部门管理法及其对此类行政行为的规制，环境保护行政行为及其法律规制，而这类行为的法律规制体现于部门行政管理法之中。教育行政管理部门法及其法律规则、社会保障部门法及其法律规则、劳动保障行政行为及其法律规则、经济行政行为及其法律规则、财政行政行为及其法律规则等。其列举了一些主要的行政管理部门法及其对行政行为的规定，而没有将全部的行政行为及其法律规制列举出来，在一个国家的行政行为体系中，通常情况下部门行政管理法是行政行为形式的主要法律渊源。二是行政程序法中的行政行为法。行政程序法究竟以什么为具体的规制对象，在行政法学界亦没有统一的说法，然而，室井力在分析行政作用法亦即行政行为法时将行政程序法放在分析的序列之中，依他的解释行政程序法是以行政机关的行政作用或者行政过程为基础的，其存在于行政作用和行政过程之中。在行政过程中行政程序分为事前程序和事后程序两种。"行政程序大体分为事前行政程序与事后行政程序。两者之间存在这种差异，即从被认为事前程序的典型的行政处分程序来看，它是谋求形成一定处分的积极过程；如果从被认为事后程序的典

---

[1] 〔日〕室井力主编：《日本现代行政法》，吴微译，中国政法大学出版社1995年版，第359页。

型的行政不服审查程序来看，它是要求重新研究现已成立的处分的合法性、妥当性的消极过程。因此就其过程的性质而言，难以要求前者采取比后者更慎重的程序。这是最简单的区别，仅由此不足以说明现存的行政程序法和寻求应有的行政程序法。但一般来说，除行政处分程序外，行政立法程序和行政强制程序等都属于事前行政程序。除行政不服审查程序外，行政苦情处理程序等则属于事后行政程序。"① 根据该论点，行政程序法规范两方面的内容，一是规范行政机关的事前行为，如行政强制、行政处罚等。所谓事前与事后，其分界线在社会公众对行政行为的反映与否的状态中，即一个行政行为没有引起多数相对人的反映，行政机关所为之的程序性行为就是事前程序。而当行政相对人对行政行为提出异议或者在不予认可的情况下进一步发展的程序就是事后程序。显然，行政苦情处理、行政不服审查等的程序就是事后程序。依这个论点，行政程序法不全是针对行政行为的，只有事前的行政程序及其规制规则才是行政行为的程序规则。不论如何，行政程序法是行政行为法的重要组成部分。行政程序法对行政行为的规制在其他学者的著作中亦有论证，但室井力是将行政程序法作为行政行为法之一种来看待的，其在行政行为或者行政作用理论中讲解行政程序法的逻辑前提亦在于此。三是其他特殊行政法规范中的行政行为法。室井力在行政行为法中提到了若干既类似于行政行为，又类似于行政程序的概念，如听证、公听会、提交意见书、咨询等。他对公听会作了一个阐释："这里所说的公听会，是指行政机关在制定、修改或废除命令，或作出影响多数人利益的处分等时，要求广泛听取一般意见的程序。制定、修改或废除命令时要求召开公听会的案例，有基于煤气事业法第 39 条之二规定的关于制定、修改或废除规

---

① 〔日〕室井力主编：《日本现代行政法》，吴微译，中国政法大学出版社1995年版，第175页。

定同法中的'煤气用品'的政令而举行的公听会等(煤气事业法第48条、劳动基准法第113条、火药法第532条等),对处分要求召开公听会的案例,有对一般电气事业的许可、对变更供给区域的认可、对供给规程的认可等的公听会(电气事业法第108条、煤气事业法第48条、土地征收法第23条第1款等)。公听会不同于听证会,不需要一般程序。"① 关于咨询,室井力这样解释:"咨询是指行政机关原则上应听取其他合议制的行政机关意见的程序,被征求意见的机关称为咨询机关。要求咨询的情形,有行政机关进行处置时(例如运输省设置法第6条第1款、渔业法第12条);制定和修改命令时(例如电波法第99条之十一第1款第1项、进出口交易法第37条);制定行政计划时(例如国土利用计划法第5条第3款、水资源开发促进法第4条第1款);对行政上的不服申诉进行裁决时(例如恩给法第15条第1款、关税法第91条)都要求履行咨询程序。其理由是为了使利害关系人的意见和有识经验者的意见在行政机关决策中得到反映。"② 其在对这两个概念的解释中都提到了一些特殊的行政法规范,如煤气事业法、医药法、电气事业法、土地规划法、进出口交易法等。这些行政管理法规范还不能简单地与一些部门行政管理的法律规范相等同,其是一些既具有部门行政管理性质,又以一些特殊制度构成的规则,其中既有实体规则,又有程序规则。此一部分法律中对行政行为的规定是行政行为法的又一范畴。广义行政行为法将所有规制行政行为的规则都归之于行政行为法之中,这是行政行为法范畴的第一种认识。

第二个是狭义的行政行为法。狭义的行政行为法将行政行为法

---

① 〔日〕室井力主编:《日本现代行政法》,吴微译,中国政法大学出版社1995年版,第180页。
② 同上书,第181页。

限定在行政程序法之中。罗豪才主编的《行政法学》一书就持此论点，其认为行政程序法就是有关行政的程序，只有在行政机关的行为处于行使职权的动态过程中，才存在行政程序问题。[①] 这个论点在行政法教科书和行政法学研究中是非常普遍的，我们注意到，一些英美国家的行政法学家常常将行政程序法与行政行为法相等同，其对行政程序的探讨仅仅围绕行政机关的行政行为而展开。当然，依美国联邦行政程序法典而论，其核心问题是对行政行为作出规定，其是调整有关行政行为的法，我国有学者也对此作了概括。《比较行政法》一书认为《美国联邦行政程序法》对下列重要行政行为作了详细规定，包括情报公开、行政立法、行政裁决等主要的行政行为，"行政机关应在给予当事人听证机会后，基于记录才能加以裁决。为求独立公正的裁决，审查证据的官员应与从事调查或检举事务的行政官员分立。此外，行政机关在其适当自由裁量的范围内，可以发布'宣示处分'以终止争议或排除疑义，以防止消极、有害的行政作用。"[②]《美国联邦行政程序法》还有一些条款是针对司法审查的，其中包括司法审查的部分不是行政程序法的内容。但是，狭义的行政行为法认为行政行为法是行政程序法，其对行政行为法的理解不仅仅在事前，行政行为进入救济状态以后，仍然不能改变其作为行政行为的性质。例如《联邦行政程序法》关于司法审查的规定中，审查的标准始终是行政机关的行政行为。从这个意义上讲，行政行为法与行政程序法相等同也没有太大的障碍。

[①] 该书认为程序是从行为起始到终结的长短不等的过程，构成这一程序的不外是行为的方式和行为的步骤以及实现这些方式和步骤的时间和顺序。行政程序就是由行政行为的方式、步骤和时间、顺序构成的行政行为的过程。故此，"行政程序法是关于行政行为的方式、步骤以及实施这些方式和步骤的时间、顺序的法律规范的总称。"罗豪才主编：《行政法学》，北京大学出版社1996年版，第281页。

[②] 张正钊、韩大元编：《比较行政法》，中国人民大学出版社1998年版，第494页。

(三)行政行为法与行政程序法关系的比较

上面在揭示广义的行政行为法理论与狭义的行政行为法理论时都谈到了其对行政行为法与行政程序法关系的处理问题。狭义的行政行为法将行政程序法等同于行政行为法,而广义的行政行为则认为行政程序法是行政行为法的构成部分之一,行政行为法的范围大于行政程序法。其实上列所讲到的两个观点只是对行政行为法与行政程序法关系在法律形式上的粗略认识。一些行政法学家从哲理层面上探讨了行政行为法与行政程序法的关系。为了对这个问题作出全面比较,我们认为首先有必要对行政程序法的概念予以考察。

行政程序法的历史是极其悠久的,在现代行政法中,行政程序法的理念和理论基础既产生得最早,又得到了很好的理论阐释。可以说,它一直都是行政法学理论中的一个关键词,由于该词本身的重要性使我们甚至没有必要将其归到行政法学关键词中,也正是它的价值比一般意义的关键词更加重要。因此,笔者在"行政法学关键词比较"一章中并没有将行政程序和行政程序法列进去。行政程序法在论著中的出现我们已没有必要去考察,因为其相关的理论价值早就在有关的行政实在法中得到了体现。美国宪法第5条修正案规定:"非经大陪审团提出公诉,人民不应受判处死罪或会因重罪而被剥夺部分公权之审判;惟于战争或社会动乱时期中,正在服役的陆海军中或民兵中发生的案件,不在此例;人民不得为同一罪行而两次被置于危及生命或肢体之处境;不得被强迫在任何刑事案件中自证其罪,不得不经过适当法律程序而被剥夺生命、自由或财产;人民私有产业,如无合理赔偿,不得被征为公用。"[①] 第14条修正案规定:"第一款:任何人,凡在合众国出生或归化合众国并受其管辖者,均为合众国及所居住之州

---

① 萧榕主编:《世界著名法典选编》(宪法卷),中国民主法制出版社1997年版,第14页。

的公民。任何州不得制定或执行任何剥夺合众国公民特权或豁免权的法律。任何州,如未经适当法律程序,均不得剥夺任何人的生命、自由或财产;亦不得对任何在其管辖下的人,拒绝给予平等的法律保护。第二款:各州众议员的数目,应按照各该州的人口数目分配;此项人口,除了不纳税的印第安人以外,包括各该州全体人口的总数。但如果一个州拒绝任何年满21岁的合众国男性公民,参加对于美国总统及副总统选举人、国会众议员、本州行政及司法官员或本州州议会议员等各项选举,或以其他方式剥夺其上述各项选举权(除非是因参加叛变或因其他罪行而被剥夺),则该州在众议院议席的数目,应按照该州这类男性公民的数目对该州年满21岁男性公民总数的比例加以削减。第三款:任何人,凡是曾经以国会议员、合众国政府官员、州议会议员或任何州行政或司法官员的身份,宣誓拥护合众国宪法,而后来从事于颠覆或反叛国家的行为,或给予国家的敌人以协助或方便者,均不得为国会的参议员、众议员、总统与副总统选举人,或合众国政府或任何州政府的任何文职或军职官员。但国会可由参议院与众议院各以2/3的多数表决,撤销该项限制。第四款:对于法律批准的合众国公共债务,包括因支付平定作乱或反叛有功人员的年金和奖金而产生的债务,其效力不得有所怀疑。但无论合众国或任何一州,都不得承担或偿付因援助对合众国的作乱或反叛而产生的任何债务或义务,或因丧失或解放任何奴隶而提出的任何赔偿要求;所有这类债务、义务和要求,都应被视为非法和无效。第五款:国会有权以适当立法实施本条规定。"[①]这两个修正案是现代行政程序最完整、最早、最科学的法律形式。依这两个宪法条款确立了人类社会真正意义的正当法律程序,当然也包括有关的行政程序。其不仅仅是一个行政机关或者其他有关机关如何作出行政行为的过程、环节、期限等的具

---

① 萧榕主编:《世界著名法典选编》(宪法卷),中国民主法制出版社1997年版,第15页。

体程式化的要求,更为重要的是其确立了一种正义的法治原则,即社会公众生而是平等的,其固有的天赋权利没有经过司法等正当的法律程序权益不受追究。由此可见,行政程序的哲学上、法治上的价值远远高于它作为一个对行政过程进行规制的技术价值。

行政程序法的定义在行政法中有各种各样的定义方式,如有的从行政程序法的调整对象来定义,认为行政程序法是以行政行为为规制对象的行政法,[①] 有的从行政程序法的规制方式界定,认为行政程序法是有关行政机关活动的程序、环节、期限、行为后果等的法律规范,[②] 还有的从行政程序法的价值入手认为行政程序法是提供行政正义规则的行政法等等。这些定义在行政法学研究中已经变得不太重要,但是对行政程序法的深层理解主要体现在行政程序法与下列概念的关系上。

一是行政程序法与行政过程的关系。关于此一问题,有一些学者认为行政程序法是以行政过程为基础的,即是说,行政过程的概念既大于行政程序法的概念,又高于行政程序法的程序。盐野宏的《行政法》将行政过程当成一个种概念来看,而将行政程序法当成一个属概念来看,这种种与属的关系足以说明行政程序法必须围绕行政过程展开。另一些学者们有不同认识,他们将行政过程视为一个虚拟概念,而将行政程序法作为一个实在概念,即行政过程只有被赋予行政程序法的意义以后才有实在价值,而当一个行政过程没有被行政程序法调

---

① 绝大多数行政法教科书对程序的认识和理解都立足于行政行为,认为行政程序就是行政主体采取行政行为的步骤、方式、方法等。参见王连昌主编:《行政法学》,中国政法大学出版社1994年版,第128页;罗豪才主编:《行政法学》,北京大学出版社1996年版,第294页;陈安明、沙奇志:《中国行政法学》,中国法制出版社1992年版,第210页。

② 也有学者对行政程序作了另一种解读,章剑生认为程序及其程序机制是控制自由裁量权的方法选择。参见章剑生:《行政程序法比较研究》,杭州大学出版社1997年版,第8页。

控时,只是行政管理中的一个虚拟状态。诸多学者在给行政程序法下定义时认为其对行政过程有规制和调控作用。当然,在此一论点中,行政程序法是问题的关键,而行政过程则是问题的次要方面。

二是行政程序法与行政决策的关系。在一些国家的行政程序法典中基本上回避了行政程序与行政决策的关系,其大多数情况下将行政程序限于行政机关的法律执行之中,尤其在后置的行政行为法理念中,认为行政行为就是行政机关实施具体行政管理时所为的具体行为,而作为规范行政行为的行政程序法亦必然与后置的行政行为相关,前置的制定行政法规范等相关的决策行为则与行政程序法无关。《联邦德国行政程序法》的基本内容是有关不包括决策行为在内的程序规则。其中只规制一种决策行为,即行政规划。其他被调整的行为都是具体行政行为。例如第48条规定:"1.违法行政行为,即使已具确定力,仍得部分或全部以对将来或溯及既往的效力撤销。已设立或用以证实一权利或权利上相当优惠的行政行为(授益行政行为),其撤销须受第2至第4款的限制。2.提供一次或持续金钱给付或可分物给付,或为其要件的行政行为,如受益人已信赖行政行为的存在,且其信赖依照公益衡量在撤销行政行为时需要保护,则不得撤销。受益人已使用所提供的给付,或其财产已作出处分,使其不能或仅在遭受不合理的不利时方可解除其处分,则信赖一般需要保护。下列情况下受益人不得以信赖为其依据:(1)受益人以欺诈、胁迫或行贿取得一行政行为的;(2)受益人以严重不正确或不完整的陈述取得一行政行为的;(3)明知或因重大过失而不知行政行为的违法性。本款第3句所指的行政行为一般以具有溯及既往的效力撤销。已撤销的行政行为的受益人,须归还已履行的给付。对归还的范围,准用民法典返还不当得利的规定。归还义务人在具备本款第3句情形时,不得以得利的消灭作为依据,只要他明知或因重大过失而不知构成行政行为违法的情况。行政机关在撤销行政行为的同时决定须归还的给付。3.行政机关撤销不属第2款所列的违法行政行为时,须应相对人申请,赔偿有关财产不利。该财产不利是因相对人相信行政行为的确定力而生,但以其信赖依公益衡量需要保护为限。在此适用本条第2款第3句。财产不利不得超过相对人在行政行为存在时所具有的利益值。行政机关有权确定须补偿的财产不利。请求权应在一年内行使。期间以行政机关向当事人指明该期间的时刻起算。4.行政机关获知撤销一违法行政行为的事实,仅允许从得知时刻起计一年内作出撤销。但不适用于第2款第3句第1项。5.在行政行为具不可争执性之后,撤销由第3条所指主管行政机关决定;须撤销的行政行为由另一行政机关作出的,亦同。6.对依第2款应归还的给付和依第3款应赔偿的财产不利所生争议,应通过行政诉讼途径解决,但以不涉及非法征用的补偿为限。"① 此条是对违法行为撤销的程序规则,然而,其所指的违法行为都是在某一具体的行政法关系中出现的行政行为,这样的行为只能是非决策性的。与行政程序法不调整行政决策行为的理论认识相反,有学者则认为行政程序法当然应当对行政决策行为进行调整。显然,美国联邦行政程序法所规定的内容,将政府行政系统绝大多数决策行为列在了行政程序法的调控之中。② 我们在前面讲到,佩泽尔主张前置行政行为的概念,依这个概念行政行为是行政机关有关行政立法的单方行为,这就顺理成章地将行政程序法的范围主要限于行政决

---

① 〔德〕平特纳:《德国普通行政法》,朱林译,中国政法大学1999年版,第236—237页。
② 《美国联邦行政程序法》第553条是对规章制定的规定,其中规定:"机关在按本条规定发出通知后,应向利害关系人提供通过提交书面资料、书面观点、书面或口头辩论意见等方式参与该规章制定的机会。在考虑了提出的相关问题之后,该机关应在通过的规章中附上有关制定该规章的根据和目的的概要性说明。如果法律要求此种规章必须在机关听证会之后依据记录制定,则不适用本款规定,而适用本编第556条和第557条的规定。"这实质上是对有关行政决策的程序规定。《美国法典》(宪法行政法卷),中国社会科学出版社1993年版,第276页。

策行为之中，他认为法律是议会按照一定程序制订和通过的，是议会行为。行政行为则源自于行政组织，并认为这种区分具有重要意义，因为行政法的法律制度是非常特殊的，没有行政法官的监督，即个人的责任制，行政决策是难以公正作出的，法律高于行政行为。换言之，行政行为就应受制于行政程序法的调整，而在佩泽尔的行政行为概念中仅仅包括有政府的立法行为，而不包括行政机关具体的行政活动。

那么，行政行为法与行政程序法关系究竟如何呢？我们上面的分析已经基本上给出了一个答案，即一些学者主张行政行为法与行政程序法是完全重合关系。即所有的行政行为法其实都是行政程序法，"行政行为的重要性要求有一套细致完整的程序与之共存。与其他一些国家（美国、奥地利）相反，在法国并不存在这样的程序。但在没有程序法典或一般行政程序法的情况下，却存在着一些根据不同的法律条文和判例确立的既定规则。"[①] 依这个解释，行政行为法与行政程序法是齿唇相依的关系，唇亡而齿寒，没有行政程序法的规定行政行为就没有了规则，因而也就没有了行政行为法。与佩泽尔解释相同的还有平特纳，他认为："行政行为是对公民设定的一个具约束力的具体规范（设负担或受益）。因而，只要涉及设负担，行政行为就需要有一个法律授权。这一授权一般都包括在授权涉及的行为之中，而不需特别行为必须以行政行为的方式作出。故此，警察法规定为防止危险发生，警察可'根据情况需要采取合义务裁量的措施'，即授予了警察该权限。授权涉及的尽管是各州立法规定的不同的'措施'，但却毫无例外地意味授予作出行政行为的权限。这种授权的要求也与行政程序法第 35 条所规定的内容密切呼应。换言之，该条将所有具有上述特征的处理、处置或措施定性为行政行为时，亦意味着行政行为

---

① 〔法〕古斯塔夫·佩泽尔：《法国行政法》，廖坤明等译，国家行政学院出版社 2002 年版，第 56 页。

须在相应授权的权限范围内作出。"[1] 另一种观点则认为行政行为法与行政程序法是部分重合关系。如有学者认为行政程序分为事前程序和事后程序。事前程序中的行政行为规则是行政行为法的内容,而事后行政程序中的行为规则则是行政救济法的内容。上列两个方面是关于行政行为法与行政程序法的基本论点。我国学者在行政法学科体系的构建中,对行政行为法和行政程序法的关系尚未有人进行深入研究,诸多行政法教科书将行政行为法与行政程序法分而写之,似乎作为两个范畴的东西来处理。从发达国家学者关于行政行为法和行政程序法关系原理分析,割裂行政行为法与行政程序法的关系在理论上很难作出进一步的推论,如果这样的推论能够成立的话,行政程序法则成了无源之水,而行政行为法则成了一个人们无法提供的规则体系。我国学者的此种不恰当处理方式已经给我国行政法治实践带来了负面效应,例如,我国在 1996 年制定了《行政处罚法》,而在 2003 年制定了《行政许可法》,这两部法律究竟是行政行为法,抑或是行政程序法,就连我国绝大多数行政法学研究者在认识上都是极度混乱的,一些教科书在行政行为理论中讲授《行政处罚法》和《行政许可法》,而另一些学者们在行政程序法中讲授上列法律,此种理论上的混乱性还将进一步影响行政法实践。

四、行政救济法进路的比较

(一)行政救济法概念的比较

行政救济制度以及确立行政救济制度的行政法治规范在现代行

---

[1] 〔德〕平特纳:《德国普通行政法》,朱林译,中国政法大学 1999 年版,第 236—237 页。

政法学科体系中是不可缺少的,笔者查阅了诸多行政法教科书,一些教科书没有行政组织的内容,一些教科书没有公务员的内容,一些教科书没有行政行为的内容,一些教科书没有行政程序的内容,[①]但基本上每一部行政法教科书中都有行政救济的内容。行政救济法的比较研究,首先必须从行政救济的定义展开,关于行政救济的定义可以概括为下列诸类:

第一类从行政争议的角度解释行政救济。诸多行政法教科书对行政救济的理解从行政争议开始,"行政救济以行政争议为对象和内容,通过行政争议的解决,来矫正违法或不当的具体行政行为,从而实现行政救济的目的。"[②]此一救济概念中的救济核心是行政权问题,即行政救济的目的在于使行政过程保持一种有序的状态,行政救济是对行政过程理性化、良性化运行的援救,而不是对其他问题的援救。这个论点是对行政救济的一个价值上的定位。一些行政法的教科书设计的行政救济制度并没有以行政救济来称谓,而是以行政争议或者行政争讼来称谓。张尚鷟主编的《行政法教程》就开设了"行政争讼法"一编,而在行政争讼法一编中讲解了行政复议、行政诉讼、行政强制执行等解决争议的制度。张载宇先生的《行政法要论》也以行政争讼称谓行政救济制度。即是说,行政救济制度的基础是在行政机关与行政管理相对方之间发生了争议,对于这个争议而言其中致命的地方是对国家行政管理造成了混乱,"行政纠纷,又叫行政争议,在我国当前的情况下,人们一般的理解,是指某一国家行政机关,在实施行政管理活动过程中,由于采取了不恰当的或违反行政法律文件明文规定的行政措施,致使这种措施的相对一方当事人(包括其他国家行

[①] 奥托·迈耶所著的《德国行政法》和法国学者布朗所著的《法国行政法》都没有在体系中讲授行政程序和行政程序法的内容。
[②] 刘恒:《行政救济制度研究》,法律出版社1998年版,第3页。

政机关或其他国家机关、企业、事业、社会团体和公民等)在行政法上的合法权益受到侵害,从而引起的纠纷。按照这种意见,如果不对行政措施作具体说明,行政纠纷所指的范围就有可能被扩大。例如:两个行政机关之间(包括上下级之间、同级之间)在处理某一方面的行政管理工作时,由于有不同意见,或对行政法律文件有不同理解,因而采取了互相矛盾的行政措施,发生了扯皮现象,也可以说是产生了行政纠纷。这种纠纷,在实践中,一般都是由共同的有关的上级领导机关出面,把双方召集到一起来协商解决,当然是按照党和国家的政策和法律的规定(主要是关于行政管理制度、管理方法的一些规定)来协商解决。由于上级出面来'做工作',统一思想,统一对政策或对法律的理解,在这个基础上来解决问题。这种纠纷,在国家行政机关内部是经常发生的。"[①]其中救济的目的是保证行政管理过程的统一性和有序性。

第二,从政府责任的角度解释行政救济。行政救济的解释路径的第二种就是从政府责任的角度分析行政救济制度以及行政救济的概念。其认为行政救济是宪政制度的产物,没有宪政制度就不可能有行政救济,而救济制度中的具体救济方式都与政府权力的控制有关,控制行政权行使的过程是行政救济最为本质的特征,而这个前提是在宪政理念之下,行政系统不单单是一种权力主体,最为重要的是它是国家行政权力的义务主体,其要承担相应法律责任是宪政制度所使然,而责任形式必须通过一定的机制体现出来,其中司法审查、行政监督等都是强化行政责任的具体形式,行政救济的政府责任解释便由此而得。有学者就认为:"行政救济制度作为现代行政法律制度,是资产阶级革命时期的产物。在奴隶制社会与封建制社会,由于世界上绝大

[①] 张尚鷟编著:《行政法教程》,中央广播电视大学出版社1990年版,第144—145页。

多数国家都处于专制统治之下,以国王为代表的统治者不仅掌握着国家生活与社会生活的一切重要领域,主宰着臣民的生死予夺大权,拥有至高无上的绝对权力,不必为其给臣民造成的损失承担法律责任;更有甚者,许多国家的最高统治者还被尊崇为神的化身和正义的代表,根本就'不能为非'。因此,在这种专制统治下,以排除不法行政行为、补救行政相对人受侵害合法权益为主要目的行政救济制度是不可能发展完善的。尽管在封建社会末期的某些国家中,随着资本主义因素的增长也曾出现过一些与行政复议、行政诉讼等制度有关的法律制度,但这只是某些行政救济类型的萌芽,远不是现代意义上的行政救济制度。资产阶级革命的胜利和资产阶级国家的建立,为行政救济制度的形成和发展创造了现实的条件。在资本主义制度下,随着资本主义生产关系的确立和发展,以'主权在民'、'社会契约'、'天赋人权'、'自由、平等、博爱'等思想观念为主旨的资产阶级民主制度也建立和发展开来。曾经束缚社会进步的'国王至上'、'国家主权至上'等观念被逐步冲垮。国家不再是国王的囊中私物,而是属于全体人民;主权不再属于抽象的国家,而归于人民全体;国家机关行使职权不再是'替天行道',而是实现人民的委托或授权。因此,当国家行政权力的行使给人民造成侵害的时候,国家行政机关承担法律责任,排除不法行为,补救人民受损合法权益,自是理所应当。随着资产阶级民主制度的不断发展,行政救济制度也逐步发展起来。"[1] 这是对行政救济制度产生背景等从总体上所作的评论,这个评论足以说明行政救济与政府责任的关联性。资产阶级政权体制之所以能够产生救济制度,主权在民的理念当然是十分重要的,但行政系统与司法系统、行政系统与立法系统的分立才是问题的关键。

---

[1] 张正钊、韩大元编:《比较行政法》,中国人民大学出版社1998年版,第744—745页。

第三，从权利保障的角度解释行政救济。这应当说是有关行政救济概念解释中最为普通的路径，一般行政法教科书在分析行政救济时基本上都从权利救济的角度出发，韦德的《行政法》一书虽然也将行政救济和政府责任放在一起探讨，① 在韦德看来，政府责任是行政救济的后果，从这个意义上讲，韦德与从政府责任的角度解释行政救济的理念是有区别的。"权利依赖救济。法律史上随着某种救济从一种判例推广适用于另一类判例，从救济制度中提取的法律规则比比皆是。没有比人身保护令更好的例子了。这种救济从16世纪以来就是人身自由的基石，它从中世纪一种令状衍生出来，起初在程序法中起的作用并不显赫：用以保证当事人出庭，尤其是当他被下级法院拘押时。后来才被国王和枢密院引以对拘押进行质疑；最后演变成了可以检验任何监禁的合法性的标准程序。人身自由权几乎成了程序规则的副产品。在许多有关控制行政权的案例中同样全神贯注于救济。有时法院在考虑'调卷令是否适用'时比揭示应当控制司法干预的一般原则更为得心应手。因而原则隐藏在次级技术的迷雾之中。"② 有权利就有救济这是一个古老的法治理念，在行政法学研究中诸多学者就是以此为基础对行政救济制度进行解释和定义的。其认为行政过程是在行政系统与社会公众之间展开的，在一个具体的行政过程中，行政机

---

① 韦德在行政救济这个大范畴中讲解了"行政当局的责任"这一与救济相关的问题，其研究了行政机关在职权行使中的具有民事性质的侵权责任、研究了政府行使职权的"过失和严格责任"、研究了"违约与不法行为"、研究了"豁免权与时限"、研究了"合同中的责任"、研究了"恢复原状的责任"、研究了"行政赔偿的责任"等，他在"严格责任"中指出："官方责任法律的一次明显扩展是上诉法院作出的，在一个后来的购买者的要求下，该法院判定地方当局对某住房地基检查玩忽职守，通过验收造成损失负责。这'开创了可起诉的过失的一个全新领域'。"参见〔英〕威廉·韦德：《行政法》，徐炳等译，中国大百科全书出版社1997年版，第457页。韦德的这个分析非常接近于从政府责任的角度解释行政救济的路径。

② 〔英〕威廉·韦德：《行政法》，徐炳等译，中国大百科全书出版社1997年版，第233页。

关及其整个行政机构体系处在权力行使的强势格局之下,社会公众在一个具体的行政法关系中总是处于相对弱势的状况之中的。因此,当行政机关的权力行使对社会公众造成影响,或者当社会公众认为权力行使不当时就需要一种归属于法律上的救济权利,这个关于行政救济制度的解释似乎更接近行政救济的本质。

与行政救济上列概念界定相关联,行政救济法的概念在行政法学界的定义亦有诸种不同的类型。

其一,将行政救济法视为解决行政争议之法。一些学者在其教科书或著述中将行政救济法直接称之为行政争讼法,如上面我们提到的张尚鷟主编的《行政法教程》,还有我国1983年出版的第一部统编的行政法教科书都以行政争讼取代行政救济。有学者认为:"在行政救济中,行政机关与公民、法人和其他组织处于争执状态,从行政救济的起因看,行政救济的产生,通常是因为公民、法人和其他组织认为行政机关及其工作人员所作出的行政行为侵犯了其合法权益,甚至造成了其合法权益的损害或损失,应当排除不法行政行为,给受损合法权益以赔偿或补偿。但在大多数情况下,对行政行为是否不法,是否侵犯了公民、法人和其他组织的合法权益并造成了损害或损失,损害或损失的程度究竟如何等一系列问题,行政机关与公民、法人和其他组织之间很难达成共识,争议在所难免。因此,争执是大多数行政救济案件在通常情况下所呈现出的共同状态。这种状态在行政复议、行政诉讼及行政赔偿案件中表现得尤为突出。"[①] 行政救济起因的争执性必然决定了行政救济法是解决行政争议之法。

其二,将行政救济法视为权利保障之法。"行政救济法,是有关行政救济的各种法律规范的总和。从世界各国的行政救济制度来看,

---

① 张正钊、韩大元编:《比较行政法》,中国人民大学出版社1998年版,第737页。

并没有一部统一的行政救济法典，而是分散于宪法、民法、行政诉讼法、国家赔偿法或其他特别法规定之中。行政救济是因行政机关的行政违法或不当而致公民和组织的合法权益受到侵害，有关国家机关依受侵害人的请求予以补救的途径、方法、手段、权利、责任等的制度总称，而有关此种救济的所有法律规定就是行政救济法。"[1]这个定义所体现的便是行政救济法的权利救济性质。行政救济法作为权利救济的法与作为行政争议的法虽然只是概念上的区别。但是，这两种定义方式之下，行政救济法的基本状况和性质都有很大区别。如果一国以解决行政争议作为行政救济法的立法原则，那么，行政救济制度的最高价值则可能在行政管理秩序的和谐性方面，我们常常讲到的稳定压倒一切的理念实质上反映了对争执处理的重要性，而不是对争执处理最高价值的追求。而以权利的救济作为行政救济法的立法精神，那么，行政救济立法中的制度设计可能是高成本的，行政救济的过程可能还会带来进一步的秩序上的麻烦，但是，行政相对人或者社会公众的权益保障是压倒秩序性之价值选择的。

其三，作为实体法的行政救济法。上列关于行政救济法概念的认识是其法律实质问题，即行政救济法的本质究竟是平定争议，还是权利保障这些实在法的精神选择问题。而下列若干关于行政救济法概念的认识则侧重于行政救济法的法律形式问题，即行政救济法究竟是行政实体法，还是行政程序法，抑或行政实体法和行政程序法的统一。在笔者看来，一些学者将行政救济法牢牢地和权利救济、权利保障捆绑在一起，使人们将行政救济法更多地和行政实体法联系在一起。韦德在分析"特别救济的性质"时认为，到16世纪末公法上的特别救

---

[1] 杨解君、温晋峰：《行政救济法——基本内容及评析》，南京大学出版社1997年版，第29页。

济一般已为普通诉讼当事人所享有,申请人可以不需要经过允许即可以王室的名义开始诉讼,王室把自己的法律特权借给臣民使用,以便他们可以彼此合作,保证有一个良好而合法的政府。在任何违法行为人及其相关人员的要求下,可以运用人身保护令来检查行政相对人被处置的合法性。调查令和禁令的目的是要控制司法机关,并经常用来执行司法与行政的公务。并认为这种救济制度在行政法发展中起了十分重要的作用:"论及特别救济这个领域,我们往往会遇到公法制度之类的问题。这种救济即便不总是一开始就设计来管理政府职责与权力的,也是长期被运用来达到这个特别的目的的。正如每个立案的案名所显示,这种救济的标志是应王室的请求而特许。其所以属于'王权',因为它原先只归王室享有,而臣民则不在此列。王室通过法院的强制令、调卷令和禁令等形式可以保证公共当局履行其职责,保证下级法庭不超越其正当管辖权限。这些实质上就是在各级法院、委员会和法定当局的等级结构内保证效率、维持秩序的救济的办法。"[①]显然,特别救济依韦德的分析是一个实体法上的问题而不是简单的行政程序法。其将行政救济法作为实体法看待,从法哲学层面上并没有太大障碍,因为,法律上实体与程序的区别是以是否与有关的具有实质性的权利义务关联,即是说,一个法律规则如果关涉了物质上或精神上的权利其就是实体上的。反之,一个法律规则若与物质上或精神上的权利是间接的,那么,其就是程序上的。依韦德的理解行政救济与行政相对人的权利并不是间接的,那么,行政救济法作为实体法也就很容易理解了。

其四,作为程序法的行政救济法。行政救济法是行政程序法的认识是较为普遍的。行政救济在传统行政法学理论中被认为是行政性

[①] 〔英〕威廉·韦德:《行政法》,徐炳等译,中国大百科全书出版社1997年版,第274页。

司法行为或者是一种行政司法行为,张家洋先生指出,行政救济具有一个非常重要的功能就是促进行政的司法化:"现代国家在行政权扩张的趋势下,使行政机关获得准司法授权,而行政争讼制度即具有行政司法的性质,其所采程序及处理案件的方法与态度,均与一般行政机关所作单方行为不同,着重于吸收司法制度的精神,使行政争讼获得客观公正合法合理的裁决。故此种制度的实施,有助于促进行政司法化的发展,因而被视为具有'行政司法'制度的功能与性质。"[1] 我们知道,司法行为的过程就是以程序的形式而得到实现的,人们在讨论法律上的程序时自然而然地会将其与司法联系在一起,而当人们在探讨司法权时亦常常将其与程序视为一个事物的两个方面。行政救济是具有使行政权司法化之功能,自然而然地有关这样的法律就是程序法而非实体法。我国大陆学者亦大多从程序法的角度界定行政救济法,刘恒教授关于行政救济制度的专题研究中就有这样一个论断:"任何法律上的救济制度都是为了补救侵权行为所造成的损害,无侵权损害就不存在救济。在行政管理活动中,行政主体作出的具体行政行为侵害了行政相对人的合法权益,是引起行政救济的基本前提和根本原因。针对行政侵权行为所造成的损害,行政相对人有权依法请求行政救济,这是行政相对人依据宪法和法律所享有的基本权利。值得注意的是,这里的行政相对人的合法权益受到了具体行政行为的不法侵害,只是表明行政相对人的一种主观判断,并不表明行政主体的具体行政行为已经实际侵害了行政相对人的合法权益,是否构成侵权并造成损害,要由法定的主体依据法定的程序来进行审查。"[2] 这中间的逻辑结构是非常清晰的,即行政救济的标的物是权力,或者与权力相关

---

[1] 张家洋:《行政法》,三民书局1986年版,第731页。
[2] 刘恒:《行政救济制度研究》,法律出版社1998年版,第8页。

的行政机关的行政行为,权力虽是实体法上的基本要素,但权力的确认和实现都是需要通过一定的程序机制和手段的,行政救济法就是以权力为标的物的程序法,在这里权力是行政救济法的程序标的,而程序则是权力的外在形式。

其五,作为实体法和程序法统一的行政救济法。我国有学者认为:"行政救济法是有关行政救济的实体规范和程序规范的总和。行政救济法既包括解决行政机关或国家与处于相对方地位的侵害人之间救济权利义务的实体规范,也包括如何实现这些实体权利义务的程序规范。它是实体法与程序法的综合,而且,这种实体规范和程序规范,不仅指行政实体规范、行政程序规范,还包括司法性质的实体规范和诉讼规范,如我国《国家赔偿法》中既有赔偿原则、行政赔偿范围、赔偿责任的构成要件、赔偿方式和追偿等的规范,又有关于行政赔偿的行政处理程序、复议程序和诉讼程序等规范。"[①]这个论点在行政法学界并不多见,行政救济法中的实体规范究竟包括哪些内容,作者在书中没有进一步的讨论,也没有用相关的例子说明,而其在揭示行政救济法的程序属性时列举了比较恰当的例子。

上列关于行政救济法究竟是行政实体法,还是行政程序法,抑或是二者统一的三个论点中,在笔者看来,将行政救济法定性为程序法似乎更妥当一些。我们知道,行政法是以行政过程为基础的,行政法对行政过程的规制反映在对行政组织的规制和对行政行为的规制两个方面,有关行政组织中权利义务的规则是实体规则,有关行政行为实施中权利义务的规则亦是实体规则。但是,在行政组织和行政行为之外,至少在行政法的权利义务理念中再没有作为第三种的权利义

[①] 杨解君、温晋峰:《行政救济法——基本内容及评析》,南京大学出版社1997年版,第29—30页。

务。即是为了促成行政组织和行政行为权利义务实现时,产生了新的权利义务,此时的权利义务是依附于行政组织和行政行为的实体权利义务之中的。这种依附性是我们不能在行政过程中确定其单独的、游离于行政组织和行政行为之外的价值。[①]

(二)行政救济法范畴的比较

行政救济法无论从上列定义方式的哪一种解释,都没有包括相关的范畴问题。即是说,我们从行政救济法的定义还不能确定行政救济法究竟包括哪些具体范畴,正因为如此,对行政救济法范畴的思考进行比较是必要的。综观行政救济法范畴的理论认识,大体上可以概括出下列诸种行政救济法范畴的理论思考。

第一,行政救济法三大板块说。行政救济法如同行政法的总特点一样,"表现形式上无一部统一的法典,其法律形式是多种多样的。行政救济法无统一的法典,这是由行政救济的性质和途径等的多异性所决定的。由于行政救济的主体、途径、方法是多种多样的,以致不可能在一部法典中对这些问题都作出规范,它必然散见于不同的法律、法规等不同的法律渊源中。同时由于它不只涉及某一方面的问题,故此它不仅需要专门的法律形式(如《行政复议条例》《行政诉讼法》等),而且还需要夹杂其他法律问题的混合法,如《国家赔偿法》中既有行政赔偿法问题,也有刑事赔偿法的规定。它既可以普通法形式出现,也可以特别法形式出现。如《行政诉讼法》《行政复议条例》

[①] 当然,在西方一些国家崇尚法律上的程序至上,其将程序作为社会正义的一个检测标准,凡符合程序的就是正义的,凡不符合程序的就是非正义的,这个分析也被我国学者广泛接受。但是,在笔者看来,程序至上主义只有法哲学层面的实体价值,在行政法的运作过程中,程序的独立价值并不能够独立存在,这其中的道理是非常深刻的,需要我们在今后的研究中作进一步的探讨。

即为普通法,而《治安管理处罚条例》中有关行政救济的途径、程序等的规定即表现为特别法。"① 依据这个关于行政救济法特点的描述,行政救济法没有统一的法典,是由诸多板块构成的救济法群。行政救济法的法群由哪些板块构成呢？其中的论点之一是三大板块说。此说认为行政救济法由行政复议法、行政诉讼法和行政赔偿法三大部分构成。这三大部分的构成是以行政救济的三大制度为基础的,即行政救济由复议救济、诉讼救济、赔偿救济构成,与这三大救济制度相适应的就是三大救济法的板块。国内诸部关于行政救济制度和行政救济法的专题研究都认同这个理论。《比较行政法》一书对行政救济制度的比较也以此三大范畴作为比较的对象。其设置了行政复议制度、行政诉讼制度、行政赔偿制度等三个基本比较点,将各国有关此三大制度的法律规范放在一起研究。我国台湾行政法学界对行政救济法的设计也与大陆相同,都以三大板块作为行政救济法的构成。行政救济法三大板块的理论有着深刻的理论基础和实践基础。一方面,从理论层面上讲,三大板块实质上是对权利救济的三种机制之间逻辑关系的阐释。权利救济在行政法治实践中既与行政相对人的权利保护有关,又与行政机关的职权行使有关,当行政机关在职权行使中造成权益侵害,其既要保证给行政相对人以救济的机会,而且这个机会还必须有与现代法治的最高手段相适应的救济理念。这样在一个行政行为被行政相对人认识是侵权行为的情况下,为节省成本、保证行政管理的连续性,先让行政系统自己解决,行政复议制度就是在这样的基础上形成和被设计的。但行政系统的救济只是救济的一种手段,这个手段是不能作为最终手段的。法律上的司法审查,即行政诉讼制度也

---

① 杨解君、温晋峰:《行政救济法——基本内容及评析》,南京大学出版社 1997 年版,第 30 页。

就起着再次救济的作用。行政赔偿制度以及行政赔偿的法律规范虽然不直接与行政复议和行政诉讼制度衔接，但其是对现代政府作为一种与其他社会主体平等对待的制度，即国家亦可以像民事法律关系主体那样对因其过错造成的侵害负起法律上的责任。这个救济制度与上列两种相比更具有实质意义。另一方面，从法治实践上讲，在一些国家的行政救济制度设计上也仅仅只有这三种救济方式，例如，我国就有行政复议法、行政诉讼法、国家赔偿法三大行政救济的法律体系，每一个相应的救济制度都有一个统一的法典和一些配套的法律规范。由此可见，三大板块说既有理论基础，又有实在法上的依据，是对行政救济法板块顺理成章的范畴思考。

第二，行政救济法四大板块说。笔者2004年主编了一部由中国政法大学出版社出版的《行政法与行政诉讼法》规范教材，为了使各个部类的行政法典则都比较清楚，作者在行政救济法部分设计了一章，命名为"行政救济法的法构成"，在这个章节中作者通过与本教材编写组其他学者的讨论，认为我国行政救济法中除了行政复议法、行政诉讼法、行政赔偿法外，还应将行政监察法写进来。我们认为，行政监察不同于一般意义上的行政监督，其是对行政机关、行政机关工作人员以及其他行使行政职权的单位权力行使状况的监督和控制，这样的监督是以行政机关的不当行为、公职人员的不当行为为标的的，而在行政法治实践中，行政机关的不当行为必然会对行政相对人的权益造成侵害。以我国行政监察的实际情况看，诸多案件都是行政相对人在维护其权益而向行政机关讨个说法中发生的，至少行政相对人讨个说法是行政监察行为启动的导火索。同时，行政监察制度是一种机制化的制度，它与存在于社会上的其他制度比较相对分散，或者还没有形成规则的监督是有巨大区别的，其作为正式法律制度的属性再加之其对行政相对人权益的拯救属性使我们将其归入到行政救济的法构成之中。① 至于这种归类是否科学是一个不可能有定论的问题。不过，我们也对国外相关制度的理论归类进行了考察，西方一些国家的行政救济制度包括了类似于我国行政监察的监察制度，在英国和瑞典基本上都是这样进行归类的。不过，我们这样的归类既然已经写进了行政法教科书，而且得到了社会的默认，因此，作为行政救济法范畴的一派学说也是成立的。

第三，行政救济法的五大板块说。王名扬教授的《英国行政法》一书对英国行政救济制度进行了研究，尽管篇幅不多，但其关于英国行政救济法体系的设计都很有特色，其与韦德在《行政法》中关于英国行政救济制度的评介有一定的差异。韦德在其著作中关于行政救济法的介绍用了非常长的篇幅，几乎占到全书的三分之一内容，韦德结合英国行政法实践中发生的与救济有关的案件评介相关制度。但在制度形态的概括上韦德没有采取经院式的制度评介方式，而是尽可能使问题与法治实践一致起来，诸多救济过程的评介都运用了一定的行政法案例说明。王名扬先生则只有一章内容介绍英国行政救济法，没有与有关的救济案件结合起来，而是从理论上高度提炼了英国行政救济法的制度板块，依其对行政救济制度的思考，行政救济法应当有五大板块的行政法规则。王名扬教授指出："英国学者认为，保障公民的权利和利益不受行政机关侵害是行政法的主要目的。行政法上的救济手段是公民的权利和利益受到行政机关侵害时或可能受到侵害时的防卫手段和申诉途径，是英国行政法学中着重讨论的问题。"② 依其理解，行政救济法的五大板块如下：一是公民的权利和利益受到行政机关侵害时向部长申诉，主要是针对地方政府的行为。这种申诉不是公民的当然的权利，只在法律规定时才存在，有关此方面行政救

---

① 关保英主编：《行政法与行政诉讼法》，中国政法大学出版社2010年版，第四编。
② 王名扬：《英国行政法》，中国政法大学出版社1987年版，第131页。

济的法律规范就构成行政救济的第一个板块。二是议会对有关重大的行政问题,成立调查法庭。"议会救济这个途径只适宜于重大问题,例如政策问题、行政效率问题。对于一般行政问题往往缺乏实效。因为:1.一般行政问题很难引起议员注意。2.在议会救济中受害人对自己案件的申诉没有主动权力,必须依赖议员进行活动,议员的行动往往受政治因素影响很难公平。3.有很多行政活动,例如地方政府所采取的措施,独立的行政机关的决定,行政裁判所的裁决,都不受部长的管辖,部长对此不向议会负责。4.议会救济这种手段时间迟缓,议员必须等待部长的答复、补充答复,而且最后可能得不到满意的结果。"① 此一范畴的救济法就构成了行政救济法的第二个板块。三是行政裁判法相关的救济规则。"在很多情况下,由议会通过法律成立一些特别裁判所,受理由行政活动所引起的争议。这些裁判所不属于普通法院系统。在组织上和行政机关联系,在活动上保持独立性质。裁判所的程序简便,成员具有专门知识。但行政裁判所只受理某一类特定性质的争议,没有形成一个有系统的救济途径。"② 此一部分行政救济法相当于行政诉愿制度的救济法规范。四是公民的权利和自由受到侵害时向法院申诉是正常的救济手段。笔者认为普通法院是公民权利和自由最可靠的保障。行政机关的执法行为对公民造成侵害的,公民可以依普通法上的诉讼程序向行政法院起诉。此一救济范畴就是对行政行为进行司法审查的手段范畴,相关的法律规范就是行政救济法。五是议会行政监察专员相关的行政救济法。行政机关对公民产生损害的行为如果不能得到上列方法予以救济时,"这时,对于中央行政机关的行为可向议会行政监察专员申诉。这是一种法律外的

---

① 王名扬:《英国行政法》,中国政法大学出版社1987年版,第132页。
② 同上。

救济手段，适用于不是由于违法的行政行为，而是由于不良的行政行为所产生的侵害。但是公民不能直接向议会行政监察专员申诉，必须通过议员转送，因而妨碍这种申诉途径的利用。而且议会行政监察专员的建议没有强制执行力量。"①

第四，行政救济法的六大板块说。室井力的《日本现代行政法》对行政救济法范畴的研究具有一定特色，他将行政救济法概括为六大板块。一是有关损失补偿的救济法。室井力将损失补偿看作行政救济的一个单独的法律范畴，其认为"损失补偿是因国家的合法活动对国民造成损失所给予的补救。更详细地说，是因国家行使公权力而有意对国民造成财产上的损失所给予的补救。首先，损失补偿是国家行使其权力对国民造成损失所给予的补救。对经国民同意而造成的损失，国家不予补偿。从这种意义上讲，在多数情况下，损失补偿是因公权力的行使使国民蒙受损失而给予的补偿。但是，例如将撤回的行政财产目的外使用许可的补偿和解除普通财产借贷契约的'补偿'（国有财产法第19条、第24条第2款、地方自治法第238条之四第2款、第238条之五第3款），或将征收土地的补偿和任意收买的对等价格，都视为各个不同性质的补偿，未必合理。对非权力行政指导所造成的损失，可以考虑给予补偿。"② 即损失补偿还不能归到国家赔偿中去，目前国家赔偿是因行政机关的不当或违法行为引起的，而损失补偿则是由行政机关的合法行为引起的。二者的法律范畴存在一定的区别，如对损失补偿的规定有一些专门的法律，如灾害救助法、道路法等的规定。二是有关国家赔偿的行政救济法。室井力列举了日本国家赔偿法第1条第1款的规定，即行使国家公权力的公务员违法地给他人

---

① 王名扬：《英国行政法》，中国政法大学出版社1987年版，第133页。
② 〔日〕室井力主编：《日本现代行政法》，吴微译，中国政法大学出版社1995年版，第192—193页。

造成损害时,国家负有赔偿责任。显然,国家赔偿的前提有六个主要方面,即公权力的行使、公共行政机构和公务员身份、执行职务、故意或过失的行为状态、行为违法、损害后果等。这些都是国家赔偿的构成要件,依这个要件我们清楚看出,行政赔偿和损失补偿在室井力的理论中界限是十分清楚的,况且行政赔偿的行政救济法主要是国家赔偿法。三是有关苦情处理的行政救济法。苦情处理是一些国家设置的一种特殊的行政救济制度,"所谓行政上的苦情处理,广义上是指行政机关受理国民有关对行政的不满、不服等的苦情申诉,并为谋求对此的解决而采取的必要措施。这是作为面向国民窗口的各行政机关日常进行的事务,是事实上的行为。狭义上的苦情处理,是指特别设立的苦情处理机关根据来自国民的苦情申诉,在进行必要的调查的基础上,将苦情内容通知有关机关,为谋求其解决而采取劝告、调停等必要的措施。"[①] 从这个定义可以看出,这是一种非常特殊的行政救济制度,其与行政复议制度不同,与英国的议会行政监察专员制度也不相同,只要国民或者公民对行政机关的行为不满、不服等都可以依这个程序进行救济,它不要求救济过程的起因发生在一个具体的行政法关系中。有关行政苦情处理的救济规则就是行政救济法的一个独立的部分。四是有关行政不服申诉的行政救济法。行政不服申诉"是指行政机关根据对行政厅的处分及其他行使公权力的行为不服的人,就该行为违法或不当提出的申诉,依据某种程度上的准诉讼程序,审查、判断该申诉是否有理由,以此解决与申诉有关的纠纷的程序。"[②] 该制度实质上是诉愿制度,有关这个制度的行政救济程序法是

---

① 〔日〕室井力主编:《日本现代行政法》,吴微译,中国政法大学出版社1995年版,第210页。
② 同上书,第215页。

该法的一个基本部分。五是有关行政诉讼的行政救济法。此"行政案件诉讼是指行政上的法律关系发生纠纷时,法院根据一定的利害关系人或由法律承认的特别有可能成为原告的人提起的诉讼,依特殊诉讼程序,审理、判断当事人的主张是否妥当,据此决定解决纠纷,亦称行政诉讼。"[①] 行政诉讼法制度以及相关的行政诉讼法我们在上面已经作过分析,几乎所有行政法治比较发达的国家都有这样的制度,有关该制度的设计都有一个完整的行政法规范或者行政法的典则体系,这在任何一个国家都是行政救济法的主要部分,正因为如此,室井力有关行政救济法的构成中重点介绍了行政诉讼法。六是有关民政专员制度的行政救济法。民政专员于1809年建立于瑞典,二次世界大战后,在一些法治发达国家陆续建立了这一制度。这一制度的功能主要在于监督行政过程和救济民众的行政苦情。不同国家在设定这一制度时采用了不同的模式。室井力将这一制度的特点作了如下总结:一方面,其有议会型和政府型两种情况。在议会型的情况下,议会是这一制度的主体,而在政府型下,行政系统是这一制度的主体,但无论何种类型其专员的身份和地位都有相对的独立性。另一方面,民政专员的权限包括调整权、劝告权等。还有一点就是公众向民政专员申诉行政苦情没有严格的程序以及程序上的约束,以权利保护的方便性为原则。有关民政专员的行政法规范就构成了行政救济法的另一板块。

(三)行政救济法与相关监督法关系的比较

行政救济法与相关监督法的关系在行政法学理论中的争议是比较大的,主要争议是在于行政救济法是否包容了有关行政监督的法律

[①] 〔日〕室井力主编:《日本现代行政法》,吴微译,中国政法大学出版社1995年版,第226页。

规范。在我国20世纪90年代以前出版的一些行政法教科书中,行政救济与行政监督的概念是相等同的,即行政救济的目的在于使行政机关依法行政并以此保证公民的权利不受侵害,例如,有教科书认为行政监督实质上就是行政救济,①《中华人民共和国行政诉讼法》第1条规定:"为保证人民法院正确、及时审理行政案件,保护公民、法人和其他组织的合法权益,维护和监督行政机关依法行使行政职权,根据宪法制定本法。"该条实质上肯定了行政诉讼法和行政诉愿制度作为监督法的性质。从这些论点以及行政诉讼法的规定来看,行政救济法和行政监督法是同一范畴的东西。笔者认为,行政救济法和行政监督法关系的理解应当有下列诸种情况。

其一,一些学者将行政监督法与行政救济法视为同一的东西,其区别仅仅在称谓上。西方国家的行政法制度比较健全,其法学理论亦相对比较成熟。因此,其整个行政法学科体系都有一套相对规范的称谓。我们知道,行政救济法本身只不过是人们的一个称谓,因为没有哪一个国家制定一个行政实在法的法律规范并以行政救济法命名的。救济法是对行政监督法制体系的一个概括,我们注意到王名扬的《美国行政法》一书的第三部分名称为"行政的监督和控制",其在这一部分共设置了下列章节,"司法审查(一):一般概念","司法审查(二):受理案件","司法审查(三):审查的范围","政府侵权赔偿责任","政府职员的侵权赔偿责任","总统对行政的控制","国会对行政的控制","行政公开"等。这些内容实质上都是行政救济法的内容,但王先生都以另一个概念统制这些内容。在《英国行政法》中其对同样问题的评介则使用的是行政救济的概念,可见,这两个概念在其看来是同一的或者基本上是同一的东西。社会主义国家由于其政权体制

---

① 参见罗豪才主编:《行政法学》,中国政法大学出版社1996年版,第330页。

以及行政法制的历史相对较短,在行政法学中的学科概念和原理上相对滞后一些,因此,还没有非常规范的行政法术语表达相关的问题,行政监督就是用政治学、行政学中的概念表述行政法上的行政救济概念。20世纪50—60年代苏联人出版的行政法教科书中的行政监督制度基本上都是行政救济制度,如苏联的行政诉讼制度等。由此可见,行政救济法和行政监督法一定意义上讲只是称谓上的不同。

其二,行政救济法与行政监督法是两个范畴的东西,不能作为哪怕是部分重合的理解和认识。《比较行政法》一书的第五编是"行政法制监督制度的比较",而第六编则是"行政救济制度的比较"。这样处理的目的在于将行政法制监督与行政救济区别开来,使二者作为行政法学中的两个范畴,也作为两个不同的行政法问题看待。其认为行政法制监督包括下列五种,一是行政机关的内部监督,二是行政监察机关的监督,三是立法机关的监督,四是司法机关的监督,五是社会监督。行政救济制度中则包括行政复议制度、行政诉讼制度和行政赔偿制度。从这个理解可以看出,二者是不相同的东西,我国还有一些行政法教科书也基本上将二者予以区分。①

其三,行政救济法与行政监督法具有部分重合性。《行政救济法》一书提出了一个特别行政救济法的概念:"特别行政救济法,主要是有关除行政复议、行政诉讼制度以外的特别行政救济制度的法,它是一般行政救济的补充。或者表现为专门的法律或者作为特别法的一部分法律规定。如许多国家的行政监察使(或称专员)法,即可归于特别行政救济法范畴。许多国家的监察使制度并非司法审判或行政复议、行政诉讼制度中之附属部分,亦非单纯的法律制度。行政监察使由国会选任、独立于其他国家机关的人员,就行政(乃至司法)机关

---

① 参见罗豪才主编:《行政法学》,中国对外大学出版社1996年版,第330页。

适用法律、处理事务,是否合法、适当而予以调查,必要时得经由书面报告、公开布告等方式予以非强制性的要求改善(即所谓自律性、事先性的行政监督及行政救济手段),同时亦直接、间接地接受一般公民之申诉冤屈,并予以调查与处理,以为个人权利及利益保障的补充性行政救济。瑞典、丹麦、芬兰、挪威、英国等国都设立了此种特别救济制度。"[①]依其对行政特别救济法的理解,行政救济法和行政监督法具有部分重合性,即行政监督法中有关的行政监察法等既可以是行政监督法的构成,也可以是行政救济法的构成。行政复议法、行政诉讼法、行政赔偿法是行政救济法的主体法,而从属的行政救济法则包括行政监察法等。同样,行政监督法包括审计监督法、权力机关的监督法[②]和其他相关的监督法,这些法律是行政监督法的主体法,而行政监察法则附属于这些主要的监督法之中。这个理解既承认了行政救济法的独立性,又肯定了行政监督法的独立性,同时,还指出了二者在一定范围内的重合关系。

[①] 杨解君、温晋峰:《行政救济法——基本内容及评析》,南京大学出版社1997年版,第33页。
[②] 我国已于2006年制定了《中华人民共和国各级人民代表大会常务委员会监督法》,其对各级人民代表大会常务委员会的工作进行了监督。从监督分类的角度来讲,应当属于权力机关监督的范畴。